清代中日学術交流の研究

王　宝平　著

汲古叢書59

汲古書院

序

二松學舍大学大学院教授　佐藤　保

私が北京日本学研究センター（中国名は北京日本学研究中心）の主任教授として北京に赴任したのは、一九九一年（平成三年）四月二十九日であった。同センターは、中国政府（国家教育委員会）と日本政府（外務省・国際交流基金）が協力して運営する日本学を学ぶための中国の高等教育機関で、当時は言語・文学・社会・文化の四コースをもつ大学院（修士課程）と日本語教師再教育のための研修コースが設置されていた。私の勤務は翌九二年四月三十日までのまるまる一年間、一九八五年に始まった日中特別事業の第二次五カ年計画が二年目を迎えていた時である。私が王宝平君と初めて会ったのは、このセンター主任教授の時であった。

本書末尾の「書後私語」で王君自身が記すように、北京日本学研究センター四期生の彼は、私の赴任の前年、九〇年に同センター所定の課程を修了していた。したがって、彼とはセンターの教室で一緒に勉強したことはなく、教師と学生という間柄で私たちの交際が始まったわけではない。今回、彼との初対面の時を確かめるために、当時私が個人的に書き留めていた「主任教授日誌」を調べてみると、九一年六月十日（月）の項に、「午前一一時三〇分、杭州大学王勇・王宝平両君来室。九月の学会について話していく。」と、初めて王宝平君の名が見える。このメモ書きは、その前の週（六月七日・八日）に開かれたセンター主催の青年シンポジウム（センター修了生を主体とする学術討論会）に参加した二人が、杭州に帰る前に連れ立って主任教授室にやってきた時の記録であり、このメモからシンポジウムの時が私と王宝平君の初対面の時であったことが分かる。因みに、王勇君はセンターの一期生、王勇君との初対面もまたこの時であったに違いない。但し、メモ中の「九月の学会」についてはいま全く記憶がない。

次に王宝平君と会ったのは、「書後私語」にあるように、同年九月二十四日・二十五日の両日に行われた学位（修士）審査の面接試験（答弁）においてである。「『助語辞』及び『助語辞講義』の研究」が彼の研究テーマであった。

その後、王君と会う機会はしだいに増えていった。同年の秋十一月には、センターの招生工作（学生募集活動）のために華東地区の数大学を回る機会があり、その皮切りが王君の勤務する杭州大学であった。北京から杭州へ行く途中、同行の陳海良氏（センターの中国人スタッフの一人）から「江南二王」（江南に王勇・王宝平の二王あり）という言葉があるのを聞いて、二人の王君との再会を楽しみにしていた。杭州大学では、同大学の学生諸君を相手に模擬授業を行い、北京日本学研究センター宣伝の義務をはたしたあと、王宝平君とさまざまなことを話し合う機会があった。私はその時に初めて王宝平君という人物を理解することができたのではないかと思う。この時、王勇君とは会った記憶がないから、たぶん二王の一人は不在だったのだろう。

中国から帰国後も、王宝平君と会う機会はしばしばあった。ほとんどは彼が学会などで日本に来た折りに、私の前の職場であるお茶の水女子大学に訪ねてきてくれたもので、その都度それまでに発表した論文や書物を持ってくるのが常であった。時には「江南二王」がそろって現れたこともある。それに対して、私が日本から杭州まで出向いて行ったのは、一九九九年（平成十一年）八月の浙江大学日本文化研究所主催の国際シンポジウムに参加したときだけである。このときの大学名が杭州大学から浙江大学に変わっているのは、前年の九八年に杭州大学が浙江大学に吸収合併されたからで、二王の勤務していた杭州大学日本文化研究所もそっくり浙江大学に移っていたのである。さらに昨年の二〇〇四年（平成十六年）には、日本文化研究所だけが浙江工商大学に移ることになり、二王の現在の職場は浙江工商大学日本文化研究所である。

王宝平君は一昨年の二〇〇三年（平成十五年）四月から、二松學舍大学大学院の特任教授として勤務している。任期は二年間という約束で招いたので、今年三月末でその任期が終了する。この二年間は、彼に会ってから二松學舍大学の同僚として過ごすまでの十二年間に比べれば、私たちが話し合った時間はおそらく数十倍にのぼるだろう。この二年間は、彼の人柄と学問をより一層理解するのに極めて有効な期間であったと思う。

実は、王君を二松学舎に呼んだのは私である。二〇〇二年（平成十四年）四月に二松學舍大学大学院の専任教員になった私は、着任早々、その年から始まった文部科学省の21世紀ＣＯＥプログラムに応募する準備に取りかかった。第一回の応募の結果は不採択であったが、申請と同時に文学研究科中国学専攻の講座制導入やカリキュラム改訂等に着手し、捲土重来、次回の募集に備えることになった。二松學舎がCOEに申請すると言えば、自他共に日本漢文以外には考えられなかったので、もっぱら日本漢文関係の講座の整備やスタッフの充実を中心に準備を進めたが、現有スタッフだけでは手薄なことが歴然としていたので、日中学術交流の面から日本漢文にも詳しい王宝平君に手助けを頼もうと思いついたのである。二〇〇二年の年末近く、たまたま国際シンポジウムかなにかで来日していた王君を説得して、急遽翌年の四月から二松に来てもらうことにした。

以上が、ほぼ十四年になんなんとする私と王宝平君との交際の概要である。

本書の内容については、王君自身の「緒言」及び「書後私語」に詳しく書かれているので、いまさら私の贅言は要しまい。いずれも丹念な調査と慎重な考察をベースにした、創見に富む論考である。収録論文の多くは、上述のごとく発表のたびに読んだことのあるものではあるが、新稿も加えてこのような大部の論文集にまとまると、真に壮観と言うにふさわしい。王宝平君の優れた日本語能力と、探求心、忍耐力、律儀さ、分析力にあふれる資質が、学問研究にみごとに生かされているのである。彼はいま現在、気力、体力の充実した壮年期、今後ますます研究は広がり且つ深まって行くものと、私はかたく信じている。

また、彼は優れた研究者であるばかりか、きわめて熱心な教育者でもあることを、二松學舎大学に彼を迎えてから私は知った。たとえば、毎時間の講義や演習の周到な準備もさることながら、学生の書いたレポートを冊子にまとめて授業の締めくくりをするなど、彼の労を厭わない教えぶりは学生の信頼と尊敬を受けており、私は二松學舍大学の学生のために彼を呼んだのはほんとうによかった、と思う。

最後にひとこと付け加えておきたい。王宝平君は日本にたくさんの師、友人、知人を持っているが、彼が今日研究者としてあるのに最も大きな影響を与えた師の一人は、いまは亡き大庭脩先生ではなかったかと思う。関西大学での学位取得を誰よりも喜んでくださるはずだった大庭先生は、王君の朗報を待たずに他界されたが、もし存命であったならば、本書の序は当然大庭先生がお書きになったに違いない。私はたまたま現在、同じ大学に勤務していること、同じ分野に関心があること、そして、これまでの長い親交から、烏滸がましくも故大庭先生の代わりをつとめることになったものと、考えている。

大庭先生の霊の安らかならんことを。

（二〇〇五年新春）

緒　言

文化交流は人とものを媒介として行われるが、ものの中で、同じ漢字文化圏にある中日の場合、書物が多大な役割を果たしたことはすでに先学の指摘する通りである。そこで、拙著は第一部「人による学術交流」と第二部「書物による学術交流」の二本の柱を立てることにした。

明治時代の中日文化交流史については、従来中国人の日本留学や日本図書の翻訳が盛んに行われた甲午戦争以降に焦点が当てられ、研究の主流となっている。それ以前の研究といえば、修好条約の締結・琉球処分・台湾出兵等の政治・外交面の考察が多い。史料の散在・亡失等によって、明治前期の中日文化交流の研究は全体として遅れを取っていると言わざるを得ない。そこで拙著の第一部はその欠を補うために、主として明治前期に来日した清人と明治人との学術交流をめぐって、中国人による日本研究・詩文往来・日本語通訳の養成といった側面にウエートを置いて考察したものである。

序章は、研究上の動機から中国人の日本研究の歴史を好奇心本位の第一段階（元まで）、倭寇対抗のための第二段階（明代）、貿易中心の第三段階（清代前期）、日本防備のための第四段階（甲午戦争まで）、日本に学ぶための第五段階（甲午戦争）に分けて概観した。その中でとりわけ第四段階に焦点を当て、紀行文時代・百科全書時代・詩文交流並行時代に細分化して論じた。

第一章と第二章は、文人による学術交流について考察している。王寅・衛寿金・王藩清・陳鴻誥・葉煒等明治前期に来日した清国文人に絞り、詩文往来・筆談交流・著書の刊行等あまり知られなかった史実の数々を掘り起こし、明治前期に活躍した彼等の実態に迫った。

兪曲園は日本を訪れたことがないものの、中国の伝統文化の碩儒として明治日本人の憧れの対象となり、日本人と密接な交流があったため、第二章で取り扱うことにした。本章ではまず明治時代の刊行物や新聞に掲載された兪曲園関連の資料を摘出し、同時代の日本における兪曲園の存在を考察した。続いて、人口に膾炙する兪曲園編の『東瀛詩選』をめぐって、該書誕生の機運、中日図書館蔵当該本の書誌、明治日本における評価等について論考した。

第三章以下は、清国外交官による学術交流に関する考察である。第三章「明治時代における日本駐在の清国外交官」は、中国第一歴史檔案館で見つかった外交文書に基づき、初代何如璋（光緒三年・明治十年）から七代裕庚（光緒二十四年・明治三十一年）まで、日本に駐在した清国外交官の姓名・身分・月給・在任期間を表に整理した。これはその期間中に在日した外交官全名簿の初披露だと思われる。

第四章から第七章は、主に清国外交官が行なった日本研究の側面について具体的に考察したものである。第四章では、中国の日本研究の最高の到達点を示す黄遵憲『日本国志』の典拠に焦点を絞り、『芸苑日渉』『国史紀事本末』が該書に受容された史実を浮き彫りにした。

第五章は、姚文棟と東京地学協会との交流を叙述し、謎に包まれていた彼の『日本国志』を紹介したうえ、黄遵憲『日本国志』との類似関係を指摘し、両書の共通の出典が『日本地誌提要』であったことを初めて明らかにした。

第六章は、あまり注目されていなかった第三代公使徐承祖の事跡、そして同じく日本へ派遣された弟徐承礼に関する研究である。

第七章は、新しく発見した『日本環海険要図誌』について、該書の内容・出典・著者王肇鋐の事跡を中心に研究した。

第八章は、海外視察に派遣された遊歴官傅雲龍について考察している。看過された彼の著書を重点的に記述し、短い遊歴期間にもかかわらず多数の遊歴書を書き得た原因を探った。

第九章は、明治前期に華々しく展開された中日漢詩文の交流についての考察である。文人交流期、外交官を中心にした交流期、甲午戦争後と三つの時期に分けて論述した。さらに附録として、明治時代の刊行物で約百五十点に清人の序跋が附されていることを指摘した。これは明治前期の中日文化関係がいかに親善友好であったかを量的に立証したものである。

第十章は、第一歴史檔案館所蔵の第一次史料に基づき、清国公使館内に設置された東文学堂について、その教習・学生・月収・期限等の基礎事実を明らかにし、中国人の日本留学の起源や留学監督の設置は、甲午戦争以前に求めるべきことを論じた。

第二部は、書物による学術交流である。これは多岐にわたる研究テーマであるが、主に『助語辞』と『吾妻鏡』を取り上げ、相手国に与えた影響を考察したものである。

序章は、中国における日本書籍の記載・分類、日本書籍の中国への流入、中国人の日本図書館の視察をめぐって総括的に論じた。

第一章は、明代万暦年間の文人胡文煥と『助語辞』の版本に関する考証を行った。元代にできた中国最初の助辞関係の専門書『語助』は、胡文煥が刊行した叢書の中に『助語辞』と改名し、上梓されてから広く世に知られるようになった。これまで『助語辞』に関する先行研究はあったが、胡文煥に関する研究は欠如しており、『助語辞』の版本についても『格致叢書』本が定説のように受け止められていた。第一章では胡文煥に絞り、彼の号・著作・詩文・身上・趣味・協力者・室名を考察し、彼の人物像を明らかにした。次に、紛らわしい『助語辞』の版本について詳細に考察し、『助語辞』が『百家名書』本とすべきだという結論を導いた。そして、『助語辞』の巻末に七つの語項目が欠けたその理由についても、胡文煥が故意に削除したという通説と相反して、彼が入手した際にすでに底本『語助』のこの一葉が欠けていたのだという新たな見解を示した。

第二章は、第一章の基礎研究の土台に立脚して、江戸時代における『助語辞』の流布と影響について書誌学的に探求したものである。蓬左文庫所蔵の『御書籍之目録』をもとに、『助語辞』は遅くとも元和（一六一五―一六二三）年間までに日本に伝来していたことを立証し、『江戸時代書林出版目録』等の資料に基づき、『助語辞』は江戸時代において絶えず版を重ねて翻刻され、漢学界の助辞・虚辞・実辞の研究に大きな影響を及ぼしたことを論述した。さらに、『助語辞』の位置付けを知る手がかりとして、筑波大学図書館所蔵の抄物『助語辞講義』にメスを入れて考察を試みた。最後に、江戸時代における『助語辞』受容の軌跡を素描した。

第三章と第四章は、日本の書物が中国に与えた影響に関する考察である。第三章では清代前期の中国人の日本研究の代表作とされる『吾妻鏡補』の書誌や著者翁広平について考察し、第四章では中国における『吾妻鏡』の流布と影響について分析した。康熙三年（一六六四）までに清朝へ伝来した『吾妻鏡』は、中国でいくつかの蔵本が見られ、江南の文人の間で転写し討論された。寛永通宝という日本貨幣事件が発生してからはより広範に知られるようになったが、該書が清人の心を引きつけた理由は、書名「吾妻」によるところが大きかった。この『吾妻鏡』は、『吾妻鏡補』及び中国人が著した衛生知識を宣伝した『吾妻鏡』に刺激を与え、外国の年号を扱う特色を有することで『四庫全書提要』でも好評を得た『歴代建元考』にも大いに受容されている。

第五章は、時代は前の四章と異なり明治時代になるが、第一代から第八代までの在日清国公使館の資料購買記録をピックアップし、資料への支出は僅少であったことを証する。また、『大清駐日本使署蔵書目』を典拠とし、一九一〇年頃の在日清国公使館の蔵書の実態を解明した。

近代史の研究者にとっては、豊富な史料に恵まれている利点がある一方、つぎつぎと図書館・檔案館へと奔走し、書物は無論、山ほどの檔案・新聞・雑誌を丹念に調べ、新史料の発掘と解読に追われる苦労が付きまとう。とくに中日学術交流史を取り扱う者にとっては、両国の史料を駆使しなければならないため、その苦労は並大抵のものではない。また、中国と日本は研究の方法や著書の構成等の面において際立った相違があり、どちらに従うべきか、しばしばその板ばさみに立たされて苦慮したことがあった。拙著は十数年にわたりその無数の苦労と格闘した成果の一端を示すもので、少しでも斯界の研究に役立てば、筆者にとっては望外の喜びである。

清代中日学術交流の研究

目次

目　次

図版一覧

清代中日学術交流の研究

第一部　人による学術交流

序章　中国史上における日本研究の一分類

――清末を中心に――

中国で歴代作られてきたおびただしい日本研究文献は、その視点によっていろいろと分類することが可能であろう。内容からは、『吾妻鏡補』のような総合的な研究と、『倭変事略』のようなあるテーマに限った研究に分けることができる。時間的には、『日本源流考』のような通史的研究と、『長崎紀聞』のような、ある特定の時代に限定した研究が考えられる。そして、文献の性質からは、正史に掲載されたものとその他の文献（たとえば、野史）に掲載されたもの、体裁からは、詩の形で書かれたものと、文の形になるものとに大別することができるであろう。さらに、訪日体験により『日本一鑑』を書いた著者のように、日本を訪れたことのある者もあれば、そういう幸運に恵まれなかった著者も多数いる。

このように様々な分類の仕方が考えられるが、筆者は研究上の動機から清末までの日本研究を大まかに次の五つの段階に分けてみたい。

元までの数多くの日本研究文献には、『宋史』日本伝のごとき質の高いものがある一方、大きな文化の落差などから「華夷」思想が生まれ、好奇心から日本のことを記載しただけの文献がきわめて多いのも否めない事実であろう。そのため、後に黄遵憲に「十に真実が一つもなし」と指摘されたような、孫引き・誤認・誤解の現象が多く存在している。これを好奇心本位の日本研究の第一段階とする。

明の時代に入ると、朝野を悩ませる倭寇の問題が生じた。対応策としての日本研究が盛んになり、『日本風土記』『日本考』などの日本研究の専門書が初めて登場し、最初の日本研究ブームを醸し出した。これを倭寇への対抗を目的とする日本研究の第二段階とする。

清に下ると倭寇の難題が解決し、日本研究が再び下火になった。この時、鎖国政策を取る徳川幕府は、長崎の一隅のみを中国などの貿易国にオープンしたため、『長崎紀聞』『袖海編』などの長崎貿易を反映した日本研究書が生まれた。これは、中日貿易についての記載を特色とする、日本研究の第三段階だと考えられる。

明治維新以降日本は脱亜入欧の道を歩み始めた。近隣にある日本と手を組んで列強の侵入を防ごうという思惑を抱いた清政府は、一八七四年（同治十三年）の台湾出兵、翌年の江華島事件で後進資本主義国家－日本の対外拡張の野心に気づき、伝統的な秩序に対する日本の挑戦に備えるべく、軍の整備を急ピッチで押し進めた。台湾出兵や琉球事件の後、陳其元（『日本近事記』同治十三年）、陸廷黻（『東征日本』光緒七年二月三十日）、張佩倫（『密定東征之策』光緒八年八月十六日）をはじめ、一時日本懲罰論を唱えるものも現れたが、国力の衰退を極め、戦勝力を持たない清朝廷に顧みられることなく、国策となるに至らなかった。むしろ、列強と均衡外交を保ち、「夷を以て夷を制す」というのが清末の外交策の核心となり、「自強」「保教」「保種」「実業救国」「教育救国」などといった運動が、清末のこのような受け身的、防衛的な外交活動を端的に物語っていると思われる。

このような時代の背景を反映して、中国の日本研究は次第に対日本防備を旨とする第四の段階に入った。

一　紀行文からスタート

この段階の前期、つまり光緒六年ごろまでにできた日本研究書は、紀行文一辺倒の特徴を持っていた。李圭の『環遊地球新録・東行日記』（光緒二年、明治九年、一八七六）、何如璋の『使東述略』（光緒三年、明治十年、一八七七）、張斯桂の『使東詩録』（同成立）、王韜の『扶桑遊記』（光緒五年、明治十二年、一八七九）、王之春の『談瀛録』（同）、黄遵憲の『日本雑事詩』（同）、李筱圃の『日本紀遊』（光緒六年、明治十三年、一八八〇）がそれにあたり、日記と詩の形式で訪日の印象を記している。(1)

上記の紀行文の著者には、李圭・王韜のように、観光の目的で訪日したものもあれば、王之春のように旅行を隠れみのにして密偵を使命としたものもある。また、何如璋・張斯桂・黄遵憲といった初代外交官は、王之春のような直接の使命は持っていないが、日本駐在の目的は、日本にいる華僑や商人を管理するほかに、日本からの禍をなくすべく、その動静を観察し行動を牽制することにある、と李鴻章が明言している。(2)この意味において彼らが著した日本研究書は、清朝の日本防衛政策に直接間接に役立ったものと考えても大過があるまい。

二　研究の新展開――百科全書的な日本研究――

光緒十年ごろから、清人の日本研究に新しい変化が見られた。それは紀行文から更に進み、天文・地理・河渠・国紀・風俗・食貨・考工・兵制・職官・外交・政事・文学・芸文・金石などの項目に分けて、系統的、かつ総合的な日本考察を行ったものである。姚文棟の『日本地理兵要』十巻（光緒十年、明治十七年、一八八四）、同『日本国志』十巻（同年成立）、黄遵憲の『日本国志』四十巻（光緒十三年、明治二十年、一八八七成立）、葉慶頤の『策鰲雑摭』八巻（同）、陳家麟の『東槎聞見録』四巻（同）、顧厚焜の『日本新政考』二巻（光緒十四年、明治二十一年、一八八八）、傅雲龍の

『遊歴日本図経』三十巻（光緒十五年、明治二十二年、一八八九）などがそれに当たる。これらの研究書の著しい特徴の一つとして、日本側の図書・図表・統計を数多く取り入れ、十分に生かしたことが挙げられる。今日の我々の目からすれば、それは研究書というより資料集といった方が相応しい印象を受けるものもけっして少数ではないが、素早く変貌しつつある日本からの、身に迫ってきた危険に備えるため、従来の体験談・感想文に止まらず、冷静に維新後の日本を全面的に認識せざるをえなくなったことを意味していると思われる。そのための第一歩として、史料の蒐集からスタートしたのであろう。筆者はそれを百科全書的日本研究と名付けたい。

このなかで、さらに記された項目により「並列型」と「綱目型」とに分けられる。たとえば、『東槎聞見録』では経緯・暦算・気候・時刻・彊域・形勢・山川・沿海・海里・田地・建置・都会・戸口・社寺・橋梁・物産・名勝・古蹟・宮署・皇統・親王・将軍世系・華族・歴史・政治・官制・刑罰・学校・文字・書籍・貨幣・国債・賦税・銀行・鉱山・兵制・燈台・製造・鉄道・電線・郵便・通商・姓氏・時令・人情・風俗・屋舎（中略）・遊覧・雑載といった項目を立てて記述しているが、これらの項目はただ互いに並列に並べられただけのもので、これを「並列型」と呼ぶ。これに対して、『日本国志』は国統・隣交・天文・地理・職官・食貨・兵・刑法・学術・礼俗・物産・工芸などと十二の「綱」を立てたうえに、下分類の「目」を設定する。その一例として、「食貨」の下に、戸籍・租税・国計・国債・貨幣・商務といった項目が設けられたことが挙げられる。また、内容によっては、さらに細かい分類が行われることもある。たとえば、上記の「食貨」のなかの「租税」の下分類として、地租・海関税・鉱山税・官禄税・北海道物産税・酒税・煙草税・郵便税・訴訟罫紙税（中略）・地方税などといった細目が配列された好例がある。このような「綱」の下にさらに「目」を設けて記述する方法を「綱目型」と名付けたい。

「綱目型」と「並列型」では、後者のほうが割合書きやすいこともあり、日本研究の発足した段階で多く見られたが、その後は「綱目型」に取り変わった傾向が見られる。

三　ブームとなった漢詩文の往来

以上の紀行文および百科全書的な日本研究書とともに、中日両国の知識人による漢詩文の唱和集も多数誕生した。以下、時間の流れに基づき略述しておきたい。

光緒初期に日本に居住した清末の文人がある。中国国内において名が聞こえない彼らは、日本で序跋を書き、日本人の漢詩文に批評を加え、書画を揮毫して上流社会に入り浸りの生活を送っていた。その中で、葉煒・陳鴻誥・王治本の活躍ぶりにとくに目立つものがあった。

葉は字は松石、夢鷗と号し、秀水（現、浙江省嘉興市）の人。一八七四年から七六年の間、東京外国語学校の漢語教師として赴任し、その時から日本人との交友が始まったが、帰国後、経済的な理由もあり、一八八〇年に再び日本を訪れ、二年ほど関西にいた。あわせて日本滞在の四年の間に、数多くの友人ができ、土屋弘の『晩晴楼文鈔』に批評を書き、江馬正人の『賞心賚録』、山田純の『枕上賸稿』に跋文を寄せた。そのほかに、日本の文人との漢詩のやりとりにも熱心で、『蓮塘唱和続編』（小野湖山編、一八七五年）、『愛敬余唱』（大槻磐渓編、一八七六年）、『扶桑驪唱集』（葉松石編、一八九一年）は、彼と明治の漢学大家である大槻磐渓・中村敬宇・小野湖山などとの唱和集である。

葉のほかに陳鴻誥も忘れられない人物である。一八八〇年から八二年まで在日した彼は、江馬正人の『退享園詩鈔』、土屋弘の『晩晴楼文鈔』などに批評を撰したほか、『日本同人詩選』（陳鴻誥編、一八八三年）、『味梅華館詩鈔』（陳鴻誥撰、一八八〇年）に日本の漢詩人との交流の作品を数多く収めている。そのうちの『日本同人詩選』は、中国人が編

纂した日本漢詩集の嚆矢として、注目に値するものである。(3)

そのほかに、同じ浙江出身の王治本も在日した。彼は一八七七年から一九〇七年までなんと三十年も日本に在住した文人であり、「学習翻訳生」として清の公使館の仕事を手伝い、日本人の書物にたくさんの序跋・批評および詩を書き、日本善隣訳書館協修として『戦法学』（石井忠利撰、一八九九年）、『日本警察新法』（小幡儼太郎訳編、一八九九年）を校訂出版し、日本人との筆談を大量に行った事跡を残している。著は新潟の風景を詠んだ『舟江雑詩』一点しか現存しないが、筆談記録としては『桼園筆話』十七巻、『王治本在金沢筆談記録』十一冊が世に存する。彼の詩文の多くは『文学雑誌』（中村敬宇主宰）、『新文詩』（森春濤主宰）、『新文詩別集』（同）などに散在している。

上述の文人による唱和活動は、時間的には清の外交官より早く行われ、その後に展開された外交官たちの文化交流の下準備をする役割を果たしたといえる。

そして、彼らの文化交流の場所は、首都東京のみならず、京都・大阪・名古屋、そして金沢・新潟・北海道まで広がり、外交官より活躍の舞台が広くて、地域化の特徴が窺える。

しかし、一方で彼らが作った詩には迎合性・遊戯性が強く、文学精神が貧弱な一面も指摘しなければならない。それは職を持たず、詩文を通じて生計を立てる彼らの先天的な習性に由来するもので、これ以上厳しく追及する必要はないと思われる。むしろ、中日民間文化交流のために果たした役割を高くたたえたいものである。

上記の文人のほかに、光緒年間には、清の外交官による漢詩文の交流も盛んに行われた。一八七七年（光緒三年、明治十年）の暮れ、何如璋を初代公使とする外交官が日本に到着し、これを契機として、文化交流の主体が文人から外交官に移り変わる時代が到来した。何如璋時代には、公使館宿舎の選定、理事官の派遣などの雑事におわれたうえに、琉球問題が生じたため、中日間の唱和活動は、私的で小規模の催ししか行われなかった。唱和詩集が『芝山一笑』

（石川一笑編、一八七八年）一点しか現存しないのは、量的にその事実を裏付けているといえよう。何如璋が蒲生重章・副島種臣・栗本鋤雲などと交わした漢詩が収録された詩集『袖海楼詩草』（二巻）も存するものの、何の没後の民国九年（一九二〇）に、二男何寿朋により編纂された稿本で、あまり世に知られていない。

漢詩文のやりとりがピークに達するのは第二代・第四代公使の黎庶昌を待たねばならない。黎時代に行われた唱和活動は次の特徴を有すると思われる。

まずは制度化。黎は従来の恣意的に行われてきた唱和活動とは異なり、はじめは秋期の重陽節を、後に春期の修禊会を増やし、漢詩交流大会を秋と春とに定例化した。しかも、例会の後、必ず詩集を編集出版し、文学才能の高い、良き助手であった孫点編の『癸未重九讌集』（一巻、刊年不詳、一八八三年の詩集）、『戊子重九讌集編』（二巻、一八八八年）、『己丑讌集続編』（二巻、一八八九年）、『庚寅讌集三編』（三巻、一八九〇年）がその結晶である。

次に大型化。たとえば、重陽節の漢詩大会の参加者は一八八八年には三十二人、一八八九年には四十四人であったのが、一八九〇年になると百人近くに増加していた。そして、中日両国の知識人のみならず朝鮮人も加わって、漢字文化圏における大型の恒例集会にまで拡大していったのである。しかも、中国国内在住の文人も進んで文通によって漢詩の交流を求め、『墨花吟館輯志図記』（二巻、厳辰撰、一八九〇年）はまさにその典型的な一例であろう。

外交官による漢詩の交流にはもう一つの特徴がある。それは政治化である。曾国藩の四大弟子の一人としての黎庶昌およびその部下は、高い文才を発揮して、詩の交流などの文化活動に情熱をかたむけたのは、文人としての趣味に由来する一面が確かにあったものの、外交官である以上は、別の一面、つまり外交的・政治的な目的が潜んでいたことも否定できまい。光緒十七年二月六日（明治二十四年、一八九一年三月十五日）、二度にわたって公使の大任を果たした黎庶昌は、皇帝への秘密報告書でこのように述懐している。

日本は中国のとなりに位置し、船に乗れば一日二晩で着く。そのうえ、同じ漢字を使い、気風もきわめて似ている。これは幸にも禍にもなる。我が国の海軍は、鉄遠・定遠両軍艦を除いては、せいぜい拮抗するのが精一杯で、日本を凌駕するものがない。日本が抱く善意に因み、その勢いを導き、互いに連絡して（中略）親密な往来互助の条約を結ぶべきである。（中略）いざ西洋列強が東洋に挑んだ場合、近隣である日本に清朝に不都合のことが起こらないように。（後略）(4)

と、現実主義に基づく中日友好の願望を訴えている。そのために、文学の才能を生かすことが、このような外交目的を遂行するうえで有力かつ有効な手段として選択されたのである。詩文を通じてより多くの日本の友人を作り、文化交流を通して交誼を深めるべく、黎庶昌時代の外交官らは、外交を詩文唱和に託し文化活動を政治的に展開させた。それで、中日が連合して西洋の進入に対抗するような趣旨の漢詩がしばしば登場し、黎庶昌時代における唱和活動の一大特色になったのである。

四　日本に学ぶための日本研究

しかし、中日文人たちが詩文交流に熱中しているころ、一八九四年に甲午戦争（日清戦争）が勃発した。この戦争は、李鴻章が苦心惨憺して建設した北洋軍艦を日本海軍が徹底的に破ったばかりでなく、黎庶昌をはじめとする外交官の中日友好の夢をも空洞化させたのである。これを契機に中日関係が逆転してしまった。

明治維新が政治・軍事・経済などの面での「脱亜入欧」を意味しているならば、甲午戦争は文化面からの中国との決裂を宣告したと言えよう。民族主義・軍国主義が日本列島を風靡したなかで、普通の民衆はもとより、かつてあれほど中国人と親しく交遊していた明治の漢文学者の多くも、親中国から中国蔑視へと態度が豹変し、明治政府の対外拡張政策に対して批判的な姿勢を示すどころか、競って謳歌したものであった。『征清詩集』『砲槍余響』『外征紀事』『征清軍中公余』『征清詩史』などの清国懲罰論を唱えた漢詩集が大いに流行し、その先頭に立ったのは皮肉なことに、他ならぬ小野湖山・日下部鳴鶴・藤沢南岳・三島中州・森槐南など、それまで中日友好を堅く誓った大家であった。

一方、ロシアは東北、ドイツは山東、フランスは広東・広西・雲南、イギリスは威海衛・九龍・揚子江流域、日本は福建といった具合に、列強の中国における植民地化をめぐる競争も前代未聞の激しいものがあった。この民族危機が眠れる獅子を目覚めさせ、維新運動を導いた。

このような時代背景を濃厚に帯びながら、中国の日本研究は第五段階に入った。

この段階に展開された日本研究の目的は、中国を亡国の危機から救うための実践上における切実な需要によるもので、書斎における理論的な研究ではなかった。

この目的を達成するには、従来の詩文唱和はむろん時代遅れになり、日本防備を目的とした百科全書的な日本研究も物足りなくなった。その変わりに、日本に学ぶための視察記が関心の的となり、法政・軍事・教育・農工商などの諸分野に関する日本視察記が、雨後の竹の子のように誕生した。今日東京都立図書館に架蔵されている実藤文庫に、「東遊日記」と命名されたそのような視察記が百点以上も占めているのは有力な証拠であろう。

確かに「東遊日記」のなかに詩集があり、中に唱和の漢詩もしくは詩集も若干含まれている。たとえば、『東瀛唱和録』（一巻、黄璟撰、一九〇二年）、『旅東吟草』（一巻、于振宗撰、一九二〇年）、『居東集』（二巻、蔣智由撰、一九一三年）、

『瀛談剩語』（一巻、石遜撰、一九〇八年序）がそれである。しかし、これは個人的な唱和詩ばかりで、規模にしろ雰囲気にしろ黎庶昌時代の比ではない。むしろ、この時期の漢詩交流の舞台は徐々に日本から中国に移る傾向があり、『淞水驪謌』（二巻、李宝嘉編、一九〇〇年、永井久一郎の上海滞在中の唱和集）、『来青閣集』（十巻、永井久一郎撰、一九一三年）はその好例であろう。(5)

そして、日本研究は従来インテリの特権であったが、甲午戦争後はにわかにすべての日本視察者―官僚・学生・商人・市民にまで大幅に拡大され、一部の文化人のみならず、一般人民大衆の自覚的な行為になったのである。以下、主に第四段階に行われた日本研究を中心に具体的に展開していきたい。

注

（1）黄慶澄『東遊日記』（一巻）のように、光緒十九年（明治二十六年、一八九三）にできた紀行文もあるものの、光緒十年代においてはきわめて少数である。
（2）「直督李鴻章奏日使大久保抵琅璚約期撤兵並請遣使駐日本片」、『清季外交史料』、第一巻、八頁。
（3）葉煒や陳鴻誥などの事跡については、拙稿「晩清文人和日本――光緒年間寓日文人考」（中国中日関係史学会・北京市中日関係史学会編『中日関係史研究』、一九九八年第三期）参照。
（4）中国第一歴史檔案館蔵「黎庶昌陳述日本対華態度的変化、主張与日友好」、『軍機処録副奏摺』五七八。
（5）清末における中日の詩文往来については、拙稿「試論清末中日詩文往来」（『中日関係史研究』、二〇〇〇年第二期）参照。

第一章　明治前期に来日した中国文人考

明治維新は鎖国体制に終止符を打ち、世界に開国の扉を開けた。爾来、多くの外国人が日本を訪れるようになり、そのうち、中国人も多数含まれていた。この時代の前期に来日した中国人の数について、統計院は次のような数字を発表している[1]。

明治	官雇	私雇	公使領事等	各居留地在留	合計
九年	28	165		2123	2316
十年	16	154	5	2045	2220
十一年	13	162	11	2621	2807
十二年	7	220	13	2994	3234
十三年	7	197	10	2938	3152

明治九年・十年・十一年は毎年二千人台、同十二年・十三年は三千人台の清人が在日したことがわかる。同統計によれば、この数は二番目に多い英国も遙かに凌駕していて、一衣帯水の地理関係は、いかに両国間の人員往来を促しているかをいみじくも物語っている。

このおびただしい数の中で、各居留地、とりわけ横浜在留の人が多数を占め、彼らのほとんどが商人であり、拙稿が論述する文人とは「官雇」「私雇」に含まれていると考えられる。これらの文人の多くは、清国において必ずしも名が聞こえる存在ではなかったが、日本で序跋を書き、日本人の漢詩文に批評を加え、書画を揮毫して上流社会に入り浸りの生活を送っていた。これは明治前期の詩文集をひもとくと、誰でも簡単に気づく史実であるが、「無名」であるうえ、資料も散在しているため、いままで研究対象とする人が稀にしか見られなかった。文化交流の角度からその研究の先鞭をつけ、豊富な史料を掘り起こしたのは実藤恵秀である。(2) その後、鶴田武良は来舶画人に関する一連の論考の中で、王寅・羅雪谷・胡鉄梅を精力的に取り扱っている。(3) また、六角恒広は専門分野であるお雇い中国語教師の角度から、王治本・葉煒・張滋昉等について論考している。(4) そして、最近、陳捷は渾身の力を入れた学位論文で、葉松石・陳鴻誥等について研究している。(5) これらの日本で公開された論考に対して、王暁秋は中国で先駆的な研究を展開し、注目すべき成果を収めている。(6)

拙論は以上のような先行研究を踏まえたうえ、王寅・衛寿金・王藩清・陳鴻誥・葉煒に焦点を当て、先行研究で言い尽くせなかったことを中心に考察したい。(7)

第一節　王　寅

字は冶梅、父静夫は学問の傍ら、絵画を好み、とくに蘭・竹・石に長じ、晩年には古人の絵画の真髄を得た、という。(8) 王寅の経歴については、『海上墨林』（巻三）、『歴代画史彙伝補編』（巻二）にも記載が見られるが、最も詳しいのは、心斎が書いた『冶梅王先生小伝』であろう。(9) それによれば、王寅は金陵（現、南京）の名家に生まれ、幼児から父の薫陶を受け、絵を書くことが好きだった。咸豊三年（一八五三）、太平軍の南京占領後、両親や兄弟と一緒に六合

（現、江蘇江寧）に避難し、そこで生活難に苛まれ、科挙試験を断念し、絵画を事とするようになった。六合陥落後、金陵付近で転々と避難生活を強いられるうち、咸豊九年（一八五九）、父を亡くし、翌年、太平軍の襲撃に遭遇し、母と弟妹を失い、頭部にひどい怪我を負ったが、幸い一命をとりとめた。その後上海へ赴き、画家を業とした。王冶梅はこの上海滞在中に来日したことがある。その渡日について、『冶梅王先生小伝』でこのように記されている。(10)

日本人が冶梅の作品を見て珍しく思い、競って購入したため、先生は有名になった。中国と同文の日本人は、とくに書画の鑑賞眼が高く、先生に早く会えなかったのを遺憾に思った。まもなく大金を出して先生を招聘し、数年日本に客遊した。日本滞在中、蘭・竹・石・人物などの画譜を著し、三、四千金以上の潤筆料を獲得しただろう。

心斎は冶梅の親戚にあたるため、この伝に多少の誇張の分も含まれているように思われるが、ここで触れた冶梅が日本で刊行した画譜は、後述のように事実に該当するため、基本的にはこの伝を信用してもよかろう。但し、この伝は、残念ながら冶梅の日本渡航の期日等については明記されていない。

鶴田武良の研究によれば、王寅は三度来日したことがある。(11) 初回は光緒三年（明治十年、一八七七）二月以降から同四年四月二十六日までであり、病気で一時帰国してのち、同四年七月から再来して、翌五年五月まで在日した。そして、三回目は光緒五年夏から、少なくとも同十一年（明治十八年、一八八五）まで滞在した。

二度目の再来については、鶴田は『黄石斎集』第五集所載の王冶梅の長詩に次韻した岡本黄石の詩の序「戊寅（光緒四年、一八七八）七月、清国画史王冶梅入京、寓於鳩居堂（下略）」を根拠にしている。しかし、これは冶梅が京都に行った日で、日本再来の日ではない。実はこれより二カ月早く、冶梅は再来したのである。明治時代の文人画家である吉嗣拝山（一八四六～一九一五）の『拝山奚嚢』によれば、光緒四年五月、冶梅は拝山と同じ舟で日本へ向かい、拝山に詩一首を贈った。(12)

それはともかくとして、冶梅は数度来訪したため、日本各地に多数の絵を残した。鶴田の同研究によれば、確認した現存作品（絵画）だけでも二十点近くある。

そのほかに、筆者は次の資料に王寅の絵画作品六点を見つけた。

（1）『味梅華館詩鈔』
二巻、陳鴻誥著、明治十三年（光緒六年、一八八〇）刊行。巻頭に王冶梅が描いた「味梅華館図」と、彼が光緒六年初夏付けの序文があり、序文には「己卯（光緒五年、明治十二年、一八七九）塗月余客東海」云々の表現が使用されている。

（2）『雲児詞』
一巻、陳鴻誥著、光緒七年（明治十四年、一八七一）刊行。王冶梅の光緒六年冬日付けの絵あり。

（3）『賞心賚録』
四巻、江馬正人著、明治十四年刊行。王冶梅の絵画並びに題詩あり。

（4）『薇山摘葩』
二巻、水越成章著、明治十四年刊行。王冶梅光緒六年秋付けの絵あり。

（5）『分史翁薦事図録』

四巻、加島信成編、明治十六年（光緒九年、一八七三）吉祥堂蔵梓。利冊に「光緒九年秋／中華王治梅」が描いた絵が収録され、そして、「古寺処追薦、開筵供宝珍、群賢聯袂至、済々数千人」と王治梅が口ずさんだ詩が書かれている。

（6）『夢鷗囈語』

二巻、葉煒著、光緒十七年（明治二十四年、一八九一）金陵で刊行。王治梅の光緒六年秋付けの「水亭消夏」図あり。

また、水越成章が編集した『翰墨因縁』（二巻、明治十七年刊）に「甲辰（光緒六年、明治十三年、一八八〇）冬至後二日、畊南先生過訪、並贈佳篇、即歩原韻、尚祈斧正」という王寅の詩一点が収められている。中に「東瀛二載仰先声」という句があるため、前年（光緒五年）から来日後の詩であるということがわかる。

そして、王治梅は日本で下記の五点の画譜を上梓している。(13)

（1）『治梅石譜』

二巻、明治十四年（光緒七年、一八八一）（大阪）九富鼎刊行。これは、大阪滞在中にいままで『宣和石譜』を真似て描いた六十五点の石の作品を整理し上梓したものである。石は「或夭矯如舞蛟、或潜伏如臥虎、或偃蹇如朽木、或凝重如夏雲、怪怪奇奇、変化百出(14)」と描かれている。各絵の隣に治梅の漢詩が書かれており、いわゆる絵・書・詩が一体となっており、市場のニーズに応えるために創作された画譜である。巻頭に陳曼寿・葉煒・汪松坪・藤沢恒・王寅の序、巻中に江馬聖欽・福原公亮・乃亭翁（陳曼寿）の題詞、巻末に九富鼎の跋がある。

（2）『治梅画譜』

二巻、明治十五年（光緒八年、一八八二）加島信成刊行。蘭譜（巻一）と竹譜（巻二）から成る。冒頭に治梅の蘭画に関する解説がある。たとえば、蘭画の秘訣は気韻にある。道具は、極品な墨、新鮮な泉水、洗浄された硯、堅くない筆が必要だと強調している。各作品について描く手法を簡潔に解説している。初心者向けの画譜であろう。陳曼寿が題簽、李頤・王寅が序文を寄せている。ちなみに、本書には民国十三年（一九二四）上海の朝記書荘より「王冶梅蘭竹譜」という題で復刻された三冊一函本がある。

（3）『冶梅画譜人物冊』

不分巻、明治十五年（光緒八年、一八八二）加島信成刊行。「東坡先生賞心十六事」と「冶梅賞心随筆」とに分かれている。前者には「午倦一方藤枕」「清晨半炷名香」「飛来佳禽自語」「撫琴聴者知音」「乞得名花盛開」「雨後登楼看山」「花塢樽前微笑」「接客不著衣冠」「隔渓山寺聞鍾」「柳蔭堤畔閑行」「暑至臨流濯足」「月下東鄰吹簫」「清渓浅水徐舟」「客至汲泉烹茶」「開甕忽逢陶謝」「涼魚竹窓夜話」といった蘇東坡が好んだ風雅なこと十六件が描かれている。

後者はまた二つに分かれている。まず冶梅の嗜好したこと、たとえば、「携朋扶杖入名山」「長日惟消一局棋」「泉声松韻洗塵襟」「長竿在手只空垂」「一江風雨送帰舟」「消夏桐蔭書一巻」「豆花擱下話桑麻」「欧陽子方夜読書」「古道尋詩策杖行」「囲炉独酌索枯腸」「寒岩倚石聴流泉」「詩思灞橋驢背上」など十二点が描かれている。それから十九点の人物画である。これらの絵の題材は、中国と日本の知識人の求めた理想郷であり、両国文人の共通した趣味を反映している。

冶梅が描いた「東坡先生賞心十六事」は、これに先立ち、江馬聖欽の『賞心贅録』（一八八一）にも収録されている。江馬、名は聖欽、字は永弼、正人と称する。近江の人、緒方洪庵に洋学を学び、また、梁川星巌の門に入って詩を学んだ。維新後、京都東山に閑居して儒学を講じた。『賞心贅録』は「東坡先生賞心十六事」「続東坡先生賞心十六事」「続々東坡先生賞心十六事」という三部構成で、江馬は各作品に漢詩を配している。『冶梅画譜人物冊』はこれをもとに増幅したのであろう。

（4）『歴代名公真蹟縮本』

四巻、袖珍本、明治十六年（一八八三）加島信成刊行。奥付に「編輯人　上海／王寅／大阪府下西区川口梅本町／五番地」「出版人　岐阜県士族／加島信成／大阪府下西区江戸堀下通一丁目／四十一番地寄留」とあり、王寅と加島信成の住所を知ることができる。本書は一函で、函の題箋「歴代名公真蹟縮本」の落款は「壬午涂月／曼寿」とされていることから、一八八二年（壬午、光緒八年、明治十五年）陰暦十二月に陳鴻誥（曼寿）が揮毫したことがわかる。

巻頭にある光緒五年（一八七九）付の王冶梅の自序によれば、これは京都訪問中に古今著名人の書画を見て、すっかり気に入ったため、それらを模写したり、西洋の技法を用いて縮小撮影したりして編集したものだ、という[15]。

この本は、巻一煙霞淡泊、巻二画中有詩、巻三思逸神超、巻四静寂養和からなり、巻一は鄭虔～王学浩三〇名、巻二は謝時臣～許通三十名、巻三は胡世栄～呉達二十七名、巻四は呉偉業～湯謙二十五名、合わせて一一二名の画家の絵を収録している。絵の左に王冶梅が書いたと思われる作者の略歴が記されている。

（5）『天下名山図』

四冊不分巻、袖珍本、見返しに光緒十年（一八八四）暮春王氏開彫東瀛とある。光緒十一年（一八八五）東瀛浪花で記した王冶梅の自序によれば、これは明代の墨絵斎が刊行した宋・元の画家の名山図で、中国で失してしまったため、袖珍本に直して上梓した。中国の武当・泰山・華山等五十五の名山が描かれている。

右に挙げた五点の本はみな大阪で刊行され、しかも『冶梅画譜』『冶梅画譜人物冊』と『歴代名公真蹟縮本』は、みな加島信成の刊行にかかったことがわかる。加島信成については、その身分や事跡は不明であるが、その他に『分史翁薦事図録』（二冊、元・亨・利・貞合本、明治十六年吉祥堂蔵梓）を編集したことがあり、これは小西分史の一周年回忌にあたり、大阪網島で彼を偲ぶべく十五席に展示された書画・古玩を収めたものである。元冊に谷鉄臣、藤沢南岳らの寄せた序文と、「荊州楊守敬」が揮毫した雄渾な字「手沢猶存」があり、また、利冊所収の王冶梅の絵については前述のとおりである。このほかに、加島信成はまた『梅華唱和集』（一巻、福原周峯著、明治二十六年刊）を出している。これは福原周峯と桂玉老人らとの唱和集で、岡千仭・森大来（槐南）の序及び森大来の評がある。

王冶梅は前述の『歴代名公真蹟縮本』の奥付に明らかなように、少なくとも明治十六年（一八八三）の時点では大阪に在住していたが、その前後、あるいはその間にたびたび京都にも赴いたと考えられる。李筱圃は『日本紀遊』光緒六年（一八八〇）四月四日の条で、このように彼のことを記述している。(16)

今晩松村屋の二階に泊まる。部屋の中に椅子や机がなく、じゅうたんが敷いてある。そこに座り、寝るが、部屋の中はごみ一つもなく清潔である。同室者には江甯の人王冶梅がいて、隣には嘉興の人陳曼寿がいる。二人とも書画が得意で、ここに客遊している。西京滞在の中国人は馮・王・陳三人のみである。

京都在住の中国文人は馮雪卿・王冶梅・陳曼寿三人のみだと言っている。そして、京都滞在中に一番世話になったのは鳩居堂だったかもしれない。

戊寅七月、清国画史王冶梅が入京し、鳩居堂に寄寓す。(17)（下略）

戊寅秋日、天気、爽やかにして、涼風、吹いてくる。香を焚き絵を描き、よって性情を陶冶し、寂しさを紛らわ

す。金陵冶梅王寅客於京都鳩居堂一塵不和処[18]。

とあるように、冶梅は戊寅（光緒四年、明治十一年、一八七八）年鳩居堂に宿泊したことがわかる。そして、翌明治十二年（一八七九）にもここに泊まった[19]。

王冶梅君は中華金陵（今、南京）の逸士で、絵が巧みで、詩にも精通している。山水・人物・幽禽・異卉等はみなその妙を得ている。そのスケールの大きさは他人の追随を許さない。今年（明治十二年、一八八二）の夏、余（加島信成）京都の鳩居堂に宿泊中、王君も泊まりに来た。店の主人は所蔵の名人の書画を自由に王君に見せた。

（下略）

鳩居堂は一六六三年に熊谷直心により創業された店で、京都寺町にある本能寺門前にて薬種商として発足したが、一七〇〇年代ごろから、薬種原料の輸入先である中国より、書画用文具を輸入して販売をはじめ、次々と業務を広げていった老舗である。屋号は江戸時代の儒学者・室鳩巣の命名で、『詩経』の召南の篇にある「維鵲巣有、維鳩居之」で、カササギの巣に託卵する鳩に、「店はお客様のもの」という謙譲の意を込めたものである。室鳩巣の雅号と熊谷家の家紋「向かい鳩」にちなんだ屋号でもある、という[20]。刊行物に『くらさき帖』（一帖、一九三八年）、『韋辺帖』（一帖、一九四〇年）等がある。

その後、帰国した王冶梅は上海へ来遊した鳩居堂主熊谷古香と再会したことがあり、彼は熊谷に寄贈した「平林煙雨図」に次のような賛を書いて感激の気持ちを表している[21]。

今から十二年前、京都見学中に古香熊谷先生の所に宿泊し、食事まで招待してもらった。このことは肝に銘じて、一日も忘れたことがない。今、先生が申江（上海）に来遊し、久しぶりの歓談ができたのを喜んでいる。別れにこの絵を描いて永遠不滅の友情の印として寄贈する。光緒十五年小春下浣冶梅弟王寅又記。

賛に記された十二前とは、光緒十五年から逆算すれば、光緒三年（明治十年、一八七七）にあたり、これが王冶梅と鳩居堂との交遊の始まりと考えられる。

このように王冶梅は主に大阪・京都を舞台に活躍していたが、長崎にも赴いたことがあるらしい。西琴石著の『長崎古今学芸書画博覧』（明治十三年春序、図書刊行会、大正八年）に記された「近時流寓清国諸家」名簿に「画、王冶梅」（二四頁）とある。詳細は知るすべもない。

王冶梅は人物・山水・木石・花卉・虫魚・鳥獣等に長じ、(22) 絵は日本で高評を獲得したらしい。次は幕末・明治を代表する儒学者の一人、岡松甕谷（一八二〇〜九五）の王冶梅の画譜についての評価である。(23)

古から絵画の名家は、つとめて形の相似を求め、高潔な趣を追求する者が少なかった。この両方が備わったのはただ顧・陸・張・呉のみであった。以来、優れた文人は形の相似を置き去りにしても高潔な趣を求めた。たとえ一時の遊戯であっても、作者の風格は自然に筆に現れて、見る人に飄然として世俗を超越するような思いを与えるため、（高潔な趣は）非常に大切である。五十嵐翁が見せてくれた『王冶楳画帖』は、絵は数筆にしか描かれなかったものの、いわゆる「遠き樹に枝なし、遠き人に目なし」というように、きわめて優れて高潔な域に入るべき絵だと思われる。王君は治楳を号とするが、梅は高潔な花で、それに美しく仕上げられた、やわらかな姿を呈している。天下の美はここに備わった。彼は絵がよくできたのもこの号と関連があったのであろうか。

王冶梅の絵は、形の相似のみならず、高潔な趣も完備していると激賞している。岡松は維新後昌平黌教授・大学少博士となり、国史編輯などにも携わったといわれ、著に、『荘子考』『楚辞考』『東瀛紀事本末』『訳文彙編』『漢訳常山紀談』『甕谷遺稿』などがある。好みの問題もあろうが、王冶梅の絵は、岡松のような学識の高い学者にまで認められている。

確かに王冶梅は絵の「形似」より「神似」を重んじている。彼は「画は化なり。神似は第一、形似は第二位で、墨は第一位、色は第二位である。これは石のみならず、すべての作品について言える。真に迫る形や色は、その道の職人の仕事で、絵の大家に重んじられない。昔、蘇東坡が胸中の竹を描くと言ったのはそのためであり、それは石についても同じである」(24)と強調している。

第二節　衛寿金

字は鋳生、頑鉄道人を号とする。常熟の人、書が巧みである。日本来航の期日は不詳であるが、関西を中心に活動していたようである。王韜は神戸滞在中、『扶桑日記』光緒五年（明治十二年、一八七九）閏三月十五日の条でこのように彼のことに触れている。(25)

衛鋳生も訪ねて来た。鋳生は琴川（常熟の別称―引者）の人で、書に長じることをもって日本に来航した者である。彼に書を求める者がとても多く、八、九月から今日にかけて千金ぐらい稼いだ。懐具合がいいであろう。

「八、九月から今日にかけて」という言葉から、衛鋳生は前の年、光緒四年（明治十一年、一八七八）八、九月にすでに来日していたことがわかる。王治梅より一年早くの来日になったわけである。翌年、衛鋳生は一度帰国した。明治十二年（光緒五年、一八七九）十二月に発行された『新文詩』（第五十五集）に彼を送別する詩が載っている。

衛鋳生将還清国、題東海帰帆図以贈行

即山漫士

鼇背仙遊入画図　釣竿也欲払珊瑚
堨来逸士偶浮海　自古名賢多産呉
天外相思排雁字　尊前別涙迸鮫珠
大瀛西指去時路　万里煙濤帆影孤

と即山漫士から「東海帰帆図」に題した詩を贈られた。即山漫士とは神波桓のことで、名古屋の人、維新後司法省に出仕し、累進して内閣一等属となった。詩を森春濤に学び、『新文詩』の編集を助け、明治時代の代表的な詩人の一人であった。

衛鋳生は帰国して、上海の呉昌碩を訪ね、自作の『南遊話別図』に次のような詩を書いてもらった。(26)

衛鋳生（鋳）将赴新嘉坡、出『南遊話別図』属題

鋳老下筆騰蛟蚪　鋳老放筆唯好遊
昨日之日踏東海　発興又復乗清秋
云帆直指南荒野　行色倉皇滬城下
檳榔之嶼新嘉坡　上当赤道蒸炎赭
地気人俗異中土　従来名士至者寡
君独往遊恣縋鑿　豪情不減揚州鶴
噫吁嚱　丈夫不封万戸侯　当行万里路
天涯海角末云遙　大块茫茫几朝暮

衛鋳生は、昨日東海の日本を訪れたが、今度はまたすぐビンロウの島、シンガポールに旅立つことになっている。かの地は暑くて未開の地で、風俗習慣も中土と異なるので、行ったことのある中国の文人がとても少ない。しかし、衛は旅が好きで、その意志がとても強い、という主旨である。衛鋳生は果たしてシンガポールへ旅立ったか否かはつまびらかではないが、日本から帰国して半年もしないうちに、再び神戸に現れたのは事実である。李筱圃は『日本紀遊』光緒六年五月三日の条に曰く、(27)

鼎法号友朱季方と衛鋳生、名寿金は迎えに来てくれていた。鋳生は書が巧みで、ここに客遊している者である。

と、衛鋳生は朱季方と共に、神戸到着の李筱圃を迎えた、という。

日本滞在中衛鋳生は水越成章ととくに親交が深かったようである。水越、耕南を号とし、播磨（現、兵庫県の西南部）の人。芳野金陵の門下生で、漢詩に長じる。当時は神戸判事補をつとめ、神戸に在住していた(28)。衛鋳生は光緒六年と光緒七年、水越の著『遊箕面山詩』（明治十四年）、『薇山摘葩』（明治十五年）に題字を寄せているが、一方、水越はまた『翰墨因縁』（巻下）（明治十七年）に衛鋳生の詩三首、尺牘三通を載せている。尺牘からは、衛が川口・高松などへ出かける際に水越の紹介を受けたことがわかる。

衛が残した詩が極めて少ないことからも、詩文は彼の得意な分野でないことが察せられる。そこで、上手とはいえないが、『翰墨因縁』（下巻）所収の彼の詩を記しておくことにしよう。

光緒辛巳中秋前一日、過耕南草堂、即席歩韻、録請一哂。

登堂便令酔華顛　披読新詩更勝前
奇句都従性霊出　才名早向世間伝
散衙余事耽風雅　好客情懐揔昔賢
老我天涯成莫逆　雲山自此結良縁

奉和耕南先生秋思原韻

冶春往事邈難追　愁絶雕闌葉落時
断藕繅絲縈別緒　斉紈捐篋有秋思

乱翻踈柳鴉千点　滴砕残荷雨一池
惆悵臨風三擫笛　登楼誰唱比紅児

欽堂詞兄以詩寄懐、率次原韻、却寄。

夕照滄江楓樹林　排空雁影向西沈
征途僕僕風吹帽　短髩蕭蕭雪満簪
埜店荒郵遊子夢　停雲落月故人心
何時重理南州棹　把酒相将放浪吟

最初の詩にある「光緒辛巳」は、すなわち光緒七年（明治十四年、一八八一）にあたる。内容から察すれば、この年水越と初めて会ったらしい。

そのほかに、江馬聖欽の『賞心賚録』（明治十四年刊）にも衛鋳生の題字が見られる。また、日本の友人から送られた詩もあり、青木可笑の「訪衛鋳生賦此以代舌官」（『樹堂遺稿』巻上）と永坂周二（石埭）「海角問奇図送衛鋳生経東海道赴浪華」（『新文詩』第一〇〇集、明治十四年十月）は、そのうちの二例である。

第三節　王藩清

字は体芳、琴仙を号とする。浙江慈渓の人、秀才出身(29)。彼はのちに日本人の手になる最初の北京官話テキスト『亜細亜言語集―支那官話部』(一八七九～八〇)を作ったことで有名な広部精の要請に基づき、中国語教師として来日し、明治十年九月十日(八月初四)より六ヶ月間雇われた。一ヶ月金五十円で、浅草黒船町二番地に寄留していた[30]。広部の日清社で中国語を教えていたのであろう。これに先立ち、彼は一足先に日本に渡来した義理の兄、王治本に連れられ、大河内輝声に紹介された[31]。

王　今日偕琴仙、惕斎二弟超訪(中略)。琴仙弟初到貴邦、亦諸多未諳礼節、至書画稍知其法(中略)。琴仙弟于今春亦游庠序(地方の学校)。

これは明治十年七月二十三日の筆談であり、これからすると明治十年七月の来航であろう。王琴仙は、その後も中日の間を行き来していたようである。『桃園結義三傑帖』(後述)の奥付にこのように彼のことが紹介されている[32]。

本帖筆者清国王藩清、先生字体芳、号琴仙、浙江省寧波府慈渓県人、丁丑以来遊於日本者既再矣。

と「丁丑」(光緒三年、明治十年)以来、何度も日本に来遊した、という。

王琴仙は、在日中に加藤熙の『衆教論略』(五編、明治十年)に序文を寄せ、何如璋・沈文熒などの外交官と共に、石川鴻斎の『鴻斎文鈔』(三巻、明治十五年)、関義臣の『日本名家経史論存』(十五巻、明治十四～十五年)を批評している。とくに後者については、巻一・五・七・十・十二・十四・十五と合わせて七巻にわたり評点を行っている。文章にも自信の一端を見せている。

しかし、王琴仙の腕を十分に振るった分野は下記に示すように書画にある。

（1）『三崎新道碑』

一巻、明治十二年（光緒五年、一八七九）山形県松井秀房出版。山形県の三崎峠は交通要衝であるが通行に困難であった。このため、一八七六年に多数の人を動員し、道を大きくするなど開拓を行った。この工事を記念すべく、『三崎新道碑』が立てられた。碑文は肝付兼武の撰文で、書は王琴仙の筆によるものである。これは碑の拓本を刊行した本である。

（2）『翰墨遺余香』

一巻、明治十三年（光緒六年、一八八〇）伊藤兼道の編輯出版。王琴仙が描いた「孤芳自賞」「王者之香」「鶴夢初醒」「払窓寒影」「彭沢家風」など蘭・梅・菊を題材にした絵が五点収録されている。見返しは王琴仙の筆で、光緒六年（明治十三年、一八八〇）の落款となっているので、これらの絵も在日の際に描いたものであろう。

（3）『清国王琴仙書画状』

一巻、明治十五年（光緒八年、一八八二）山内六助の編輯出版。王琴仙が光緒六年（明治十三年、一八八〇）に創作した蘭・梅・菊・竹の絵六点が収録されている。各絵に漢詩がついていて、詩画が一体となっている。この本も日本滞在中の作品であろう。

（4）『桃園結義三傑帖』

一巻、明治十九年（光緒十二年、一八八六）山形県小塚侶太郎の編輯出版。巻頭に彩色印刷された王琴仙の「海棠図」と栗山仙史の「桃園三結義図」があり、それに劉備・関羽・張飛を詠う蒲汀の「詠劉先主」、王琴仙の「詠関聖帝君」、鳳蝶（関本寅）の「詠張桓侯」詩がある。これらの詩は、王琴仙が光緒十年（一八八四）に「霞城客次」にて書写したとされている。

この本に付録として溝口恒・加藤寛・牧頼元・日向良俊・和田徹・佐佐木綱領・武田玄玄・武田健雄・狩野徳蔵・関本寅・小塚侶太郎などの日本人が、劉備・張飛・諸葛亮を詠う律詩十五首が載っている。

王琴仙が残した詩は少なく、管見するかぎり石川鴻斎と唱和した「湖山尋秋」[33]と、この「詠関聖帝君」しかなかった。いま、後者を記しておこう。

読書大義在春秋　忠勇堂堂万世留
伐魏拒呉扶漢室　名垂青史寿亭侯

また、日本人が王琴仙に送った詩には、森春濤の「送王琴仙藩清還清国」[34]と野崎省作の「贈王琴仙次其見示韻」[35]がある。

第四節　陳鴻誥

字は味梅、曼寿を号とする。別号に乃亨翁[36]、寿道人[37]などが見られる。秀水（現、浙江省嘉興）の人、豊かな家に生まれ、幼時から父の薫陶を受け、詩文を好み、同好との詩文のやり取りは毎日のように行われていたという。[38]詩集『味某華館詩初集』[39]（六巻、一八五〇）、『味某華館詩二集』[40]（四巻、一八五一）、『喜雨集』[41]（四巻、一八五三）を次々出した。咸豊五年（安政二年、一八五五）父を亡くし、太平軍に故郷を陥れられてから、生計が衰退の一途をたどっていった。男の子四人、女の子一人がいたが、(42)三男は避難生活の中で死亡。同治十年（明治四年、一八七一）貢士になったが、生計が立たず、転々と他郷を流浪する生活をよぎなくされた。(43)長く上海に客寓し、(44)王冶梅や胡公寿などの名流とも懇意であった。(45)書道は冬心に倣い、書いた篆書・隷書には古趣があり、また冬心を模倣した梅の絵には、かすれた筆致で特別の趣を出している、という。(46)

生計上の理由と友人の影響を受けて、早くから来日を待ち望んでいたらしい。同郷の葉煒の『扶桑驪唱集』に寄せた題詞で、「笑我遠行何日遂、年年辜負苦吟身」と詠い、そして、「鴻誥はたびたび日本へ旅するつもりがあったが、未だに果たしていない」と注釈を施している。

衛鋳生とは前からの知り合いで、衛が日本へ行く前、餞別会を開いたし、その後も文通を続けていた。(47)光緒六年（明治十三年、一八八〇）、衛鋳生の斡旋でいよいよ来日できるようになった。朗報を受けた彼は、「相思夜夜託瑤琴、一紙書来慰素心、内史家貧惟煮石、故人情重許分金（中略）准擬乗槎償夙約、海天嘯詠豁塵襟」、(48)「故人招我海東遊、夙約今番願始酬、伏驥尚余筋骨健、征鴻祇為稲粱謀」(49)と欣喜の心情を詩に託している。

この年の三月一日(50)（太陽暦、四月九日）、五十六歳(51)の彼は船に乗って長崎、神戸を経由して京都にたどり着き、暁翠楼(52)に客寓した。そして、二年後の光緒八年四月二十五日（明治十五年、一八八二年六月八日）ごろ帰国した。(53)

陳鴻誥は日本に滞在した二年間、『冶梅画譜』（二巻、王寅）、『夢鷗囈語』（二巻、葉松石）に題箋を、『扶桑驪唱集』（二巻、葉松石）、『賞心賚録』（四巻、江馬聖欽）、『冶梅画譜人物冊』（一巻、王寅）、『冶梅石譜』（二巻、王寅）にそれぞれ題詞を寄せた。また、書画も彼の余技として活用され、福原公亮『庚戌消夏草』に口絵として彼の書画が二点掲載されている。

しかし、彼がもっとも活躍した分野は詩文の世界にあった。『冶梅石譜』に序文を、『薇山摘葩』（二巻、水越成章）に識語を記し、『退亭園詩鈔』（二巻、江馬聖欽）や『晩晴楼文鈔』（三巻、土屋弘）などに批評を多数書き残している。陳鴻誥の詩は散見しているが、『新文詩』に掲載されたものには、「謁楠公祠」[54]、「嵐山看桜花用昌黎山石韻」[55]、「湖山先生寄示七十自寿二律索和、即次原韻」[56]（二点）があり、そして、『翰墨因縁』（二巻、水越成章）に集録されたものには、「光緒六年庚辰秋日僑寓山城暁翠楼（下略）」[57]、「謁湊川祠」「首夏」「新秋」「独酌」「絶句」「三月十一日、与衛鋳生（下略）」がある。

陳鴻誥は、また日本で次のような著書を上木している。

（1）『味梅華館詩鈔』

二巻、明治十三年（光緒六年、一八八〇）刊。巻頭に王冶梅が描いた「味梅華館図」、伊勢華の同図に対する題詩、原田隆・小野長愿・王寅・胡公寿及び著者本人の序が付いている。巻末に、江馬聖欽・市部水重の跋が載っている。これは中年以前に作った詩を中心に集めたものであるが、来日後の詩も少し収録されている。この詩集の上梓については次のような経緯があった。[58]（カッコ内は筆者）

（明治十三年、一八八〇年四月）二十三日晴れ　旅館（京都・麦屋坊）の主は、別楼に支那の客陳曼寿・衛鋳生がいると教えてくれた。そこで会ってみることにした。原田西疇も在席のため紹介してくれた。鋳生は数ヶ月前に東京で数回会った。一別して会えないかと思ったが、今日はまた邂逅した。不思議な縁だ。曼寿は袖の中から岸（田）吟香が上海から私宛の書簡を出した。そして、葉松石の家で私の『蓮塘唱和（集）』を読んで、早くからお噂を知っていると言った。これも不思議な出会いである。曼寿はすらりと痩せていて、非常に落ち着いている。ただの漫遊士ではないようである。（原漢文）

明治前期の漢詩文の大御所、小野長愿が京都来遊の際に初めて陳鴻誥に出会った時の記録である。陳鴻誥が来日（四月九日）してから半月も経たないうちのことであった。そのとき、小野は机に置かれていた陳の詩稿『味梅華館詩』（二十数巻という）をざっと読んで、篆刻・隷書に長じるのみならず、詩の才能もとても高いと感心した。また、岸田吟香の紹介状で、陳鴻誥は上海でも知られた文人であるというので、京都の漢文学者と相談して『味梅華館詩』から百点余の古今体詩を選択して上梓に付することになった。その後、東京に帰ってからは、この本の担当者原田西疇と陳鴻誥から、序文を依頼されたという。[59] このようにこの詩集の刊行に、小野は与って力があったのである。

（2）『邂逅筆語』

一巻、明治十四年（光緒七年、一八八一）土屋弘刊。陳鴻誥と土屋弘は大阪ではじめて会ってから意気投合している。その後、陳鴻誥は京都へ行ったため別れた。これは明治十四年（光緒七年、一八八一）七月八日から十日まで再会した際の筆談記録である。

（3）『雲児詞』

一巻、光緒七年（明治十四年、一八八一）刊。江馬聖欽が見返しを書き、王冶梅が「雲在楼図」を描く。陳鴻誥が日本滞在中に岩井雲児（大阪の人）という女性に出会い、その美貌にすっかり心をとられ、良縁を結んだ。これは「香奩詩」に倣い、彼女の美を詠った絶句十八点を収録したものである。

（4）『日本同人詩選』

四巻、明治十六年（光緒九年、一八八三）刊。藤沢恒・土屋弘の序が巻頭に飾られている。主に彼が付き合った（面識のない人も少々ある）日本の友人の漢詩を収録した詩集である。小野長愿・森春濤・岡本黄石・藤沢南岳など六十二人の詩五九九首、そのうち、陳鴻誥との唱和詩は七十一首で、陳鴻誥の交際の広さの一端が仄見える。中国人が編集した日本漢詩集の濫觴として注目に値するものであろう。

第五節　葉　煒

字は松石、夢鷗を号とする。そのほかに鴛湖、信縁などの別号も見られる。秀水（現、浙江省嘉興）の人。日本国在上海領事館の推薦で(60)一八七四年（同治十三年、明治七年）二月二十七日より、東京外国語学校（現、東京外国語大学）漢語科の二代目の教師として来日。月給一五〇円の二年契約である(61)。

東京外国語学校漢語学教諭一員傭入結約之儀御届

東京外国語学校漢語学教諭一名清国へ注文之上傭入候儀、客歳十一月中御許容相成候処、清国人葉松石適任之者ニ付、一ヶ月金百五拾円之給料ニテ二十四ケ月間傭入候旨、本国ニ於テ談判相遂、去二月廿七日来着イタシ、即日ヨリ前文ノ給料期限ヲ以テ傭入結約イタシ候条、此段御届申候也。

明治七年三月十二日　　　　文部卿木戸孝允

太政大臣三条実美殿

彼は、明治初期の日本のために多数の人材（特に漢語通訳人材）を養成し[62]、教育に熱を入れたため表彰された[63]。

東京外国語学校教諭清国人葉松石へ報酬之儀届

東京外国語学校教諭清国人葉松石儀、曩ニ同校一等教諭穎川重寛清国へ御用有之被差遣候以降、同人受持之生徒ヲモ兼テ授業、且作文ノ如キニ至テハ帰寓之上夜間ニ訂正候等其労不尠、随テ重寛不在中之儀ハ教導向一層負担セシメ候儀ニ付、右為報酬代価金貳拾五円之物品及贈付候、此段御届申候也。

明治九年二月廿三日

文部大輔田中不二麿

太政大臣三条実美殿

一等教諭穎川重寛が清国出張中、葉は穎川の学生の分も教授し、残業で作文を訂正し、負担が重かったため、二十五円相当の物品が賞与されたという。そして、葉の二年契約は半年延長してから、明治九年（光緒二年、一八七六）七月十五日に満期のため解約された。二年半の任期の労をねぎらって十一円五十銭相当の賞品を賜った[64]。

東京外国語学校教諭清国人葉松石雇満期ニ付賞与贈付之儀御届

東京外国語学校教諭清国人葉松石儀、本年七月十五日雇満期解約候処、同氏儀去明治七年二月雇入爾来満二年半之間、授業頗ル勉励、効績モ有之、且本国ヨリ招傭セシ者ニモ有之候条、解約之際為賞与代価金拾壹円五拾銭之物品及贈付候、此段御届申候也。

文部大輔田中不二麿代理

明治九年八月廿三日
文部大丞九鬼隆一

帰国にあたり、森春濤主宰の有力誌『新文詩』で、葉松石を送別する特集（『新文詩別集』五集、明治十年十二月出版）が上梓された。この特集の中に、葉の「将帰故国、留別東京諸友」「治装将皈、文部九鬼遠両大丞・野邨督学・内村少丞招飲（下略）」「奉贈毅堂先生」「贈成島柳北君倣張船山体」「長酡楼酒間筆談戯集詞曲調名」などの詩が載せられ、また、鷲津宣光（毅堂）・小野長愿（湖山）・川田剛（甕江）・三島毅（中洲）・中村正直（敬宇）・松田時敏（用拙）・横山政和（蘭洲）・関思敬（雪江）・神波桓（即山）・五桐居士永畜・野村素介（素軒）・辻斐（青邑）・丹羽賢（花南）・永坂周二（石埭）・巖谷修（一六）・大槻清崇（盤渓）・成島弘（柳北）・富田厚積（鷗波）・森魯直（春濤）・鈴木魯（蓼処）などの唱和詩も収録されている。そして、明治九年七月二十六日付の『郵便報知新聞』に二日前に成島柳北の主催により開かれた送別会の様子を伝えている。

葉松石のこの年の夏に帰国した後の様子はつまびらかでないが、森春濤らとの連絡が途絶えることなく、『新文詩』に詩文が引き続き掲載されたので、その一端をかいま見ることができる。

まず森春濤宛の書簡によると、帰国後、翌年（光緒三年、明治十年、一八七七）の秋呉国の貴族の後裔で詩文のよくわかる女性と結婚した。不遇な生活に追われて、生計を立てるべく稼ぎに出かけたが、才能をかってくれる人がいなかった、という(65)。

次に、小野長愿宛に送った手紙では、生活上の余裕がないため帰国してからは作詩したこともなく、「憶昔東京、詩酒流連、恍如夢寐」と懐かしい気持ちを表して、詩二首を小野に送った(66)。

そして、再び森春濤宛に寄せた書簡によると、生計上のため上海に客寓したが、やはり思う通りにいかなくて、九月十五日に帰郷した。しかし、家が貧しくてとてもやっていけない、という。(67)

そこで、光緒六年（明治十三年、一八八〇年）の夏、再び日本を訪れ大阪に滞在した。その時『夢鷗囈語』を著した。翌年の春京都に移ったが、気候に慣れないため病気にかかり再び大阪に戻った。療養中に『煮薬閑抄』を草稿した。葉松石の今回の再来は、案に相違して懐を潤すことができなかった。これについては、小野長愿が「葉松石煮薬閑抄序」でこのように記述している。(68)

詩人が貧乏なのは、古から常にあることで不思議ではない。しかし、葉松石のごとく海外に客寓し病気と貧乏に悩まされた例は少ない。本国で才能を発揮できなかった葉松石は、往年東京に来航し、文部省に漢語の教師として雇われた。暇の時に私たちと唱和し、月・花を吟じてとても風流であった。その後再来して平安・浪花に寓居したが、唯一の財産は筆とすずりであった。（原漢文）

同小野長愿の序によれば、四十歳すぎの葉松石は、病気が治らないまま帰国の途についたそうである。光緒八年（明治十五年、一八八二）二月頃帰ったであろう。その後、光緒十年（明治十七年、一八八四）に秣陵（現、江蘇省江寧）の役所に就職したが、詳細は不明である。翌年、職を退き南京に閉じこもって旧稿に手を入れ、『煮薬漫抄』を著した。この本と一緒に上梓したのは、日本人と応酬した漢詩を集めた『扶桑驪唱集』である。

葉は二度日本に滞在したため多数の友人ができ、詩文の交流が多かった。たとえば、森春濤主宰の有力誌『新文詩』に、「秋興四律」（三集）・「贈春濤詩壇魯直」（四集）・「新年偶作」（七集）・「哭愕堂純二律」（十集）・「得湖山翁書」「秋夜口占」（四十一集）・「得湖山翁書喜作」「秋日口占二首」(69)（四十二集）・「長至後十日為是邦新年、戯占絶句四首」（七十集）などの詩が発表されている。そして『蓮塘唱和続編』（小野湖山編、一八七五年）と『愛敬余唱』（大槻磐渓編、一八七六年）には、彼の明治の漢学大家である小野湖山・大槻磐渓・中村敬宇などとの唱和詩が収められている。そのほかに葉松石は土屋弘の『晩晴楼文鈔』に批評を三十点書き入れ、江馬正人の『賞心贅録』、山田純の『枕上賸稿』、奥玄宝の『茗壺図録』にそれぞれ跋文を寄せた。一方、『寧静閣四集』『明治詩文第一集』『敬宇詩集』『環翠楼詩鈔』『黄石斎集（第四集）』『明治大家絶句』には、大槻清崇・増田貢・中村敬宇・横山政和等による葉松石宛の詩があり、『敬宇日乗』にも彼の名前がしばしば登場している。

詩文交流のほかに、葉松石は次のような著書もいくつか出版した。

（1）『夢鷗囈語』

一巻、藤沢恒（南岳）、土屋弘（伯毅）評、菊池純（三渓）、神山述（鳳陽）閲、明治十四年（光緒七年、一八八一）東京で刊行。巻頭に谷鉄臣（太湖）の「枕経籍史」、江馬聖欽の「漆園余韻」の題詞、王寅の「水亭消夏図」があり、そして菊池純・土屋弘・藤沢恒の序が続いている。巻末に福原公亮の跋がついている。跋によると、これは葉松石の門人、周壮十郎の校刻によるものであるが、周壮は途中で病死したため、福原と藤沢がその霊を慰めるため出資して本書を刊行した、という。これは葉松石が日本に再来し、大阪の自由亭に避暑する際に書いた本である。

クモと蚕は同じ糸を吐くものであるが、蚕は天下に衣を与え、クモは満腹を求めるためである。しかも、他人のために働く蚕が自分を焼いて死ぬのに対して、自分の為に働くクモはその天命を尽くせる。

と社会に存する不公平な現象をクモと蚕に喩えて指摘している。また、

人間に才能が一分あれば試練も一分多い。十分の才能があれば十分の試練を受ける。それはその才能を嫉妬するのでなくその才能を成就させるためである。だから挫折した時にそのように思えば、自然に納得がいくであろう。

と人生訓を述べている。このような短い随筆は五十五条もあり、なるほどと思われる内容も少くない。しかし、日本のことについてはほとんど触れていない。

（2）『扶桑驪唱集』

一巻、付録一巻、光緒十七年（明治二十四年、一八九一）白下（現、南京）で刊行。巻頭に郭伝璞、葉松石の序があり、続いて郭伝璞・蔣節・楊伯潤・胡廷玉・周濂・陳鴻誥・斉学裘・趙受璋・胡廷瑋・衛梓材・倪鴻・秦雲・葛其龍・徐炳倬・呉道芬などの題詞がある。これは葉松石が東京外国語学校で任期満了の際に日本の友人から送られた餞別詩を集めたものである。上述の『新文詩』別集五号に出た漢文学者のほかに、富田壽永誉・植村玉義・増田貢・巌村英俊・笠原娯・川崎近義・坂谷素・岡本迪・谷鉄臣・梁張・日下部東作・谷操・江馬聖欽・石津勤・浅井龍・山田純・林英・村田淑・西尾為忠・立田誦・安富国民・斎藤良富・水越成章・九鬼隆一・長炗・依田学海の詩がみられ、交友の広さが窺える。

（3）『煮薬漫抄』

二巻、光緒十七年（明治二十四年、一八九一）金陵（現、南京）で刊行。明治時代の書聖と称えられた日下部鳴鶴の題簽や朱百遂・小野長愿・秦雲の序がある。これは光緒七年（明治十七年、一八八一）、病気で大阪療養中に旧稿を整理

したものである。人物を中心に文壇の出来事や詩文の作法などを論じている。

第六節　総合的考察

明治前期に来日した清国の文人は、その他にまだ羅雪谷・周幼梅・胡小蘋・郭少泉・王治本・張滋昉などがいたが、以上は王寅・衛寿金・王藩清・陳鴻誥・葉煒に絞って記述してみた。次に、彼らの行動にみられた共通点について少し見てみたい。

これらの文人の多くは江蘇・浙江、とくに上海から来航したものが多かったと思われる。王藩清は直接慈渓から出発して日本へ来航したようであるが、すでに述べたように、陳鴻誥・葉松石は上海に客寓したことがあり、王寅・衛鋳生は上海に在住していた。しかも、王と衛は上海で名の聞こえた文人でもあった[70]。

当時の上海は、一八四三年の開港以来、国際商業大都会まで発展してきて、在住の人口は北京に継ぐ百万近くもいたと推測されている[71]。その中に、書画に携わる芸術家も多く住んでおり、「全国各省から集まった書画家のうち、上海で名を馳せたものなら百名は下らないだろう[72]」とも言われている。彼らは時代の変化に適応すべく、上海で鋭意革新し、「海上画派」と名づけられたように、独特の画風を成し遂げた。同時に芸術家の上海一極集中は、激しい競争をもたらし、次々と新しい市場を開拓せねばならなかった。

一方、維新後の日本は、漢学は衰える一途であったが、その勢力はなお強靭に残っていたのである。そのうち、中国の書画に対する需要も大きかった。明治時代の漢文学者、依田学海は明治十五年（光緒八年、一八八二）の日記の中でこのような社会的な嗜好を記録している[73]。

（川田）甕江いへらく、近時書画いたく行はれて、明・清人の名画としい《ママ》へば、その価高をいとはず買もの多し。されば、いづれの儒士の家にゆきても多く蓄もてるに、独、吾友三島中洲のみはさる嗜好絶てなし。（下略）

そのため、直接渡清して文物を購買する商人もいたが、現地の中国人を雇って仕入れるケースも現れた。岸田吟香は一円社へ寄せた書簡で、このような動向を伝えている。(74)

近来ハ支那人ニモ日本人ヘ骨董ノ世話ヲスル計リノ渡世ヲスル者モ沢山ニ有リ、且ツ日本人ノ手下ニ成リ、楊州・蘇州其ノ外、内地所々ヲ遊ビ歩行キ、日本人モ右ノ者共ヲ同道シ、日本服ニテ頻リニ古器ヲ探シ廻ルト聞ク。西京ヨリハ一人常ニ上海ヘ夫婦連レニテ来テ居リ、京阪ヨリノ注文ヲ受ケ、骨董ヲ買出シ送リ居レリ、今夕モ一人楊州ヘ出立候者之レ有ルヨシ、是レモ古物ヲ求メニ参ルト云ウ。（下略）

国内のシビアな競争と日本国内の大きな市場があるゆえに、一部の文人は日本へ目を向けるようになったのであろう。

これらの文人の日本来航のもう一つの直接的な理由は、生活難に悩まされていたからであろう。(75)陳鴻誥・葉松石が厳しい生活を送っていたことについては既述のとおりであるが、衛鋳生もゆとりのある生活をしていたとは言えなかった。たまたま明治時代の有力紙『朝野新聞』に彼の生活ぶりを伝える記事が連載されているので、引用しておこう。(76)

（前略）鋳生ハ常熟ノ人ニシテ纔ニ筆墨ヲ以テ上海ニ来リ遊ブ（中略）、其人トナリハ写字ヲ好ミ、毎ニ何紹基ノ余唾ヲ拾ヒナガラ自カラ許シテ晉唐ニ遡リタル心持ニナリテ居ル人ナリ。余曾テ西京ニ在リシトキ、聞ク所ニ拠レバ、鋳生ハ清国有名ノ一大家ナリト。世上ノ耳食先生ガ推尊セルヲ以テ、余モ亦或ハ此説ニ雷同セシコトモアリシガ、昨秋、上海ニ遊ビ、先ヅ多年慕フ所ロノ衛先生ヲ訪ハントシテ、一角ノ車銭ヲ惜マズ遙ニ仏租界大馬路陸平里ニ向テ去リシガ、定メシ衛先生ハ大家ニテ門ニ車馬ノ客モ有テ卒然之ヲ訪フモ容易ニ面接ヲ得ベクモアラジト思ヒナガラ、車ヲ棄テ、里内ヲ徘徊セシガ、未ダ衛先生ノ寓ヲ認メズ、往テ里ノ西隅ニ到レバ、寥々タル一軒ノ長屋ノ端ニ、九尺間口ノ番小屋カ、将タ髪結店カト覚シキ処ニ、衛寓ノ二字ヲ題セリ。余愕然之ヲ望ミ堂々タル衛先生ハマサカ此様ナル長屋住居ニテハ有ルマジトハ思ヒタレトモ、此里内ニ於テ同姓ノアルトモ思ハネバ、徐ニ戸ヲ開キテ入リ名刺ヲ通ジタレバ、僕カト覚シキ奴ガ戸際ニ机ニ対シテ居リシ故、衛先生在家不在家ト生ギ、ナル上海語ヲバ遣ヒシニ、何ゾ図ラン其僕ト見シガ即チ年来思慕セシ処ノ先生ニシテ、一見未ダ語セザルニ昔日ノ信ハ人物ノ風格ニテ失セ果テタリ。

引用は冗長になったが、書家として有名な衛鋳生はきっと立派なところに住んでいるだろうとたどり着いたら、長屋に住んでいることにショックを受けた、という。この記事はさらに衛鋳生の住まいの中の様子を次のように描写している。

其ノ居タルヤ前堂、即チ入口ノ間ハ我国ノ六畳敷、後堂、即チ勝手ノ間ハ四畳半位ノ狭小ナルモノト通々二間ニシテ、其後堂タルヤ竈アリ手桶アリ、溲瓶《しびん》アリ醤油徳利アリ、杓子モ箒モ一堂ノ四壁ニブラサゲテアリ（中略）。其ノ前堂ハ往来ヨリ直グニ入リ込ム店先ト同様ノ処ナリ、入口ノ左ノ方ニハ門口ヲ枕ニシテ瓸ノ沸出シサウナ一脚ノ寝台アリ、其ノ右ニ粗末ノ机アリ、之ヲ先生揮灑ノ処トス。（下略）

六畳に二畳ぐらいの狭くて雑多なところに住んでいる、といっている。

　このように彼らの多くは、国内でその日暮らしの毎日を過ごしていたが、日本での生活はどうなっていたであろうか。明治前期の中国人と日本人との筆談記録に、同時期に来航した文人王治本といとこの王藩清（琴仙）の在日中の潤筆料金表が残っている。珍しいので引用しておこう。[77]

潤筆仿単

不陋居主人王桼園先生
問梅居主人王琴仙先生

詩文書画潤筆格

一　撰序跋論記	毎篇両円
一　題画題扇	毎章五拾銭
一　酌裁稿本	另議
一　従学詩文	毎月壹円口課面議須口呈、贄金豊倹不拘
一　書大幅堂画	毎幅壹円
一　書屏幅	毎貳分
一　書対聯	毎貳分
一　書扇面冊帙	毎貳拾銭
一　書匾額字在尺外大者	毎四字貳円、如小匾照屏幅式

一　画大幅堂画　　毎貳円
一　画屏幅　　毎貳分、如画四幅壹円貳分
一　画帳額　　毎貳分
一　画扇面冊帙小件　　毎壹分
一　篆刻図章　　毎字貳拾銭、如図章過小、字画過多者不刻

光緒三年丁丑十月吉旦
明治十年十一月得所老人酌定（印）

この表から、明治十年（光緒三年、一八七七）ころの在日中国人の潤筆料の一斑が窺える。実藤恵秀の話によれば、日清戦争以前は、上等旅館の宿泊料がおよそ五十銭ぐらいであった[78]ので、けっこういい収入があったであろう。なお、落款にある「得所老人」とは、佐瀬得所（一八二三〜七八）のことである。明治前期にたいへん活躍した書家で、『新選万字文』（甘泉堂、一八七五〜七七）、『行書千字文』（塵積堂、一八七六）などの本を残している。

実際、筆一本で財を成した人もいた。次のような議論がある。

亀谷省軒：最近西京（京都）から帰ってきた人の話によれば、衛（鋳生）氏は大いに富み、陳（鴻浩）氏は貧乏しています。

王治本：陳氏は詩詞にたくみであるが、これのわかる日本人がいなくて残念です。衛氏は日に二、三十円を得ているそうです[79]。

王治本：（王）琴仙は去年十一月、愛知へ行き、いままでに八百円をもらったそうです。しかも、飲食費は含まれていません。[80]

清末の文人の日本への出稼ぎについて、関心を寄せて観察した一人に岸田吟香がいた。

上海ノ岸田吟香翁ヨリ柳北へ贈リシ書簡（去月三十日発）

前略陳曼寿ト云フ蘇州人（嘉興人の誤り――引用者）今度日本へ参リ候、暫ク京阪遊覧ノ上東京ニ赴ク由、同人ハ可ナリノ学者ニテ詩モ出来候、最モ隷書ト篆刻ガ長技ノ様子、東京ノ諸大家へ添書セヨ、ト小生ニ頼ミ候間宜ク御評判可被下候。曼寿ノ子ハ善福ト申ス廿四五ノ男ナリ、娘ハ慧娟ト申シ詩モ画モ出来ル由、容貌モ美ナリトノコトナレド小子未ダ面セズ、曼寿ノ外胡鉄梅ト云フ画工モ近々日本へ金儲ケニ出立スルトノ事、支那ノ文人ハ日本へ往キタイ往キタイト申ス者多シ、何デモ日本へ往ケバ金ガ儲カルト思フハ実ニ一笑ス可シ。（下略）

とある。[81]これは岸田吟香が国内の文壇に陳鴻誥（曼寿）と胡鉄梅の来航を報知した書簡である。岸田吟香（一八三三～一九〇五）、名は国華、吟香を号とする。岡山県津山市の人。このレポートを書いた年（明治十三年）、四十七歳の彼は上海英租界河南路、工部局の門の真向かいに「楽善堂支店」を開く目的で上海にいた。この書簡の受取人成島柳北（一八三七～八四）は江戸の人、維新後はもっぱら文墨に親しむ生活を送り、『朝野新聞』の主筆に迎えられ、草創期の新聞界の大御所として勢力を誇った。『花月新誌』を創刊し、『柳北全集』などの著がある。

一ヵ月後、岸田吟香はまた漢詩結社、淡々社宛に送った書簡で、葉松石・郭少泉の来遊を伝えた。同時に胡鉄梅の来航も再び伝えている。(82)

上海岸田吟香翁ヨリ淡々社（即旧一円吟社）諸君ニ寄セシ書牘

（前略）此度葉松石又々東遊、今晩出帆ノ高砂丸ニ乗込ム様ニ申居候処、旅費未調達セズ今一船モ延期ノ由ニ御座候。郭少泉ト申ス書家モ同行、此人ハ揮毫墨蘭ヲ以テ門戸ヲ張リ候ヘドモ、別段有名的ニハ無之書家ヲ数フレバ指ヲ未ニ屈スル位置ニ御座候得共、性質温順ニテ人ニ愛セラレ上海ニテモ同人ノ書ハ至テ多ク見受申候、潤筆モ仿単ヲ作ラズ人ノ投ズルニ任カセ居ル様子ニ御座候。陳曼寿ハ東京へ参リ候哉、猶又遠カラズ胡鉄梅ト申ス画家モ東遊致候由ニ御座候、尤モ此人ハ尾州へ語学教授ニ被雇候由ニ承リ候、同人ハ有名ノ画家ニ御座候間、何程カ日本人ノ臍金ヲ攫取可致ト存候。郭少泉ハ西京鳩居堂へ赴キ夫ヨリ東京へ遊ビ度ト申居候、葉松石モ多分同遊ト存候。（下略）

清国の文人の来日について、明治の漢学文壇は矛盾したような心情で見たようである。つまり、出稼ぎのための来日には抵抗がある反面、学術交流ができるので歓迎もしていたようである。たとえば、陳鴻誥の来日の前、『新文詩』第五十九集（明治十三年四月出版）に、陳の「別滬上諸友人」という詩が先に掲載され、明治前期の漢文学界の長老小野湖山は、この詩に注して「天涯比隣、文士来往、亦是昭代之化、其事可喜、其人可企望焉」と異国文人同士の行き来ができたのは、昭代のおかげで、喜ばしいことで、待ち望んでいるといっている。そして、彼は同時に蔡錫齢の「送陳曼寿遊日本」という詩に注して、「陳氏来遊期已定、若使蔡氏亦継至、則亦添一段佳話」と蔡錫齢にも来日してほしい、と切なる期待を寄せている。

確かに清末の文人らは生計上に追われ出稼ぎに来日した人がいたものの、彼らが詩文の唱和・評語活動を積極的に行ない、日本人のために多くの序跋を書いた結果、明治文壇の需要に応え、漢文学を大いに刺激し、その隆盛に積極的な役割を果したのも動かしがたい事実であろう。[83]

そして、衛鋳生のごとき不評者もいたが、文才と人格で日本人の好評を獲得した文人のほうがもっと多かったと思われる。たとえば、陳鴻誥については「淡々とした性格で、名誉と利益を求めない博学者」[84]で、「近年来航した清人の中で立派な人物であり、詩の造詣がとくに深い」[85]と評価されているし、葉松石については「奇才を持ち（中略）四十歳余にすぎないが、著書が豊富で」[86]、「奥ゆかしく、優れた風貌で、風流、温和である」[87]と賞賛されている。また、王寅については「人に優しく（中略）絵のみならず、詩文ともに堪能である」[88]と称えられている。

明治前期に来航した中国人については、黄遵憲などのような「名人」に比べれば、これらの中国近代史の上で微々たる存在にすぎなかった文人たちは、必ずしも重要視されている研究課題ではない。しかし、いま述べてきたように、彼らが明治社会で大変な活躍ぶりを見せ、文化交流に積極的な役割を果したことは動かしがたい事実であろう。彼らは清国外交官と共に、甲午戦争前に展開された中日文化交流の担い手であり、先駆者でもあった。それ以外の文人の事績もさらに掘り出せば、この集団の果たした役割がより明晰に浮き彫りにされると思われる。

注

（1）この表は統計院が明治十五年（一八八二）発行した『第一統計年鑑』（七四頁）に基づくものである。

（2）たとえば『近代日中交渉史話』（春秋社、一九七三）はこの分野の研究成果の代表であろう。

（3）鶴田武良「王寅について――来舶画人研究」（『美術研究』、一九八二年三月）、「来舶画人研究――羅雪谷と胡鉄梅」（同、一九八三年六月）。
（4）六角恒広『中国語教育史の研究』、東方書店、一九八八年。
（5）陳捷『明治前期日中学術交流の研究』、汲古書院、二〇〇三年。
（6）王暁秋『近代中日文化交流史』、中華書局、一九九二年。
（7）拙稿は中華日本学会・中国社会科学院日本研究所『日本学刊』（一九九八年第四号）に掲載された拙稿「晩清文人与日本――寓日文人考」を大幅に増補したものである。
（8）『冶梅蘭譜』王寅自序。
（9）心斎『冶梅王先生小伝』、王寅著『冶梅梅譜』（不分巻）、上海五彩公司光緒十八年（一八九二）石印。この一段は特に注記がなければ、この『小伝』による。
（10）「日本人見而奇之、于是争相購索、声震一時矣。日本為同文之国、其于書画賞鑑尤精、大有相見恨晩之慨。尋以重聘請游彼国、盤桓数稔而帰。先生之寓日本也、前後著蘭・竹・石・人物等譜数帙、所得潤筆不下三四千金。」注（9）に同じ。
なお、この『冶梅王先生小伝』は古賀十二郎著『長崎画史彙伝』（大正堂書店、一九八三年）に読み下し文として全文引用されている。但し、以下の来日の内容は、筆者が閲覧した版本にないもので、古賀が如何なる版本に基づいたのか、後考を俟つ。「其頃、上海に渡れる日本人などは、王氏の画を見て、之を奇とし、先を争うて、王氏の画を購ひ索めた。是に於て、王氏の名声は、一時に震ひ、長崎に於ては、有志の人々が、王氏に来遊を請ふ事になつた。王氏は、意外にも長崎に知己を得て、深く感謝し、心を決して長崎に遊び、淹留数年にして唐山に還つた」。
（11）鶴田武良「王寅について――来舶画人研究」、『美術研究』、一九八二年三月。
（12）「光緒四年夏五月、余就聘東遊、与拝山先生同舟。出骨筆図並紀遊詩、精新俊逸、欽佩之至、口占一絶。於大海波濤中、不復計其工拙矣、即請斧政。独臂詩人航海来、破空奇句見天才。西湖風景呉門月、収拾奚嚢満載回」。長尾直茂「明治時代の或る文人にとっての中国――明治十一年、吉嗣拝山の清国渡航をめぐって――」、『山形大学紀要』（人文科学）第十五巻第一号、二〇〇二年二月。

(13) 次の一点は中国で刊行された本であるが、日本と関連がある。『新撰今古奇聞』、六冊二十巻、東壁山房主人（王寅）選次、上海東壁山房蔵板、光緒十三年刊行。「張淑児巧智脱楊生」（巻一）、「劉小官雌雄兄弟」（巻二）、「許武善能孝友于兄弟」（巻三）といった庶民向けの古今談である。王寅が光緒十三年に書いた自序によれば、「寅、昔年藉書画糊口、浮海遊日本国、捜羅古書中、偶得今古奇聞新編若干巻（下略）」とあるように、本書は日本で入手したことがわかる。

(14)『冶梅石譜』葉松石序。

(15)「（前略）余遊日本京都得従観古今名公書画遺跡、経目会心、輒臨小幅、或按西洋照相法、縮本集成若干。又倣宣和博古画制減小元様（下略）。光緒五年冬十二月金陵王寅／冶梅氏自序於日本京都」。

(16)「是夜、宿松村屋客寓楼上。室無桌椅、地有絨氈、坐臥皆於是、而屋宇修潔無纖塵。同寓有江甯人王冶梅、鄰寓有嘉興陳曼寿、皆以工書善画客游於此。中国人之寓日本西京者、只此馮・王・陳三人而已」。鍾叔河『走向世界叢書』（岳麓書社、一九八五）、一六七頁。

(17)「戊寅七月、清国画史王冶梅入京、寓於鳩居堂（下略）」。岡本黄石『黄石斎集』第五集。

(18)「戊寅秋日、天朗気清、涼風入坐、焚香写此、用以陶冶性情、消遣岑寂。金陵冶梅王寅客於京都鳩居堂一塵不和処」。『山水花鳥画冊・雲根図』、注（11）に同じ。

(19)「冶梅王君中華金陵逸士也。善絵事、益精吟詠、所画山水・人物・幽禽・異卉無不至其妙、而筆意磊落、絶俗、非庸史所能及也。今年仲夏余遊京林、寓於鳩居堂、而君亦来寓、主人出所蔵之名人墨蹟画片、令君恣意覧観。（下略）明治十二年歳次辛卯十二月／日本菱洲加島信成撰並書」。『歴代名公真蹟縮本』に寄せた加島信成の序文。

(20) 鳩居堂のホームページ（鳩居堂の歴史）による。

(21)「前十有二年、余遊日本京都、深荷古香熊谷先生適館授餐、欵待殷勤、中心銘感、無日忘之。今先生来遊申江、歓然道旧、不勝欣慰、臨別検所蔵画成小額、奉贈以誌彼此交情耐久不渝之意。光緒十五年小春下浣冶梅弟王寅又記」。注（11）に同じ。

(22)『冶梅石譜』汪松坪序。

（23）「自古以絵画名家者、務乎形似、則乏於高簡之致。其能兼而有之者、惟顧・陸・張・呉為然。自茲厥後、高人韻士弄筆者、寧遺於形似、而無失乎高簡之致。抑亦出於一時遊戯、而其文章風節、自流溢筆墨間、使観者飄飄然有出塵之想、豈不可貴乎。五十嵐翁見示王治楳画帖、毎幅概不過数筆、所謂「遠樹無枝、遠人無目」而優入乎高簡之域者矣。顧王子以治楳為号、夫梅之高潔、而兼佳治冲澹之態、天下之美備焉。彼其於画、蓋有得于此乎」。『甕谷遺稿』巻四（三十三丁）「書王治梅画帖後」。

（24）「夫画者化也。神似為上、形似次之、墨法為上、設色次之。凡物皆然、不独一石也。若必求形似之工、顔色之麗、則自有専門者在、而非大家之所重。昔東坡写竹、自謂写胸中大意、今吾于石亦然」。『冶梅石譜』冒頭にある冶梅の解説。

（25）「衛鋳生亦来相見。鋳生琴川人、工書法、挟其一芸之長而掉首作東遊者。聞乞字者頗多、自八、九月至今、已得千金、陸賈囊中、殊不寂寞」。注（15）に同じ、三九六頁。

（26）呉昌碩『缶廬集』巻二。

（27）「鼎法号友朱季方与衛鋳生名寿金来候。鋳生工書法、客游於此者」。注（15）に同じ、一六六頁。

（28）廖錫恩「萍水相逢巻序」、『翰墨因縁』上巻、一頁。

（29）石川鴻斎『芝山一笑』の巻頭に掲載された王藩清の紹介。

（30）外交資料館『私雇入表』自明治九年七月（門三類九項三号一一）による。本史料には次のような内容が記されている。〔雇主人名〕第五大区五小区浅草黒船町二番地水上清美方寄留千葉県平民・広部精〔国籍・姓名〕清王藩清〔職務〕支那語学教師〔給料〕一ヶ月金五十円〔期限〕明治十年九月一日ヨリ向六ヶ月〔住所〕浅草黒船町二番地〔免除渡し年月日〕十年九月十日〔備考〕十一年一月十二日解約ノ旨通知。

（31）『大河内文書・丁丑筆話』貳、明治十年（光緒三年、一八七七）七月十三日。

（32）『桃園結義三傑帖』奥付に記された王藩清の紹介。

（33）『芝山一笑』（一巻、明治十一年）所収。

（34）『新文詩』第三十九集（明治十一年十月）所収。

（35）『新文詩』第五十八集（明治十三年三月）所収。

（36）「乃亭翁」の用例は、『味梅華館詩鈔』にある陳鴻誥の「原叙」と『冶梅石譜』にある「横雲」二字の題辞の落款に見られる。また『雲児詞』には両方の用例が見られるし、「乃亭翁」の朱印まで捺されている。

（37）「寿道人」の用例は、「後漢・初平洗銘、周・三家彝銘」という書（『金沢・常福寺歴史資料図録』、一一二頁）と『冶梅石譜』（上冊）にある「壹巻之多」という題辞の落款に見られる。

（38）『味梅華館詩鈔』にある陳鴻誥の「原叙」。

（39）『味某華館詩初集』六巻、一八五〇年序刊、道光二十一年（一八四一）以降に書いた古今体詩三六八首と陳鴻誥の二十五歳時の写真が掲載されている。

（40）『味某華館詩二集』四巻、一八五一年序刊、道光三十年（一八五〇）以降の古今体詩二九〇首が収められている。

（41）『喜雨集』（四巻、一八五三年序刊。咸豊二年（一八五二）に、久しく旱魃に見舞われた後に降った雨を喜ぶべく作詩した三十四首の詩と多数の文人の唱和詩が収められている。

（42）陳鴻誥の娘、陳宝玲は慧娟を号とし、『新文詩』第六十集（明治十三年五月）に彼女の「和咏王昭君原韻」という詩が載っている。

（43）陳鴻誥「乃亭翁歌」、『新文詩』第六十四集（明治十三年八月）所収。また、貢士とは会試（中央試験）に合格した人。陳鴻誥はこの「乃亭翁歌」で「余於辛未出貢」と言っているほかに、「辛未貢士」という印も書に用いられている（『金沢・常福寺歴史資料図録』、一一一頁）。「辛未」は同治十年（一八七一）に当たる。なお、『寒松閣談芸瑣録』（六巻、張鳴珂撰、一九〇八年自序）によれば、陳鴻誥は諸生、翰林院待詔とある。

（44）陳鴻誥の「除夜」という題の詩に「客滬三年久」という句がある。『味梅華館詩鈔』巻二、一二頁。

（45）『味梅華館詩鈔』に寄せられた王冶梅や胡公寿の序。また、陳鴻誥は来日の前に胡公寿に挨拶した。陳鴻誥「与公寿話別」、『味梅華館詩鈔』巻二、一三頁。

（46）「書法仿冬心、作蠣扁字、具有古趣。又摹其画梅、用乾筆擦出、別饒韻致」。『寒松閣談芸瑣録』（注（43）に同じ）巻一、八頁。なお、『皇清書史』（三十二巻、李放輯）には「字曼寿、秀水諸生、篆隷八分、倶有法度。」（巻九、三頁）とある。

(47) 陳鴻誥「寄懐鋳生日本」、『味梅華館詩鈔』巻二、三頁。
(48) 陳鴻誥「鋳生日本書来、招遊東京、寄詩代柬」、『味梅華館詩鈔』巻二、一二頁。
(49) 陳鴻誥「将之日本、留別滬上諸同人」、『味梅華館詩鈔』巻二、一三頁。
(50) 陳鴻誥「舟行東海洋、両日、遇大風雨作」、『味梅華館詩鈔』巻二、一五頁。
(51) 陳鴻誥「寄別鴻髯一首」という題の詩に「君今已六旬、我亦五十六」という句がある。『味梅華館詩鈔』巻二、一五頁。
(52) 『味梅華館詩鈔』に寄せた江馬聖欽の跋。
(53) 陳鴻誥は、江馬聖欽『退享園詩鈔』巻一「生男悲」に書いた批評に「光緒壬午（光緒八年、一八八二）四月廿三日、弟誥、倚装読識」という表現があるので、この日は帰国直前だったことがわかる。
(54) 『新文詩』第七十集、明治十四年二月。
(55) 『新文詩』第七十四集、明治十四年八月。
(56) 『新文詩』第九十四集、明治十四年十月。なお、陳鴻誥のこの詩はのち小野長愿『賜研楼詩』（五巻、明治十七年）に収められている（巻三、四頁）。
(57) この詩は『味梅華館詩鈔』巻二（一七頁）にも所収されている。
(58) 小野長愿『湖山消閑集』（明治十七年）付録『庚辰帰展日録』、七頁。
(59) 『味梅華館詩鈔』にある小野長愿の「序」。なお、陳鴻誥が小野長愿に序文を依頼した手紙は、『新文詩』第六十二集（明治十三年六月）に掲載されている。
(60) 中田敬義「明治初期の支那語」、『中国文学』八十三号所収。
(61) 国立公文書館蔵「清人葉松石東京語学校へ雇入結約届」（『公文録』明治七年・第百六十八巻・明治七年三月・文部省伺）。
(62) 葉煒が教えた七十名ぐらいの学生に、中田敬義・二口美久・石原昌雄・加藤榎本などがいた（『扶桑驪唱集』凡例）。そのうちの中田は、『漢語師家伝』（六角恒広、東方書店、一九九九年）によると、明治時代の中国語通訳や中国語教育などの重要な場で大変な活躍ぶりを見せたという。

(63) 国立公文書館蔵「東京外国語学校教諭清人葉松石増給雇継届並報酬届」(『太政類典』第二編・明治四年～明治十年・第七十巻・外国交際十三・外客雇入七)。
(64) 国立公文書館蔵「同校教諭清人葉松石解約ニ付為賞与物品贈附届」、注(61)に同じ。
(65) 葉松石「与森希黄」、『新文詩』三十七集、明治十一年八月。
(66) 葉松石「復湖山小野詞宗先生」、『新文詩』四十一集、明治十一年十二月。
(67) 葉松石「与森希黄」、『新文詩』四十二集、明治十一年十二月。
(68) 『新文詩』八十五集、明治十四年十月。
(69) この二首は『新文詩』四十一集に発表された「得湖山翁書」「秋夜口占」を直したものである。
(70) 葛元煦『滬遊雑記』(光緒二年、一八七六年刊行、上海古籍出版社、一九八九年再版)で上海在住の書画名人に、「常熟衛鋳(生)字鋳生、行書兼鉄筆。金陵王寅字冶梅、山水・人物・花鳥」(六九頁、七〇頁)と記載されている。
(71) 呉仁安『明清時期上海地区的著姓望族』(上海人民出版社、一九九七年)六一六頁。
(72) 黄式権『淞南夢影録』(光緒九年、一八八三年刊行、上海人民出版社より一九九七年に校点本出版)一三九頁。
(73) 学海日録研究会編『学海日録』(岩波書店、一九九〇年)第五巻、明治十五年(光緒八年、一八八二)九月十六日。
(74) 岸田吟香「上海商業事情を報知」、『朝野新聞』明治十三年(一八八〇)二月二十日。
(75) 文人がこのような貧乏な生活を強いられたのは、戦乱の影響を少なからず受けたようである。前述の王寅はそうであったが、陳鴻誥もその例外ではなかった。地元きっての裕福な家庭に生まれた彼は、文学才能もあったし、その後貢士にもなったので、普通の庶民より安定な生活が送れるはずであったが、太平天国の乱で家運が傾き、流浪生活を強いられるはめになった。彼は「みんなわしをばかにしないでくれ、わしは昔貧乏でなかったが、不幸にも肉親の死と戦乱に出会い、飢餓に苦しめられたので故郷を後にしたのだ」(小児莫軽侮、是翁昔日非貧苦、只因身世遘喪乱、飢来駆我離郷土)と憤慨の気持ちをあらわに表している。「乃亨翁歌」、『新文詩』第六十四集(明治十三年八月)所収。
(76) 捕影山人「清人衛鋳生小伝」、『朝野新聞』明治十一年(光緒四年、一八七八)十一月五日、六日。なお、金沢市常福寺に

同題の小伝が残っている。四枚半の紙に墨書された文章に塗つぶしや書き入れが多数あり、それに掲載された文章と相違も多いため、草稿であることがわかる。また、作者の「捕影山人」については、草稿の内容や筆跡等から常福寺住職の北方心泉だと思われる。

（77）注（2）に同じ、一六八頁。

（78）注（2）に同じ、一七〇頁。

（79）明治十三年（光緒六年、一八八〇）五月十八日亀谷省軒と王治本等との筆談、早稲田大学図書館蔵『桼園筆話』壹。

（80）明治十三年五月二十三日大河内輝声と王治本等との筆談、『桼園筆話』貳。

（81）岸田吟香「上海からの書簡」、『朝野新聞』明治十三年（一八八〇）四月十三日。

（82）岸田吟香「上海通信」、『朝野新聞』明治十三年（一八八〇）五月十九日。

（83）この点に関しては『日本漢文学史』（猪口篤志、角川書店、一九八四）、『明治漢文学史』（三浦叶、汲古書院、一九九八）、『明治の漢学』（同）に詳しい。

（84）『味梅華館詩鈔』に寄せた江馬聖欽の跋語。

（85）『退亨園詩抄』巻一に載せられた「送陳曼寿明経帰国」詩に対する小野長愿の評語。

（86）『煮薬漫抄』に寄せた小野長愿の序。

（87）鷲津毅堂「浮海集序」、『新文詩別集』第五号。

（88）『冶梅画譜』に寄せた藤沢恒の序。

第二章　兪曲園と日本

第一節　明治日本における兪曲園

日本では兪曲園に対しての関心が強く、毎年多くの論文が生まれている。たとえば、文学側面からの研究には、飛田順子「兪樾書楓橋夜泊詩碑の後文」(1)、沢田瑞穂「東海筆記抄――兪曲園が記録した日本の異聞」(2)、佐藤一好「清朝考証学者の笑話――兪樾『一笑』「喜戴高帽」考」(3)、同「兪樾の笑話観――『一笑』自序の『笑林』『百喩経』評価について」(4)、金文京「兪樾の文芸観」(5)などがあり、文化交流に関する論考には、藤川正数「日中間の学術交流――十九～二十世紀、日本から中国へ――」(6)、蔡毅「兪樾と『東瀛詩選』」(7)、同「兪樾と中日漢籍の交流」(8)、同「兪樾与『東瀛詩選』」(9)、聞立鼎「兪樾と日本――輝く近代日中文化交流史の一頁――」(10)、野上史郎「『東瀛詩選』編纂の経緯」(11)などがある。そのほかに、川路祥代「兪樾における荀子評価の史的位置」(12)や福満正博「兪樾『古書疑義挙例』劄記」(13)などが挙げられる。

しかし、同時代の明治人がどのように兪曲園を見たかについての論考は、いまだされていないようである。そこで、明治時代の出版物などに見られる兪曲園の資料を整理する作業を行いたいのであるが、山ほどの資料を網羅的に調べつぶすのは不可能に近いから、気づかれていないいくつかの事例を蒐集して、この課題のための備忘録の一つを作っておくことにする。

1　詩文集における兪曲園

名人の序文で自著を飾りたいという心情は、古今東西を問わず変わらないであろう。「北張南兪」と言われる兪曲園の場合、いっそう多数の人から序文を依頼されていた。兪曲園本人も「此こ数十年の中、謬って虚名を以て海内に流播し、余に文を求めに来る者は、無い月は之なし」[14]と認めている。頼まれた序文のうち、『遊歴日本図経』（傅雲龍、『春在堂雑文』四編巻八、一二頁）、『日本新政考』（顧厚焜、同四編巻八、一三頁）、『日本変法次第類考』（程少周、六編巻八、二〇頁）、『東遊草』（江瀚、『春在堂全書』未収）といった中国人の日本関係著書に寄せたものもあれば、以下の資料で示すように、日本人のために書いたものも多数含まれている。

日本国史紀事本末序（『春在堂雑文』三編巻三、二四頁）[15]
日本人岡松君盈常山紀談序（同四編巻八、一七頁）
井上陳子徳西行日記序（同、一八頁）
岸吟香痧症要論序（同、一九頁）
岸吟香痞黴諸症要論序（同、二〇頁）
日本橋口誠軒詩序（同六編巻九、二八頁）[16]
日本大賀旭川詩鈔序（同、三二頁）
日本竹添井井桟雲峡雨日記序（同続編三、一五頁）[17]
日本竹添井井左伝会箋序（同補遺巻二、一九頁）[18]

日本島田君古文旧書考跋（同補遺巻二、三二頁）(19)

書日本人日新学報後（同補遺巻二、三三頁）

そのうち、「棧雲峡雨日記序」は、渋谷啓蔵校『訂正新編漢文読本』巻三（東京山海堂書店、明治四十一年、一九〇八）にも全文収められている。明治時代の漢文読本に清末の人の漢文を入れる例が極めて少ないため、模範文として教科書に入れられたのであろう。

上記の序文のほかに、『春在堂雑文』未収のものもある。いま少し紹介しよう。

まず、『牧山楼詩鈔』（二巻、佐藤楚材、明治二十三年、一八九〇）が挙げられる。本の冒頭に兪曲園が光緒十五年（一八八九）に記した序が収録されている。序に曰く、（句読点と段落は引用者）

余往年曾選東国之詩、而未始得見牧山先生之詩。及戊子歳、余在右台仙館、有以先生八十初度詩見示者。有云「伏勝伝経吾豈敢、陶潜愛酒或同之」、想見其風趣之高。因和其韻即以為寿。其明年遂承先生以朱漆酒杯一具相贈、余報以詩。所謂「因我曾歌百年曲、労君遠贈一杯春」、是也。並知牧山楼詩集即将刊刻行世、年踰大耋、手定全詩、先生真神仙中人哉。

余歯小十齢、身隔万里、乃辱先生不棄、許附姓名於大集之後、因書数語以識神交。其詩雖未得読之、其自寿之詩之格可想矣。

大清光緒十五年歳在己丑立夏之日曲園兪樾書於呉中春在堂

『東瀛詩選』編纂時に牧山の詩を読まなかったが、戊子歳（光緒十四年、一八八八）、初めて牧山の「八十初度詩」に接して感心した。唱和詩を送付したところ、翌年牧山がお礼の朱漆酒杯を贈ってくれた。そこで再び作詩した、という。

兪曲園による佐藤楚材「八十初度詩」への唱和詩は未見であるが、佐藤楚材の八十八歳の時に書いた詩に唱和した詩はある。[20]その後も佐藤との交誼を続けていたであろう。なお、『牧山楼詩鈔』には孫点・孫士希の序跋もあり、そして、金嘉穂・孫士希・銭鐸・王治本・孫点などが評点を施している。

『牧山楼詩鈔』のほかに、厳辰『墨花吟館輯志図記』（光緒十六年、一八九〇）にも兪曲園の序文が見られる。彼は同年の石川鴻斎（芝僧）の依頼で、見返し「墨花吟館輯志四図」（一八九〇年）と序文を書いている。「四図」とは、この本の付録『海外墨縁』の巻首にある「陔余叢考」「瓻酒借書」「蓬窓載筆」「海浜閉戸」の絵を指し、石川鴻斎が描いたものである。兪曲園の序文は、四言詩の形でこの四点の絵が描いた情景について描写している。（括弧内は引用者）

甌北（清、趙翼の号）叢考（『陔余叢考』）、比此不如、彼考擱家、此伝信書。
勿泥字義、為瓻為癡、日飲亾何、大勝袁絲（漢、袁盎の字）。
煙波好処、意興来時、歐公馬上、舟中勝之。
昭明（南朝、蕭統）選文、爰有選楼（蕭統の建てた文選楼）、此修志処、警告後遊。

そのほかに、島田翰校の『宋大字本寒山詩集・永和本薩天錫逸詩』（明治三十八年、一九〇五）にも兪曲園の序が掲載されている。しかし、一読してわかるように、実際は島田翰の『古文旧書考』のために書かれた跋文である。この跋文は表現上の相違は多いが、上掲の『春在堂雑文』に収まっているので、贅言しない。

序文のほかに、日本人の詩集に兪曲園と日本人との唱和詩も見られた。明治前期の漢文学の大家、小野長愿の詩集『賜研楼詩』（五巻、明治十七年、一八八四）はその好例である。本書の巻三に黎汝謙・兪樾・方濬益・黄超曾・陳允頤・陳鴻誥・葉煒などの中国文人が小野長愿の七十自寿詩に和した詩が載っている。

兪曲園が小野へ唱和詩を寄せたのは、次のような経緯があった。兪曲園は抜けた歯を塚に埋め、そして「双歯塚詩」[21]を作った。この詩を岸田吟香から見せてもらった小野は、歯塚のことをとても風流だと思い、兪曲園のこの詩に和した「次双歯塚詩韻」を吟じた。

岸田吟香見示清曲園居士双歯冢《ママ》詩。其事風流、余輩所未曾聞。因次原韻、以示吟香。他日吟香伝致居士、得其哂政、則亦為一場佳話也。

右台之地蓋天台　又見真人辟草莱
舎利存霊伝仏寺　詩篇記悟付袁枚　袁有落歯有悟詩
名流事事留心在　佳話遙遙過海来
偕老居然同冗約　已聞双歯葬泉台

この詩と「七十自寿詩」を兪曲園に伝えたところ、兪曲園は次の二点の詩を贈ってきた。

侗翁先生和余双歯冢《ママ》詩、並以七十自寿詩二首見示。次韻奉酬即以為寿並希正句。

湖山十集皆曾読　未識其人転自嗤　君詩、刻入六名家詩抄者、為横山氏。余始誤以為両人也。

夔鏘如君古稀有　瓊瑤贈我此酬之
惜春綺語人争和　憂国狂言世莫知
今日壮心淘汰尽　神仙自署屈無為

不忍池辺境最幽　蓮塘深処似羅浮
香山屏上伝新詠　鄭侠図中写旧憂
壇坫六家誰紹述　湖山一老自優遊
巋然便是霊光殿　莫問東瀛第一流

兪曲園と小野長愿はこれを契機に縁が結ばれ、長く交誼活動を続けていったのである。兪曲園の詩集に小野に送った詩がいくつか収録されている。(22)

なお、兪曲園の「双歯塚詩」と小野長愿の「次双歯塚詩韻」は、これより先に森春濤主宰の『新文詩』（第九十三号、明治十四年、一八八一、十月廿七日御届）にすでに発表されている。ここの引用は『賜研楼詩』（巻三）に基く。

また、兪曲園の『東瀛詩選』に入選した小野長愿の作品（七十七点）は、その後、『清人兪陳二家精選湖山楼詩』（二巻、明治二十年、一八八七）という書名で単行本として上梓された。巻首に日本駐在公使、黎庶昌が揮毫した「庚信文章老更成」（光緒八年、一八八二、秋九月）という題詞がある。(23)

2　雑誌・新聞における兪曲園

詩文集のほかに雑誌や新聞にも兪曲園がよく現れている。明治二十八年（一八九五）に創刊され、明治・大正・昭和（三年）にまたがって近現代の日本に多大な影響を及ぼした月刊総合雑誌『太陽』には、兪曲園がしばしば登場し

図１　『太陽』（第５巻第14号）所載の兪樾の写真

ている。

まず、兪曲園の写真は口絵として『太陽』に三回ほど掲載されている。その一番早い例は、第五巻第十四号（明治三十二年、一八九九、六月二十日）であった。「清国碩儒兪曲園先生」という題で兪曲園を真ん中に、孫の陛雲と門人橋口誠軒が両側に立っている写真である。（図1参照）

孫の陛雲は兪曲園の次子祖仁の長子で、同治七年（一八六八）に生まれ、十四歳で秀才第一に、十八歳で挙人第二に、三十二歳で進士第三（探花）に選ばれたエリートコースの出身で、(24) 翰林院編修をつとめ、彭玉麟の一番上の孫娘彭氏を娶った。

橋口誠軒については、先に挙げた兪曲園の「日本橋口誠軒詩序」によれば、光緒二十五年（一八九九）ごろ、誠軒は『山青花紅書屋詩』六巻を持参し兪曲園を訪ねた。兪曲園はまずその詩集の巻立てが、絶句・律詩・古詩と分類されていたことが、「誠軒編詩合乎古例」と気に入った。それから、誠軒の詩を「其各体皆工、清而腴、質而雅、近体無觥骳之音、古体無聱牙之語」と賞賛した。

また、同序によれば、この三人の記念写真は、誠軒が西洋の撮影法で撮ったもので、「（誠軒）容貌清臞、被服儒雅、蓋人如其詩、詩如其人」と、兪曲園は絶賛している。

次に兪曲園が『太陽』に登場したのは、一年後の明治三十三年（一九〇〇）六月十五日（第六巻第八号）であった。この十九世紀特集号では、「清国皇帝と韓国皇帝」という題の下に、韓国皇帝李煕陛下・清国皇帝載湉陛下・李鴻章伯・左宗棠侯・曾国藩公・兪曲園氏という順に、口絵写真が六点掲載されている。載湉は光緒帝のことで、これらの皇帝や高官の伍に入れられた民間人は兪曲園のみで、これだけでも彼の地位の高さの一端が窺えよう。

そして、三年後の明治三十六年（一九〇三）六月一日に発行された『太陽』（第九巻第六号）に、兪曲園は再び現れている。しかし、今回は口絵ではなく、「兪曲園翁」というレポートが兪曲園の写真とともに掲載されたのである。兵庫県城崎町生まれ、漢詩人として知られたレポートの作者結城蓄堂（名は琢、治璞を号とする）は、八頁にわたる兪曲園を訪ねたこの報告で、晩年の兪曲園の姿を生々しく伝えてくれている。彼はまずこう語り始めた。（句読点、段落は引用者、原文にある句読記号は省略。）

禹域四百余州儒家の泰斗たる、兪曲園翁は八十三歳の高齢を以て、钁鑠として蘇州の春在堂に高臥せり。其学問の宏博精蘊なるは、世已に定論あるのみならず、等身の著述によっても亦知らる。尚古学者として、其地位を論ずれば、恐らく有清朝以来の碩儒と称するも、誣言にあらざるべし。若し夫れ翁をして欧米の国に産れしめなば、スタイン氏・スペンサー氏と同じく十九世紀の文学門に異彩を放ちしならむ。（中略）翁は是（試験問題で官吏を辞める――筆者注）より、志を仕途に絶ち、蘇州に私塾を開く。四方より従遊するもの三千人、弦誦の声昼夜絶へず、其盛殆んど前代未聞なりき。大官名臣の江南を過ぎる、必ず先づ刺を通じて謁を請ふ。士大夫の曲園先生を識らざるを以て羞辱となすに至れり。況んや曾国藩、彭玉麟諸公等、翁を敬する師父の如くするをや。我帝国の初めて支那留学生を派遣する、重野精一郎・楢原陳政二氏の如き、亦其門下に遊び、尤も愛育薫陶を受け邦人中の俊秀なりき。

兪曲園は十九世紀のスタインやスペンサーのごとき存在で、重野精一郎・楢原陳政のような日本人留学生も含め、門下生が多い。そして、曾国藩や彭玉麟の名人にまで敬重されている、という。

初めは作者は遠慮して兪曲園の孫、蘇州帰省中の陛雲だけを訪ねたが、翌日思わず陛雲から兪曲園が書いた詩を手

交された。詩に曰く、

蓬　莱　仙　客　款　蓬　門　　春　在　堂　前　見　我　孫
幾　朶　桜　花　好　風　味　　老　夫　惜　未　共　評　論

治璞詞人見訪、小孫陛雲出見、以塩漬桜花代茗。時老夫適有事、不遑倒屣也。翌日贈以詩。曲園居士兪樾

兪曲園のやさしい人柄が如実に現れている。三日後、作者はいよいよ念願の兪曲園を訪ねることができた。

藍色の布衣に、天然木の奇崛なる杖をつき、其頭に小瓢を掛け蹌々踉々として愛孫陛雲と侍者とに扶けられ、書斎より出でて、正堂に来らるる、其清癯温雅の風采は坐ろに、商山の四皓、香山九老の昔を憶はしめたり、礼終り寒喧を叙し榻に対するや、一点の塵気を帯びざる仙風道骨は、何となく余をして太古の民に化せしめたらん心地せり。

兪曲園の登場振りと作者の初対面の印象を描いている。

昨承見過、失迎為歉、今又承枉駕、得接豊采、欣幸万分。宋燕生（宋恕翁の門下余を紹介せし人）書已収到矣。知先生乃東瀛詩客、不勝欽佩之至。昨承命書之件、已草々塗就、呈教。

挨拶を交わしてから二人は筆談に入った。来訪者の褒め言葉に対し、兪曲園は謙遜して答えた。

鄙人浪得虚名、伝播貴邦、深為可愧、近益衰老、経学都荒、無以副諸君子見愛之意。

談はさらに進んで、仏法に及んだ。

先生深於仏法、甚善。但鄙人於西来大義、全未有聞。生平但於金剛経、略有所窺、如作法分上下二巻、先生見之否。

と言って、兪曲園は自著の『金剛経注』（光緒九年刊）上下二巻を結城に贈った。

今将金剛経注一冊呈教、鄙意説此経只是無実無虚一語、仏言能如是住、即無虚也。又言能如是降伏其心即無実也。今以此呈教、未知貴国人有能印証此義者否。

その後、兪曲園は、結城から『東瀛詩選』に入選した日本の名家の法帖をもらい、「此皆貴国名人遺墨、覧之有一種瀟洒之致、流露於紙墨之間」と感想を述べた。法帖には江戸時代の文人、梁川星巌（名は孟緯）の七十寿賀を受けざる詩があり、兪曲園は一読の下、感慨の情に禁じられなかった様子を呈した。

鄙人七十・八十、皆不受人祝賀[25]、与貴邦孟緯君頗有同心。

と言って、侍者に命じ新刻の詩集を持ってきて、「有新刻己亥（一八九九）・庚子（一九〇〇）両年詩、謹以呈教、内即有生日辞寿之詩」と結城に贈った。終わりに兪曲園は曰く、

鄙人老耄、学術荒唐、聞橋口太郎言、貴国所有小説家之書甚多、曾許寄数種来、既以娯老、亦以銷閑、恐未見寄来。未識先生能為覓一二種来、書此不急之務、亦見僕之老而志荒也。

晩年の兪曲園は、日本の歯磨・懐炉・紙布などに関する記述があり、そして日本の茶碗をほしがった。今度は日本の小説まで注文したのは、日本への情は年を取るにしたがってますます篤くなったためであろう。

この日の筆談は日が暮れるまで続いた。その後、兪曲園は作者の詩稿に次の詩を書いて贈った。

東瀛有仙客　出示一篇詩
康薬（楽）紀遊作　少陵懐古思
清談借風月　奇気圧鮫螭
惜我頽唐甚　空労撚白髭

同記事によれば、数日後兪曲園はわざわざ在蘇州日本領事館へ答礼に出かけた。礼儀正しさの一斑を窺うに足りる。

なお、兪曲園が蓄堂に送った「贈日本蓄堂生結城啄即次其元旦詩韻」(26)が兪の詩集に収録されている。

『太陽』のほかに、明治時代の有力紙『朝野新聞』にも兪曲園に関する記事が掲載されている。そのうちの一つを紹介しよう。

これは幕末明治期に中国と日本との間を行き来し活躍した岸田吟香が書いた「呉中紀行」（明治十七年、一八八四、四月五日付）というレポートである。（句読点と段落は引用者）

曲園翁ノ宅ハ馬医科巷ニ在リ、余程大ナル家ニテ土人ハ兪公館ト称セリ。（中略）余等三人鵠立シテ待ツニ、程ナク曲園大史出来リテ、丁寧ニ相揖シ甚ダ恭敬ナル挨拶アリ、互ヒニ相譲リテ漸ク座定アリ。夫ヨリ筆談ト通事ヲ以テ一二件ノ閑話ヲ説キ、並ニ曲園叢書（『春在堂全書』）、右台仙館筆記、及ビ近著ノ東瀛詩仙（選）等ヲ、我等一手ニ引受ケテ日本国内ニ発売センコトヲ請ヒシニ、大史喜ンデ之ヲ許可セラル。

其応接ノ間、時々呻吟ノ声アルガ如ク、甚ダ疲労ノ態アルヲ覚ユ。抛テ其脈ヲ診センコトヲ請フ。大史云ク、先月廿二日（今日ハ支那十二月初一日）西湖ヨリ帰ルニ、舟中寒気殊ニ甚ダシク遂ニ此疾ヲ得タリト。之ヲ診スルニ、脈拍百度ニ近シ、舌上黄苔アリ。云フ平生胃病アリト、嘗テ薬ヲ服シ給フヤ否ヲ問フニ、或ル医者ノ与ヘタル方箋ヲ示セリ。之ヲ閲スルニ、黄蓍甘艸肉桂等ノ類凡ソ二十幾味、所謂後生家ノ方剤ナリ。大史曰く、此薬如何ト。余云ク可ナリ然レトモ、此薬ヲ以テ能ク貴恙ヲ全癒スベシトハ信ゼラレズト。大史曰ク、聞ク閣下妙薬ヲ以テ世ヲ済フト、青嚢中定メテ仙丹アル可シ、請フ一丸ヲ賜ヘト。余曰ク寓ニ回テ後再タビ奉呈スベシ。

頃日、寒気殊ニ厳ナリ、深ク貴恙ノ重キヲ加ヘンコトヲ恐ル故ニ、敢テ長座セズ匆々揖別セントス。只祈ル大史金玉ノ尊体幸ニ天下ノ為メニ珍重シ給ヘ、深ク接芝ノ厚遇ヲ感謝スト相揖シテ辞シ返ル。大史自カラ立チテ送ラントス。余、少泉ヲシテ之ヲ止メ、且速ニ臥床ニ入テ温臥調養セラレンコトヲ請フ。（中略）三十日晴、林慶栄ニ丸薬一包ト書一通ヲ添ヘテ曲園大史ノ処ニ送呈ス。此薬ハ即チ吉納壇丸ナリ、余ガ曾テ自用ノ為メニ東京ヨリ帯来ル所ニシテ原田豊氏ノ処方ニ係ル。今コレニ用方服量ヲ付記シテ曲翁ニ伝呈セシモ、又一奇ト云フ可シ。（下略）

光緒九年十二月初一日（一八八三年十二月二十八日）に蘇州にいる兪曲園を訪問したレポートである。兪曲園の病気について詳細に記述したのは、上海に楽善堂を経営し、医学の知識のある岸田吟香の自慢の現れだと思われるが、兪曲園の著書の日本での販売許可を得る目的で訪ねたのであろう。

兪曲園が口絵として三回目に登場したのは、明治四十年（一九〇七）六月一日に出版された『太陽』第十三巻第八号であった。それは光緒三十二年十二月二十三日（一九〇七年二月五日）に八十六歳の高齢で他界した兪曲園の訃報を世に伝えるためであった。「清国碩儒故兪曲園先生と筆跡」というタイトルで、手に長い杖を持つ兪曲園の写真と三点の書道作品が掲載されている。同時に、橋本五州の寄稿した「故兪曲園先生」という文も載っている。次はその全文である。（括弧内は原文のままで、句読点と段落は引用者）

頃者帰雁信を齎して曰く、徳清兪曲園先生、光緒三十二年十二月二十三日（陽暦本年二月五日）を以て蘇州の寓居に易簀す、享年八十六。其孫陛雲、遺命により訃を発せす、但た一片の名箋を留めて辞し行かれ、並に留別詩及臨終自喜詩等数篇を附寄すとあり、添ふるに先生の写真一葉を以てせらる。

余曾て任に蘇に在るの日、叨りに先生の知遇を受く（先生余に賜ふ所の楹聯に云く、万事随縁皆有味、一生知我不多人）、余を視ること児孫のごとくなりしを以て、余の先生を景仰する亦猶ほ父祖の如し、今や忽焉訃音に接し、悵然哀痛に堪へす、贈る所の照相に対し涕涙滂沱たり。

偶々去秋遙に先生を追慕し書を寄せたりしに、時を愆らすして返信に接せり、書中言あり曰く、「一別五年、回憶呉下過従之楽、恍如前日。頃奉手書、欣悉奉使三韓、賢労備歴、而猶眷懐旧雨、慰問殷々、賢者多情、於此可見。弟老病有加、杜門養拙、小孫陛雲因侍弟病、未克還朝供職、亦尚留滞呉中云々」。其の礼を重んし義を貴はるゝこと、真に古の君子の如し。

余、蘇に在るの日未た中国の語に通暁せす、時々の来往或は筆を籍りて談することあるも、具に道を聞き教を蒙ること能はさりしと雖も、其の常に温容に接する毎に、幾多の涵養を受けて吾心に融然たるものあり。是れ以て盛徳の致す所なるへしと思ふ故、外務書記官楢原陳政君、親しく贄を先生の門に執り、眷顧を蒙る殊に多たしと云ふ。爾来邦人其門を叩くもの多く、故長岡子爵の如きは、終に先生の蔵書百余巻を購はれたり。且我邦の文儒にして先生に尸祝するもの尠からさるは、実に先生は清国当代の碩儒にして、曾て南兪北張（南に兪曲園、北に張香濤）を以て併称せられたるの人なれはなり。

倘し夫れ先生の伝記に至りては、他日自ら世に出つるものあるへく、余か浅見寡聞を以て其の一斑を序するか如きは、却て先生の徳を損するの虞あるを以て、茲に之を略すへしと雖も、今其の遺詩数篇を世に介す、庶幾くは先生の性格崇高なるを窺知し得へし、之れ余か追悼の微衷を表するに外ならさるなり。謹て誌す（明治四十年四月十四日）

以上冗長に見えるほど引用したのは、兪曲園と作者との交誼の数々、長岡護美が兪曲園の著書を百余巻購読したなどの史実は、あまり知られていないからである。ここにいう兪曲園の著書とは『春在堂全書』を指し、長岡が兪曲園を訪ねた際に購入したのである。[27]また、この文章からでも明らかなように、兪曲園の優しい人柄はその学問とともにみんなに高く評価されている。

橋本はこの追悼文の後に、兪曲園が書いた遺詩「臨終自喜」（一点）と「留別詩」（十点）を掲載している。[28]

3　結　び

以上は、明治時代の刊行物・雑誌・新聞に見られる兪曲園に関する新しい資料を紹介してきた。このように兪曲園は中国のみならず、明治時代の日本においても伝統学問の最高の権威として仰がれていて、そのやさしい人柄が明治人を深く感銘させたことがわかった。竹添光鴻、島田翰、佐藤楚材らは彼に序文を、小野長愿らは詩の唱和を求め、結城蓄堂や岸田吟香らは熱心に兪曲園を訪ねた。一方、『太陽』では兪曲園の写真や記事を多く取り扱っていた。

日本における兪曲園のこのような存在については、二代・四代の公使として日本に駐在した日本通の黎庶昌は、在任中の光緒十六年（一八九〇）二月に次のような評価を下している。

> 徳清出身の兪曲園先生は経学・文学でよく知られている。その著書の豊富なことは、清朝の朱竹垞・毛西河・王而農・銭竹汀などの大家を除いて、匹敵するものはないだろう。先生の著書はたいへん読まれているが、そのうちの『東瀛詩選』は特に日本に流行しているので、日本人のなかで先生を知らないものはない。中国を代表する学者といえば、かならず先生を挙げるし、蘇州・上海に来遊したものはかならず先生を訪ねるほどである。みな先生を泰山北斗のごとく仰いでいる。（中略）私は、日本で知られている中国人は、唐の時代なら白楽天である

が、清朝なら先生を推すだろうと思う。(29)（下略）（原漢文）

唐の時代の白楽天と並べて、日本における兪曲園の存在を讃えている。多少文学的な色彩もあろうが、事実に当てはまった話であろう。このような兪曲園の高い存在は、次に示す井上陳政の認識によっても裏付けられる。井上は『清国周遊記』の日記で兪曲園に教わった理由をこのように述べている。

蘇州城門外に着く。（中略）城内に入り兪太史に謁する。風采藹然として一望して君子のことがわかる。太史は経学に精通し、著書、家に満ちる。余嘗て燕京でその著『群経平議』を読み、南下して教わりたかったが実現しなかった。今日は始めてその宿願がかなった。経学は清朝の儒者ほど明快なものはないが、その淳正謹厳にしては高郵の王氏は一番である。しかし、嘉慶以降、その学問が絶え、現在、王氏と肩を並べ、それを乗り越えようとする者は兪公のみか。余、兪公に教わることにしたのは後悔しない。(30)（下略）（原漢文）

嘉慶以来の考証学の伝統を受け継ぐ唯一の学者のため、兪曲園に教わることにしたのだと言っている。

無論、兪曲園に対しては以上のような賞賛しているものばかりではなくて、批判するものもあった。たとえば、明治時代の漢学者で演劇評論家としても活躍した依田学海（一八三三〜一九〇九）は、明治二十年（一八八七）十一月十八日付の日記でこのように記している。

十八日　邨上拙軒の蔵書、兪曲園が右台仙館筆記一巻を借読む。曲園、名儒をもて今世に聞ゆ。しかるに此書、変恠及び猥褻の事多し。もとより捜神・志恠に擬すといへども君士子にして此言あるはいかにぞや。裨史小説なんどを作るより、その罪は過ぎたりと思へり。しかるに彼土人は水滸・金瓶（梅）の類を斥けて見ず。かへりて此等の事を自らしるすは何ぞや。紀暁嵐・王漁洋もこの病を免れず。筆記、其遊常州観龍舟一節中有云、「武進県の吏魁は豪侈特に甚し。夏日、妓を招く。舟中、先に携へて紗縠の袗袴有り。妓至れば即ち命じて之に易へしむ。綺体雪膚、之を望むに了々、衣無きものごとし。舟人、楽しみ手之を観る。」その猥褻なること見るべし[31]。

と兪曲園が晩年に『右台仙館筆記』に記した内容に猥褻なものが多い、と具体例を挙げて厳しく批判している。依田の批判は、傾聴すべきところもあろうが、個人の好悪による感想を述べている一面が強いので、学術性の高い発言とは思えない。

学問的に兪曲園を研究した人に、秋田出身でのちに明治天皇侍講・東京大学の教授となる根本通明（一八二二～一九〇六）がいた。彼は「駁清儒兪樾老子平議」で、兪樾の「道可道非常道、名可名非常名」と「谷神不死」に対する解釈の非を指摘し[32]、何如璋や岡本監輔の賛同を得た[33]。

しかし、系統的に兪曲園を研究する発端を作ったのは、小柳司気太（一八七〇～一九四〇）であろう。『新修漢和大字典』の著者で知られる漢学者の彼は、「清朝現今の大儒兪曲園に就きて」という題の論文を書いて発表した。この論文はこう書き出している。

欧米に於ける学術思想の我国に来るや、置郵して命を伝ふるよりも速かなり。其一文人、一新著、尽とく吾人の紙上に上ぼりて、口耳相属せざるはなし。然るに唯独り一衣帯水を隔つる支那朝鮮の事に至りては、恰も風馬牛の観ありて、人の之を説く者甚だ少し。（下略）

このような欧米一辺倒の気風を甚だ遺憾に思って、作者は『春在堂全書』を読み、第一家系、第二生涯（上中下）、第三著述及び学説、第四我国の文学と曲園、第五曲園と曾国藩・李鴻章、第六曲園の雑事について詳細に論考した。そのうち、第三は「兪樾曲園の著述及学説附時事評論」という題で『哲学雑誌』第二二八号に、第一・第二は「清朝現今の大儒兪曲園に就きて」という題で『東洋哲学』第十三編第二号に、第四・第五・第六は同題で『東洋哲学』第十三編第三号にそれぞれ発表した(34)。

これはいずれも明治三十九年（一九〇六）に掲載されたが、偶然にもそのうちの第三は当時現存していた兪曲園本人の眼にとまり、写真書簡と四条の屏幅が贈られてきた(35)。小柳は兪曲園のこの詩に次のような説明を行い、また『東洋哲学』（第十三編第十号）の「詞林」コラムに公表した。

余嘗撰清国兪曲園学行、及著述提要凡六章、載之于貴誌。又別割其第三章、以寄于『哲学雑誌』。該誌流伝入于清国、曲園偶見之、乃賦一篇、以題其後。今又仮貴誌、以示之世人。

兪曲園は詩の序文でこのようなコメントをしている。

日本人小柳司気太は私のことを、一曲園の世系、二曲園の生涯、三曲園の著述、四曲園と我が国の文学、五曲園と曾国藩、李鴻章、六曲園の雑事と、六章に分けて記述しているが、みな未見である。ただ『哲学雑誌』二十一《ママ》巻に掲載された第三章著述の分のみを見たが、日本語で書かれた文章のためわからなかった。日本語のできる宋澄之孝廉は、そのうちの一篇を訳してくれたので、それに基づいて次の詩を書いた。[36]

詩は小柳の論文の内容をまとめながら、所感を述べている。[37]「挙世人人談哲学、愧我迂疏未研榷。誰知我即哲学家、東人有言我始覚」という書き出しは、われわれに一種のユーモアを伝えていると同時に、仄かに彼の人生観の一端をのぞかせているように感じられる。

注

（1）東洋文化振興会『東洋文化』二七、一九八四年。
（2）『国学院雑誌』八六、一九八五年十一月。
（3）大阪教育大学『学大国文』四〇、一九九七年二月。
（4）大阪教育大学『日本アジア言語研究』二、一九九七年三月。
（5）狭間直樹編『西洋近代文明と中華世界』（京都大学学術出版会、二〇〇一年）。
（6）『香川大学国文研究』四、一九七九年。
（7）『島大言語文化』一、一九九六年七月。
（8）大庭脩、王勇編『日中文化交流史叢書・典籍』（大修館書店、一九九六年）。
（9）蔣寅・張伯偉『中国詩学』第五輯（南京大学出版社、一九九七年）。
（10）『広島東洋史学報』四、一九九九年。

(11) 書学書道史学会編『国際書学研究／二〇〇〇』(萱原書房、二〇〇〇年)。
(12) 熊本大学『国語国文研究と教育』三四、一九九七年二月。
(13) 明治大学経営学部『人文科学論集』四五、一九九八年三月。
(14) 兪樾『春在堂雑文』序目。
(15)『国史紀事本末』の刊本(四十巻、明治九年、一八七六)に、兪曲園の「国史紀事本末序」は未収で、李鴻章の序文は収録されている。
(16) これは橋口誠軒の『山青花紅書屋詩』(六巻)のために寄せた序である。
(17) 兪曲園は『春在堂随筆』七(一頁)、『春在堂詩編』八(癸丁、一八七三～七七編)(二一頁)、『春在堂雑文』補遺巻二(一九頁)、『春在堂詞録』巻三(一二頁)などでしばしば竹添進一郎のことに触れている。
(18)『左伝会箋』の刊本(三十巻、明治二十六年、一八九三)には、兪曲園のこの序が収まっていない。
(19)『古文旧書考』は三つの版本がある。
①「明治三十八年四月三日島田翰氏寄贈」と記された早稲田大学図書館蔵本、和装、四冊、四巻、一帙、鉛印本、附古今書刻一巻、表紙に題箋なし、見返しに明治甲辰(三十七年、一九〇四)冬十一月民友社聚珍開彫とあり、奥付では明治三十八年三月三十一発行、印刷所・発行所：民友社とされている。
②広文書局印行の『書目叢編』所収本、三冊(第二冊は巻二、三所収)、四巻、見返しは①と同じであるが、奥付はない。巻頭に兪曲園の手跋(影印)、光緒三十一年五月付の瑞安黄紹箕の跋、及び光緒三十一歳次乙巳季秋月長沙王先謙拝識とされた「古文旧書考跋」が載せてある。
③中国復刻版、梁啓超内題、丁卯(一九二七年)藻玉堂石印本。
以上の三本は中味は同一であるが、兪曲園・黄紹箕・王先謙の跋文が所収されたのは②のみである。
(20)「日本人佐藤楚材、字晉用、行年八十有八、賦詩徵和、為賦此詩」、『春在堂詩編』十一(乙丙、一八八六・八七編)一六頁。
(21) 兪曲園のこの詩は、『春在堂詩編』十(壬甲、一八八二～八四編)(四頁)に収録。但し、原作には序文はあるが、題はなかった。題は小野長愿による。

（22）たとえば「贈日本両九十翁各次原韻」（『春在堂詩編』二十、癸卯〈一九〇三〉編、一〇頁）がある。

（23）小野湖山の『湖山楼十種』（明治十一年～十四年）詩集にも、黎庶昌のこの題詞が見える。但し、日付と署名の間に「題湖山楼十種」一行が記されているので、これはもと『湖山楼十種』のために寄せた題詞であったことがわかった。

（24）「余孫陛雲童試第一、郷試第二、殿試第三、今散館第四（下略）」、『春在堂詩編』二〇（癸卯〈一九〇三〉編）二〇頁。

（25）兪曲園は七十歳、八十歳の誕生日祝いを受けないのは、『春在堂詩編』十七（己庚〈一八九九・一九〇〇〉編）一一頁に収録された彼の詩でも立証できる。

（26）「贈日本蓄堂生結城啄即次其元旦詩韻」、『春在堂詩編』二十（癸卯〈一九〇三〉編）一〇頁。

（27）「日本国子爵長岡護美過訪草堂、以詩見贈、次韻酬之」、『春在堂詩編』十八（辛丑〈一九〇一〉編）、一六頁。

（28）兪曲園の「臨終自喜」と「留別詩」は、『春在堂詩編』二三（四七頁）に載っている。但し、「臨終自喜」の後に、「臨終自恨」（一首）もある。長文であるが、兪曲園を理解するにはきわめて貴重なので、『太陽』所載の「留別詩」を記しておく。

別家人
眷属由来是強名　偶同逆旅便関情
如今散了提休戯　莫更鋪排傀儡棚

別諸親友
閲歴人間八十秋　無多親故共綢繆
今朝長与諸公別　休向黄罏問旧遊

別門下諸君子
寂寞元亭楊子雲　偏労載酒共論文
不知他日三台路　誰過空山下馬墳

別曲園
小々園林亦自佳　盆池拳石自安排
春風不暁東君去　依旧年々到達齊

別兪楼
占得湖山一角寛　年々於此凭欄杆
楼中人去楼仍在　任作張王李趙看

別所読書
挿架牙籤万巻余　平生於此費居諸
児孫儻念先人沢　莫乱書城旧部居

別所著書
老向文壇自策勳　談経余暇更詩文
一斉付与人間世　毀誉悠々総不聞
別文房四友
論交最密是文房　助我成名翰墨場
太息英雄今已矣　苺苔抛棄緑沈槍

別此世
自奇形於此世中　膠膠擾擾事無窮
一朝超出三千界　不簡人間水火風
別兪樾
平生為此一名姓　費尽精神八十年
今日独将真我去　任他摩滅与流伝

（29）徳清兪曲園先生以経学文章名重一時、著書之富自本朝朱竹垞・毛西河・王而農・銭竹汀諸老宿外、罕見其匹。書皆播行於世、而所為『東瀛詩選』尤流衍於日東、以故日東人士無不知有曲園者、毎語中土耆彦、必首挙先生、客遊蘇滬者、亦必起居先生。蓋尊仰之、不啻泰山北斗云。（中略）余謂中土名人之著声日本者、於唐則数白楽天、近世則推先生。（下略）黎庶昌序（『曲園自述詩』、明治二十三年、一八九〇、井上陳政刊、所収）。

（30）「抵蘇州閶門外。（中略）進城謁兪太史、風采藹然、望而知君子人也。太史精邃経学、著書満家。余在燕京嘗読其著群経平議、亟欲南下執贄、未果。至此余願始償矣。盖経学明暢、無如清儒、而醕正謹厳、無如高郵王氏。然嘉慶之後、遺響絶矣。当今之世、可与王氏並驁而殆駕其上者、唯兪公乎。余執鞭而涖焉、不悔也。（下略）」井上陳政『清国周遊記』、稿本、明治十七年（月日不詳）、国立国会図書館蔵『宮島誠一郎文書』所収。但し大東文化大学図書館蔵同游記――『游華日記』では（明治十七年二月）十七日とされている。

（31）学海日録研究会編『学海日録』第七巻（岩波書店、一九九〇年）、一八五頁。また、『学海日録』第四巻（一〇二頁）明治十一年三月六日付の日記でも兪曲園のことに触れているが、竹添などの一流文人の兪曲園を慕う様子の一端を披露している。「竹添進一氏、余及び田穀卿・四屋恒之を家に招きて、その遊清の日得たる書画を示さる。張瑞図の大幅、八大山人の鴛鴦、陳眉公の詩余等あり。瑞図の書尤よろし。兪樾といへるは当時経学をもて江南に名あり。その著書を贈られしとて示しき。世にいふ考証学なり。この人、著書二百余巻に及ぶといへり。此日葡萄酒を喫して大酔せり」とある。

（32）根本通明「駁清儒兪樾老子平議」、『斯文一斑』第十三集、一五～一七頁、斯文学会、明治十四年。

（33）根本通明の「駁清儒兪樾老子平議」の後に記した何如璋と岡本監輔の批評。注（32）に同じ。なお、根本と何如璋との交遊については、『羽嶽　根本通明・伝』（田村巳代治、秋田魁新報社、一九九七、二二二〜二二九頁）で触れている。

（34）小柳司気太「兪曲園に就いて」（『東洋思想の研究』、関書院、一九三四年）による。

（35）これらはその後「兪曲園に就いて」という題で、同氏の『東洋思想の研究』（関書院、一九三四年）に所収。

（36）「日本人（日本人→東瀛君子）有小柳司気太者、編輯余事跡（余事跡→鄙人一生）分為六章。一曰曲園世系、二曰曲園出処、三曰曲園著述、四曰曲園与我国文学（文学→文章）、五曰曲園与曾李二公、六曰曲園雑事。余皆未之見、惟其第三章言著述者、刻入其国『哲学雑誌』二十一巻、余得見之（「「二十一巻、余得見之」なし」。而中東文字雑糅不可辨別、〈門下士〉宋澄之孝廉、諳習東文、為余訳成一篇、因題其後。〈八十六翁曲園兪樾初藁〉）『春在堂詩編』第二三（丙、一九〇六編）三二頁。この序文は『東洋哲学』（第十三編第十号）に発表されたものと若干の異同があり、カッコ内はその相違を示したものである。

（37）「挙世人人談哲学、愧我迂疏未研榷。誰知我即哲学家、東人有言我始覚。哲学雑誌来東洋、曲園著述言之詳。豈惟師友追曾李、抑亦源流溯漢唐。自宋迄明講心性、直到清朝経学盛。江戴師生自継承、高郵父子相暉映。古書仮借発明多、古韻部居分別定。曲園生値道光元、諸老彫零垂欲尽。乃従高郵王氏後、又自森然闢門径。是固二百余年来、天使曲園為後勁。（以上皆隠括原書、語謂曲園乃中国経学家殿後之巨鎮。）我聞此語雖慙惶、或者讕言猶可信。又言新学与泰西、幾視旧学如糠粃。豈知新旧畳相嬗、未可棄置同筌蹄。当以支那諸旧籍、（外国人皆称我国為支那）欧西新説同参稽。天生曲園於此日、豈徒孑孑存遺黎。正於新故儳互處、使為象寄為狄鞮。（亦隠括原書、語謂曲園乃新旧過渡之大歩頭也。）我聞此言三太息、此言於我非所徯。方今一変可至道、俎豆危欲祧宣尼。吾儕遺経尚在抱、行見万口交訶詆。更有何人此問路、山徑閒介原非蹊。老夫年来見及此、両度蔵書山腹裏。儻有一巻両巻傳、庶可千年百年俟。（余去年於浙東西山中、皆鑿石蔵書。）不図今遇小柳公、竟知世有曲園翁。収帰哲学伝中去、伝語康成吾道東」。注（36）に同じ。なお、カッコ内は割注である。

第二節　兪曲園の『東瀛詩選』について

清末の大儒兪曲園と日本人との間で行われた文化交流のなかで、彼が編集した『東瀛詩選』はあまねく知られていて、いまでもよく話題に上っている。ここに従来あまり論じられていない『東瀛詩選』のいくつかの側面について考察したい。

1　兪曲園の略歴

浙江省の省都、杭州から車で四十分ほどのところに徳清市という町がある。ここは莫干山という名山を有することで知られている。また、兪曲園と傅雲龍という有名な人物を生み出した地でもある。二人とも偶然に日本と深い因縁があるのは本当に不思議なことである。傅雲龍のことは別の論文に譲ることにするが、ここに兪曲園について簡単に紹介しておきたい(1)。

兪曲園の父は鴻漸で、よく外出し、教育で生計を立てたことだけは知られているが、詳しい事跡は必ずしもつまびらかにされていない。著書もいくつかあることから、素養の高い文化人だったと推測できる。母は姚で、九十三歳で長生きの人生を全うした彼女は、徳清のすぐ近くにある臨平鎮の出身である。兄は有名な学者で、没後、兪曲園によりいくつかの著書が刊行された。

兪曲園の妻も姚という。兪曲園より一歳年上の彼女は、実は姚琨、つまり兪曲園の叔父（母方の兄）の子供である。二人は仲睦まじく暮らしていたようで、妻が死去してから、兪曲園は哀惜の念をこめて、数多くの詩を作った。また、その後にできた著書の名前を『茶香室叢鈔』『右台仙館筆記』と命名して、愛妻への深い思いを込めている。「茶香室」とは妻の寝室の名で、「右台仙館」とは妻思いのため妻の墓地の隣、右台山に建てられた兪曲園の宿舎の名である。

子は男女二人ずつある。長男は四十一歳で夭折したが、次男には陛雲という子がいて、その後清末の高官、彭玉麟の一番目の孫娘彭という女性と結婚した。彭玉麟は兵部尚書を務めたことがあり、軍人であるがとくに絵画が巧みで、梅が大好きであった。蘇州にある兪曲園記念館に、立派な「太湖石刻兪楼梅花之図」という石碑があり、彭玉麟が兪曲園のために描いた梅の絵で、京都大学図書館にもその拓本が所蔵されている。二人はこれほどの親友だから、のちにできた『東瀛詩選』という本の内題を彭が揮毫したのは、ごく自然のことであろう。

兪曲園の次女は兪繡孫で、三十四歳で兄と同じように夭折した。兪曲園はことに次女が好きなようで、彼女を記念すべく『慧福楼幸草』を編集出版して、そのうちの百冊を北方心泉に郵送し日本での配布を依頼した。「慧福楼」とは次女の寝室名という。

兄は兪林で、福建などの地方官（知県）を務めた。

兪曲園（一八二一～一九〇七）、名は「樾」、字は蔭甫、曲園と号する。十歳から教育を受けはじめ、十七歳で郷試に及第し、三十歳で進士試験に合格した。その後、翰林院庶吉士（歴史書の編纂や侍読などを担当する）を務める。この官僚生活のなかで、一八五一から五三年までの三年間は、皇帝の寵幸を得て一番順風満帆の時代であった。しかし、河南省の学政に任命された間にミスを起こしたといわれ、一八五七年に罷免された。その後、蘇州に寓居し学問に没頭するようになった。

蘇州に転居してからは、あいにく太平天国の乱に遭遇して、一八六五年までの八年間は、紹興・上虞・天津へ

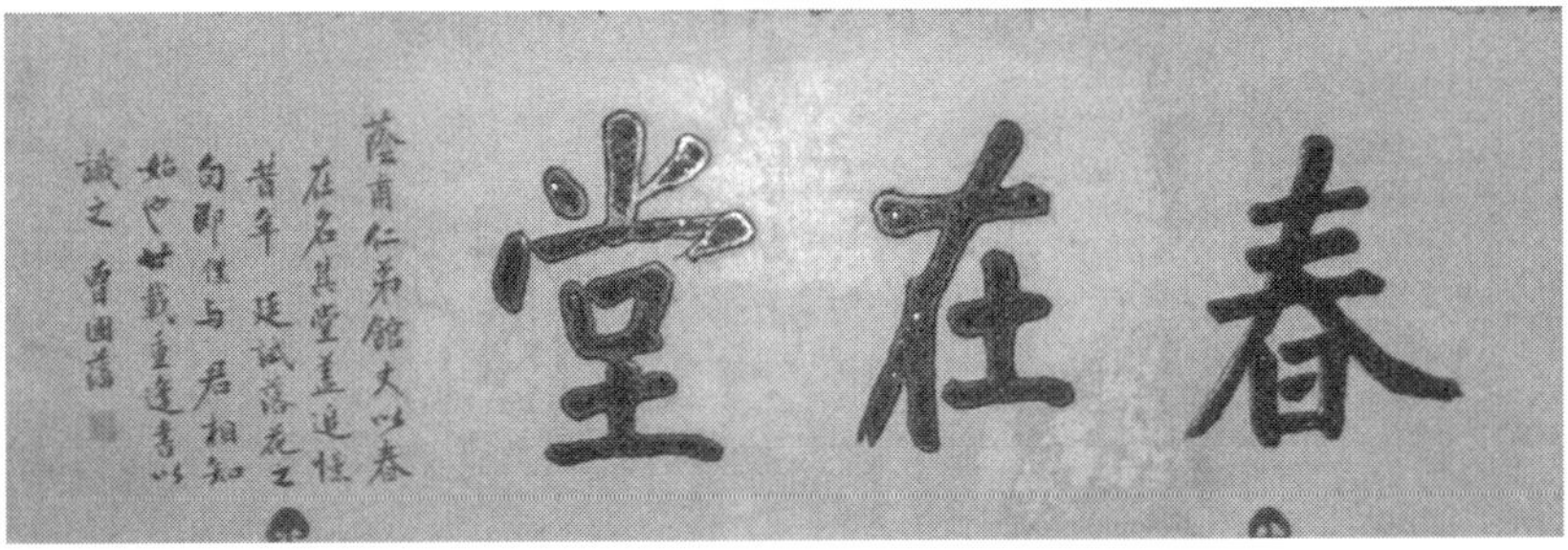

図2　曾国藩題「春在堂」扁額（蘇州・兪曲園記念館蔵）

と転々と避難生活を強いられた。いっぽう、この八年間は彼の学問を決定付ける期間でもあったようである。『読書雑誌』や『広雅疏証』などの訓詁学の本を読み、訓詁学にたいへん興味を持つようになったという。後に彼の代表作といわれる『群経平議』の全部、および『諸子平議』の大半はこの時期に脱稿した。一八六四年に太平天国の創始者洪秀全が病死し、内乱が徐々に鎮まるにともなって、兪曲園の人生も次第に順風時代に入った。

まず、李鴻章の招聘で蘇州の紫陽書院で教鞭をとり、そして、曾国藩の知遇を得て南京に客遊した。曾国藩は実は兪曲園の進士面接試験の試験官であった。兪曲園の面接の時に書いた「花落ちて春、仍はち在り」という書き出しの一句に大いに感心して一番目にしたそうである。その後、兪曲園は知己に感じてついに書斎名を春在堂とした。曾国藩が揮毫した「春在堂」の額縁（図2参照）は、いまでも兪曲園記念館に掲げられており、「蔭甫仁弟館丈以春／在名其堂、蓋追憶／昔年廷試落花之／句、即僕与君相知／始也。廿載重逢、書以／識之。曾国藩（印）」とされている。

兪曲園は蘇州で教鞭をとっていると同時に、一八六七年に杭州にある詁経精舎という阮元の建てた有名な塾でも教えるようになった。

また、一八六四年に友人の援助を得て『群経平議』の一部を刊行した。数年後にさらに三十五巻を全部上梓した。そして彼のもう一部の代表作『諸子平議』三十五巻も世に生まれた。

友人の何気なく兪曲園に対して行った支援はじつに歴史的な意味があり、この二部の力作によって兪曲園は一挙に有名になり、「南兪北張」という言葉で表現されるように、清末の学問上の不動の地位を獲得した。

一八七八年、兪曲園が五十七歳の際に母親を亡くした。翌年、最愛の妻も先立ち、そして三年後、後を追うように長男と次女も相次いでこの世を離れた。肉親の相次いだ死は、兪曲園に多大な打撃を与えたようで、その後、兪曲園はまだ二十年近く生きたが、精神的には衰えていく一方であった。これは後述のようにまたこの時期に編纂した『東瀛詩選』にも影を落としたようである。

2　『東瀛詩選』誕生の必然性

光緒九年（明治十六年、一八八三）に四十四巻に上る『東瀛詩選』が世に生まれた。近代中日文化交流史上の快挙ともいうべきこの詩集の誕生は、けっして偶然のことではなかった。それまでにほかの中国人による自発的な漢詩編集の活動も多く見られたのである。

たとえば、第二代日本駐在公使館の随員として来日した黄超曾（吟梅）には、日本各地を遊歴し日本人の漢詩を集めて詩集を編纂する計画があった。(2)

黄超曾の同僚の姚文棟はさらに大きな計画を立てた。彼は「東海徵文啓」を書いて日本人に広く詩文編纂の協力を呼びかけた。

文棟は大使のおともをして、船に乗って日本に来て、友邦と交際し、異域の風を観た。そこで文献をあつめて全集をつくり、東亜の美譚をあつめ不朽の盛事をのこさうとおもひ、不敏をかえりみず、三部に分けることにした。

上古の文章のはじめは、経国集、文粋、続文粋、および都氏、菅（原）氏の如き、その文章のすぐれたものを択び、これを「日本文源」となづける。徳川氏が江戸に幕府をひらき、戈をおき学芸を講じたので、日本の文学は、そのためにさかんになつた。そのあひだの作者は、たいへんなものである。それをあつめて「日本文録」といふ一書をつくり、それらの著作を紹介しようとおもふ。維新以後においては、才人学者が東京にむらがりあつまつてゐる。僕はこちらに来て三年になる。外交上のあつまりに出ない場合もなく、交際する人はまことに多い。かくて同志とともに文を欣賞できることは、他の時代とはちがふ。すべてそれらの新作をば、別にえらんで、なづけて「海外文伝」といふ。(3)

「日本文源」「日本文録」「海外文伝」という三部作を作る膨大な計画であった。

黄超曾や姚文棟のごとき外交官のほかに、来日した清国の文人にも漢詩を編修しようという動きが見られた。たとえば、同治十三年（明治七年、一八七四）、光緒六年（明治十三年、一八八〇）二度訪日した文人葉松石は、小規模であるが丹羽花南・徳山樗堂・永阪石埭三人の詩集を編纂しようとした。(4)

以上の黄超曾・姚文棟・葉松石の計画はともに実現に至らなかったが、現実化したのは陳鴻誥である。葉松石と同じ故郷（嘉興）で、同じ年（光緒六年）に来日した彼は、『日本同人詩選』を編集した。四巻で五九九首の詩しか収録されていない点では、『東瀛詩選』の足元にも及ばないが、成立（光緒八年、明治十五年、一八八二年春）も刊行（一八八三年四月）も『東瀛詩選』より少し早かったので、中国人による日本人漢詩集の濫觴となった。

陳鴻誥や兪曲園の後にも中国人による漢詩編集の活動は絶えなかった。遊歴官として来日した傅雲龍はそのうちの一人である。元田永孚のために寄せた彼の序文から察すれば、彼はすでに『東瀛詩選』の補遺作業を始めていたことがわかる。[5]しかし、日本滞在期間が短かったこともあり、完成には至らなかった。

日本人の漢詩集を編纂する情熱は、民国時代に下っても冷めなかった。民国十四年（大正十四年、一九二五）斉燮元の手により編纂された『日本漢詩選録』（刊行年・刊行地不詳）はその好例であろう。これは大友皇子から乃木希典までの一六七首の漢詩を収録し、詩体（五絶・七絶・五律・七律・五古・七古）に基づいて分類した詩集である。

このように兪曲園の『東瀛詩選』は、多くの中国人が日本人の漢詩に興味を注ぎ、それを編集しようとし、もしくは編集した背景の中で誕生したもので、時期的、環境的な面からみて、時宜を得て編纂機運にのったものといえよう。

3　『東瀛詩選』の書誌

『東瀛詩選』は兪曲園が編纂したのであるが、本書の開版について、日本側の上海での要望に対して、蘇州在住の兪曲園は蘇州のほうが便利で、かつ廉価のため、在地の懇意な刻工陶升甫に『春在堂全書』の版型に合わせ上梓するよう提案した。[6]それで二回に分けて洋銀千円を兪曲園のところに送金し、[7]蘇州で版下を作ることになったのである。では、この本はその後どこで印刷されたのであろうか。兪曲園自身は『東瀛詩記』[8]と『春在堂録要』[9]において「彼の国で自ら刊行する」と繰り返しているため、日本で印刷されたという見解を有する研究者が多い。このなぞを解くため、筆者は中日両国で『東瀛詩選』の実地調査を行なった。以下、その結果を記しておこう。

（1）常福寺蔵本

四十四巻、十六冊、各冊の表紙左側に「東瀛詩選　潘祖蔭題（印）」という題簽があり、十行二十一字、白口、左右双辺単魚尾の版式である。（以下、各館蔵本の題簽と版式もこれと同様のため、記すのを略す）兪曲園が北方心泉宛に第十四通の書簡（後述）によれば、これは北方心泉に送付した試し刷り本[10]である。各冊の巻首に「聴松閣図書記」印が捺されている。「東瀛詩選序」「東瀛詩選目録」「東瀛詩選例言」、そして本文という構成となっており、「東瀛詩選例言」が「東瀛詩選目録」の前に置かれている他の蔵本とやや順序が異なる。各冊の構成は次の通りである。

第一冊	巻一～二	第二冊	巻三～五	第三冊	巻六～八
第四冊	巻九～十一	第五冊	巻十二～十四	第六冊	巻十五～十七
第七冊	巻十八～二十	第八冊	巻二十一～二十三	第九冊	巻二十四～二十五
第十冊	巻二十六～二十八	第十一冊	巻二十九～三十一	第十二冊	巻三十二～三十四
第十三冊	巻三十五～三十七	第十四冊	巻三十八～三十九	第十五冊	巻四十～四十二
第十六冊	巻四十三～四十四				

そして、第六冊十七巻十九丁の紙背に「加　上上扇料　福豊／□七星図　字号」と絵と文字を組み合わせた朱色の図が見える。天頭の一番上にあり裁断された部分もあるため、完全の図ではない。詳細は後述する。

（2）大阪府立図書館蔵本

①四十四巻、十六冊、二帙（請求番号：朝日二三七．二一六）、第一冊の遊紙の右下に「姑蘇春在／堂蔵梓記」という赤い印字があり、また、巻首に「朝日新聞社寄贈」印が捺してある。題箋がつき、第一冊のみが欠。文中に書き入れがある。第十五冊四十巻四丁の紙背に「加　上上扇料／七星図」を組み合わせた朱色の図が見える。

②二十三巻、八冊、一帙（請求番号：二三七一―一七四）、第一冊の巻首に「山田実寄贈之記」があり、同遊紙の右下

に「姑蘓春在／堂蔵梓記」という赤い印字がある。「東瀛詩選目録」に書き入れが多数あり、字と号を記したものが多い。また、第一冊第一巻十四丁の紙背に「上上扇料／七星図」を組み合わせた朱色の図が見える。

（3）関西大学泊園文庫蔵本

二十三巻、八冊、一帙（請求番号：LH二―四・〇三―九五）、第一冊の遊紙の右下に「姑蘓春在／堂蔵梓記」という赤い印字がある。第六冊巻十五第十一丁の紙背に「鶖　劉海戯蟾図」（後述）を組み合わせた朱色の図がある。「劉海戯蟾図」は、同第六冊十七巻第十七丁の紙背にも見えるが、「鶖／胡　劉海戯金蟾図　和／盖」（図3参照）と別の文字と組み合わせた朱色の図である。

図3『東瀛詩選』紙背にある「劉海戯金蟾図」（関西大学図書館蔵）

（4）京都大学文学研究科図書館蔵本

①四十四巻、十六冊、二帙（請求番号：D／Ⅲc／二五―一）、題簽なし。各冊巻首に「晴耕亭饒村文庫」印が捺してあり、朱書なし。第八冊二十三巻三十丁の紙背に「鶖　劉海戯金蟾図」を組み合わせた朱色の図が見える。同じ図は

第十一冊三十巻十丁の紙背にも見える。また、第十五冊四十一巻二十三丁の紙背に同じ劉海戯蟾図が現れているが、「静　劉海戯金蟾図　公」と「静」「公」を組み合わせた朱色の図である。

②三十四巻、十二冊、二帙（請求番号：D／Ⅲc／二五―二）、題箋付き（ただし、第二冊の題箋は残闕、第十二冊の題箋は欠落）、各冊の巻首に「鈴木豹軒先生手沢」「豹軒図書」という朱印が捺され、書き入れ朱書多数ある。鈴木豹軒（一八七七～一九六三）は新潟県の人、名は虎雄、別号を葯房。家は代々儒を以て知られ、家塾を長善館と言う。東京大学漢学科出身、「日本新聞」に入社。『台湾日日新聞』漢文欄主筆に招かれ渡台。帰朝後、京都大学で一九三八年退官するまで三十年間中国文学を講じた(11)。第五冊と第九冊の遊紙の右下に「姑蘇春在／堂蔵梓記」という赤い印字がある。また、第四冊巻十一第十四丁の紙背に「加　七星図　上上」（図4参照）を組み合わせた朱色の図が見える。さら

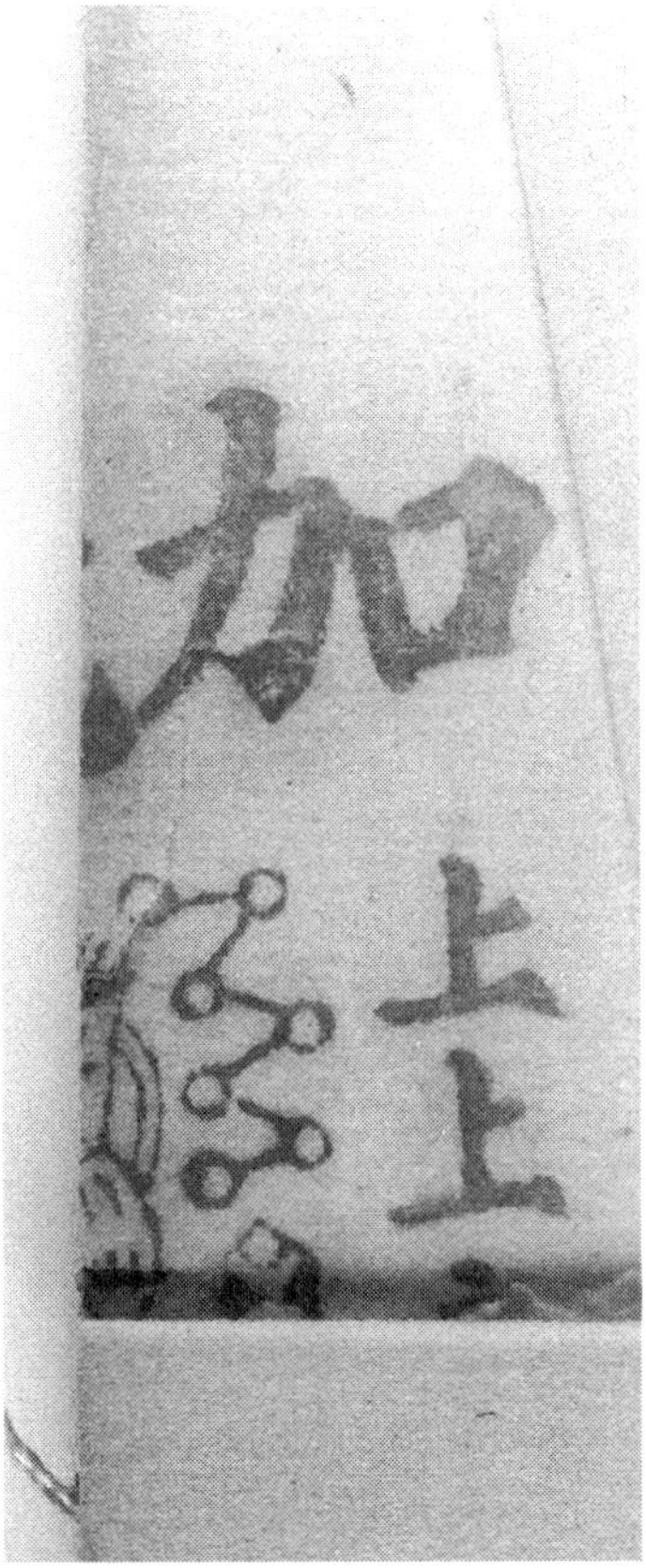

図4　『東瀛詩選』紙背にある「七星図」（京都大学文学研究科図書館蔵）

に、第八冊巻二十三第六丁の紙背に例の「鵞」字と「劉海戯金蟾図」を組み合わせた朱色の図がある。同様の図は第十冊巻二十八第十四丁の紙背にも見える。

（5）京都大学図書館蔵本

①四十四巻（請求番号：四－〇七／ト二十）、大正七年（一九一八）六月二十五日の購入とされる。題箋がつき、書き込みなし。第五冊（巻十二～十四）と第九冊（巻二十四～二十五）の遊紙に「姑蘇春在／堂蔵梓記」という赤い印字、各冊の巻首に「淡山堂」印がある。

②四十四巻、十二冊、二帙（請求番号：陶庵文庫／集／ト五）、昭和十九年（一九四四）十二月二十八日の寄贈とされる。各冊に題箋が付き、巻首に「西園寺八郎寄贈」印が捺されており、書き入れなし。陶庵文庫は、当時の文部大臣として京都大学の創設に尽力した西園寺公望（一八四九～一九四〇）の旧蔵書を、嗣子八郎が寄贈してできた文庫である。(12)

（6）早稲田大学図書館蔵本

①二十三巻、八冊、一帙（請求番号：ヘ一八－四八六四）、題箋あり、但し、第四・五・六冊の題箋は残闕。各冊の表紙に各巻所収の詩人の名が墨書されている。書き入れ朱書多数あり。第一冊の遊紙と第五冊の遊紙に「姑蘇春在／堂蔵梓記」という赤い印字がある。第二・四・五冊の表紙に「早稲田大学／文学部図書」（縦書き）「教員図書／大野実之助／昭和43・教育研究」（横書き）が捺されており、この歳の購入だったであろう。第五～八冊は前の第一～四冊よりやや天頭の部分が短い。第三冊巻七二十三丁の紙背に「加　七星図　上上扇」を組み合わせた朱色の図がついている。

②二十三巻、八冊、一帙（請求番号：へ一八－一九九）、題簽あり、但し、第七・八冊の題簽は欠落。各冊の表紙に各巻所収の詩人の名が墨書されている。第一冊と第七冊の遊紙に「姑蘓春在／堂蔵梓記」という赤い印字がある。第一～四冊と第五冊～八冊のサイズはそれぞれ前掲早大蔵本①と同様。書き入れ墨書少数あり。第三冊巻七二十一丁の紙背に同様に「加」「上上扇」文字と七星図を組み合わせた図が見える。

③二十三巻、八冊、一帙（請求番号：へ一八－二九六三）、題簽あり、但し、第四・八冊の題簽は残闕。第五冊の遊紙に「姑蘓春在／堂蔵梓記」という赤い印字があり、書き入れなし。八冊のサイズは同一であり、「東瀛詩選序」の上に「早稲田大学図書館／記念図書」の朱印の間に「故菊池三九郎氏／大正十三年一月」と墨書されている。大正十三年（一九二四）の寄贈ないし登録であろう。

④写本、一冊、一帙（請求番号：へ一八－四八四三）、表紙に「東瀛詩選寿芝題」とし、『東瀛詩選』から一部の詩を抜粋し、「日本文鈔」「日本人著述」を付す。内容は以下の通りである。（配列順は原文のママ、カッコ内は『東瀛詩選』の出所）

東瀛詩選序（全文）・安積信・小野長愿（以上巻二十二）・広瀬謙（巻二十三・二十四）・青山延光・青山延昌・青山延之・青山延寿（以上巻二十五）・荻（萩）原承・長允・浦池鎮俊（以上巻二十九）・松本衡・広瀬満忠・山田信・天浦（以上巻三十）・大沼厚・鷲津宣光（以上巻三十一）・大槻清崇・小原寛（以上巻三十二）・中内惇・岡本迪（以上巻三十三）・橋本寧・長炗（以上巻三十四）・原口穀・菊池武成・藤井徳・高木平好・山崎知風・土井光（以上巻四十三）

・小浦潮・木内政元・江馬聖欽（以上巻四十四）・例言（全文）・物双松・源君美（以上巻二）・服元喬（巻三）・室直清（巻六）・梁緯（巻十六）・大窪行（巻十九）・広瀬謙（巻二十三）・藤森大雅・村上剛・長戸譲（以上巻二十六）・菊池桐孫・野田逸・斎藤謙・後藤機・坂井華・山田□（以上巻二十七）・藤井啓・遠山澹・劉翥・高野進（以上巻二十八）・竹添光鴻（巻三十五）・釈日政（巻三十六）

『東瀛詩選』にある兪曲園が記した「東瀛詩選序」と「例言」のほかに、あわせて『東瀛詩選』二十二巻（巻二～三、六、十六、十九、二十二～三十六、四十三～四十四）にわたる五十三人の詩が抄録されていることがわかる。

『東瀛詩選』の後に八丁の白紙があり、その後、「日本文鈔」と「日本人著述」が写されている。前者では「藤原為経欹案銘（巻二十八頁十七）・物双松与富春山人書（巻二十八頁三十一）・帆足万里鼠戒（巻二十九頁二十八）・巖谷修八稜研斎題榜自跋（巻二十九頁三十九）・高鋭一題群盲品評図（巻二十九頁三十九）・藤野正啓与人論漢洋二学得失書（巻二十九頁五十）・藤原粛紫荷葉研銘・星槎研銘・朱之楡（瑜）文庫銘・研銘二首・琴研銘」が抄録されている。出典は未詳であるが、第一篇（「藤原為経欹案銘」）から第六篇（「藤野正啓与人論漢洋二学得失書」）までは、傅雲龍の『遊歴日本図経』巻二十八・二十九「日本文徴」にも見えている（以上カッコ内は『遊歴日本図経』の出所）ことから、第六篇までは『遊歴日本図経』を参考にしたかもしれない。

「日本人著述」では、「茲取其已刊者録之」として既刊の日本人の著作目録が抄録されている。「周易相錯記八巻附一巻釈慧愷安永九年」以下、経史子集という順に一三五種（経四十一・史四十一・子三十六・集十七種）の日本人の著書が記録されている。

『東瀛詩選』の巻末に「中国四川成都美術工作者周申甫収蔵」一行が墨書されている。本書はかつて中国四川省成都市周申甫の旧蔵であったことが分かる。周申甫の事跡を知るすべもないが、「工作者」という表現から、新中国成立以降の人物と推測できる。紙・字体・内容等を合わせて考えれば、中国人による写本だと思われる。

（7）二松学舎大学図書館蔵本

十一巻、四冊（請求番号：九一九．五ーT）、題箋付き、書き入れなし、第一冊の遊紙の右下に「姑蘓春在／堂蔵梓記」（図5参照）という赤い印字があり、保存状態が良好な本である。

（8）中国国家図書館蔵本

①四十四巻、十六冊（請求番号：一一四八〇一）、第一冊の遊紙の右下に「姑蘓春在／堂蔵梓記」という赤い印字がある「東瀛詩選目録」に「長楽鄭振鐸西諦蔵書」と「景鄭蔵書」朱印が捺してある。著名な書誌学者鄭振鐸（一八九八～一九五八）と潘景鄭（一九〇七～）の旧蔵であったことが分かる。鄭の蔵書印は巻首と第十六冊巻四十四の巻末（「長楽鄭氏蔵書之印」）にも見られる。

図5『東瀛詩選』遊紙に捺された「古蘇春在堂蔵梓記」（二松学舎大学図書館蔵）

②四十四巻、十二冊（請求番号：一〇〇六一八）、題箋が付き、第一冊のみが欠落。書き入れなし。各冊の構成は次

の通りで、常福寺以下の諸本と異っている。

第一冊　巻一～三	第二冊　巻四～七
第三冊　巻八～十一	第四冊　巻十二～十五
第五冊　巻十六～十九	第六冊　巻二十～二十二
第七冊　巻二十三～二十五	第八冊　巻二十六～二十九
第九冊　巻三十～三十三	第十冊　巻三十四～三十七
第十一冊　巻三十八～四十	第十二冊　巻四十一～四十四

③三十四巻、十二冊（請求番号：一〇八八八三）、兪曲園の序文と第三・四・五・七・十・十二冊の題箋が欠ける。内題「東瀛詩選」四字は補写されたもの。各冊の巻首に「苦雨斎蔵書印」（図6参照）があり、周作人の旧蔵であったことがわかる。

（9）浙江図書館蔵本

四十四巻、十二冊（請求番号：八九五・六一－八〇四三）、「東瀛詩選序」に「曾在胡志翔処」印があり、第一・七・十二冊の題箋が欠落。書き入れなし。各冊の構成は中国国家図書館蔵本②と同様である。第七冊二十七巻十七頁の紙背に「建造太名」等の文字が見え、同様の文字は第九冊三十三巻九頁の紙背にもあるが、欠字が多い。

（10）上海図書館蔵本

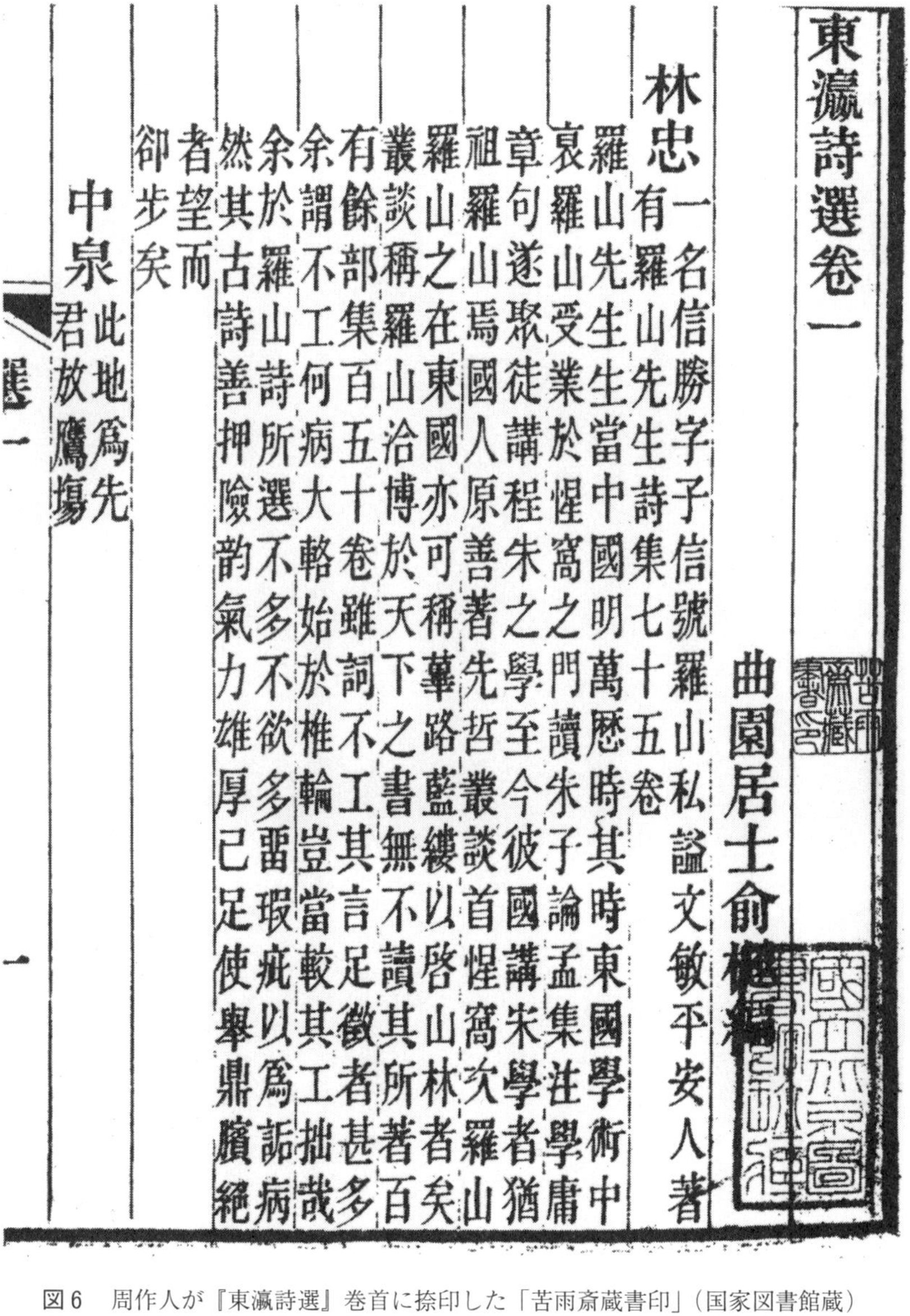
東瀛詩選卷一

曲園居士俞樾編

林忠一名信勝字子信號羅山私謚文敏平安人著有羅山先生詩集七十五卷

羅山先生當中國明萬歷時其時東國學術中衰羅山受業於惺窩之門讀朱子論孟集注學庸章句遂聚徒講程朱之學至今彼國講朱學者猶祖羅山焉國人原善著先哲叢談首惺窩次羅山羅山之在東國亦可稱華路藍縷以啓山林者矣叢談稱羅山洽博於天下之書無不讀其所著百有餘部集百五十卷雖詞不工其言足徵者甚多余謂不工何病大輅始於椎輪豈當較其工拙哉余於羅山詩所選不多不欲多齒瑕疵以爲詬病然其古詩善押險韵氣力雄厚已足使舉鼎臏絕者望而卻步矣

中泉此地爲先君放鷹塲

選　卷一　一

図6　周作人が『東瀛詩選』巻首に捺印した「苦雨斎蔵書印」（国家図書館蔵）

①四十四巻、十六冊（請求番号：長三三四五五一―六六）、「東瀛詩選目録」に「王培孫記念物」印があり、欠落した題箋が多い。第二冊三巻二十三頁と第三冊八巻十八頁の紙背に「加　上上扇料　七星図」が見える。

②四十四巻、十二冊（請求番号：長二五二八七二―八四）、各冊の巻首に「合衆図書館蔵書印」と「蒋抑卮蔵」が捺されている。題箋があり、書き込みなし。各冊の構成は中国国家図書館蔵本②と同じである。

以上、早稲田大学所蔵の写本（部分）一種と中日十軒の図書館所蔵の刊本計十七点を紹介した。そのうちの刊本を表にまとめると次の通りである。表中にある項目「蔵梓記」とは「姑蘇春在／堂蔵梓記」の略称である。

刊本	所蔵先	蔵梓記・組み合わせ図
四十四巻十六冊	常福寺	「加　上上扇料　福豊／□七星図　字号」（巻十七）
四十四巻十六冊	大阪府立①	蔵梓記（第一冊）・「加　上上扇料／七星図」（巻四十）
四十四巻十六冊	京大文研科①	「鵞　劉海戯金蟾図」（巻二十三と巻三十）・「静　劉海戯金蟾図　公」（巻四十一）
四十四巻十六冊	京大①	蔵梓記（第五冊と第九冊）
四十四巻十六冊	国家図書館①	蔵梓記（第一冊）
四十四巻十六冊	上海図書館①	「加　上上扇料　七星図」（巻三と巻八）
四十四巻十二冊	京大②	
四十四巻十二冊	国家図書館②	
三十四巻十二冊	国家図書館③	
三十四巻十二冊	京大文研科②	蔵梓記（第五冊と第九冊）・「加　七星図　上上」（巻十一）・「鵞　劉海戯金蟾図」（巻二十三と

		巻二十八）
四十四巻十二冊	上海図書館②	
二十三巻八冊	大阪府立②	蔵梓記（第一冊）・「上上扇料／七星図」（巻一）
二十三巻八冊	関西大学	蔵梓記（第一冊）・「鵞　劉海戯金蟾図」（巻十五）・「鵞／胡　劉海戯金蟾図　和／盖」（巻十七）
二十三巻八冊	早大①	蔵梓記（第一冊と第五冊）・「加　七星図　上上扇」（巻七）
二十三巻八冊	早大②	蔵梓記（第一冊と第七冊）・「加　七星図　上上扇」（巻七）
二十三巻八冊[13]	早大③	蔵梓記（第五冊）
十一巻四冊	二松学舎	蔵梓記（第一冊）

この表から次のようなことが言えよう。

まず、四十四巻本は十六冊からの構成が多く、常福寺の試し刷り本や岸田吟香の『楽善堂書目』[14]の記述も十六冊ということを考え合わせると、これは足本の原型かと考えられる。因みに、インターネットで検索した結果、新潟大学（請求番号：集三・三・四佐）・関西大学内藤文庫・東北大学（請求番号：教養九一九・二三・一―三）・東北大学（請求番号：本館丁B・二―四―二・二六）にも四十四巻十六冊本が所蔵されている。これも筆者の仮説を立証する証となろう。

次に二十三巻八冊本も多数見られるのは、岸田吟香がまず二十三巻までの八冊本を上梓、その後、残りの部分を刊行したと思われる[15]。同じ二十三巻八冊は、東京都立中央図書館（請求番号：特八四五七）や新潟大学（請求番号：集三・三・二）にも所蔵されている。

第三に、多くの蔵本の遊紙の右下に「姑蘓春在／堂蔵梓記」という赤い印字が見られる。「梓」は版木のことで、姑蘇（蘇州）にある兪曲園の春在堂に『東瀛詩選』の版木を所蔵しているという意味である。版下は兪曲園の手配で蘇州で作られたことは事実であるが、果たしてできあがった版木も兪曲園の春在堂に保管されていたかは、これといった証拠がない。むしろ岸田吟香が販路拡大のため捺印したと考えたほうがよい。

最後に文字と図の組み合わせについて見てみよう。この二つの絵は中国の紙屋が紙に用いた印と思われるが、詳細は未詳である。まず「劉海戯金蟾図」であるが、この図に組み合わせた文字として、「鵞」（京大文学部①・京大文学部②・関西大学）、「静　公」（京大文学部①）、「鵞／胡　和／盖」（関西大学）が見られ、必ずしも一律ではなく、図に関しても微妙に趣を異にするものが多い。

この図は中国の著名な民間伝説である。『支那民俗誌』(16)で次のように記述されている。

劉海は進士劉操で、呂純陽の弟子となり、のち仙人となった人。一説に、劉海が道を学んだ師匠は極めて銭の好きな守銭奴で、劉海が屢々諫めたが聞き入れなかった。その中師匠は、あんまり金を貪った為に、官を貶せられた上に、罰せられて井戸の中へ入れられて、金蟾（青蛙に似た三足の蛤蟆）になってしまった。劉海は心配して、何とかして地上へ牽き上げてやらうとしたが、なか〳〵出て来ない。そこで色々考へた末、長い糸に金を串し貫いて、井戸の中へ入れると、果たして金蟾は利に誘はれて出て来たといふ。勿論俗間の伝説に過ぎないが、商人の間には非常にめでたがられる故事で、また支那でも満州でも、商品の商標には「劉海繋金蟾牌」といふものが非常に多くあったものである。

劉海は前髪を伸ばし、手に銭を持つ童に描かれることが多く、「劉海戯金蟾、歩歩釣金銭」というように、財神として広く親しまれている。

次に「七星図」である。この図と組み合わせた文字は「加　上上扇料」（大阪府立①・上海図書館①）、「加　上上」（京大文学部②)、「上上扇料」(大阪府立②)、「加　上上扇」(早大①・早大②)が一番集中しており、常福寺蔵本には「加上上扇料　福豊　字号」のようにさらに多くの文字が見られる。この図の意味がわからず、「七星図」の名称も筆者が仮につけたのであるが、中国独特のものに相違あるまい。

要するに以上紹介した二つの絵は中国特有のもので、これの入った用紙が多数『東瀛詩選』に見えたのは、『東瀛詩選』が中国で印刷されたことをいみじくも物語っていると考えられる。

4　『東瀛詩選』に対する評価

『東瀛詩選』の編纂は晩年の兪曲園にとっては大きな仕事であった。それに外国人のために編纂したことに加えて、兪曲園本人は次の資料で示したようにいつもそれを自慢していたようである。

選択した詩は必ずしもすべてが妥当とは思わないが、この選集は彼の国の総集の大なる者と為す。必ず各家に一編部を置き、吟誦するであろう。(17)

往年、日本人の要請に応じ、東瀛詩選四十四巻を編集し、日本で大いに流行っていた。(18)

かつて日本人の要請に応じ、東瀛詩選四十四巻を編集した。(19)

私は往年日本の詩人の要請に応じ、その国の詩を広く選択し、林羅山以下百数人の詩五千首を四十巻にまとめ、東瀛詩選と名づけた。しかも同時代の人の詩も入選させた。[20]

私は東瀛の詩五千首を選択し、四十巻にまとめた。[21]

ところが、このアンソロジーは日本で兪曲園の思うほどの評価はされなかった事実がわかった。金沢市にある常福寺にこの詩選の依頼者、岸田吟香が北方心泉宛に送った書簡（図7参照）が遺存している。この二十一行罫紙に書かれた四枚綴の書簡は、[22]『東瀛詩選』に存した問題点を顕わに指摘している。

一　重野・岡等ト尚評議仕候処、古人之内ニモ猶此選ニ漏レ居候者多ク御座候有名之大家ニ而祇南海・秋玉山・恒遠・雨森芳州・片山北海・武富圯・韓大年・北条霞亭・柏如亭・北川明皮・家里衡・河野鉄兜等之類猶多ク可有之ト奉存候。是等之詩集モ、多分上木ニ相成リ居可申ニ付、探索之上御送リ可申、龍草廬者先便ニ送リ差上申候。

現存人の詩のみならず昔の人の詩にも、たとえば祇南海・秋玉山・恒遠・雨森芳州・片山北海等の遺漏が多いため、詩集をさらに集め兪曲園のところへ送付する、という。ここに指摘された遺漏という点については、兪曲園本人も気づき、『東瀛詩選』の補遺四巻を作り、その巻四十一の書き出しで「東国の詩、固よりここに尽きず。彼の中の先哲、祇園南海・太宰春台の如きは、今に至るも猶望めば斗山の如し、而して茲選はこれを闕く」と認め、重野安繹・岡千仭らが指摘した人物の一部であるが、祇園南海・秋山玉山・雨森芳州・片山北海（以上巻四十一）・河野鉄兜（巻四十四）を入選させたのである。

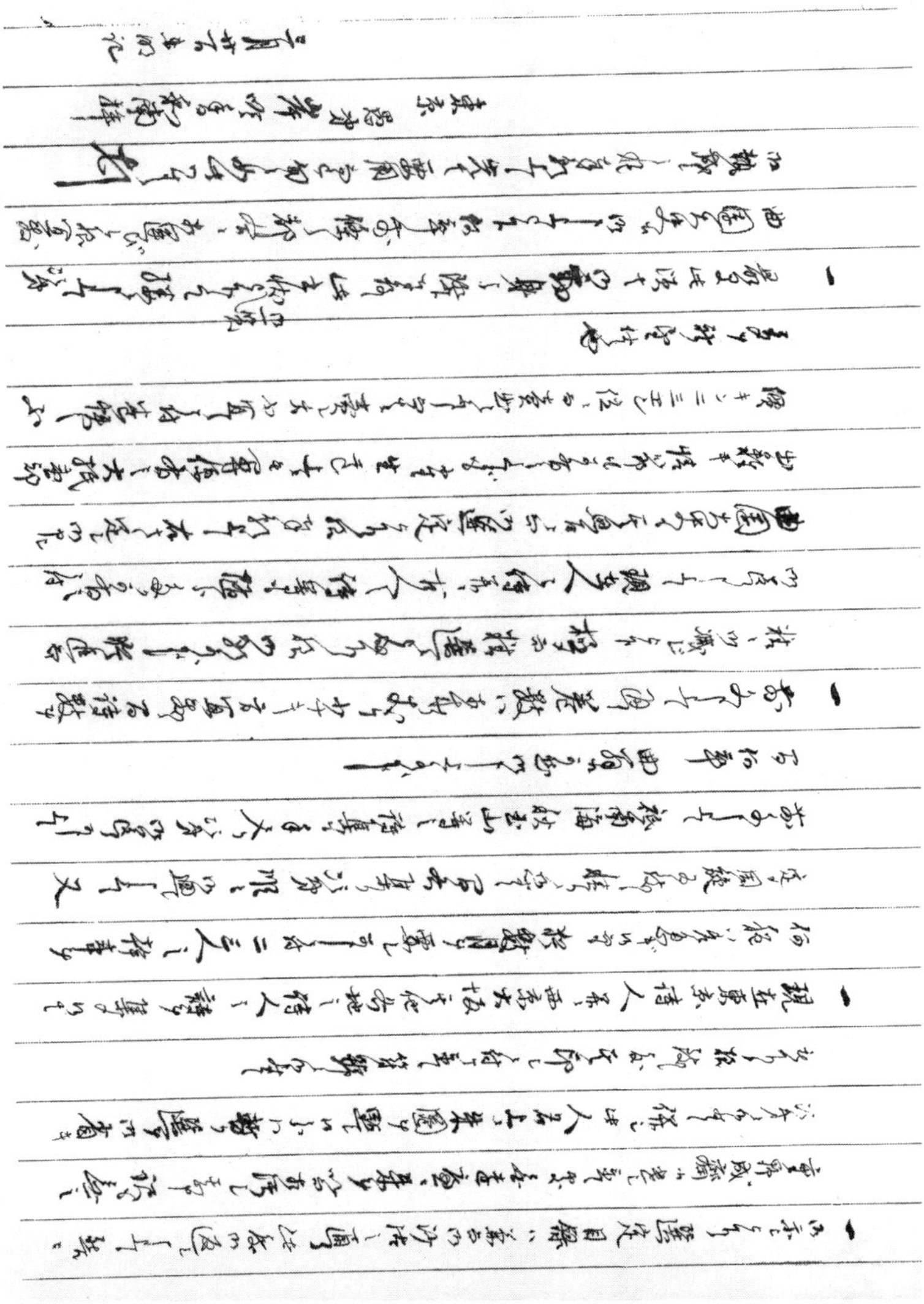

図7　岸田吟香が北方心泉宛の書簡（第三綴り）（金沢市常福寺蔵）

吟香は書簡でさらに言う。

一　併シ曲園太史之方、御手都合之程モ如何哉ト心配仕候、已ニ星巖之分ハ上木ニ相成リ、試刻御廻シ被下候位ニ付、其前ノ処徂徠・南郭等之分モ已ニ刊行ニ相成候哉モ不被計ト奉存候、又其後モ引続キ剞劂ニ御附シ相成候哉モ難計ト奉存候、若シ右様之儀ニモ候ハバ、大抵星巖・淡窓等之処迄ニ而御切リ被下、是ヲ第一集ト歟、第一帖ト歟御定メ被下候様奉願度候、左様無之候而者、此後御送リ申上候古人之詩者、却而現今人之跡ニ相成候ニ付、不都合之様ニ奉存候、夫レモ只龍草廬一人ト歟、二人ト歟ニ候ハバ、補遺ニ而モ宜敷候ヘドモ、猶十幾人モ可有之ニ付、何卒此処御変局之御取計尊上人ヨリ御執成シ之程、偏ニ奉願上候。

この書簡は「三月廿一日未明」という日付で、この時点（明治十六年三月二十一日）では、兪曲園と『東瀛詩選』の連絡を担当していた北方心泉は病気で日本へ帰り静養中である。また、『東瀛詩選』の編纂もいま指摘した通り、荻生徂徠（巻二）・服部南郭（巻三）の上梓はすでにできたし、梁川星巖（十六巻）まで上梓を試みている。そこで、仕方なく梁川星巖（十六巻）もしくは広瀬淡窓（十七巻）までで打ち切り、それを第一集（帖）としたい。また、『東瀛詩選』の配列順序につき、時代の古い人がかえって時代の新しい人の後に置かれた不適切な例がとても多い、という。吟香は続けて次のように言う。

一　重野・岡・小野・巖谷等之説ニ而ハ、此度御示シ被下候選定目録ニ、巻二十九以下ニ載リ居候人々者、多ク者皆詩名モ世ニ聞カズ、余リ誰モ不知者共ニ而、中ニ者川路利良之如キ人物モ有之、又少年生モ有之、又長三州・

岡千仭之如キ未ダ詩集ヲ刊行不致候者モ有之候間、此等之詩者定メシ明治詩文、或ハ新文詩等ヨリ御抜取リニ相成候事ト奉存候へドモ、此度之東瀛詩集者、清朝第一流之大家曲園先生之御選定ニ而、我邦古来未曾有之盛挙ニ付、相成リ丈精選ニ致シ度キ者ニ御座候間、右等無有名的之俗作者、暫ク御除キ置キ被下度ト申ス事ニ御座候、小生相考候而モ同論ニ而、過日此目録開巻之時ニモ、已ニ左様ニ存候処ニ御座候。（下略）

『東瀛詩選』の巻二十九以下に収録された詩人に、無名な人もいれば、「少年生」も混じっている。清朝第一人者の兪曲園に依頼した日本未曾有の詩選であるだけに、これらの人の作品を排除し精選してほしい、という。

吟香が指摘した川路利良（一八三四〜七九）とは、薩摩藩出身の初代警視総監で、大久保利通の腹心として警察制度の確立に尽くした人である。兪曲園は『東瀛詩選』巻三十四の長艾（三洲）と岡千仭の間に、彼の詩三首「客中」「春夕」「禁園観菊」を載せ、そして次のようなコメントをしている。

川路利良、字□□、号竜泉、麑島人、著有『竜泉遺稿』一巻。竜泉以功業顕、稿中有「督軍抵鹿児島」詩、是其生平固以長槍大戟立功名、非倚毛錐子作生活者。然性嗜吟詠、詩亦温雅可誦。其詩多五七言絶句、想由軍中馬上興到偶吟、無暇為長篇巨製也。

日本の事情を知らない兪曲園は、軍人が吟じた詩だけに新鮮な感覚を覚え、詩集に入れたのかもしれない。しかし、岡千仭等文名の高い人にとっては、このような人と伍に並べられたことに対し、不快に思うのも当り前のことであろう。

要するに、この岸田吟香の書簡で入選すべき詩人に漏れがあり、入選すべきでない詩人が入選していて、そして、人物の配列順序に不備があるなどといった問題点が指摘されている。さらに、吟香にとっては商業出版のため、切実に売れ行きのことも考慮せざるを得なかったのである。

一　巻数多ケレバ刻費モ多ク、紙価モ多ク相掛リ候ニ付、其書価モ高ク相成リ可申、高価ニ而ハ不好消ニ御座候間、極精録ニ而、却而巻数ノ少ナキヲ御願申上候。（下略）

一　（前略）小生生道上ニモ関係有之、大抵壱部価キン二三エン位ニ而売出シ不申而者、売レ方不宜候ニ付、巻帙之不多ヲ祈望仕候也。

本の分量が厚ければ、定価も高くなり売れなくなるので、このためにも精選してほしいという。

5　『東瀛詩選』不評の理由

確かに吟香のこの書簡で指摘したとおり、『東瀛詩選』には多数の問題点が含まれている。しかし、それはまず依頼者の岸田吟香に責任があったと思われる。吟香は先に挙げた心泉宛の書簡で次のような事情を披露している。

一　前便申上置候東瀛詩選一条、去ル十六日旧雨会ニ而、小野湖山・重野安繹・岡千仭・森春濤・鱸松塘等諸子ニ相謀候処、諸子中未ダ此挙アル事ヲ不知者多ク候ニ付、議論百出ニ而、迚モ一定ニ決シ難クト被存候而、遂ニ其儘ニ而其場ハ散ジ申候、其後、湖山並ニ重野・巖谷等相謀リ候処、迚も今至急ニ現存人之詩ヲ取集メ候事六ケ敷、其上只東京ニ居ル人計リニ而モ、不都合ニ御座候間、猶此上数月之工夫ヲ要シ不申而ハ、思敷相集リ申間敷トノ事ニ而、此度ハ現在人之詩者、一切送リ差上不申事ニ相成申候。

『東瀛詩選』の編纂については、明治十六年（光緒九年、一八八三）三月十六日の旧雨会の集いで始めて知った漢文学者が多くて、しかも入選したのは東京在住の一部の人に過ぎないため、いろいろの議論が出たという。つまり『東瀛詩選』の編纂については、それまで漢文学者の間で討議されることなく、主に商人の岸田吟香が中心になり兪曲園に依頼し、個人的に実施したことが読み取れる。

そして、次の資料に明らかなように、吟香は具体的な編集方針などを一切兪曲園に一任していたことが知られる。たとえば巻数については、「詩選の巻数を一任し、序文・凡例・評語のご執筆をお願いします」と明言している。[23]また、兪曲園は編修作業に着手してからまもなく「詩選は未確定だが、約三千余篇の大部になる」[24]「この詩選は少なくとも七、八十巻に上り、巨編になりそうだ」[25]と、心泉を通じて吟香に予測を伝えたが、吟香は少しも異議を立てなかったのである。

さらに正編四十巻ができた知らせを受け、試し刷り一巻と詩選の総目録一冊をもらった心泉は、立派にできた、さっそく吟香に伝えると大喜びをし、[26]そしてその後、「編集も試し刷りも素晴らしくて、全書の上梓をお願いする」と、吟香の意見を伝えた。[27]

要するに心泉を介しての兪曲園との連絡を見る限り、詩選の書名・圏点・序文（多くの人に書いてほしい）については相談があったものの、巻数と直接かかわりある入選範囲についてはそれまでまったく触れなかったのが事実である。これらの問題点は小野長愿らに指摘されるまで、吟香本人も気づかずにいたであろう。[28]

実は本書の収集範囲については、兪曲園は自分なりの方針があった。

余は其の専集のある者に基づき釐釐、四千余篇を得て、四十巻にまとめた。また、諸家選集に基づき、五百余篇を選得し、補遺四巻を為した。東国の詩はまたほぼこれに備《そろ》った。（中略）此の集や、彼の国に在っては、実に総集の大なる者と為す、必ず且《まさ》に家ごとに一編を置いて、以て誦習に備えんとす。(29)

日本は向に総集無し。此の一選なりや、実に其の国の総集の大なる者為り、頗る海東に盛行せり。(30)

つまり、兪曲園は日本の漢詩総集のつもりで編集したので、有名であろうが無名であろうが、なるべくたくさんの詩を取り入れた。その結果、つい無名の人の作品も選に入れ、巻数が肥大してしまったのである。この点については、吟香も後になって始めて気づいたようで、心泉宛の先の書簡でこのように言っている。

一　曲園先生者、或ハ一人ニ而モ多ク詩ヲ出シ候御考可モ不知ト被存候、但シ先般以来古人並ニ現今人之詩集類ヲ好不好ニ不拘、只ムヤミト多ク送リ差上候者、皆々其選ニ入ラン事ヲ望ミ候訳ニ者無之、御編輯之料ニ差上事ニ御座候、然ルニ曲翁者、必ラズ其人々ノ詩ヲ、毎人ニ一二首ツヽ者取リ遣シ度トノ思召ニ而、ツマラヌ俗作迄モ無拠御選入相成候様ノ事無之トモ不被測ト奉存候。（下略）

参考資料として多くの詩集を兪曲園へ送付したが、兪曲園は一人でも多く入れるべく、詩の上手下手を問わず一人ずつ一、二首詩選に入選したようである、という。吟香は、さらに「万一左様之御考ニ而者、精選ニモ不相成、太史先生之御為ニモ不都合也、又日本人之為ニモ不宜、将来之議論ヲ招キ候而者不相成候ニ付、左様ノ御遠慮無之、只々極メ而精選ニ被成度、詩数ハ多キヲ不要候間、後世ニ遺スベキ選定ヲ奉冀望候也」、とこれは兪曲園のためにも日本人のためにも不都合のことで、精選してほしいと切に希望している。

吟香のこの書簡に接してからの心泉の態度を知るすべもないが、兪曲園に伝えた証拠がない。すでに『東瀛詩選』正編四十巻（二月十七日）と補遺四巻（二月二十四日）の作業も終了し、上梓（五月二日）開始まであと一か月余だけ残っていたので、以上のような問題点があったとしても、もう後の祭りで事実上直す時間の余裕がなかったと判断したからかもしれない。

兪曲園が精選しなかったことにはもう一つ、健康上の理由があったと考えられる。母が光緒四年（一八七八）に死去、妻が翌年（光緒五年、一八七九）先立った。肉親の相次いでの死は、兪曲園に大きな痛手を与えたようである。

己卯の歳（光緒五年、一八七九）に夫人姚氏を喪ってからは、精神意興ともに日ごと蘭衰《らんすい》に就き、著述のことも、ほとんど筆を輟《とど》めんとするようになった。その年の冬、夫人を銭塘の右台山に葬り、みずからの生壙をばその左《ほとり》に営む。ついでその傍に隙地一区を買い求め、屋三間を築き、竹籬これをめぐり、花木を雑蒔し、これに顔《がん》して右台仙館といった。呉下（蘇州）には曲園があって、『曲園雑纂』五十巻あり、湖上（西湖）には兪楼があって、『兪楼雑纂』五十巻あり。右台仙館いづくんぞ書なきを得んや。しかれども精力衰頽してまた撰述ある能わず。されば著すところの筆記をもってこれに帰す。筆記とは平時に見聞せしところを雑録したもので、けだし捜神・述異の類である云々(31)。

愛妻の死の打撃を受けた兪曲園は、精神的な衰えを自覚し、もう学問を研究することができなくなり、随筆に心を注ぐようになったという。そのときに岸田吟香から詩選の選定を頼み込まれたのであるが、それにしても、「図らずも虚名を海外に伝えられた結果、著述・出版を通じて日本の諸賢と文字の因縁を結ぶのも、晩年の一楽といえないことでもなかろう」(32)と引き受けることにした。ところが、兪曲園の詩選の編集作業も順調に進んでいたところ、不幸が再び彼におとずれてしまった。光緒八年（明治十五年、一八八二）十二月に最愛の次女が死去したのであった。

常福寺に保管されている兪曲園が北方心泉に送った書簡十四通のうち、兪曲園の心情は前の七通では変化が見られなかったものの、次の資料に明らかなように、次女が死去してから（第八通）は急変してしまったことが容易に確認できる。

愛女を亡くして、心緒が甚だ悪い。（光緒九年（一八八三）年正月十日、第八通）

弟、心緒がよくない。（同十七日、第九通）

弟、衰えて病が多いため、早く本書（『東瀛詩選』）の編纂を終了したい。頼まれた字はできたが、心緒がよくないため、あなたの号を書き間違えた。（同二月九日、第十通）

弟、近来心緒がよくない、精神が甚だ劣っている。『東瀛詩選』の編纂事業はあなたと岸田吟香のご好意に従い、努めて完成させたいが、編纂はこれで打ち切ることにし、今後よい詩集があっても他の人にお任せする。（同二月二十四日、第十一通）

次女の遺稿『慧福楼幸草』を百冊送付し、北方心泉と岸田吟香に配布を依頼。（同三月二十六日、第十二通）

弟、衰え病が多い。日増しに老いる。日本のために『東瀛詩選』を編纂終了後、筆を執ることもおそらく止める

であろう。（同四月五日、第十三通）

哀願に近いほど心緒がよくない、病気がちだと、第八通から第十三通までの書簡でしきりに訴え続けている。愛娘の死は兪曲園の心情をすっかり変え、生きていく気力さえ奪ってしまったようである。(33) このような心身ともに疲れ果てた老人には、ゆっくりと時間を掛けて精選することを要求するのはとうてい不可能である。事実、次の資料で示したとおり、兪曲園は非常に速いスピードで四十四巻にのぼる『東瀛詩選』の編集を終えたのである。

光緒八年（明治十五年、一八八二）　九月　岸田吟香から送付された一七〇点の詩集を閲覧
十一月　書名を『東国詩選』から「東瀛詩選」へと改題
『東瀛詩選』の「例言」完成
光緒九年（明治十六年、一八八三）正月十日　『東瀛詩選』正編四十巻完成
同十七日　『東瀛詩選』補遺四巻完成
三月二十六日　『東瀛詩選』上梓開始
九月九日　装丁（十六冊）完成

兪曲園はその後も日本から送付されてきた資料に基づき若干手入れをしたものの、ほぼ正編四十巻は五ヶ月で、補遺四巻は七日で完成し、全作業の完成に出版も含めて一年しかかからなかったのである。この速いスピードは、五百巻にのぼる『春在堂全書』が象徴しているように、もともと能率の高い学者という面に由来するところもあろうが、

詩選編纂の「持久戦」を許せなかった健康上の理由によるところがもっと大きかったと考えられる。

この速いスピードは、上述したような問題点を直す余裕を与えることができなかったが、そのおかげで心身ともに疲れはてた兪曲園は、歴史的意味を有するこの編纂計画を中途で挫折させることなく、編集出版する運びとなったのである。

6　『東瀛詩選』の影響

『東瀛詩選』は上述のような不備が含まれているため、刊行されてから明治漢文学界で兪曲園が期待していたほど歓迎されなかった。しかし、兪曲園は清末を代表する大学者のため、入選されたことを名誉に思う人も少なくなかったようである。以下の二書はそのうちの典型的な例であろう。

（1）『清人兪陳二家精選湖山楼詩』

二巻、明治二十年刊行。題名で示したとおり、兪曲園『東瀛詩選』第二十二巻に所収の小野長愿の詩七十七首、陳鴻誥『日本同人詩選』第一巻に所収の詩二十六首を集めたもの。巻首に黎庶昌が光緒八年（一八八二）秋九月付に揮毫した「庾信文章老更成」という題詞が飾られており、本書の刊行人である内田誠成が記した「附言」が載っている。「附言」で『東瀛詩選』における兪曲園の小野湖山に関する高評を記録し、そして、『東瀛詩選』と『日本同人詩選』の相違をコメントしている。すなわち、兪曲園は『湖山楼十種』から取材し、入選者に対して小伝は書くかわり、詩評はしない。これに対して、陳鴻誥は湖山のさらに新しい作品から詩を選び、小伝はないが、詩評はあるという。

（2）『東瀛詩選所収詩題一覧』

早稲田大学図書館蔵（請求記号：イ一七−二二六五）、墨付け六丁の写本、服部文庫本。帙に「東瀛詩選所収詩題一覧」と墨書されているが、巻首には「東瀛詩選四十巻補遺四巻　清曲園居士兪樾編／光緒癸未」と書かれている（図8参照）。服部文庫は、徳川中期の儒者服部南郭九世の孫、服部元文が服部南郭以下八代元彦に至る服部家の家伝の蔵書を早稲田大学図書館に寄贈したことを受けて設置された文庫である(34)。

この写本は『東瀛詩選』所収の服部家の漢詩を元作品と校勘したものである。それは巻三所収の服部元喬（号南郭、初代）、巻七所収の服部元雄（二代）、および南郭が古文辞学を教わった物双松（荻生徂徠、巻二）三人の漢詩である。兪曲園はこのように服部元喬（一六八三〜一七五九）を評価している。

服元喬　字子遷、平安人、著有『南郭先生文集』四十巻。子遷為物君茂卿高弟、而其全集中、論学之作殊少、似於経学微不逮焉。然其詩則頗有出藍之嘆、五七言古詩、気韻高古、且有詞藻、而七律尤所擅長、沈雄博厚、儼然有少陵遺韻。

経学に対しては高評をしていないが、漢詩に対しては出藍の誉れありと激賞して、巻三の一巻を彼の作品にあてている。そして南郭を「在東国詩人中、固卓然成家者也」とし、「文集中有『寐隠解』一篇、以寐為隠、余甚喜誦之。蓋以世事労形苦心、而託寐以忘焉。詞旨灑然、意其為人、殆有得於蒙荘之学者乎」といっている。『南郭先生文集』所収の『寐隠解』は荘子の精神を得ているという評がなされている。

『東瀛詩選所収詩題一覧』では南郭の漢詩を『東瀛詩選』と『先子詩成』で校勘し、字句の相違を指摘している。

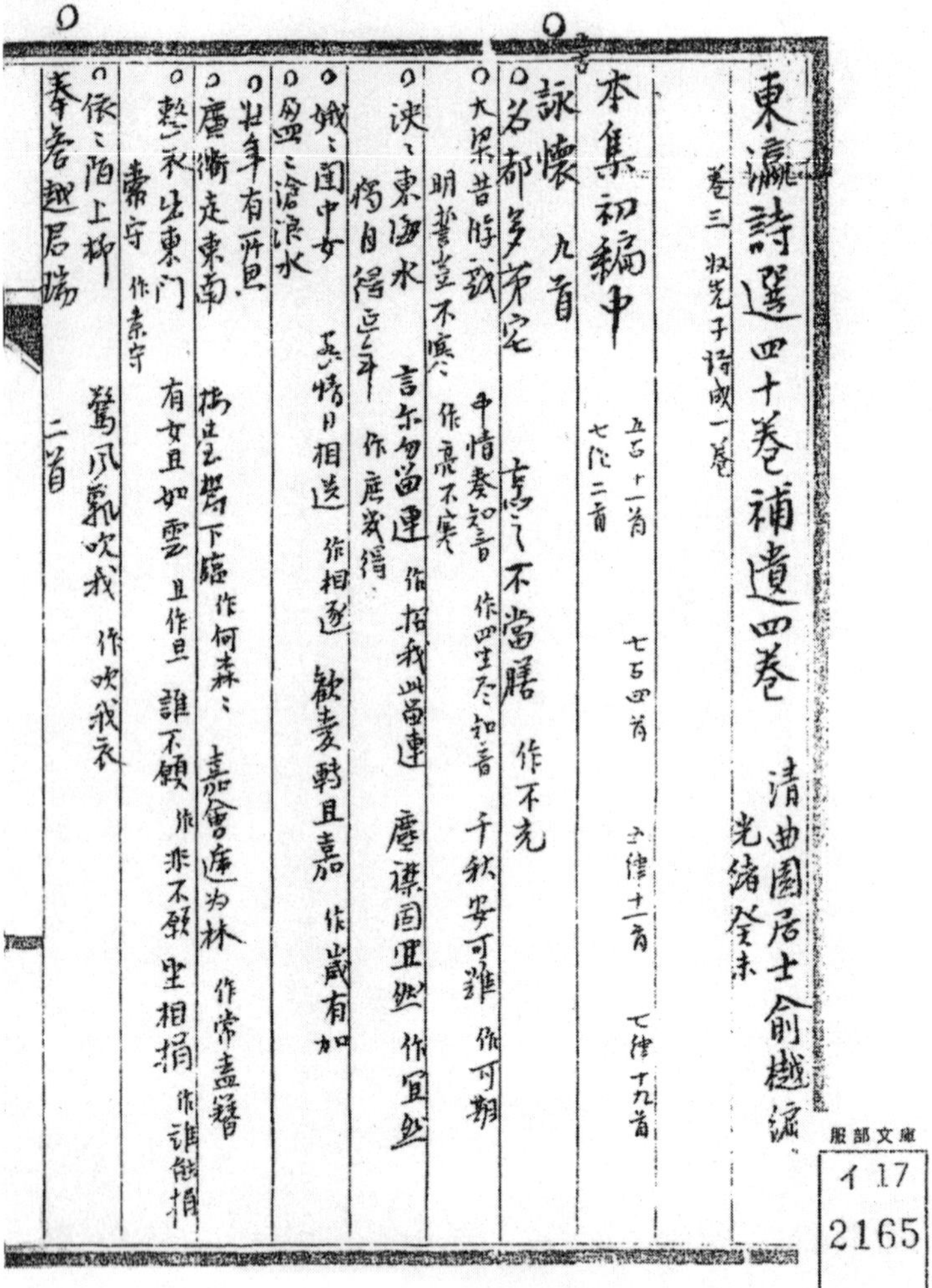
東瀛詩選四十巻補遺四巻　清曲園居士兪樾編
光緒癸未
本集初編中
五古十一首　七古四首　五律十一首　七律十九首　七絶二首
詠懐　九首

図８　『東瀛詩選所収詩題一覧』巻首（早稲田大学図書館蔵）

たとえば『東瀛詩選』所収の『詠懐』九首のうち第一首の「名都多第宅」において「烹之不充膳」が、『先子詩成』では「烹之不当膳」となっている。第三首の「泱泱東海水」の「招我此留連」が「言爾勿留連」と、「庶幾得延年」が「独自得延年」と校勘している。

次に巻七の服部元雄であるが、兪曲園は服部南郭の養子となり、父の冤罪を晴らしたこと等を紹介して、かれのことを評し、「生平為詩文、欲自出機杼成一家。嘗曰苟有得於我、雖家風不必守。然今読其詩亦仍是南郭一派耳」と独自性を重んじながら、南郭の詩風を強く受けた作家であるといっている。ここでも『東瀛詩選』巻七所収の「石仲緑挽歌詩三首」「蒲都華詞」「早春遊望」「春日江楼宴別」「歳抄偶成」「冬夜客思」「贈伊奈翁」「秋夜送別」「早春送牧惟孝」「客中夜坐」「感懐寄鳥石山人」「芳樹」「中秋独酌」（中略）「湖上立秋」までの漢詩を逐一校勘し、その相違を記述している。

最後に荻生徂徠。南郭の教わった先生のため、『東瀛詩選』巻二所収の徂徠の漢詩も『徂徠集』と校勘されている。「悲歌」「前緩声歌」「有所思」「古風二首送琴鶴丹侯之国」から「長藩大修……」までの漢詩の校勘をしている。徂徠を入れたのは、教わった有名な先生という一面もあるほか、兪曲園は『東瀛詩選』で徂徠のことを評価する際にも南郭のことをしばしば高く評価しているためであろう。

以上紹介した小野湖山も服部（元喬・元雄）もすでに有名人であったが、無名に近い人で『東瀛詩選』で高く評価されたこともあり、次第に有名になった例もあった。それは山梨稲川（一七七一～一八二六）である。稲川は駿河部の人、江戸後期の漢学者、音韻学者で、名を治憲、字を玄度という。大正・昭和期の中国研究家・漢詩人である今関天彭は、稲川のことを次のように論じている。

稲川の擅場は詩文にある、それが生前はおろか、歿後の百有余年を隔てて暭々乎として人目を照耀する。しかれどもこの光は、世間の青盲には看取が出来ぬ。そこで生前に於ては、その師たる豊洲、古梁、それから松崎慊堂等を除いて、誰れか一人として彼を知つたであらう。歿して六十年の後に至り、清国の碩儒兪曲園が東瀛詩選を編述し、稲川の古今体六十八首を撰し、かつ評言を加へて曰く、「玄度文藻富麗、気韻高邁、在東国詩人中、当首屈一指、五七言古詩、尤其所長、七律亦雄壮、而往々有不合律処」云云。今まで無名に近かつたと稲川は、ここに於いて地下に埋まつた宝玉でも発見せられた如く、始めて世上好事家の眼中に入り来たつたが、東瀛詩選の我が国に伝はるもの至つて稀れにして、彼の宝玉たるを知るものも従つて稀れであつた。その後十四五年を距る明治三十年前後となると、漸次知らるる緒口が開かれて来た。(35)

兪曲園に絶賛されてこのかた、稲川ははじめて世間の耳目を引くようになり、明治三十年頃になり漸次知られるようになった、という。同じ主旨のことは鈴木虎雄(36)も内藤湖南(37)も言っている。

とにかく、『東瀛詩選』に入選されたか否か、いかに評価されたかは、この詩人を評価する際の重要な基準になっていたのは事実であろう。『日本儒学史』（博文館、一九〇四）、『近世儒学史』（同、一九〇七）等の業績を残した久保天随（一八七五～一九三四）の次の発言は、『東瀛詩選』に対する公正な評価かもしれない。

（前略）次ぎが日本人の詩文、こいつ甚だ慨むべきもので、今日の処、全く閑却されて居る。（中略）日本人の漢文は、徳川時代に於いて、始めて観るべきであるが、適当の選本が無いから、各人の集に就いて見る他はない。

（中略）之れに次いでは、兪曲園の東瀛詩選で、上は林羅山より、下は明治時代、就中現存せる南摩綱紀、跡見花蹊などまでである。且つ各人に関する評論の如きも、往々にして、取るべきものがある。ただし、惜しい事には材料が未だ十分でないので、五山の大詩人たる絶海の如き、雪村の如き、その一首をだに載せず、元禄の名家たる梁田蛻巖の如き、選者自身後篇しか見ないといつて居る。秋山玉山の如きも、何かの選本から取つたものと見え、鴻門高の如き、髑髏杯歌の如き、ともに載つて居ない。しかし、何にしろ便利な本で、藤水晶の日本詩撰のごとき、間に合せものとは丸るで位が違ふ。(38)

遺漏もあるものの、「便利な本で」、「各人に関する評論の如きも、往々にして、取るべきものがある」という評価を下している。

注

（1）兪曲園の略歴については、小柳司気太「兪曲園に就いて」（『東洋思想の研究』、関書院、一九三四年）を参考にしたところが多い。

（2）森春濤「黄君奉黎公使命、歴遊諸道、特博徴東方諸人詩、編成一総集、促装在近」、『新文詩別集』（明治十五年、光緒八年、一八八二、五月十五日発行）第二十二号、五頁。

（3）姚文棟「東海徴文啓」、『東槎雜著』三九頁。なお、日本語の翻訳は、実藤恵秀『明治日支文化交渉』（光風館、一九四三）一二六頁～一二七頁による。

（4）「（丹羽）花南与徳山樗堂・永阪石埭、詩学西崑（古代帝王の書庫）、為東国之秀。余嘗欲選三家詩合刻、未果」。葉煒『煮薬漫抄』巻下一四頁。

（5）「光緒十三年冬、雲龍遊西京。十四年春、航復東。所目詩巻無慮百数十、作者大抵性霊居多（中略）。永孚其名、元田其氏也。（中略）聞雲龍将以記載余力、続『東瀛詩選』、由友示所著『講筵余吟』『五楽園詩鈔』『別鈔』（下略）」。傅雲龍『遊歴日本図経余紀』（実学叢書子部伝記類、刊行年・刊行地不詳、光緒十六年七月成立）（後編、一八頁）光緒十四年九月十六日条。また、当時日本駐在の公使館随員の孫点も、『牧山楼詩抄』を『続東瀛詩選』に入れてもらうべく傅雲龍に見せた、という証言を提供している（『牧山楼詩鈔』巻末にある光緒十五年付の孫点の識語）。

（6）「此書選成約計可三千余篇、頗亦可成大観。尊諭欲於上海刊行、即照拙書版片大小、甚為簡便。弟処有熟識之刻工陶升甫、人甚妥当。弟之各書皆其所刻、大約刻白板、則毎百字不過一百六十文、刻梨版則毎百字須二百文、似較上海刻資稍廉。且近在呉下、弟得就近指点、則行款必無錯誤、似更妥当、乞与吟香先生酌之」。兪曲園が北方心泉宛の第六通の書簡。「此書刻於蘇州、当命旧識之刻工陶升甫承辦一切、格式均照拙書、而刊刻則宜加精当」。兪曲園が北方心泉宛の第七通の書簡。

（7）「前此両次寄下之款、共洋蚨壹千円」。兪曲園が北方心泉宛の第十四通の書簡。

（8）「東瀛詩選由彼国自行刊布」、兪曲園『東瀛詩記』序（光緒九年六月付）。

（9）「東瀛詩選由彼国自為刊行」、兪曲園『春在堂録要』東瀛詩記条。なお、『春在堂録要』の刊行年は不詳で、巻首に門下生徐琪の光緒五年十二月付の序が付されているが、解題が行なわれた本が明治二十三年（光緒十六年、一八九〇）に刊行された『曲園自述詩』まで含まれていることから、少なくとも光緒十六年以降にできた版本もあったと考えられる。

（10）常福寺所蔵本は木造のケースに入っており、ケースの蓋に、書道を北方心泉に教わった細野申三（号燕臺）が次のような内容を墨書している。「兪曲園太史編『東瀛詩選』也、僧蒙心泉上人輯蒐尤力、因之往復尺牘亦及数十通、而其巻中収録上人之詩、推奨不措、蓋一時之聞人也。子以書法師事者数年。今而憶及不堪白雲之思。昭和甲申（十九年、一九四四）三月燕臺記（印二枚）」

（11）「資料紹介鈴木豹軒文庫」、京都大学附属図書館報『静脩』第二巻三号、一九六五年九月。

（12）京都大学附属図書館編『京都大学附属図書館六十年史』二一四頁、一九六一年。

（13）同じ『東瀛詩選』十一巻四冊本は立命館大学（請求番号：図-西-集-三-一-二五九）にも所蔵されている。

（14）「東瀛詩選、兪蔭甫選輯、拾六本、洋五元」、『楽善堂書目』（国家図書館蔵本、一八八四年序）一五頁。

（15）佐野正巳は『東瀛詩選』「解題」（汲古書院、一九八一）で「本書は四〇巻補遺四巻の一六冊より成り、八冊本の不全本が多いわけは光緒九年（明治十六年）に全巻刊行されたとは考えがたくこの年にまず廿五巻までの八冊本が刊行をみ、その後、残りの部分が数回にわたって刊行されたものとおもわれる」と最初にこの説を唱えている。しかし、表に明らかなように、佐野の指摘の廿五巻八冊本は、筆者が見た多くの蔵本に一つも入っていないし、仮に実在したとしても多くはなかろう。したがって、佐野の言う「廿五巻」は「二十三巻」のミスかと思われる。また、『東瀛詩選』の残りの部分（二十四巻～四十四巻）は果たして数回にわたって印刷されたか否かも、筆者には確証が見つかっていない。

（16）永尾竜造『支那民俗誌』第二巻、外務省内支那民俗誌刊行会発行、一九四一年、三九九頁。

（17）「雖所選者未必悉当、然此集也、在彼国実為総集之大者、必且家置一編以備誦習、而余得列名於其簡端」、兪曲園「東瀛詩選序」。

（18）「往年曾応彼国人之請、選東瀛詩凡四十四巻、盛行於其国中」、「傅懋元日本図経序」、『春在堂雑文』四編巻八、一二頁。

（19）「往者曾応彼国人之請、選東瀛詩得四十四巻」、「顧少逸日本新政考序」、『春在堂雑文』四編巻八、一三頁。

（20）「余往年曾応東瀛詩人之請、博選其国人之詩、自林羅山以下凡百数十名、名東瀛詩凡選、得詩五千餘首、厘為四十巻、而同時之人之詩亦入選焉」、「日本橋口誠軒詩序」、『春在堂雑文』六編巻九、二八頁。

（21）「余嘗選東瀛之詩、凡五千餘篇四十巻」、「日本島田彦楨母大野夫人六十有六寿序」、『春在堂雑文』補遺巻二、四三頁。

（22）この書簡は常福寺が提供してくださったもので、記して謝意を表する。なお、原文に平仮名も時々混じっているが、片仮名に統一した。

（23）北方心泉が曲園太史尺牘四に対する返書、明治十五年（光緒八年、一八八二）八月二十九日付。

（24）曲園太史尺牘五、同九月二十一日付。

（25）曲園太史尺牘六、同十一月二十二日付。

（26）北方心泉が曲園太史尺牘八に対する返書、明治十六年（光緒九年、一八八三）正月廿二日付。

（27）北方心泉が曲園太史尺牘十に対する返書、日付不明。
（28）但し、岸田吟香は詩選の三十五巻以下については、入選者の増減があるため上梓を先送りしてほしいという。
（29）兪曲園『東瀛詩選』序。
（30）『曲園自述詩』二六頁。
（31）兪曲園『右台仙館筆記』序。なお、この訓読は沢田瑞穂（第一部第二章注（2）に同じ）による。
（32）兪曲園『東瀛詩紀』序。
（33）兪曲園は娘が死去した翌年（光緒九年）の正月に『慧福楼幸草』に寄せた序文で、つぎのように胸中を述懐している。「余自戊寅（光緒四年、一八七八）先慈見背以後、踰年而内子姚夫人卒、又踰両年、長子隕焉。去年又遘此変、老境如斯、復何聊頼邪。人或言死者於地下仍相聚如生人、余聞之欣然欲往矣」と、喜んであの世へ家族に会いに行きたい、という。
（34）服部文庫については「館蔵特殊コレクション摘報3（2）服部文庫」、早稲田大学図書館報『ふみくら』№9（一九八六年十月十五日）一一頁参照。
（35）今関天彭「山梨稲川と其の先輩交遊」、掲載誌と年月は不詳、早稲田大学図書館蔵。
（36）「明治十六年に清国の儒者兪樾、『東瀛詩選』を編し其巻十五に稲川の詩数十首を収む、且つ評して曰く才（文）藻富麗、気韻高邁、在東国詩人中、当首屈一指、五七言古詩、尤其所長、云云と。適評といふべし。故に本邦諸家兪氏を以て海外知己の目あり」。鈴木虎雄「山梨稲川の詩」、『芸文』第三年第八号、明治四十五年八月。
（37）「其点（稲川の詩才―引用者）を兪曲園が見出したのは偉い。日本では兪曲園が云出さない前はあまり知らなかったと思ひます。只だ少数の詩人の仲間では知って居ったのでありますが、私が二十年前名古屋の其中堂の目録に稲川詩草が四十五銭程出来て居ったのを、注文したら早速参りました。私が取った後、東京から二十何人か注文が行きましたので、其中堂がびっくりして其次に稲川詩草が出ました時には、忽ち二十五円になりました」。内藤湖南「稲川の学問」一九二七年五月十五日、『山梨稲川集』第四巻付録、山梨稲川集刊行会、一九二九年。
（38）久保得二（天随）述「漢学研究法」、『国語漢文講話』、早稲田大学出版部、一九〇六年、三六九～三七〇頁。

図9　『曲園太史尺牘』表紙（金沢市常福寺蔵）

第三節　日本に伝存の兪曲園の書簡

第一節「明治日本における兪曲園」において、兪曲園が日本人の詩文集のために寄せた序跋・唱和詩、新聞雑誌における彼に関する記事を論考した。ここに『東瀛詩選』編集のために常福寺の住職である北方心泉宛に送った十四通の書簡を紹介する。

常福寺は真言大谷派に属し、一六〇七年創立以来、多難な道を歩んできて、一九一六年にようやく現在の金沢市小将町に根を下ろした[1]。

冊子に丁重に装丁された兪曲園の書簡は二冊あり、「曲園太史尺牘乾冊」と「曲園太史尺牘坤冊」（図9を参照）という題簽がついている。タイトルの下に小字で「心泉珍蔵」と墨書され、心泉の朱印が捺されている。この書簡の持ち主、北方心泉が自ら整理し、揮毫したことがわかる。心泉はこれらの書簡を大事にしていたであろう。

尺牘の冒頭に、胡鉄梅が光緒十年（明治十七年、一八八四）に撰した序文（図10参照）が載せてある。兪曲園のことを簡略に紹介してから、経史のほかに、仏典にも通暁し、北方心泉とは広く交流した異趣同帰の間柄で交誼も篤かった。来信の尺牘を装丁したこの帖は金石と同じように、長く後世に伝わるであろう、という。

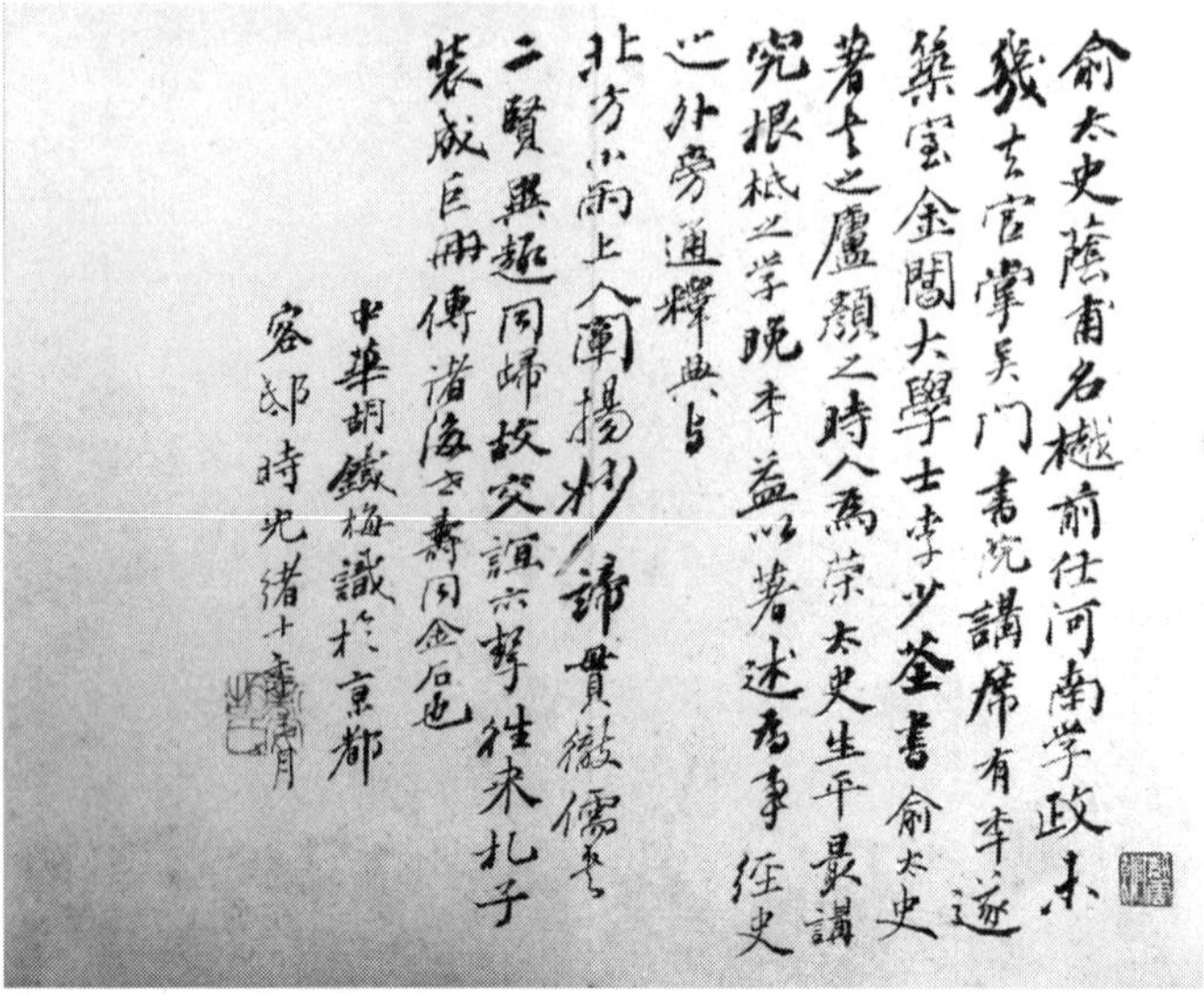
俞太史蔭甫名樾前任河南学政未幾去官掌吳門書院講席有年遂築室金閶大學士李少荃書俞太史著書之廬額之時人為宗太史生平最講究根柢之学晩年益以著述為事经史之外旁通釋典与北方心泉上人闡揚妙諦貫徹儒釋二賢異趣同帰故交誼亦摯往来札子裝成巨冊傳諸後世壽同金石也
中華胡鐵梅識於京都客邸時光緒十年月

図10　胡鉄梅が『曲園太史尺牘』に揮毫した序（金沢市常福寺蔵）

胡鉄梅（一八四八–九九）、名は璋、鉄梅を号とし、安徽省桐城の人。一八七九年、上海で北方心泉と交わりを結び、一八八〇年、初めて日本へ渡航した。それ以来、北方心泉と互いに益を受けつつ骨肉に等しい友情は、胡が神戸に客死する一八九九年までの終生に及んでいった。胡は父胡寅の影響を受け、詩・書・画に優れ、画は人物・花卉・山水画に長じ、中でも梅図を得意にした。当時の上海では張子祥・胡公寿に次いで任伯年・楊柏潤と名を斉しくしたとされ、日本北陸画壇にも益を与えた。また、詩は高知詩壇に影響を及ぼした。長崎出身の生駒悦を妻とし、主に金沢・神戸に住み活躍した。神戸にある墓地の碑文は心泉の手によるものである。[2]

胡鉄梅の序に次いで兪曲園が北方心泉宛に送った十四通の書簡がある。「曲園居士兪楼遊客右台仙館主人尺牘」（図11参照）と刷り込まれた便箋に書かれ、光緒八年（明治十五年、一八八二）三月廿六日から始まり、翌年九月九日に終わり、『東瀛詩選』の編纂、出版に関する内容が中心である。『東瀛詩選』は正編四十巻、補遺四巻、江戸・明治時期の五四八名の文人が作った漢詩五二九七首を収録している。(3) 中国人が編纂した最高権威をもつ日本人の漢詩集である。この詩集に関する先行研究は多数あるが、編纂の経緯については、資料欠乏のためあまり明らかにされていない。また、兪曲園の『春在堂尺牘』には、第五通の書簡しか収められていないし、内容も節略されているので、この十四通の書簡は『東瀛詩選』の編纂過程を知るための唯一に残る一次資料として貴重であろう。

そして、これらの書簡に対する北方心泉の返書の草稿も、不完全な分もあるが常福寺に保存されている。

これらの書簡から、『東瀛詩選』の編纂に関する経緯がだいぶ明らかになるので、兪曲園の書簡と北方心泉の返書を資料として末尾に付し、その経緯を簡単に下記のとおり整理してみることにした。文中の「尺牘」は「曲園太史尺牘」を指し、日付は心泉の返書も含めて旧暦を用いる。(4) なお、典拠はカッコ内に示した。

光緒八年（明治十五年、一八八二）

六月　心泉は岸田吟香を初めて兪曲園に紹介し、吟香の『東瀛詩選』（以下『詩選』と略す）編纂依頼の意向を伝える。（心泉が尺牘二に対する返書）(5)

六月　兪曲園は『詩選』編纂を受諾。（尺牘三）(6)

八月二十九日　心泉は吟香から送付された二五〇余部の詩集を目録と一緒に松林に託し曲園に手交する。『詩選』の巻数を一任し、詩選の序文・凡例・評語を依頼。（心泉が尺牘四に対する返書）

九月二十一日　松林から手交された一七〇家の詩集を病気のため今日初めて閲覧。編纂構想を述べる。①詩体より作者の時代順に編纂。②作者の官位・出身地・字が欠かせない。③古書の慣例にない点圏・評語を止める。代わりにその作者の項目を設けコメントを入れる。

荻生徂徠を例にした体例を同封し意見を求める。

詩選の分量は約三千余篇の大部になると予測。

上海より蘇州のほうが廉価で便利のため、懇意な刻工陶升甫に兪曲園の著書の版型に合わせ上梓するよう提案。

経理などの事務担当者を他の誰かに決めてほしい。（尺牘五）

十一月十六日　九月二十七日詩集数部を兪曲園へ送付した。改めて数部送付。
吟香からのメッセージを伝える。①上梓できるのを大喜び、体裁等は兪曲園の著書に倣うがいい。
②書名は兪曲園の提案した五文字より「国」一字を取り、扶桑・東瀛・大東・日域・大和・東海・東華から選択し四字になるがいい。
松林が経理を担当。（心泉が尺牘五に対する返書）

十一月二十二日　書名を「東瀛詩選」と確定
「例言」二紙を同封し意見を求める。
試し刷り一巻を刊刻する。
詩選は少なくとも七、八十巻になると見込む。（尺牘六）

十一月下旬～十二月　凡例（例言）等を吟香に送付した。（心泉が尺牘六に対する返書(7)）

十一月二十八日　（十一月十六日付の返書で触れた）書籍が届く。（尺牘七(8)）

光緒九年（明治十六年、一八八三）

正月初十日　『詩選』正編四十巻完成、補遺二巻未完。
先月にできた試し刷り一巻を補修してから送付。
九種の詩集の作者につき名前・字号・出身地などの教示を依頼。
次女死亡、気分が甚だ悪い。（尺牘八）

正月十七日　『詩選』補遺四巻完成。
『詩選』目録と試し刷り一巻を送付し意見を求める。
気持が芳しくなく、意気消沈。（尺牘九）

正月二十二日　尺牘八の質問につき吟香に聞いてから返事する。「闕如」と提案。
吟香の提案で『詩選』に入れるべく、心泉が自分の略歴と『西湖両遊草』(9)等を兪曲園に送付。（心泉が尺牘八に対する返書）

二月初九日　試し刷り一巻と目録一冊が届き、素晴らしくてすぐ吟香に転送したという。尺牘八の質問のうち、松本・鵬斉・中島につき回答、「慈舟」は「慈周」かという。
平野五岳の『五岳詩集』を送付。（心泉が尺牘九に対する返書）
『西湖両遊草』が届く。平野五岳の詩も入選したい。

二月中旬　老懶多病のため、早く編纂を終えたい。気分が芳しくないため心泉の号を書き違えた。（尺牘十）
肺病のため二月二十日長崎に帰国。

昨日届いた吟香の手簡を伝える。①編集も試し刷りも素晴らしく全書の上梓を依頼。②三十五巻以下につき入選者の増減があるため、上梓を先送ってほしい。③序跋は一任するが、多くの名人の題詠があればありがたい。

近日中、詩集数種を改めて送付する。

出版料金は五十元か百元を先払いし、残りは後払いすると提案。

詩選の刊行事務を松林が代理する。（心泉が尺牘十に対する返書[10]）

二月十四日
四百元を先払いするよう提案。
『詩選』の上梓料は約七、八百元だろうと見積る。
（二月中旬の書簡で触れた）詩集はまだ郵便局にあるが、よき詩を入選したい。但し、気分が芳しくない、意気消沈しているため、編集は一応打ち切る。（尺牘十一）

三月二十六日
四百元届き、上梓開始。
尺牘八の質問につき回答を促す。
次女の詩集百冊送付し日本での配布を依頼。（尺牘十二）

四月初五日
次女の詩集の配布を改めて依頼。四百元届き、上梓開始を再度知らせる。老懶多病のため、日増しに衰弱している。この詩選の編集を終えれば翰墨の業も止める。（尺牘十三）

九月九日
『詩選』試し刷り本を十六冊に装丁し校正を求める。
二回に受領した千元のお釣は版木とともに松林に手交する。
『詩選』の序は古書の体例に倣い自序一篇に止めた。また、序は門下の徐花農に代筆を、内題は彭雪

琴に、題箋は潘伯寅に依頼した。（尺牘十四）

『東瀛詩選』は岸田吟香が発案、北方心泉が連絡担当、兪曲園が編纂したことがわかる。『詩選』の選定を依頼された兪曲園は、持病に悩まされていたが、「東瀛の文物に敬仰しているため、その淵海を探り、その精華が得られればこの上ない幸せだと考えて依頼を引き受ける」ことにしたのである。(11)

その後、兪曲園は光緒八年（明治十五年、一八八二）九月に心泉から転送してきた一七〇種の日本人の漢詩集を読み、十一月に、詩選を「東瀛詩選」と決定、「例言」を完成させた。そして、翌年正月十日に正編四十巻、同十七日に補遺四巻の編纂を終えた。三月二十六日に、詩選の上梓を始め、九月九日、十六冊に装丁した。この四十四巻にのぼる浩瀚なアンソロジーはただ五か月で完成し、印刷を含めても一年しかかからなかったことが分る。

書簡では、『詩選』編纂に対する中日の考えの相違も見られた。たとえば、日本側は明治時代の詩文集の習慣と読者市場を考慮して、入選作に評語を書いてほしい(12)、多くの名人の序文（題詞）で『詩選』を飾りたい(13)と希望していたが、兪曲園は評点は古書にない、明朝以来のやり方で、識者に笑われるし(14)、「一書両序」は顧亭林先生に笑われるので、古い伝統に従い、自序一篇のみを載せた(15)と答えた。

兪曲園の書簡にいつも登場している岸田吟香（一八三三～一九〇五）は、名は国華で、吟香を号とする。岡山津山旭町の出身で、明治時代を通して多分野で活躍していた人物である(16)。北方心泉を通じて兪曲園を知った彼は、その後兪曲園と懇意な交友関係を結んだようで、兪曲園に「痧症要論序(17)」「痦徵諸症要論序(18)」を書いてもらい、さらに子供の名前までつけてもらった(19)。彼は漢学の素養を持っていたが、実用主義の傾向が強く、上海に楽善堂を設け、薬品や書籍などを販売していた。『東瀛詩選』の編纂には営利的な動機が絡んでいたことも否めないであろう(20)。

また、兪曲園の書簡の受取人、北方心泉（一八五〇～一九〇五）は、名は蒙で、字は心泉、月荘・雲進・小雨等を号とする。常福寺の第十四代の住職で、一八七七年に上海へ渡った彼は、布教活動の傍らに、詩書画を通じて清末の多くの文人と交友し、清末の書道の日本での普及に大きな足跡を残している。(21)

常福寺には兪曲園の書簡や書のほかに、そのほかの清末の文人らの書画も多数保存されている。これらは『金沢・常福寺歴史資料図録』（金沢市教育委員会、二〇〇一年）で部分的に見られるが、新しく落成した常福寺歴史資料館ではオリジナルが親しめるであろう。

注

（1）常福寺の歴史については、本岡三郎著『加賀常福寺誌』（常福寺、一九八一）に詳しい。
（2）本岡三郎編『北方心泉――人と芸術』（二玄社、一九八二）九一頁～一〇三頁。
（3）『東瀛詩選』所収の作家と漢詩の数について諸説紛々としているが、ここは蔡毅の「兪樾与中日漢籍交流」（王勇・大庭脩主編『中日文化交流史大系・典籍巻』、浙江人民出版社、一九九六）による。
（4）北方心泉の返書に現れた日付が旧暦か否かは、にわかに判断しにくいが、たとえば（明治十六年）正月二十二日付の返書を旧暦に換算すれば、十二月十四日になり、兪曲園の正月初十、同十七日付の書簡より早くなるため、旧暦だったことを確認できた。中国に長く滞在する心泉は郷に入っては郷に従えの日付の書き方であろう。
（5）心泉のこの『曲園太史尺牘』二に対する返書は日付が欠けているため、『曲園太史尺牘』二（五月廿日）と『曲園太史尺牘』四（七月十三日）の落款（日付）に基づき「六月」と推定したものである。
（6）『曲園太史尺牘』三に落款が欠けているため、「六月」と推定。
（7）心泉のこの『曲園太史尺牘』六に対する返書は日付を含めて欠けているため、『曲園太史尺牘』六の日付から推定。
（8）この『曲園太史尺牘』七は松林を通じて心泉に手交。

（9）『西湖両遊草』は心泉が明治十四年と十五年、二度杭州を訪れた際に作った詩集。『東瀛詩選』に入選した心泉の十一首のうち、五首がこの詩稿に収録されている。なお、心泉がここに提供した自分の略歴を兪曲園は採用しないで、別に心のこもった紹介を『詩選』に記している。

（10）心泉が尺牘十に対する返書の後半は欠けていて、日付が不明のため推定したのである。なお、心泉は上海を後にして長崎に帰国、病を癒した後、明治十七年四月に金沢に帰る。上海を離れた以降にも兪曲園に対する返書があったことは確認されていない。

（11）『曲園太史尺牘』三。

（12）『曲園太史尺牘』四に対する北方心泉の返書。

（13）『曲園太史尺牘』十に対する北方心泉の返書。

（14）『曲園太史尺牘』五。

（15）『曲園太史尺牘』十四。

（16）岸田吟香のことは拙稿「一百年前一個日本人的上海手記」（王勇主編『中国江南：尋繹日本文化的源流』、当代中国出版社、一九九六）と「岸田吟香出版物考」（杭州大学日本文化研究所・神奈川大学人文学研究所編『中日文化論叢――一九九七』、杭州大学出版社、一九九九）参照。

（17）「岸吟香痧症要論序」、『春在堂雑文』四編八巻一九頁。

（18）「岸吟香痞徴諸症要論序」、『春在堂雑文』四編八巻二〇頁。

（19）「日本人岸吟香年逾五十、始挙丈夫子、乞名於余、余以五十曰艾、因名之曰艾生、並贈以詩」、『春在堂詩編』一一（乙丙〈一八八五・一八八六〉編）一三頁。

（20）岸田吟香に関する研究は多いが、杉浦正のライフワークの結晶『岸田吟香―資料から見たその一生』（汲古書院、一九九六）がもっとも学術性が高いと思われる。

（21）本岡三郎編『北方心泉――人と芸術』（二玄社、一九八二）に詳しい。

附録　曲園太史尺牘[1]

兪太史蔭甫名樾、前任河南学政、未幾去官、掌呉門[2]書院講席有年、遂築室金閶[3]、大学士李少荃[4]書「兪太史著書之廬」顔之、時人為栄。太史生平最講究根柢之学、晩年益以著述為事、経史之外、旁通釈典、与北方小雨上人闡揚妙諦、貫徹儒書。二賢異趣同帰、故交誼亦摯、往来札子装成巨冊、伝諸後世、寿同金石也。

中華胡鉄梅識於京都客邸
時光緒十年三月（印：新安胡氏）

注
1　常福寺所蔵の『曲園太史尺牘』および北方心泉の返書は、三田良信が提供してくださったもので、記して御礼申し上げる。
2　呉門：蘇州のこと。
3　金閶：蘇州の古称。
4　少荃：李鴻章の字。

（一）

小雨上人侍者：
去歳承恵顧小楼、未値為悵。頃辱手書、並賜楹帖、推許過甚、非僕所任。又承示以貴国『史略[1]』及大著『浄土真言』

一巻、感謝無既。謹奉酬以七言詩一章[2]、即書素絹上、求両正之。附去拙刻『全書録要』[3]一本、僕所著書名目具在此中。貴国想必有流伝之本、如或未全、当刷印奉寄也。又『兪楼詩紀』一巻、覧之可見西湖上小楼光景。手粛布複、敬問起居、統惟慧照不一。

曲園居士兪樾頓首　　三月廿六日

注

1　史略：江戸後期の儒者、青山延于が編修した『皇朝史略』を指す。

2　兪樾が北方心泉に送った詩は下記のとおりである。「飛錫湖浜惜未逢、書来猶帯墨花濃。一聯壮我楹間色、万里尋君海外蹤。東国青編伝信史、西方黒学示真宗。更煩問訊竹添子、何日呉門再過従」とある。そして詩に注して次のように言っている。「小雨上人去歳訪我湖楼未値、今歳書来、以楹聯見贈、並其国『史略』一部及其所著『浄土真宗』（尺牘では『浄土真言』となっている）一書。回賦此為謝。大清光緒八年三月曲園叟兪樾」とある。この原本は、いま常福寺に立派に保管されている。また、兪樾は『東瀛詩選』（巻三十九）に心泉のことを次のように紹介している。「心泉於壬午歳訪余於西湖、承以手書楹聯見贈、余贈以詩。所謂「一聯壮我楹間色、万里尋君海外蹤」者也。茲選東瀛詩、因采其詩入選。其遊西湖而帰也、剪指爪埋之孤山林処士墓畔、賦詩有云「我骨願埋林墓畔、先将指爪葬孤山。」可想見其為人矣。」そして、『東瀛詩選』に心泉の詩八篇（十一首）「蕉葉題詩」「秋夜過漁村」「晩秋同半岳澄雲賦」「待人未至賦之書懐」「八日舟泊嘉善県東門外」「夜半舟子云、不到臨平山下不肯投錨、聞之喜而不寐」「偶成」「将別西湖翦十指甲埋林処士墓畔」を選に入れている。

3　全書録要：兪樾著『春在堂全書録要』を指す。

附注

『心泉書簡の草稿』一（兪樾に初めて出した書簡）

曲園先生史席：

心泉東瀛鄙僧也。曩者飛錫貴邦即知先生為中国偉人、九州一老、毎思趨謁高斎、一領豊采。弟恐庸碌之才、未必見客於大人先生之前（以下欠）。

（二）

小雨上人侍者：

接奉覆函、並承和章、又賜以楹聯、感荷之至。即敬悉法履綏和、慰甚。弟已於四月三十日還呉下寓廬、粡叨平順。属書楹帖、謹以一聯奉贈、即希正之。又小詩一章、聊奉一笑。另有数紙或可分寄貴国諸吟好也。手粛、敬問起居、不一一。

愚弟□兪樾頓首　五月廿日

附注

『心泉書簡の草稿』二（『曲園太史尺牘』二に対する返書）

曲園先生太史大人閣下：

月前捧読手翰、並蒙恵錫楹帖、沈着古茂、乃金石文字、終朝坐対、寝食渾忘、感荷無既。且悉閣下已抵蘇台、彼都人士素沐薫陶、遙想恭迓文旌、無不班聯玉筍、如閣下聯中句之「詩人到処有逢迎」者、信有過之。敬懇者、茲法弟孝純、字行、本来蘇遊習以広見聞、伊素抱景仰之思、僧蒙専函介紹、俾許其登堂拝謁、暢聆塵海儒理、禅機定多覚悟。誠如斯懇、亦何栄幸。敝業師龍潰和尚因僧蒙得交于先生、欲求大筆法書中堂一幅、明知得隴望蜀、大雅所誡、然恃霽月胸襟、諒不拒無厭之請。又敝国人岸田吟香者、博雅士也、日前談須自謂、日本与中国文字交通千有余載、其間詩人輩出而卒未有（以下欠）。

（三）

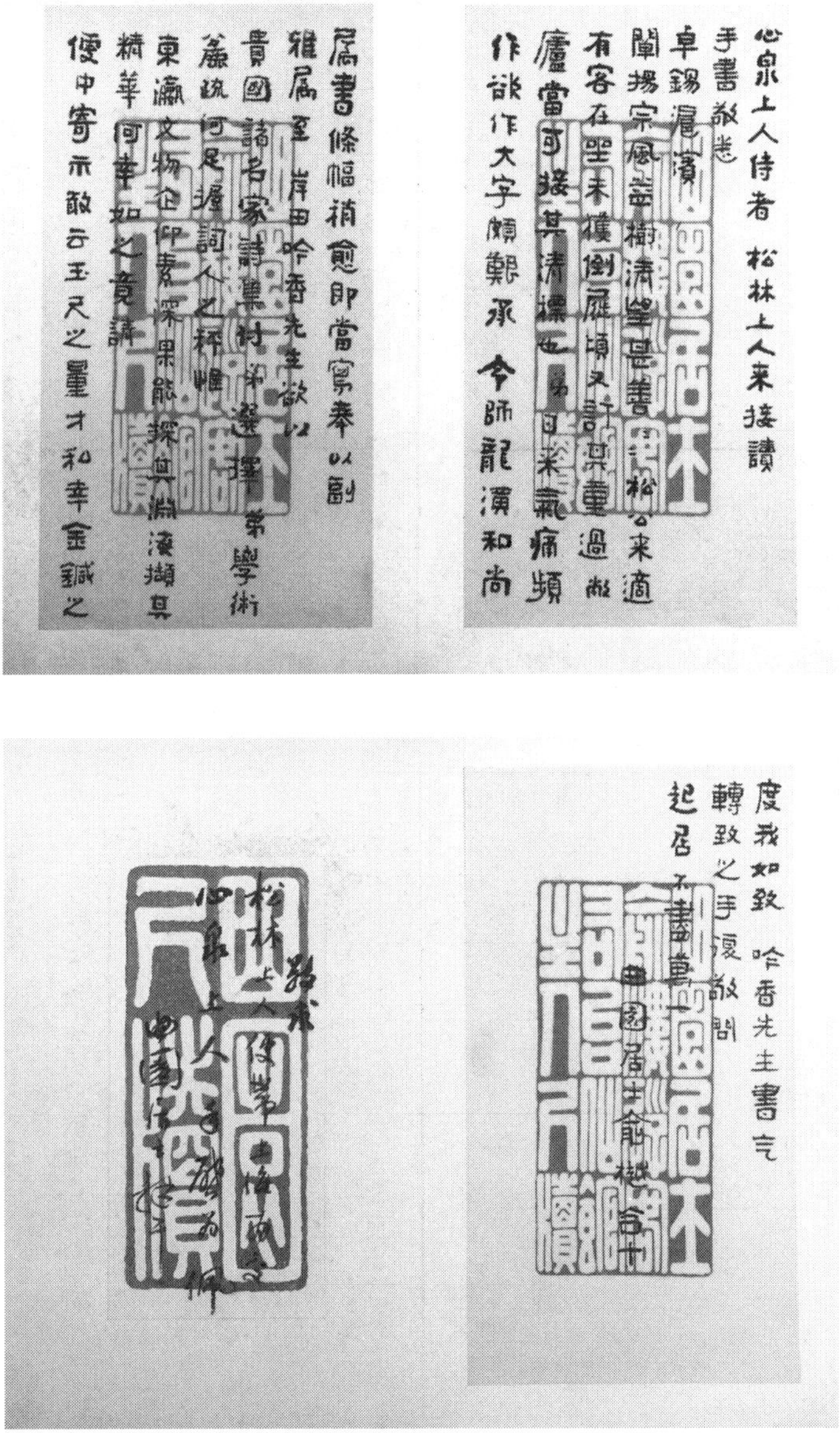

図11　『曲園太史尺牘』三（金沢市常福寺蔵）

心泉上人侍者：

松林上人来[1]、接読手書、敬悉卓錫滬浜、闡揚宗風、益樹清望、甚善甚善。松公来、適有客在坐、未獲倒屣。頃又訂其重過敝廬、当可接其清標也。弟日来気痛頻作、欲作大字頗艱。承令師龍潰和尚[2]属書条幅、稍愈即当写奉、以副雅属。至岸田吟香先生、欲以貴国諸名家詩集付弟選択、弟学術麁疏、何足握詞人之秤。惟東瀛文物、企仰素深、果能探其淵海、擷其精華、何幸如之！竟[3]請便中寄示、敢云玉尺之量才、私幸金針之度我。如致吟香先生書、乞転致之。手複、敬問起居、不尽万一。

曲園居士兪樾合十

敬求松林上人便帯上海、面交心泉上人手啓為佩。

曲園居士拝手

注

1　松林上人：松林孝純、北方心泉と同様に布教活動のため上海別院にいた。

2　龍潰和尚：石川舜台（一八四二～一九三一）、字は敬輔、節堂と号する。心泉の先生、東本願寺寺務総長を務めたことがあり、中国・朝鮮などで布教活動を行った。

3　「竟」は「敬」の誤りか。

（四）

心泉上人清覧：

前日複一牋托松林上人転寄、未知已照入否。令師龍公属書直幅、頃已塗就、由局寄奉、即希転致。手此、敬頌安禅、惟慧照不一。

曲園居士和南　七月十三日

附注

『泉書簡の草稿』三（『曲園太史尺牘』四に対する返書）

曲園太史執事：

孟秋上浣、接奉還雲、盥誦之余、籍諗著作日隆、禔躬集祜、引領斗山、曷勝欣忭。嗣又蒙由局寄来龍潢師求書条幅、亦已照収、当即転寄東瀛。時因賤体適染微痾、以致久稽箋答、抱歉之私、無可言喩。咔得龍師来書云、喜獲墨宝、不啻球琳、謹当什襲珍蔵、永為守世。至敝友吟香為求選敝国詩一節、渠業現為帰東瀛冥捜幽探、遂得二百五十余部寄来、茲特随函奉、另有目録開明、至祈検納。所選□□巻数悉憑尊裁、并乞賜序及凡例・評語、以為敝国文士之光、是為至幸者。不尽意統、俟敝友松林法弟面陳一切。専此布泐、敬請秋祺、伏希蜩然不宣。

在上海僧蒙合十　八月廿九日

再、与竹添君一函已由駅寄去矣。

（五）

小雨上人清観覧[1]：

日前由松林上人交到恵書並吟香先生所寄貴国詩集一百七十家、弟適臥病、未克披覧。今病小愈、乃始扶杖而至外斎、陳匧発書而流覧焉、真有琳琅満目之歎。未知衰病之余、尚能副諉諈之盛否。弟意選詩当以人分、不以体分、每人選古今体詩若干首、其人以時代先後為次。幸有『和漢年契』一冊尚可稽考、不致顚倒後先。但見在批閱未周、不知各集中均有年号可考否。至其人名下、例応備載爵里、然恐不尽有徵、至其字某甫必不可欠。乃如物君茂卿[2]為貴国中卓然有名者、弟亦曾見其著作、而其字則在集中已無可考矣。至於点圏評語、皆古書所無。中華自前明以来、盛行時文、遂以房書体例変古書面目、為識者所嗤。愚意似可不必、不如每人之下、就其全集中、或評論其生平、或摘録其未選之佳句、使読者因一斑而得窺全豹、且於論世知人不為無補。茲姑借物君茂卿一人、先撰数語以見体例、別紙録呈[3]。乞転寄吟香先生定之。力疾布複、敬問禅祉。

愚弟兪樾頓首　　九月二十一日

如致吟香先生書、望乞代問起居。

再啓者、此書選成約計可三千余篇[4]、頗亦可成大観。尊諭欲於上海刊行、即照拙書版片大小、甚為簡便。弟処有熟識之刻工陶升甫、人甚妥当。弟之各書皆其所刻、大約刻白板、則每百字不過一百六十文、刻梨版則每百字須二百文、似較上海刻資稍廉。且近在呉下、弟得就近指点、則行款必無錯誤、似更妥当、乞与吟香先生酌之。弟再頓首。

惟在蘇刻、則一切査核字数並絡続交付刻貲、必得一人経手。弟止任選択、不能兼此等事也。並聞。

注

1　この第五通の書簡は、「与日本国僧小雨上人」という題で兪曲園の『春在堂尺牘』六にも収められている。一部の文字の相違があるほか、「至其人名下」から「無可考矣」までと「茲姑借物君茂卿」から終わりまでの内容はカットされている。

2　物茂卿：荻生徂徠（一六六六〜一七二八）、名は双松、字は茂卿、江戸時代の著名な儒者。

3　兪樾が物茂卿を例に別紙に書いた体例も常福寺に保管されている。体例は「春在堂写本」という版心（柱）のある、単魚尾、朱格の原稿用紙に書写されている。

4　「約計可三千余篇」の上に細字双行で「多少未定、姑且約計」と注釈している。

附注

『心泉書簡の草稿』四（『曲園太史尺牘』五に対する返書）

曲園先生史席：

前于九月間接奉手書、知貴体違和、邇日諒占勿薬、念々。嗣于是月廿七日由局寄呈一書併書籍数部、未知検入典籤否。日肯接吟香来札、開雕一事大喜、還望体裁一切、悉照尊著為妙。惟籤題五字、吟香之意、須去其「国」字、或扶桑・東瀛・大東・日域・大和・東海・東華等類、終異以四字為率。盖亦未免□柱鼓瑟矣、是否去取、悉听尊裁。至於剞劂之資、当属松林籌辞、決不敢以煩瑣之事、再于大力也。兹特続奉詩集数部、併由敝国領事品川君寄到竹添処硫磺一包、奉呈左右、倶乞検収為禱、此請、史安伏惟、垂鑒不宣。

辱知心泉僧蒙合十

十一月十六日

（六）

小雨上人恵覧：

昨得手書、敬悉禅寂之余、佳想安善、甚慰、甚慰。承交到詩集数種已収入矣。吟香先生之意、謂可不著「国」字、所見甚是。弟前次所書、亦止因未定書名、姑以見例耳。今擬定為「東瀛詩選」、別録一紙奉覧。又例言二紙[1]、乞並寄吟香定之。此書刻於蘇州、当命旧識之刻工陶升甫承辧一切、格式均照拙書、而刊刻則宜加精当。令其先刻一巻、寄由尊処転達吟香居士、以見大概。惟此選少亦当有七八十巻、儼然巨編。刻貲頗亦不菲、想公等自能豫籌也。又承代寄下竹添君[2]書亦収到、茲有複書、乞為郵達。又貴国領事品川君[3]亦有書来、弟未知其号、未便函複、乞示悉。品川君又有属書之紙、似尚尊處未寄下也。彭雪翁[4]日内赴鄂、来件俟其回日転求。手此、複頌禅安、不一。

愚弟兪樾頓首　十一月廿二日

注

1　ここにいう例言二紙も常福寺に残っている。原稿用紙は「曲園太史尺牘五」で触れた「物茂卿条」と同じ。

2　竹添：竹添進一郎（一八四二～一九一七）、名は光鴻、字は漸卿、通称進一郎、井井と号する。外交官、学者で、『棧雲峡雨日記』などの著書で名を馳せる。

3　品川：品川忠道（一八四〇～九一）、上海駐在初代領事。

4　彭雪翁：彭玉麟（一八一六～九〇）、字は雪琴、官、兵部尚書に至る。兪樾の親戚でもある。

附注

『心泉書簡の草稿』五（『曲園太史尺牘』六に対する返書）

曲園太史史席：
　畳接手書、就稔著作之余、起居清吉、欣甚慰甚。尊著凡例両紙及詩選一牋、現已托便寄去。所有敝国領事品君并属官大倉謹吾、懇求大筆、茲将紙奉上、乞検入為荷。再、僧蒙于先生之書、如食江瑤柱、貧得無厭、尚欲請（以下欠）。

（七）

心泉上人侍者：
　廿二日曾肅復函並托寄竹添君書、未知照入否。前承寄下之書籍及竹添君所寄硫磺、収到無誤。惟貴国領事品川君信中言有紙索拙書、此則未到也。品川君之号亦求示悉、以便寄回書。以後如有恵函、請交信局寄敝寓、無有不到。茲乗松林上人回滬之便、呵凍率布。即頌清福、不一一。

曲園居士和南　十一月廿八日

（八）

心泉上人清覧[1]：
　臘月得手書、知瓶盎清閒、慰如所祝。貴国詩已選定、分為四十巻、尚有補遺二巻未定。客臘已属手民陶升甫刻好一巻、俟稍修飾、即可寄奉雅鑒也。惟内有九種不知名姓、別紙録奉、乞示知其姓名・字号・里居為荷。弟年下又遭愛女[2]之喪、心緒甚劣、承属書之件稍遅再塗奉。手此、敬頌法履、匆匆不一。

愚弟功兪樾頓首　正月初十日

『愚山詩稿』松本氏、無名字。
『西山詩鈔』西山氏、字拙斎、無名。
『東郭先生遺稿』神吉氏、無名字。
『竹雪山房詩』宇都氏、無名字。
『古愚堂詩集』北溟児先生、無名字。
『聿修館遺稿』松山侯、無名姓。
『日本詠史楽府』中島氏、字子玉、無名。
『鵬斎詩鈔』無姓名。
『吾愛吾廬詩』無姓名。

注

1　第八通以下は『曲園太史尺牘』乾冊。

2　愛女：兪繡孫、光緒八年十二月死去。

附注

『心泉書簡の草稿』六（『曲園太史尺牘』八に対する返書）

曲園先生史席：

十一日接奉恵函、就稔履端叶吉、年祉安羊、以欣以頌。敝国詩選、数月間已蒙選定四十巻之多、過費清神、深為感愧。其有姓字未詳者、蒙亦不能全悉、已函詢吟香、俟復到另致。蒙意不妨作闕如也。[1]所更有請者、前接吟香来書、嘱将蒙稿録呈左右、附刊姓氏于末。然蒙未経学問、有所作亦一時遣興、並令師承、烏足以汚雅鑒。況伝一事、談何容易、弟以固請不已、只得勉録数章、附塵電鑒。倘蒙不棄、痛加筆削、或有一二可存之什、附于巻尾、不堪欣幸、但不敢必耳。『両遊草』本無可之作、因一時遊歴、聊記雪鴻、間時敬求先賜序言、倘他時得因居士一言、蒙詩得以流伝于本国者、未可知也。未□能□如所請否。去臘忽遭令愛之喪、想骨肉情深、当必異小而悲悼。然□短有数、達人必能自寛、況後高年頤養之時乎。万祈自愛。書件正不妨遅々也。謹此佈後、即頌年禧。

愚衲僧蒙和南

正月廿二日

再、正在繕後問、続奉手翰并詩選一巻、目録一本、刻工精絶可愛、当即郵寄吟香、俟後到另行奉聞。其目録中有姓氏未詳者、就鄙人所知、全注一二、別紙録呈。又僧人『五岳詩集』一本附覧、其中多失題者、倶係従画端録出、諒了。僧蒙又啓

松本名慎、字幼□、号愚山。

鵬斎姓亀田、名興、字穉龍、鵬斎其号也。

中島子玉名大賚、号米華、与十七巻中重出、『録新楽府』係同人輯（作）、漏叙其名耳。

慈舟恐即係慈周、俟検明再致。『思六如庵詩』即係慈周字六如之所作也。

注

1　これは北方心泉のみならず、小野湖山の意見でもある。常福寺蔵『東瀛詩選』「東瀛詩選目録」四丁裏に朱筆で次の内容を記した一紙が貼り付けられている。「海外ニテ選定ノ吏故姓名ハカラヌ者／ハ姓名欠トナスモ妨ナカラン乎／湖山」とあり、湖山の筆によるものである。

（九）

小雨上人清覧：

新正十日曾寄一牒、未知照入否。春雨経旬、想禅定之余、百凡清勝也。弟因心緒不佳、興味索然。選詩一事、即承諉捶、不敢不卒業。頃已選定四十巻、又従諸家選本中選出五百余首、定為補遺四巻、茲將目録寄上清鑒、並乞転寄吟香翁一閲。刻工陶升甫去歳已刻成一巻、茲印呈裁定、如公与吟香以為可、即可属其接続刻下也。手此、布頌清福。

愚弟功俞樾頓首　十七日

（十）

心泉上人清覧：

日前奉到還雲並大著吟稿、謹当選入、以光斯集。竹村[1]詩亦当酌選数首也。吟香未知有無還信、此書何時開雕。約計刻貲亦尚不過鉅。弟衰老多病、既経手此事、頗以早日観成為快也。属書各件均已塗成、但心緒不佳、致将尊号写錯。謹另書一紙、一併寄呈。舍親彭雪翁直幅亦已写好交来、代為寄達、統乞鑒収。弟於正月廿七日到西湖、二月廿外仍回呉下。手此、布頌清福。

曲園居士俞樾和南　二月初九

注

1　竹村：平野五岳、名は岳、字は五岳、竹村と号する。大分県日出市出身で、地元の真宗大谷派専念寺の住職を務め、詩・書・画に優れていたことから「三絶僧」と称される。『五岳詩鈔』『続五岳詩鈔』『古竹老納詩集』があり、「題楊妃洗祿児図」「丁酉春日」が『東瀛詩選』（巻三十九）に入選。

附注

『心泉書簡の草稿』七（『曲園太史尺牘』十に対する返書）

曲園先生史席：

日昨接続読手諭、敬悉壹是。尊書及彭宮保墨宝倶已収到、感謝莫名。彭公処乞為致謝、品川等書件亦即送去、皆大歓喜。蒙近患肺疾、擬医家云、須帰国養痾。茲擬于二十日返棹長崎、此地去中国不遠、約二日即可到埠、酬応一切、亦尚便易。倘剛疾稍瘳、于両月後当重履滬地也。吟香回書已於日昨接到。拠述、選法一切尽善尽美、刻工亦佳、敬請転囑次第開雕。惟三十五巻以下請為稍待、以有数家人有取舍故耳。旬日間当続有奉聞也。詩集序跋悉听卓裁、倘多得名家題詠、以光斯集、不勝欣幸。尚有詩集数種、于数日及再行寄奉蘇城。刻資一層、本擬使松林料理、不敢煩瀆。奈蒙回国後、滬地無人置持、松林自当暫留滬地、頗覚両難。可否先寄五十元或百元由台端転交陶君。将来結算時、再行斟酌、未識又能允否。但未免褻尊之玉矣、乞即示後、以憑照辨。目前交少波先生、公車北上、道出滬江、訪蒙于寓楼、□連詩酒□□病不覚為之一適、惜行期忽促、未能画罄積愫為憾耳。耑此□□、即請鈞安。

再、刻書一事已託松林代理、以□□賜教、乞即函致彼処可也。又及（以下欠）

（十一）

心泉上人侍者：

前接手書、知前寄拙書各件均入清照、即悉維摩示疾、飛錫東帰、想不日定占勿薬也。松林師暫留滬寓、則此間刻詩之挙、乏人照料。尊意先交五十或百洋与陶升甫、俾其絡繹先刻。弟即与陶升甫商量、抛云、一経動手、則写手・刻手皆斉集以待、勢不能止。蔵事非難、而遠隔東洋、往返函商、頗不容易。設或刻資一時不継、何従墊付、転費躊躇。属弟函致尊処、可否先寄洋蚨[1]四百圓来蘇。亦不必遽付、暫存弟処、随刻随付、則彼得放心鳩工従事矣。此雖市井之見、稍渉拘泥、然彼亦従小心起見、所説不為無理。弟約計此書刻成約略須七八百元光景、則籌寄回数不為過多。用敢代陳、即希酌定。如以為可、先請寄四百洋至弟処、以便催其開雕。俟刻成、再由尊処核算可也。見在倚写以待、俟覆到再行照辦。手此、布頌清吉、諸希慧照不宣。

愚弟功俞樾頓首　二月廿四日

正在繕函、接松林上人書、並有続寄之件、尚在信局。俟其交下、当選其佳者入集也。惟弟近来心緒不佳、精神甚劣、此事本系勉従尊者及吟香翁雅意、不敢不勉力図成。所選就此而止、此後雖有佳集、只好另覓高明続選、在此集只好算作遺珠矣。弟再頓首。

注

1　蚨：金のこと。

（十二）

心泉上人侍者：

久不得書、想飛錫東還、維摩之疾久愈矣。昨由松林上人寄到番仏四百円、今日即招刻工陶升甫至、令其絡続開雕。一動手後、蔵事非難也。前函曾奉詢諸詩人爵里、乞便中示悉。弟新為亡二小女刻遺稿[1]一巻、附呈雅政。另有壹百本乞吾師与吟香居士分存、為弟転致貴国諸吟好、庶其微名得流播東瀛也。手肅布頌清福、不一一。

愚弟功兪樾頓首　三月廿六日

注

1　遺稿：『慧福楼幸草』を指す。「慧福楼」は兪樾が題した繡孫の寝室名である。繡孫が死去してから兪樾が哀惜の念を込めて、繡孫の詩を集めて編集したもの。一巻、姪婦彭見貞が内題を書き、辱交竹添光鴻が「癸未春日呉下開彫」を記す。また、巻頭には兪曲園の序文と追悼詩二首、娘婿許子原の兪曲園宛の書簡と題詞が載せてある。

（十三）

心泉上人侍者：

日前曾泐一牋並亡女詩一百本、寄由滬上宝利転寄東瀛、而松林上人適已来蘇、未知錦東[1]已為転達否。此信到日、所有亡女遺詩望与吟香居士分致吟好、以広流転、不勝盼切。承寄刻資四百洋泉已如数収到、即交陶升甫絡繹刊刻矣。略有応商之事、托松林上人転詢、想必達到也。弟衰羸多病、老懶日増、為貴邦経理此事後、恐翰墨之事亦将綴業矣。手肅布渺、敬頌清福、不尽万一。

愚弟功愈樾頓首　四月初五日

再者、倘有便人西来、弟欲托買貴国瓷器数件。或茶碗、或飯碗、或菜蔬碗、不拘大小式様、随便幾種均可。其価示知再繳。

弟再頓首

注

1　錦東：姓は白尾、ほか未詳。

（十四）

心泉上人侍者：

久不奉書、想維摩示疾、早已霍然、不久飛錫西来、仍可快図良晤也。吟香居士属選貴国詩、頃剞劂告成、刷印清本装成十六冊、寄呈清覧。如有錯訛、乞吾師与吟翁校正、以便再付刻工修改。其刻資已属刻工開具清帳、毎巻字数亦分別開載。弟抽査一二巻、大数相符、且皆有絀無贏、仍請侍者再抽査数巻。如無大錯、即可与之結算清楚也。前此両次寄下之款共洋蚨壹千円、結帳後計尚有贏余、当与詩版一併托松泉師寄、請査収也。至序文止弟一篇、蓋古書体例如此。一書両序、為顧亭林先生所譏[1]、是以弟於此集不另托人作序、大雅想必以為然。弟序文属門下士徐花農太史[2]代書、其封面則請彭雪琴大司馬書之、簽条則請潘伯寅大司寇書之[3]。彭・潘両尚書固敝処名望素著之人、而徐太史名位他日亦必不在両尚書下、似亦足為此集生色矣。附聞一笑。手此、敬頌清吉、不一一。

弟功兪樾頓首

吟香居士亦祈致意、不另函。再者、弟月前曾有函致吟香居士、並有祝湖山翁[4]寿詩二首托錦東上人寄東、未知収到否、並祈詢悉。

又頓首　九月九日

注

1　顧亭林：顧炎武（一六一三～八二）、明末清初の学者。字は寧人、亭林と号する。

2　徐花農：徐琪（一八四九～一九一八）、兪曲園の愛弟子、「兪楼」建設の発起人、進士出身で、兵部侍郎をつとめた。『東瀛詩選』の「東瀛詩選序」の末尾に「門下士徐琪書」と署名し、「庚辰翰林」の遊印を捺している。「庚辰」とは光緒六年（一八八〇）に当たる。

3　潘伯寅：潘祖蔭（一八三〇～九〇）、字は伯寅、鄭庵と号する。咸豊二年の進士、官、工部尚書に至る。

4　湖山：小野湖山（一八一四～一九一〇）、名は長愿、字は士達、湖山と号する。明治時代の著名な漢文学者。

第三章　明治時代における日本駐在の清国外交官

一八七一年（同治十年、明治四年）、中国と日本との間に修好条規が結ばれ、正式な外交関係が樹立された。それを受けて一八七四年（同治十三年、明治十七年）と一八七七年（光緒三年、明治十年）に、それぞれ初代公使柳原前光[1]と何如璋[2]が派遣され、相手国の首都に駐在するようになった。

清国側の公使何如璋・黎庶昌・徐承祖が赴任中に、琉球帰属（一八七九年）や長崎水兵喧嘩事件（一八八六年）が起こり、中日関係が危機に瀕したことがあったものの、詩文往来や筆談が盛んに行われ、日清戦争までの両国関係は、全体として良好に推移したといえよう。

このような友好的な雰囲気は刊行物にも濃厚に反映されていたようである。同時代に日本で刊行された詩文集をひもとくと、両国人の往来した詩文にしばしば出会う。水越成章編の『翰墨因縁』（二巻、一八八四年）には、廖錫恩・劉寿鏗・黄遵憲・呉広霈・張宗良・徐寿朋・馬建常など二十五人の詩文、石川英編の『芝山一笑』（一巻、一八七八年）には、何如璋・張斯桂・沈文熒・黄遵憲・劉寿鏗・潘任邦・何定求など十人の詩文が掲載されているのは好例であろう。詩文を中心にした文化外交は、清国外交官らの進めた外交活動の大きな特色だと断言できるであろう[3]。

ところが明治時代に来日した清国の外交官については、少数の公使や参事官を除いては、大半は知られていない。光緒二年九月己巳（十二日）（一八七六年十月二十八日）に公表された『出使章程十二条』の第四条では、公使は参事官・領事・翻訳などの随行人員を決定し、そのリストを総理衙門に報告せねばならないと規定されているが[4]、管見する限り、黎庶昌公使（光緒十三年十月二十四日付）[5]と李経方公使（光緒十六年八月十八日付と光緒十七年一月三日付）[6]以外は見つかっていない。また、傅雲龍の『遊歴日本図経』巻十八「日本外交」には「中国使臣表」があり、初代公使何如璋・二代公使黎庶昌・三代公使徐承祖を始めとした使節団の名簿が載せられているが、遺漏やミスが目立つ遺憾が残っている。

『出使章程十二条』の第十一条によると、公使は毎年ここ一年間使用した人件費・渡航費、その他の雑費の会計を総理衙門に提出しなければならない。これらの会計報告書は、中国第一歴史檔案館蔵『軍機処録副奏折』（外交類、リール番号五七八）に収まっている。[7]報告書は該年度の収支について記録し、支出の部では給料、渡航費、公使館・領事館の諸支出などが記載されている。給料の項で、すべての駐在人員の名前・給料・年月日がつぶさに記されていて、日本に駐在した清国外交官の全容を明らかにするには、正確、かつ完備な史料を提供してくれている。（図12参照）

拙稿はこれらの檔案に基づき整理したものである。これは中国近代外交史の研究上はむろん、同時代に華やかに展開されてきた中日文化交流を研究するためにも、極めて有意義な資料となりうると確信している。以下は表について若干コメントを加えておく。

1．姓名。給料項に出たすべての人員を原文の順に収録する。
2．身分。原文に見られる名称の不統一を統一する。たとえば、「出使大臣」「欽差大臣」「正使」を「正使」にし、「東翻訳」「東翻訳官」「東文翻訳官」を「東文翻訳官」にする。
3．月給。清国の「庫平銀」は算用数字で、西洋の「洋銀」は漢数字で表示する。単位はそれぞれ「両」と「円」であるが略す。
4．備考。原文に記載された特殊な離任者に限る。

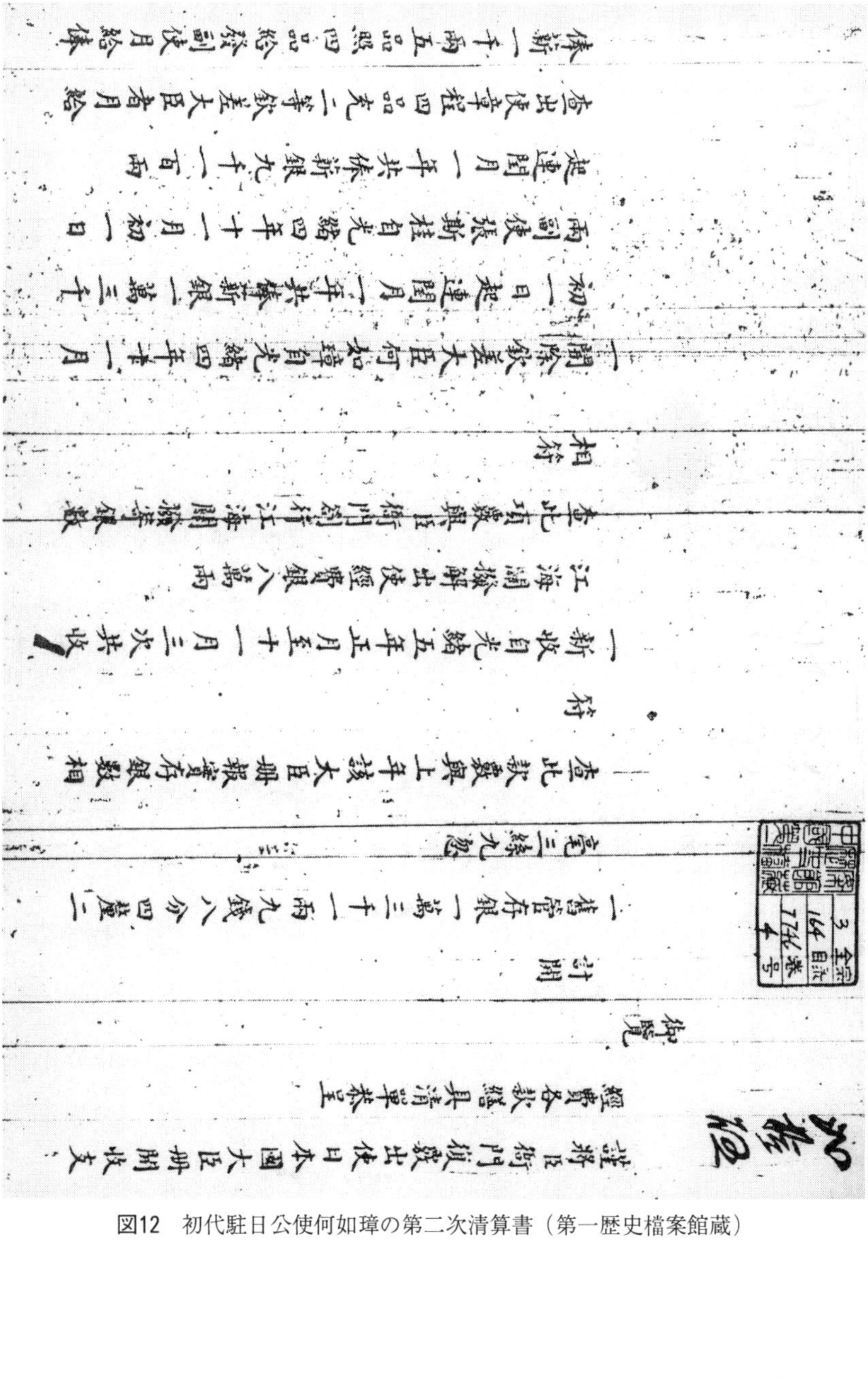

図12　初代駐日公使何如璋の第二次清算書（第一歴史檔案館蔵）

第一代（光緒３年11月１日～６年10月29日）

姓　名	身　　分	月給	在　任　期　間（光緒）	備　考
何如璋	正使	1000	３年11月１日(8)～６年10月29日	
張斯桂	副使	700	３年11月１日～６年10月29日	
黄遵憲	参賛官	240	３年11月１日～６年10月29日	
陳文史	随員	130	３年11月１日～４年３月29日	丁憂回籍
沈文熒	随員	130	３年11月１日～５年11月１日	告仮回国
廖錫恩	随員 神戸正理事官	130 300	３年11月１日～５年１月30日 ５年２月１日～６年10月29日	
陳衍範	随員	60 80 100	３年11月１日～４年７月29日 ４年８月１日～６年１月30日 ６年２月１日～６年10月29日	
張鴻淇	随員	60 80	３年11月１日～６年１月30日 ６年２月１日～６年10月29日	
何定求	随員	60	３年11月１日～５年11月１日	丁憂回籍
麦嘉締	翻訳洋員	400	３年11月１日～６年４月30日	告仮回国
潘任邦	翻訳官	80	３年11月１日～４年７月29日	生病回籍
馮昭煒	翻訳官	60 80	３年11月１日～６年２月29日 ６年３月１日～６年10月29日	
范錫朋	横浜正理事官	320	３年11月１日～６年10月29日	
劉　坤	随員	60 80	３年11月１日～４年７月29日 ４年８月１日～６年10月29日	
沈鼎鐘	翻訳官	130 150	３年11月１日～６年５月29日 ６年６月１日～６年10月29日	
劉寿鏗	神戸正理事官	300	４年５月１日～４年12月20日	丁憂回籍
呉広霈	随員	130 90	３年11月１日～４年７月29日 ４年８月１日～5年閏3月30日	丁憂回国
張宗良	翻訳官	130	３年11月１日～６年10月29日	
余　瓗	長崎副理事官(9) 長崎正理事官	220 300	３年11月１日～４年５月29日 ４年６月１日～６年10月29日	

任敬和	随員	60	3年11月1日～4年7月29日	
		80	4年8月1日～6年10月29日	
梁殿勲	翻訳官	130	4年6月15日～6年10月29日	
王治本	学習翻訳生	30	4年8月15日～5年12月29日	告仮回籍
金佩亶	学習翻訳生[10]	22	4年8月1日～4年10月29日	
楊　枢	翻訳官	200	4年11月1日～6年10月29日	
蔡国昭	翻訳官	130	6年5月20日～6年10月29日	
王松森	駐上海管理文報委員	20	3年11月1日～4年10月29日	

第二代（光緒7年12月26日～10年8月17日[11]）

黎庶昌	正使	1000	7年12月26日～8年12月25日	
沈鼎鐘	翻訳官	150	8年1月1日～8年4月23日	ドイツ赴任
梁殿勲	翻訳官	130	8年1月1日～8年6月25日	
		150	8年6月26日～8年12月25日	
藍文清	随員	100	7年12月26日～8年12月25日	
黎汝謙	随員	130	8年1月28日～8年6月25日	
	神戸正理事官	260	8年6月26日～8年12月25日	
楊守敬	随員	130	8年1月1日～8年12月25日	
姚文棟[12]	随員	60	7年12月26日～8年12月25日	
謝祖沅	随員	60	7年12月26日～8年2月25日	
		70	8年2月26日～8年12月25日	
張　沅	随員	60	7年12月26日～8年12月25日	
江景桂	医官	20	7年12月26日～8年1月25日	
		30	8年1月26日～8年12月25日	
葉蘭芬	武弁	30	7年12月26日～8年12月25日	
杜紹棠	随員	30	8年10月1日～8年12月25日	
方濬益	随員	60	8年10月21日～8年12月25日	
范錫朋	前横浜正理事官	320	8年1月1日～8年1月16日	
陳允頤	横浜正理事官	260	7年12月26日～8年12月25日	

陳瑞英	代理翻訳官	20	8年6月23日～8年9月25日	
	翻訳官	60	8年9月26日～8年12月25日	
郭萬俊	随員	100	7年12月26日～8年12月25日	
陳嵩泉	随員	60	7年12月26日～8年12月25日	
廖錫恩	前神戸正理事官	300	8年1月1日～8年3月25日	
馬建常	前神戸正理事官	260	8年2月28日～8年7月25日	
張宗良	翻訳官	130	8年1月1日～8年3月25日	米国赴任
蔡国昭	翻訳官	130	8年1月1日～8年12月25日	
黄超曾	随員	30	7年12月26日～8年2月25日	
		40	8年2月26日～8年12月25日	
于徳楙	随員	20	8年6月26日～8年12月25日	
余　瓗	長崎正理事官	300	8年1月1日～8年12月25日	
沈　鐸	翻訳官	130	8年3月27日～8年12月25日	
	代理長崎理事翻訳官	計100	3ヶ月	
羅星垣	随員	60	7年12月26日～8年12月25日	

第三代（光緒10年11月10日～13年11月21日）

徐承祖	正使	1000	10年11月10日[13]～12年12月30日	
		800	13年1月1日～13年11月21日	
陳明遠	随員兼参賛官	180	10年11月10日～12年11月9日	
		200	12年11月10日～12年12月30日	
		180	13年1月1日～13年11月21日	
楊　枢	翻訳兼参賛官	180	10年11月10日～12年11月9日	
		200	12年11月10日～12年12月30日	
		170	13年1月1日～13年11月21日	
淞　林	随員	100	10年11月10日～12年11月9日	
		110	12年11月10日～12年12月30日	
		100	13年1月1日～13年11月30日	
陳衍蕃	随員	100	10年11月10日～12年12月30日	病故
		90	13年1月1日～13年8月30日	

厳士瑄	随員	100 90	10年11月10日～12年12月30日 13年1月1日～13年11月30日	
梁継泰	随員	100 90	10年11月10日～12年12月30日 13年1月1日～13年11月30日	
謝伝烈	随員	100	10年11月10日～11年7月30日	病故
陳家麟	随員	80 72	10年11月10日～12年12月30日 13年1月1日～13年11月30日	
姚文棟	随員	80 80 72	10年11月26日～11年11月25日(14) 11年11月10日～12年12月30日 13年1月1日～13年8月30日	
葛能存	医官	50	10年11月10日～13年11月9日	
黄国春	武弁	40	10年11月10日～12年5月30日	生病回国(15)
阮祖棠	横浜正理事官	270 243	10年11月10日～12年12月30日 13年1月1日～13年11月30日	
沈　鐸	西文翻訳官	130 100	10年11月26日～12年12月30日 13年1月1日～13年11月30日	
劉　坤	随員 随員兼箱館新潟夷港副理事官	80 80 120	10年11月10日～11年11月9日 11年11月10日～12年4月29日 12年5月1日～12年12月30日	
陳嵩泉	随員	70	10年11月26日～13年3月25日	病故
徐承礼	神戸正理事官	250 225	10年11月10日～12年12月30日 13年1月1日～13年11月30日	
徐広坤	翻訳官	130 110	10年11月10日～12年12月30日 13年1月1日～13年11月30日	
解錕元	随員	60 80 72	10年11月10日～12年11月9日 12年11月10日～12年12月30日 13年1月1日～13年11月21日	
于徳楙	随員	50	10年11月26日～14年2月30日	
蔡　軒	長崎正理事官	250 225	10年11月10日～12年12月30日 13年1月1日～13年11月30日	

鐘進成	翻訳官	60	10年11月26日～11年10月15日	
梁偉年	随員	80	10年11月10日～12年12月30日	
		72	13年1月1日～13年11月30日	
徐致遠	随員	80	11年12月1日～12年11月29日	
張　晉	随員	100	12年4月18日～13年2月17日	生病回国[16]
盧永銘	東文翻訳官	40	12年1月1日～12年3月30日	
		50	12年4月1日～12年8月30日	
		70	12年9月1日～13年11月21日	
羅庚齢	東文翻訳官	40	12年1月1日～12年8月30日	
		60	12年9月1日～13年11月30日	
楊錦庭	東文翻訳官	40	12年1月1日～12年8月30日	
		60	12年9月1日～13年11月30日	
樊　淙	西文翻訳官	100	12年1月1日～12年12月30日	
		80	13年1月1日～13年11月30日	
蔡　霖	東文翻訳官	40	12年1月1日～12年2月29日	親老回国[17]
	東文翻訳代辦西文翻訳	計70	三個月	
劉慶汾	東文翻訳官	40	12年3月1日～12年8月30日	
		60	12年9月1日～13年11月30日	
黄聡厚	津貼代辦横浜理事署翻訳	35	12年7月20日～12年11月19日	
		35	13年5月6日～13年9月5日	
羅祝謝	洋員	60	13年2月1日～13年11月30日	
陶大均	東文翻訳官兼随員	30	12年12月1日～13年5月30日	
		50	13年6月1日～13年11月30日	

第四代（光緒13年11月19日～16年12月20日）

黎庶昌	正使	800	13年11月19日[18]～16年12月20日	
陳明遠	参賛官	180	13年11月22日～16年12月20日	
銭徳培	参賛官兼文案随員	140	13年11月19日～16年12月30日	
荘兆銘	随員	100	13年11月19日～16年12月20日	

孫　点	随員	100	13年11月19日～16年12月20日	
李昌洵	随員	100	13年11月19日～16年12月20日	
蔣子蕃	随員	60	13年11月19日～16年12月30日	
劉慶汾	箱館等処副領事官兼 東文翻訳官	80 100	13年12月1日～15年7月18日 15年7月19日～16年12月20日	
鄭汝騤	西文翻訳官	60 80	13年11月19日～15年7月18日 15年7月19日～16年12月20日	
陶大均	東文翻訳官	60	13年12月1日～16年12月20日	
籥　瓊	随員	40 50 60	13年11月19日～14年2月18日 14年2月19日～15年7月18日 15年7月19日～16年12月20日	
廖宗誠	医官	50 60	13年11月19日～15年7月18日 15年7月19日～16年12月20日	
徐致遠	随員	72	13年11月22日～15年2月29日	
孫国珍	武弁	30	13年11月19日～16年12月20日	
羅嘉傑	横浜領事官	200 60	13年11月19日～16年12月20日 16年12月21日～一ヶ月以内(19)	
曾紀寿	随員兼築地弾圧	100 160	13年11月19日～14年2月18日 14年2月19日～16年8月9日	丁憂回国
張　晉	随員兼公学監督	160	13年11月19日～16年11月18日	
金　采	随員	60	13年11月19日～16年11月18日	
梁殿勲	西文翻訳官	100	13年11月19日～15年8月18日	病故
盧永銘	東文翻訳官	60 70	13年11月22日～15年11月18日 15年11月19日～16年12月20日	
沈　鐸	西文翻訳官	100	13年12月1日～14年3月26日	差満回国
蹇念咸	神戸領事官	200 150	13年11月19日～16年12月20日 16年12月21日～一ヶ月以内(20)	
劉漢英	随員	80	13年11月19日～16年12月20日	
羅培鈞(21)	随員	50 70	13年11月19日～15年7月18日 15年7月19日～16年11月18日	

黎汝恒[22]	随員	100	13年11月19日～16年12月20日	
徐広坤	西文翻訳官	100	13年12月1日～16年12月20日	
楊錦庭	東文翻訳官	60	13年12月1日～16年11月18日	病故
于徳楙	随員	50	14年3月1日～14年6月24日	
王輝章	派駐神戸学習東文翻訳官	15	13年11月19日～14年9月18日	
楊　枢	長崎領事官	200 160	13年11月22日～16年12月20日 16年12月21日～一ヶ月以内[23]	
梁佟年	随員 代理領事官	80 20	13年11月19日～16年9月18日 15年2月21日～15年6月22日	丁憂銷差
許之琪	随員	50 60	13年11月19日～15年7月18日 15年7月19日～16年12月20日	
左元麟	随員	60	13年11月19日～16年12月20日	
羅庚齢	東文翻訳官	60	13年12月1日～16年12月20日	
陳　矩	随員	30	15年1月19日～16年12月20日	
徐応台	学習機器紡織	30	15年10月19日～16年11月18日	
黄聡厚	代理西文翻訳官	30	15年8月1日～15年11月5日	
顧士穎	西文翻訳官	60	15年11月6日～16年12月20日	
禅　臣	代理長崎西文翻訳官	30	15年2月21日～15年6月24日	
黄　漢	代理長崎東文翻訳官	20	15年2月21日～15年4月20日	
金其相	代理長崎東文翻訳官	20	15年10月6日～16年1月5日	
黄君贈	代理神戸東文翻訳官	20	15年9月10日～15年12月9日	
王肇鋐	随員	50	16年2月17日～16年12月20日	
呉葆仁	使署通事	30	16年8月19日～16年12月20日	

第五代（光緒16年12月20日～18年8月19日）

李経方	正使	800 800	16年12月20日[24]～17年8月2日 17年12月20日～18年8月21日	
汪鳳藻	署理出使大臣	600	17年7月25日～17年12月15日[25]	
呂増祥	参賛官	180 240	16年12月20日～17年12月19日 17年12月20日～18年8月19日	

薩爾博	西文翻訳洋員	200	16年12月20日～18年8月19日	
鄭孝胥	随員	100	17年6月20日～18年8月19日	
林介弼	随員	100	16年12月20日～18年8月19日	
黄書霖	随員 箱館新潟夷港副理事官	80 140	17年2月20日～17年12月19日 17年12月20日～18年8月19日	
潘恩栄	随員	80	16年12月20日～18年8月19日	
譚祖綸	随員	80	17年11月20日～18年8月19日	
孫　点	随員	100	16年12月20日～17年4月19日	
郭銘新	随員	60 80	16年12月20日～17年12月19日 17年12月20日～18年8月19日	
沈　燮	随員	100	16年12月20日～18年8月20日	生病回国
李維格	随員	100	16年12月20日～18年8月19日	
鄭汝騤	西文翻訳官	80	16年12月20日～17年12月19日	
劉慶汾	東文翻訳官 東文翻訳兼箱館等処 副理事官	60 40 100	16年12月20日～17年5月19日 16年12月20日～17年5月19日 17年5月20日～18年8月19日	
羅庚齢	東文翻訳官	60 80	16年12月２０～17年5月19日 17年5月20日～18年8月19日	
王肇鋐	修輯日本沿海険要図誌附監生	50	16年12月20日～17年12月19日	
荘兆銘	随員	100	16年12月20日～17年4月19日	
李昌洵	随員	100	16年12月20日～17年4月19日	
蘇鳳儀	供事	30 40	16年12月20日～17年12月19日 17年12月20日～18年8月19日	
陳元康	供事	10 20	16年12月20日～17年12月19日 17年12月20日～18年8月19日	
陳華黼	武弁	30	16年12月20日～18年8月19日	
洪得勝	武弁	30	16年12月20日～18年8月19日	生病回国
呉葆仁	通事	20	16年12月20日～18年8月19日	
黎汝謙	横浜兼築地正理事官	200	16年12月20日～18年8月19日	
温紹霖	随員	100	16年12月20日～18年8月19日	

查燕緒	随員	100	16年12月20日～18年8月19日	
譚国恩	随員	60	16年12月20日～17年12月19日	
		80	17年12月20日～18年8月19日	
廖宗誠	随員	60	16年12月20日～17年10月19日	
伍光建	西文翻訳官	100	16年12月20日～18年8月19日	
陶大均	東文翻訳官	60	16年12月20日～17年5月19日	
		80	17年5月20日～18年8月19日	
洪遐昌	神戸兼大阪正理事官	200	16年12月20日～18年8月19日	
張雲錦	大阪副理事官	100	17年2月20日～18年8月19日	
洪　超	随員	60	16年12月20日～17年12月19日	
		80	17年12月20日～18年8月19日	
李可権	随員	80	17年11月20日～18年8月19日	
羅忠堯	西文翻訳官	80	16年12月20日～18年8月19日	
盧永銘	東文翻訳官	60	16年12月20日～17年5月19日	
		80	17年5月20日～18年8月19日	
張桐華	長崎正理事官	200	16年12月20日～18年8月19日	
魯　説	随員	80	16年12月20日～18年8月19日	
孔繁樸	随員	60	16年12月20日～18年8月19日	
顧士穎	西文翻訳官	60	16年12月20日～18年8月19日	
金其相	代理東文翻訳官	30	17年6月20日～17年11月19日	
王輝章	代理東文翻訳官	30	16年12月20日～18年8月19日	
陳昌緒	学習東文翻訳官	30	17年12月20日～18年8月19日	生病回国
呉允誠	供事	20	17年12月20日～18年8月19日	
唐家楨	学習東文翻訳官	40	17年12月20日～18年8月19日	
廖宇人	供事	15	17年5月20日～17年8月19日	

第六代（光緒18年8月21日～20年7月10日）

汪鳳藻	正使	800	19年8月18日～20年7月10日(26)	
呂増祥	参賛官	240	19年8月20日～19年11月19日	

汪鳳瀛	暫署参賛官	180	19年11月20日～19年12月19日	
	随員	80	19年8月18日～20年1月17日	
		100	20年1月18日～20年7月10日	
王同愈	参賛官	200	19年12月20日～20年7月10日	
林介弼	東文学堂監督	100	19年8月20日～19年11月19日	
寿　勳	随員	80	19年8月18日～19年11月19日	
	東文学堂監督	100	19年11月20日～20年7月10日	
洪　超	随員	80	19年8月20日～19年11月19日	
郭銘新	随員	80	19年8月20日～20年1月9日	
潘恩栄	随員	80	19年8月20日～20年1月19日	
譚祖綸	随員	80	19年8月20日～20年7月10日	
邱瑞麟	随員	80	19年8月18日～19年11月19日	
	署理横浜兼築地正理事官	200	19年11月20日～20年4月14日	
	随員	100	20年4月15日～20年7月10日	
袁宝璜	随員	80	20年2月25日～20年7月10日	
李嘉徳	随員	60	20年3月2日～20年7月10日	
陳元庸(27)	医官	40	19年8月20日～19年11月19日	
羅忠尭	西文翻訳官	100	19年8月20日～20年7月10日	
劉慶汾	参賛銜東文翻訳	100	19年8月20日～20年1月19日	
	兼築地副理事官	160	20年1月20日～20年7月10日	
羅庚齢	東文翻訳官	80	19年8月20日～20年7月10日	
馮国勲	学習東文翻訳官	30	20年6月20日～20年7月10日	
呉焱魁	学習東文翻訳官	30	20年6月20日～20年7月10日	
李鳳年	学習東文翻訳官	30	20年6月20日～20年7月10日	
任克成	供事改充医官	40	19年8月18日～20年1月17日	
		50	20年1月18日～20年7月10日	
蘇鳳儀	供事	40	19年8月20日～19年11月19日	
汪綸元	供事	30	19年11月20日～20年7月10日	
黄恩鞠	供事	30	19年11月18日～20年7月10日	
陳華黼	武弁	30	19年8月20日～19年11月19日	
黄徳樑	武弁	30	19年8月18日～20年7月10日	

呉葆仁	通事	20	19年８月20日～19年11月19日	
	通事兼武弁	30	19年11月20日～20年７月10日	
黎汝謙	横浜兼築地正理事官	200	19年８月20日～19年11月19日	
石祖芬	横浜兼築地正理事官	200	20年４月15日～20年７月10日	
譚国恩	随員	80	19年８月20日～19年10月19日	丁憂回国
温紹霖	随員	100	19年８月20日～19年11月19日	
査燕緒	随員	100	19年８月20日～20年７月10日	
伍光建	西文翻訳官	100	19年８月20日～19年11月19日	
李維格	西文翻訳官	100	19年11月20日～20年７月10日	
陶大均	東文翻訳官	80	19年８月20日～20年７月10日	
呉允誠	供事	20	19年８月20日～20年１月19日	生病暫請銷仮
陳祖堯	代理供事	15	20年１月20日～20年７月10日	
鄭孝胥	神戸兼大阪正理事官	200	19年８月20日～20年７月10日	
張雲錦	大阪副理事官	100	19年８月20日～20年１月19日	
世　楨	大阪副理事官	80	19年８月18日～20年１月19日	
		100	20年１月20日～20年７月10日	
李可権	随員	80	19年８月20日～20年７月10日	
羅肇煇	随員	80	20年４月５日～20年７月10日	
鄭汝騤	西文翻訳官	80	19年８月20日～20年７月10日	
盧永銘	東文翻訳官	80	19年８月20日～20年７月10日	
張桐華	長崎正理事官	200	19年８月20日～20年７月10日	
魯　説	随員	80	19年８月20日～19年11月19日	
孔繁樸	随員	60	19年８月20日～19年11月19日	
孫肇煕	随員	80	19年８月18日～20年１月17日	
		100	20年１月18日～20年７月10日	
顧士穎	西文翻訳官	60	19年８月20日～20年７月10日	
王輝章	東文翻訳官	30	19年８月20日～20年７月10日	
黄書霖	箱館新潟夷港副理事官	140	19年８月20日～20年１月19日	
洪　濤	随員	80	19年８月18日～20年１月19日	
	箱館新潟夷港副理事官	120	20年１月20日～20年７月10日	
王家福	西文翻訳官	80	19年８月18日～20年７月10日	

唐家楨	学習東文翻訳官	40	19年８月20日～20年７月10日	
廖宇春	学習供事	15	19年８月20日～20年１月19日	

第七代（光緒21年７月25日～24年９月15日(28)）

裕　庚	正使	800	21年７月25日～23年７月24日	
張紹祖	参賛官	240	21年７月25日～22年７月24日	
呂賢笙	横浜兼築地正理事官 横浜総領事官	200 200	21年７月25日～22年７月24日 22年７月25日～23年７月24日	
余祐蕃	神戸兼大阪正理事官 参賛官	200 200	21年７月25日～23年１月24日 23年１月25日～23年７月24日	
張桐華	長崎正理事官	200	21年７月25日～23年７月24日	
林　浚	箱館新潟夷港副理事官 随員	140 100	21年８月５日～22年７月24日 22年７月25日～23年７月24日	
世　楨	大阪副理事官 代理神戸理事官大阪副理事官	100 100	21年７月25日～22年７月24日 22年７月25日～22年12月24日	 銷差
寿　勲	随員	100	21年９月25日～22年７月24日	銷差回京
陳春瀛	随員	100	21年７月25日～23年７月24日	
温紹霖	随員	100	21年７月25日～23年７月24日	
王樹徳	随員	100	21年７月25日～23年７月24日	
譚祖綸	随員	100	21年８月５日～23年７月24日	
余世芳	随員	100	21年７月25日～23年７月24日	
朱秉鈞	随員	100	21年８月５日～22年５月30日	銷差内渡
張作蕃	随員	80	21年８月５日～23年７月24日	
李嘉徳	随員	60	21年７月25日～23年７月24日	
銭宝鎔	随員	60	21年７月25日～23年７月24日	
張　澮	随員	60	21年７月25日～23年７月24日	
査双綏	随員	60	21年７月25日～23年７月24日	
李鳳年	随員	60 80	21年７月25日～21年10月24日 21年10月25日～23年７月24日	
陳徳球	随員	60	21年８月５日～23年７月24日	

廷　保	随員	50	21年7月25日～21年9月27日	銷差内渡
余炳忠	随員	50	22年6月1日～23年7月24日	
張坤徳	西文翻訳官	100	21年7月25日～22年4月24日	銷差内渡
曾　海	西文翻訳官	120	22年5月1日～23年7月24日	
曾　賢	西文翻訳官	100	21年8月5日～22年7月4日	撤差
羅庚齢	東文翻訳官	100	21年7月25日～23年7月24日	
盧永銘	東文翻訳官	80	21年7月25日～23年1月24日	
		100	23年1月25日～23年7月24日	
陳昌緒	学習東文翻訳官	50	21年10月1日～23年7月24日	
呉焱魁	学習東文翻訳官	50	22年3月23日～23年7月24日	
徐　超	供事兼医官	60	21年7月25日～23年8月26日	
廖宇春	供事	30	21年7月25日～23年7月24日	
洪灝文	供事	30	21年10月1日～23年7月24日	
馮国璋	使署学生	40	21年7月25日～23年7月24日	
裴其勲	使署学生	20	21年7月25日～23年7月24日	
徐宝徳	武弁	30	21年7月25日～23年7月24日	
丁占鰲	武弁	30	21年7月25日～23年7月24日	
趙瀛洲	武弁	30	21年7月25日～23年7月24日	
熊世長	通事	20	21年7月25日～23年7月24日	
鄭　煦	随員	100	22年9月25日～23年7月24日	
鄒振清	神戸兼大阪正理事官	200	23年1月25日～23年7月24日	

注

（1）初代中国駐在公使については、『清季中外使領年表』（中華書局、一九八五年）では初代副島種臣・第二代山田顕義・第三代柳原前光としている。ここは日本外務大臣官房人事課編『外務省年鑑』（一九一五年）による。

（2）最初に任命された公使はイギリス駐在副使許欽身であったが、その後、副使の身分で日本へ赴任する予定の何如璋が公使に命じられた。

（3）この時期に行われた文化交流については、拙稿「試論清末中日詩文往来」（中国中日関係史学会『中日関係史研究』二〇〇〇年第二期）参照。

（4）『皇朝経世文続編』巻一〇四、三～四頁。

（5）中国第一歴史檔案館蔵『軍機処録副奏折』マイクロフィルム番号：〇〇三三五五。

（6）注（5）に同じ。マイクロフィルム番号：〇〇三三七二と〇〇三四〇二。

（7）『清同光間外交史料拾遺』巻四にも外国に派遣された公使らの支銷経費折（会計報告書）がある。たとえば、何如璋の第一次・第二次・第三次、黎庶昌の第一次の報告書があるが、分量が多いためか、内訳は記録されていない。

（8）『清季中外使領年表』では、光緒三年十一月二十日着任としているが、何如璋の赴任日記『使東述略』によると、十一月一日長崎を離れ松山に到達、十一月二十日東京に着くという。また、『清季中外使領年表』では光緒六年十一月一日諭召という。

（9）会計報告書ではみな長崎正理事官とされているが、光緒三年十一月五日何如璋・張斯桂が外務省に知らせた外交使節名簿（日本外交史料館蔵「国書親書・支那国」所収）では、副理事官と記録されている。余瓗に支給された月給と考え合わせて「副理事官」と改めた。また『清季中外使領年表』では、余瓗は光緒四年五月から正理事官に任じられたという。つまり会計報告書より一ヶ月早くなるわけである。

（10）原文では身分に関する記載がない。「王治本」のすぐ後に列せられているため、王と同様に「学習翻訳生」だと推測した。

（11）第一次（光緒七年十二月二十六日～八年十二月二十五日）の会計報告書しか残っていない。第二次・第三次は未見。また、離任日は『清季中外使領年表』に基づく。

(12) 原文では「楊文棟」と間違っている。

(13)『清季中外使領年表』では「光緒十年十月十日到任」としているが、誤りであろう。

(14) 原文の日付けのつながりにミスがある。「十一年十一月二十五日」を「十一年十一月九日」に直すか、「十一年十一月十日」を「十一年十一月二十六日」と直さねばならない。

(15) 黄国春の病気帰国は、徐承祖の光緒十二年六月二十二日付けの奏折（『軍機処録副奏折』マイクロフィルム番号：〇〇三三三一）に基づく。

(16) 張晉の病気帰国は、徐承祖の奏折（『軍機処録副奏折』マイクロフィルム番号：〇〇三三三二）に基づく。

(17) 蔡霖の「親老帰国」は徐承祖の奏折（『軍機処録副奏折』マイクロフィルム番号：〇〇三三二八）に基づく。

(18)『清季中外使領年表』では「光緒十三年十一月二十一日当任」としているが、「接印」（手続きを済ませた）日であろう。また、黎庶昌の「揀員随帯出洋分派駐扎清単」（『軍機処録副奏折』マイクロフィルム番号：〇〇三三五五）では、日本駐在使節の名前と肩書きが詳細に記録されているので、参考のため記しておく。

記

東京使署

参賛中書科中書陳明遠

参賛兼文案随員江蘇候補直隷州知州銭徳培

随員候選道荘兆銘

随員抜貢直隷候補直隷州州判孫点

随員挙人候選教諭蔣子蕃

随員州同銜李昌洵

随員尽先選用未入流蕭瓊

西翻訳候選従九品鄭汝騤

医官五品銜候選監知事廖宗誠
武弁六品軍功孫国珍
横浜領事署
三品銜昇用道江蘇候補知府羅嘉傑
随員中書科中書曾紀寿
随員広東候補塩大使張晉
随員附貢生金采
西翻訳知府銜分省補用直隷知州梁殿勲
神戸領事署
領事候選同知蹇念咸
随員挙人候選教諭劉漢英
随員五品頂戴候選州判羅培鈞
随員附生黎汝桓
西翻訳工部員外郎徐広坤
長崎領事署
領事兼翻訳知府銜分省補用直隷州知州楊枢
随員知府用戸部郎中梁偉年
随員分省尽先補用知県許之琪
随員福建候補塩大使左元麟

（19）李経方会計報告書に基づく。
（20）注（19）に同じ。

（21）第一次、第二次会計報告書では「羅嘉鈞」で、第三次報告書では「羅嘉均」となっている。

（22）第二次会計報告書では「黎汝昌」と間違っている。

（23）注（19）に同じ。

（24）黎庶昌の光緒十七年一月九日付の上奏によれば、李経方は光緒十六年十二月十七日東京に着き、二十日黎庶昌と公使の手続きをした（『軍機処録副奏折』マイクロフイルム番号：〇〇三三九三）という。ところが、李経方の第一次会計報告書によれば、李は光緒十六年十二月十五日に手続をしたという。また、李経方の光緒十六年一月三日付の「随帯酌流人員分派差使及駐扎地方繕具清単」（『軍機処録副奏折』マイクロフイルム番号：〇〇三四〇二）によれば、第五代日本駐在外交使節は次の通りである。

記

参賛官五品銜直隷候補知県呂増祥
随員内閣中書林介弼
随員員外郎銜刑部主事潘恩栄
随員直隷補用直隷州州判孫点
随員直隷候補知県郭銘新
随員候選県賞丞沈燮
西文翻訳監生李維格
西文翻訳洋員薩爾博
東文翻訳指省四川試用県丞劉慶汾
東文翻訳六品銜候選塩大使陶大均
暫留随員候選道荘兆銘
暫留随員指省湖北試用県丞李昌洵

暫留西文翻訳候選県丞鄭汝騤
以上十三員駐扎東京使署
横浜正理事官同知銜候選知県黎汝謙
随員工部主事譚国恩
随員国子監助教温紹霖
随員挙人査燕緒
随員候選県丞廖宗誠
西文翻訳同知銜候選知県伍光建
東文翻訳六品銜候選県丞盧永銘
以上七員駐扎横浜理事公署
神戸正理事官知府銜江西補用同知洪遐昌
随員挙人洪超
西文翻訳三品銜候選知府羅忠堯
以上三員駐扎神戸理事公署
長崎正理事官同知銜湖北候補知県張桐華
随員国子監博士魯説
随員候選知県孔繁朴
西文翻訳同知銜浙江候補知県顧士穎
東文翻訳四品銜候選通判羅庚齢
以上五員駐扎長崎理事公署

(25)『清季中外使領年表』では、李経方が丁憂の期間中に汪鳳藻が光緒十七年八月二日〜同十二月五日公使を代理したという。

（26）第一次会計報告書は未見。第二次会計報告書のみ記す。着任日は『清季中外使領年表』に基づく。また、同年表によると、「光緒二十年六月二十七日諭召、七月四日帰国」とされている。この報告書と日付けのズレがある。
（27）「医官陳元康」と書かれた箇所もある。また、陳はこの日（十一月十九日）任期満了により帰国という。
（28）第一次（光緒二十一年七月二十五日～二十二年七月二十四日）と第二次（光緒二十二年七月二十五日～二十三年七月二十四日）の会計報告書はあるが、第三次の分は欠けている。離任日は『清季中外使領年表』に基づく。

第四章　黄遵憲『日本国志』源流考

第一節　『日本国志』と『芸苑日渉』

一

清人によるおびただしい日本研究書のなかで、白眉とされている黄遵憲の著した『日本国志』については、あまねく知られていて、その先行研究は枚挙にいとまがない景観を呈している。しかし、それはおおむね黄の思想・日本観及び文化交流に関する論述が中心であり、いったい如何なる資料に基づいて作成したかについては、必ずしも充分な論考が行われているとは言い難い。

筆者は黄と同時代の人物傅雲龍が撰した『遊歴日本図経』を読む際に、『芸苑日渉』が数回参考文献として登場したことに注意を喚起され、さらに研究を進めていくと、『日本国志』にも『芸苑日渉』を多数引用した内容があるのに気づいた。(1)本稿はその事実を明らかにするものである。

本論に入る前に、まず『芸苑日渉』とその著者の紹介を行っておきたい。

本書の著者である村瀬之熙（延享三年～文政元年、一七四六～一八一八）は、京都の人、通称嘉右衛門、字を君績といい、号を栲亭とする。江戸中期の古学派の学者として、現在の秋田県を支配していた久保田藩佐竹家で、藩政の改革や藩校「明徳館」の創設に尽力した人物である。著書に『栲亭稿』『栲亭詩稿其他』『栲亭村瀬氏経説』『小楠公碑文』『垂糸海棠詩纂』『政語』『大学集義』『楠正行碑』『楓樹詩纂』『明道館上梁文』『幼学五考』などが現存するが[2]、その内、彼がもっとも力を入れ、博学を披露したのは『芸苑日渉』（以下『芸苑』と略称）である。

『国書総目録』によると、本書は文化四年（一八〇七）版・文政二年（一八一九）版・文政八年（一八二五）版・安政四年（一八五七）版、そして刊年不詳版があると記載されている。学術書ではあるが、絶えず再版されたのは、本書の有する生命力の一端を如実に裏付けているであろう。

筆者の調査によると、安政四年版は「補刻」二字のついた題簽があるものの、巻首にある二つの序文の排列順を除いて、その他は文化四年版と同一である。また、文政二年版は十二巻十二冊本で、表紙の左上に書名（「補刻」二字はない）と巻数を記した題簽が貼り付けられている。巻首に山本信有と岡山元亮が撰した「芸苑日渉序」と、それに続く「芸苑日渉目録」が載せてある。奥付に「文化四年丁卯十二月」とあるが、巻十二の最後の一行に、「文政己卯九月／石川之褧重校」と記してあるため、文政二年（己卯）版は文化四年版の後印本であることが確かめられた。

この本は序・本文とも漢文体で書かれているが、各巻をめぐる主要なものは、名物（巻一）、文字（巻二）、風俗（巻三）、音楽（巻四）、游戯（巻五）、祭祀（巻六・巻七）、飲食（巻八・巻九・巻十）、服飾（巻十一）、工芸（巻十二）で、日本の上記の事物を中国の古い文献に典拠を求め、博引傍証して論じたレベルの高い学術書である。

二

すでに周知のとおり、『日本国志』は巻首の中東年表を除いて、国統志（巻一～三）、隣交志（巻四～八）、天文志

（巻九）、地理志（巻十～十二）、職官志（巻十三～十四）、食貨志（巻十五～二十）、兵志（巻二十一～二十六）、刑法志（巻二十七～三十一）、学術志（巻三十二～三十三）、礼俗志（巻三十四～三十七）、物産志（巻三十八～三十九）、工芸志（巻四十）と、十二部に分かれている。結論を先に言うと、その内の学術志・礼俗志・物産志、そして工芸志において、『芸苑』を参考にしたことがはっきりした。以下、『日本国志』該当巻の全項目を原書順に、『芸苑』と照合した結果を挙げるが、文中に出た「多数引用」とは、黄の本項目は、表現上の若干の変改があるものの、内容的におおむね『芸苑』に基づいて成り立ったという意味であり、「部分引用」とは、文字通り一部分引用したということである。また、「名称引用」は『芸苑』から本項目（小見出し）の名称のみ借用しているに止まり、内容上の関連を有しない意味合いであり、「未見」は『芸苑』からの影響を受けた証拠が見つからないということである。なお、『日本国志』は光緒二十四年（一八九八）浙江書局重刊本を、『芸苑』は文政二年（一八一九）本をそれぞれテキストとして使用した。『日本国志』欄にある番号は、便宜上筆者がつけたものである。

表1　『日本国志』『芸苑日渉』関係比較表

日本国志	芸苑日渉
第九学術志二巻三十三	
文学	巻二国音五十母字一頁表～四頁裏、五頁裏、七頁裏、一三頁表～同裏、三八頁裏～三九頁表（部分引用）
学制	未見
第十礼俗志二巻三十五	
一、服飾	
古衣服	未見

冠	未見
瓠花	未見
元服	巻一元服二七頁表～同裏（多数引用）
月題	巻一月題二六頁表～同裏（多数引用）
男子剃面	巻三男子剃面二八頁裏（部分引用）
婦人剃眉、黒歯	巻三婦人剃眉二八頁裏（部分引用、「黒歯」未見）
文身	未見
丹朱扮身	巻三男子剃面二九頁表（部分引用）
肩衣	巻十一肩衣二六頁表～同裏（多数引用）
罩甲	巻十一罩甲二七頁裏～三〇頁表（多数引用）
半掛	未見
襲、冪羅、帽絮、蓋頭	巻十一冪羅、帽絮、蓋頭三〇頁表～三四頁裏（多数引用、「襲」未見）
曳地衣	未見
綵衣	未見
島田髻、天神髻、蛇盤髻	未見
釵、珊瑚簪	未見
領巾、護領	巻十一護領三四頁裏～三五頁表（多数引用、「領巾」未見）
珠鬘、手玉、足玉	未見
涎掛	巻十一涎衣三五頁表～同裏（多数引用）
腰襷、囲裙、臂縄	巻十一襷膊、腰襷、囲裙三五頁裏～三六頁表（部分引用）
帯	巻十一女人腰帯三〇頁裏（部分引用）

佩刀	未見
裳	未見
褌、袴、中単	未見
足結	未見
韈	未見
屐	未見
繖	未見
摺畳扇	未見
被	未見
西服	未見
二、飲食	
火食	未見
稲飯	巻八蒸飯一頁表～二頁表、水飯三頁裏、温飯四頁表、饡五頁表、盤遊飯五頁裏、荷包飯七頁表、諸飯八頁表、八頁裏（部分引用）
醤油、味噌	巻八醤油一六頁裏～一七頁表（多数引用）、味噌一七頁表～同裏（多数引用）
魚醤	巻八魚醤一九頁表～二四頁裏（多数引用）
魚膾	巻八魚膾二五頁表～同裏、二六頁裏～三一頁表（多数引用）
蒲焼	未見
山鯨	未見
蕃薯	未見
豆腐	巻八豆腐三三頁表～三四頁表（多数引用）

餅餌	巻九乾飯一頁裏~二頁表、餈餻二頁表~三頁表、七頁表、餡七頁裏~八頁表、牢丸八頁表、沙団九頁裏~一〇頁表、糉一四頁表~同裏、蓬餌一五頁表、斛斗餌一五頁裏、白絲餻一六頁表、菓子一七頁裏~一八頁表、冥果一九頁表、饊二〇頁表~同裏、饗糖、吹糖、纏糖二一頁表~同裏、巻十髄餅二五頁裏~二六頁表、光餅二七頁表（部分引用）
麦面	巻十水引餅二一頁表、合羹二一頁裏、索面二二頁表、河漏二三頁表、二四頁裏、面葛二七頁裏、黒腐二八頁表（部分引用）
瓊芝菜	巻九水晶鱠三三頁裏~三四頁裏（多数引用）
酒	未見
茶	巻一茶三六頁裏~三八頁表（部分引用）
淡巴菰	未見
三、居処	
穴居、冰木、足一騰宮	未見
堅魚、鴟尾	未見
屋花	未見
鳥居、鵂	未見
門、籬	未見
牆壁	未見
楼	未見
園林	未見
室	未見
席、蒲団、褥、氊、地衣	未見

几案	未見
屏風	未見
妻屋、喪屋、産殿	未見
四、歳時	
正月一日～十二月	巻六民間歳節上一頁表～二八頁表、巻七民間歳節下一頁表～二五頁表（多数引用）
第十礼俗志三巻三十六	
一、楽舞	
倭楽、和歌	未見
楽律	巻四本邦楽律二頁表～四頁裏（多数引用）
管色	巻四燕楽書十字譜一二頁裏～一四頁表（多数引用）
伶官	巻四尺八二三頁裏（部分引用）
唐楽曲	巻四五常楽一五頁表～同裏、安城楽一五頁裏、白柱一六頁表、賀殿一九頁裏（部分引用）
楽器	巻四尺八二一頁表～二二頁裏、二四頁表、二六頁表、二七頁裏～二八頁表、本邦楽律六頁裏、
	巻十五民三三頁表～三四頁表（部分引用）
猿楽	巻五散楽三四頁表、三〇頁裏～三一頁表（部分引用）
芝居	未見
楊花	未見
踊子	巻五合生三四頁裏（部分引用）
影絵	巻五影絵二六頁表（名称引用）
落語、演史、口技	未見
揚弓肆	未見

第十礼俗志四巻三十七	相撲	巻五角力一三頁裏（部分引用）
	走索、上竿、戴竿	巻五走索三頁裏、上竿四頁裏、七頁戴竿表、八頁表（名称引用）
	蜻蜓翻、拘腰、踏肩、抜河、躍圏	巻五擲倒伎八頁裏、九頁裏、弓腰九頁裏、擎戴一八頁表～同裏、抜河戯一八頁裏、躍圏九頁裏（部分引用）
	跳丸、跳鈴、躍剣、拋球、擲碣	巻五跳丸、跳鈴、弄珠鈴、弄椀珠一一頁表～同裏（部分引用）
	転桶戯、畳枕	巻五躊桶一〇頁表（名称引用、「畳枕」未見）
	旋盤、弄椀珠	巻五舞盤一二頁裏（部分引用）、跳丸、跳鈴、弄珠鈴、弄椀珠一一頁表（名称引用）
	履火、呑刀	巻五履火一二頁裏、呑剣一三頁表（部分引用）
	教走獣、教飛禽、教蛇、教虫蟻	巻五教走獣、教飛禽、虫蟻二七頁裏（名称引用）
	二、遊讌	
	賞花	未見
	茗宴	巻十五民三七頁裏、三八頁表、三八頁裏、三九頁表、四〇頁表（部分引用）
	煙火	未見
	茶会	未見
	戯馬、犬射、流鏑馬	未見
	温泉	未見
	博奕	未見
	山車、山棚、陸船	巻五山棚、山車、陸船一頁表～同裏、三頁表（部分引用）
	酒楼、茶屋、遊舫	未見
	吉原	未見

神道	未見
仏教	巻十五民二八頁裏～三三頁表（部分引用）
氏族	巻一姓氏二〇頁表～二四頁表、一九頁裏、二一頁表～同裏、二四頁裏～二六頁表（部分引用）
社会	未見
第十一物産志一巻三十八	
絲	未見
茶	巻十五民三六頁裏～三八頁裏（部分引用）
棉	巻十一木綿一頁表～同裏（部分引用）
糠	未見
米穀類	未見
海産類	未見
石炭	未見
銅鉄鉛	未見
諸細工物類	未見
全国物産	未見
第十二工芸志巻四十	
医	巻十五民四〇頁裏～四二頁裏（部分引用）
農事	未見
織工	未見
刀剣	未見
銅器	未見

陶器	未見
漆器	巻十二漂霞彩漆九頁裏～一〇頁裏、鎗金六頁表～八頁表、螺鈿三頁裏～五頁表（部分引用）
扇	未見
紙	未見
筆墨彩色工	未見
畫	未見
雑工	未見

以上を整理して分類すれば、次の表になろう。

表2　『日本国志』『芸苑日渉』関係分類表

巻	多数引用	部分引用	名称引用	未見
学術志二		文学		学制
礼俗志二・服飾	元服、月題、肩衣、罩甲、羃羅、帽絮、蓋頭、護領、涎掛	男子剃面、婦人剃眉、丹朱坋身、腰襷、囲裙、臂縄、帯		古衣服、冠、瓠花、黒歯、文身、半掛、襲、曳地衣、緜衣、島田髻、天神髻、蛇盤髻、釵、珊瑚簪、領巾、珠鬘、手玉、足玉、佩刀、裳、褌、袴、中単、足結、韈、屐、繖、摺畳扇、被、西服
礼俗志二・飲食	醤油、味噌、魚醤、魚膾、豆腐、瓊芝菜	稲飯、餅餌、麦面、茶		火食、蒲焼、山鯨、蕃薯、酒、淡巴菰
礼俗志二・居処				穴居、冰木、足一騰宮、堅魚、鴟尾、屋花、鳥居、榻、門、籬、牆壁、楼、園林、室、席、蒲団、褥、

				氈、地衣、几案、屏風、妻屋、喪屋、産殿
礼俗志二・歳時	正月一日～十二月			
礼俗志三・楽舞	楽律、管色	伶官、唐楽曲、楽器、猿楽、踊子、相撲、蜻蜓翻、拘腰、踏肩、抜河、躍圏、跳丸、跳鈴、躍剣、拋球、擲碢、旋盤、履火、呑刀	影絵、走索、上竿、戴竿、転桶戯、弄椀珠、教走獣、教飛禽、教蛇、教虫蟻	倭楽、和歌、芝居、楊花、落語、演史、口技、揚弓肆、畳枕
礼俗志三・遊讌		茗宴、山車、山棚、陸船		賞花、煙火、茶会、戯馬、犬射、流鏑馬、温泉、博奕、酒楼、茶屋、遊舫、吉原
礼俗志四		仏教、氏族		神道、社会
物産志一		茶、棉		絲、糠、米穀類、海産類、石炭、銅鉄鉛、諸細工物類、全国物産
工芸志		医、漆器		農事、織工、刀剣、銅器、陶器、扇、紙、筆墨彩色工、畫、雑工
計	18	41	10	102

三

上記の表で、黄は学術志二、礼俗志二・三・四、物産志一、そして工芸志において、多数引用十八、部分引用四十一、名称引用十と、あわせて六十九語の項目にわたって、程度の差はあるものの、『芸苑』を参考にしたことが明らかとなった。換言すれば、未見の一〇二語に比較して五分の二が『芸苑』に基づいて作成されたことになる。このことは『芸苑』が『日本国志』の上記部分で担った重要な役割を実証したのみならず、『日本国志』全十二部のうち、八部（国統志・隣交志・天文志・地理志・職官志・食貨志・兵志・刑法志）以外の四部（学術志・礼俗志・物産志・工芸志）、つまり三分の一の成立に、『芸苑』が与って力があったことも意味している。よって『芸苑』の『日本国志』における比重の大きさが浮き彫りにされた。

黄は『芸苑』を多数引用してはいるものの、そのまま利用するのではなく、省略したり、表現や順序を変改したり、もしくは名称のみを借用したりして活用した例が随所見られる。とくに『芸苑』に列挙されている煩瑣な出典をカットしたりして、簡潔にしかも要領よく『芸苑』の内容を生かしたケースが目立つ。『芸苑』の巻九・巻十の乾飯・餈餻（中略）・髄餅・光餅など十五の語項目から幅広く取材して、『日本国志』の「餅餌」（礼俗志二・飲食）という一項目を成立させたのは好例となろう。

前述したとおり、『芸苑』は確かに学術性の高い著書ではあるが、出典の引用などが多いため、煩雑という誹りを逃れないのも事実である。そのうえ、百年近く前に書かれた本のため、現実と合わない記述もけっして少数ではない。その意味で黄がそれを変容したのもやむをえないことであろうが、原文のミスを訂正したり倭臭表現を直したりして、安易な態度ではなく、熟読したうえに変改を行ったことからも、『日本国志』に現れた黄の学問に対する姿勢は、きわめて真摯であることが窺える。

しかし、黄の引用に問題がないわけではない。村瀬の生活した江戸時代の事物の一部は、明治以降に消えたものもあるので、何の断りもなく一世紀前の事物をそのまま『日本国志』に取り入れ、いまでも行われているかのような印象を読者に与えるのは、そもそもの手落ちであろう。

『日本国志』にはさらに重大な問題が含まれている。黄は古典引用の際に、『芸苑』からの孫引きということをどこにも明記していないため、自他説の混同が生じてしまう。いや、むしろ自説らしく見えた。

一例を挙げれば、鄭海麟は渾身の力を入れた博士論文『黄遵憲与近代中国』（三聯書店、一九八八年）で次のように記述している。

「礼俗志」は『日本国志』の中でもっとも力の入った部分である。その内容の豊富さといい、引用の広さといい、同書の他の部分の及ばないところがある。(3)

「服飾」条で（中略）武士の「罩甲」を考証する際に、黄は『史記』『漢書』『後漢書』『三国志』『隋書』新旧『唐書』『通雅』『事物紀原』『同話録』『日知録』などの本を引用しながら、罩甲は古代中国の物で、後、日本に伝わってから武士階級の不可欠な器具になったことについて、詳細な考証を行っている。(4)

と極力黄の博学を褒め称えている。

これはおそらく鄭一人のみならず、我々の平均的な読み方を示しているように思われる。たとえば、黄は『日本国志』巻三十五「礼俗志二・襲・羃羅・帽絮・蓋頭」で、『古事記』『万葉集』『延喜式』といった和籍を引用しているとともに、『詩』『儀礼』『漢書』『巴蜀異物志』『唐書』『孔氏雑説』『事物紀原』『清波雑志』『方言』『瑯邪代酔編』『通雅』『説文解字』『儀礼注』『三才図会』『西京雑記』など十五点にものぼる漢籍を典拠として論述している。これを読むかぎり、誰でも黄の創作として理解し、彼の博学に感心してしまうであろう。ところが、これらのすべては『芸苑』から引用したものに過ぎない。孫引きということをはっきりと断らないため、読者にそのような誤解を与えてしまうより他はないのである。とはいっても、村瀬之熙の姿がまったく『日本国志』に隠れているわけでもない。彼の名は上記の学術志・礼俗志・物産志・工芸志に登場している。(5) いずれも『芸苑』のなかの村瀬の説を、少し紹介はしているものの、『芸苑』という著書については言及していない。

要するに、『芸苑』の内容を同書に列挙された典拠まで真面目に引用しているものの、孫引きということを明記しない。これが『日本国志』に現れた黄の基本的なパターンであるようである。

清朝に誕生したおびただしい外国研究書のなかで、参考文献については様々な姿勢が見られた。王之春の『国朝柔遠記』巻十九・二十の記事や地図が、陳倫烱の『海国聞見録』と張自牧『瀛海論』を、同『防海紀略』が魏源の『夷艘入寇記』を踏襲して成ったにもかかわらず、自らの創作だと自称する例もあれば、(6) 翁広平の『吾妻鏡補』のように、煩をいとわず、一々参考文献を明確に列挙するケースもある。(7) 黄の場合はその中間にある。これは、近代的な学術規範が確立しつつある十九世紀の後半においては、多数に行われていた「自然」な慣習のように思われる。王之春のようにわざと「独創」したと自称しないかぎり、今日の基準で云々すべきではなかろう。

最後に、『芸苑』は、『日本国志』ばかりでなく、清末の日本研究書『遊歴日本図経』『策鰲雑摭』などにも影響を与えている。これについては、後日稿を改めて再考したい。

注

（1）たとえば、傅雲龍は『遊歴日本図経』巻二十上（七頁）で「日本は音韻学関係の専門書がない。今、源之熙の『芸苑日渉』から、五十母字（五十音図）・漢音・呉音、及び反名といった説を得た（下略）」としている。

（2）上記の村瀬の著書はいずれも『国書総目録』による。

（3）鄭海麟『黄遵憲与近代中国』（三聯書店、一九八八）第六章『日本国志』研究第十二節　従民俗学看「礼俗志」、三二九頁。

（4）注（3）三三五頁。

（5）『日本国志』で村瀬之熙に触れた例は下記の通りである。

村瀬之熙祖物氏之説（物徂徠の説を祖述する）、徴引十証、以証第八黄鐘調声為周漢鐘。（巻三十六礼俗志三楽律二頁裏後ろから四行）

村瀬之熙曰、古来常読如韶韶、舜楽也。（同唐楽曲四頁裏七行）

村瀬之熙謂、漆内雑金為灑金。（下略）（巻四十物産志一漆器一四頁表九行）

日本謂之磨出摸金、村瀬之熙謂、即漂霞彩漆。（同一四頁表一一行）

村瀬之熙曰、此方所製螺塡殊不及漢製者。（同一四頁裏後ろから三行）

（6）和田博徳「国朝柔遠記の巻十九・二十について」、『岩井博士古稀記念論文集』（岩井博士古稀記念事業会、一九六三年）所収。

（7）拙著『吾妻鏡補――中国人による最初の日本通史』、朋友書店、一九九七年。

第二節　『日本国志』と『国史紀事本末』

はじめに

一八七七年に初代公使何如璋の参事官として来日した黄遵憲が著した『日本国志』は、中国人の日本研究書の白眉として一世紀以上が経った今日でも重要視されている。それに関連する研究成果が毎年続出し、復刻版も重ねて世に問われたのはその証拠であろう。[1] 筆者はかねてから黄は三年間しか日本に駐在しなかったにもかかわらず、なぜプロの日本研究者にも見劣らぬような立派な研究書ができたのか、という素朴な疑問を抱いている。それは日本の友人から惜しまぬ支援を得たことと、日本側の資料を参考にする利便があった、などの諸要因が考えられよう。近年来、前者について、つまり黄と日本人との交友関係についての研究がにわかに進展しているが、後者について、つまり『日本国志』の参考資料の問題については手をそめる者が少ないように思われる。これに鑑み、筆者はいくつかの小論を草し、黄は地理志（一・二）・物産志（二）で『日本地誌提要』[2]を、学術志（二）・礼俗志（二・三・四）・物産志（一）・工芸志で『芸苑日渉』[3]をそれぞれ参考引用したことを明らかにした。本稿はその延長として『日本国志』と『国史紀事本末』との関連の解明を主軸に置き、黄遵憲と青山延寿との交友と併せて述べることにしたい。

1　史家一門の青山

まず『国史紀事本末』（以下『本末』と略す）の著者青山延光及びその一門について簡略に紹介しておきたい。

青山延光の父延于《のぶゆき》（一七七六～一八四三）、字は子世、通称は量介、拙斎また雲竜と号する。文政六年（一八二三）江戸彰考館初代総裁に任ぜられ、『大日本史』の校訂と上木の作業を促進したことで広く知られる。天保元年（一八三〇）水戸に帰って、同十一年（一八四〇）弘道館教授頭取を務めた。著述には『明徴録』『文苑遺談』『文苑遺談続集』『皇朝史略』『続皇朝史略』『弔古荒辭』などがある。子には延光（長男）・延昌（次男）・延之（三男）、そして延寿（四男）があり、みな学者として著名であるが、長男と四男はとくに優れていたようである。

青山延光《のぶみつ》（一八〇七～七一）、字は伯卿、通称は量太郎、佩弦斎また晩翠と号する。江戸時代後期の儒学者、水戸藩士。文政七年（一八二四）江戸彰考館雇、同十年『東藩文献志』編集係りに任ぜられた。天保元年（一八三〇）水戸勤めとなって彰考館総裁代役、同十一年（一八四〇）弘道館教授を命ぜられ、同十四年（一八四三）、父延于死去のため、家督を継ぎ教授頭取を兼ねた。弘化三年（一八四六）再び彰考館に入り、『大日本史』の校訂作業に尽力した。明治二年（一八六九）大学中博士となり、同四年没した。六十四歳。人となりについては、延寿の「青山伯卿」(4)と青山勇の『先考行状』(5)に詳しい。『本末』のほかに、『感旧編』『桜史新編』『佩弦斎文集』『佩弦斎外集』『小早川隆景卿伝』『義人遺草』『赤穂四十七士伝』『豊臣四将伝』『野史纂略』『六雄八将論』『酒史新編』など多数の著述がある。

青山延寿《えんじゅ》（一八二〇～一九〇六）、字は季卿、通称は量四郎、鉄槍斎と号する。藤田東湖に従学し、また武技を修め、水戸の弘道館に教鞭をとる。明治五年（一八七二）東京に移住し、修史館に勤務した。同年十月に『皇朝史略』以下十四部四十三冊の本を東京政府に献納した。(6)同十二年（一八七九）修史館の仕事を辞して著述に専念した。(7)明治二十五年（一八九二）『大日本史』の校訂と出版にあたり、同三十九年（一九〇六）の本書全事業の完成に尽力した。著書に『宇内英哲年齢便覧』『大八洲遊記』『続大八洲遊記』『常北遊記』『登嶽唱和』『読史雑詠』『戦略新編』『武門規範』『画題百絶』『鉄槍斎文鈔』『鉄槍斎詩鈔』『皇朝金鑑』『壎篪小集』などが存する。

江戸後期の儒学者佐藤坦（一七七二〜一八五九）は、かつて次のように青山一門を評価している。[8]

一家父子兄弟並以詞藻著者、蓋稀其人。晉有二陸、宋有三蘇、我邦則仁斎父子、除此則寥寥乎。今僅見青山氏而已。

晉の二陸（陸機・陸雲）、宋の三蘇（蘇洵・蘇軾・蘇轍）、そして江戸時代の（伊藤）仁斎父子と並べて賞賛している。似たような評価は、幕末・明治期の漢学者大沼厚（枕山）[9]も、明治史学の重鎮重野安繹（成斎）[10]も行っている。また、延光の学問は明治政府にも認められ、明治二年（一八六九）十二月二十二日付で太政官より「従来家学ヲ受ケ力ヲ国史ニ用ヒ撰著不少、奇特ノ事」として「御綿五把」を賜った。[11]

2　黄遵憲と青山延寿との交流

延光は初代駐日公使団が来日する六年前に没したが、弟の延寿は清人と親交することができた。何如璋を始めとする外交官は、文人でもあるため、明治期の漢学者らとさまざまの交流を展開した。そのうち、延寿とは筆談や詩文批評を通じて学術交流が行われた。

（1）　黄遵憲と青山延寿との筆談

現存した記録の中で、明治十一年（一八七八）三月二十三日に行われた筆談がもっとも古い。延寿の修史館勤務時代であった。これによると、延寿の同僚である宮島誠一郎が公使館を訪ねたのを聞いて、わざわざ訪ねてきたようである。しかもそれまでにすでに数回の筆談があったという。

有修史館宮島誠一郎、其同僚也。嘗辱敝盧、彼実聞声而来者。僕輩与之筆話者数矣[12]。

初代公使の来日は前の年の十二月五日のため、日本人の中で早く清国外交と知り合いになったほうであろう。この日の筆談のなかで、黄遵憲などの外交官は青山延寿のことを高く評価している。

遵憲　青山君は代々歴史家で、博聞多識、品格もすぐれています[13]。

如璋　せんじつあなたが黄公度などと筆談したのをみて、学識のたかいことがわかりました。それに家伝の史学の著作が多いこともわかりました。あなたのかいた『編年後序』をみると、だいたいわかります。感服のいたりです[14]。

如璋　あなたが言った「国体」二字は、きわめて妥当です。これだけでもあなたの学問を充分表しています。あなたはまさに修史館の任にふさわしいです[15]。

また、延寿のいない場面でも、清国の外交官に褒め称えられている。同五月十三日付けの筆談で、大河内輝声の出した「わがくにの官吏では、中華の学問のできるのはだれですか」という質問に対し、黄遵憲は「まだよくわかりませんが、いままでにわかったところでは、修史館の重野安繹や青山延寿はみなりっぱです[16]」と答え、明治時代の歴史学の重鎮である重野と肩を並べて青山延寿を評価している。

清国の外交官はこのような交流を通じて、延寿に日本史を教示してもらうことが一つの目的であったようである。

延寿　わたしの家は代々文学を業としていますが、人にまさる識見はありません。ただ父兄の著書はすべて漢文でかいてあって、和文でかいたものはありません。これがまあ、ほかとちがったところです。わがくにでは、漢文は上下にひっくりかえして読みます。そこでときには、なっていないところもありましょう。公使がごらんになると、語順のまちがったものもありましょう。指示していただけばありがたい。(17)

延寿のこのような謙遜に対し、公使何如璋は応じないで、単刀直入に次の問を発した。

如璋　あなたは修史館で、いまなにを編集していますか。おくにの史書にはそれぞれの「志」がありますか。本のできているのがあったら、いただいて拝読したい。

延寿　わたしは、修史館では、史料をあつめるのがつとめです。これを撰修するのは編集の係があります。いまわたしは、各藩の史料をあつめています。『大日本史』には、十一の「志」があります。そのうちの、兵志・刑法志はもう出版されていて、そのほかは校訂中です。

このあとで、頼山陽のことが論ぜられた。

何璋　山陽の史筆はきわめて生気があり、議論もすぐれています。山陽以前ではだれがいちばんですか。

延寿　山陽のまえには新井白石がいます。徳川時代での偉人です。その論はたいてい和文です。「たとえば、『日本史論賛』はわが国で高く評価されています。『（日本）外史』以前に『（日本）逸史』という本があり、徳川のことを記したところは見るべきです。しかも、」その議論は儒者らしくどっしりしています。山陽のように、従横にあばれているのとちがいます。

如璋　山陽の議論は従横にあばれているとはいえ、（中略）その論は急所をついています。いまもし山陽先生が生きていたら、きっとおくにをまもる政治をしたでしょう。それはおもいませんか。

延寿　山陽はわが国の蘇洵です。わたしは近頃政治のことには関心がないので、おたずねにこたえられません。「もし公使は日本の研究書を著そうと思うなら、すでに出来上がりの本を集め、」そういう関係の書物がご入用なら、おせわいたします。「わたくしはただ文字の研究に没頭して、（提供しても）一向かまいませんから。」

何如璋の山陽についての好評に、延寿は距離を置いていることが面白い。話はさらに延寿のプライバシーに展開した。

遵憲　修史館がひけてから、うちではどうしていますか。どんな本を愛読していますか。

延寿　かえってからは読書をしていますが、どうも雑事にかまけて専心書を読むわけにもいきません。

遵憲　「ご高雅に感心します。しかし、昔の高雅な士はみな仕事をしません。あなたは可能ですか。

延寿　仕事をしたくないのはわたくしの本音ですが、そうせざるをえません。

遵憲　生活は何によって支えられていますか。」修史館の俸給で、一家をやしなうことができますか。

延寿　修史館の俸給は、生活するには充分です。まえに東京府にいたときは、いまの俸給の二倍でした。だから松風楼がたてられたのです。（中略）

遵憲　ちかごろの紳士は、孔子の道をまなぶものがすくない。わたしはこうおもいます。西洋のすぐれたところは採用するのもよかろうが、じぶんというものをわすれてしたがうのはどうか、とおもいます。

延寿　「ごもっともです。しかし、力強いものでないと、この世を支えることができません。わたくしのような輩は一介のしょせいにすぎず、とてもできません。（中略）

遵憲　力強いものはいまの為政者のなかにいます。副島種臣は中国で重んじられていますが、わたしはまだ会ったことがありません。どうおもいますか?

延寿　わたしも彼の名前を聞いただけで、会ったことがありません。力強いものについてははっきり知りませんが、彼ではないでしょう。

遵憲　副島種臣は長い間外務卿をつとめ、わがくにに使いとして派遣されたことがあります。いま、ふたたび政治をやるようになったそうです。偉人だと聞いていますが、会ったことがありません。[18]」

（2）『日本雑事詩』と青山延寿

このような直接の交流を通じて、黄遵憲は日本の事情、とくに日本の史学や青山の家柄をより深く認識するようになったと考えられる。そして、やがてその認識の一部は、『日本国志』の下準備をしたと思われる『日本雑事詩』に体現している。黄遵憲はこの本の「薩摩水戸」（二十番）・「漢文史書」（七十四番）・「古文家」（七十五番）のなかで、重ねて青山一門のことを高く評価している。

二十番　薩摩水戸

薩摩材武名天下　薩摩の材武　天下に名あり
水戸文章世不如　水戸の文章　世は如《し》かず
幾輩磨刀上馬去　幾輩か刀を磨し　馬に上《の》りて去るも
一家修史閉門居　一家　史を修め　門を閉して居る(19)

薩摩の武勇と並べて水戸の史学を賞賛しているが、その中で、とくに一族代々史学を修める青山父子三代のことを描いている。そして、詩の注釈で、「わたしの老友青山延寿はこの藩の人で、父は延于、兄は延光、代々史学を修めて、その中の模範である」と激賞している。

七十四番　漢文史書

紀事編年体各存　紀事と編年と　体各々存す
黄門自立一家言　黄門自ら立つ　一家の言
兵刑志外徴文献　兵刑志の外は文献を徴せるにして
深恨人無緒少孫　深く恨む　人の緒少孫なきを

この詩の注釈で、漢文でかいた日本の史書には、六部の国史（六国史）があるが、編年体である。水戸藩源光圀がはじめて「大日本史」をつくったが、それは紀伝体である。また水戸藩の臣青山延光というひとは「日本紀事本末」をつくったので、三つの体がそなわった（下略）という。ここでは紀事本末体の濫觴として青山延光の『国史紀事本末』を評価している。そして、黄遵憲は『日本雑事詩』の七十五番の詩「古文家」の注釈で、つぎのように書いている。

物茂卿の「徂徠集」、頼子成の「山陽文詩」は、わが国の人で、その名をしらぬものもない。三百年来、古文家の領袖である。わたしのかんがえでは、塩田世弘・安井衡・斎藤謙（あざなは有終、拙堂と号す、伊勢の人）・古賀樸は、まことにすぐれていて、それぞれ一家言をなしている。その他では（中略）新井君美（中略）・伊藤長允（中略）・皆川愿（中略）・青山延于（あざなは子世、拙斎と号す、水戸の人）・青山延光（あざなは伯卿、佩弦斎と号す、延于の子）（中略）など、みな文章で有名であると聞いている。

青山延于と青山延光を新井白石・伊藤長允・皆川愿などの伍に入れて文章家として位置づけている。因みに似たような評価は、黄遵憲の『日本国志』巻三十二学術志一（七頁）でも行われている。

一方、延寿は黄遵憲の日本研究のためにいろいろ助言したようである。これについて、黄は『日本雑事詩』の「重刊の序」の冒頭でも認めている。

この書は光緒四年（一八七八）の秋に書きはじめて、光緒五年（一八七九）の春に脱稿した。日本の名儒、重野成斎（安繹）・岡鹿門（千仞）・青山鉄槍（延寿）・蒲生子闇（重章）などの諸君子が、みな手ずから評校をくわえ、その書きいれは、紙面にあふれるというありさまであった。(20)

重野・岡・蒲生らは、具体的にどのように『日本雑事詩』を改めたかについては、つまびらかではないが、延寿の指摘は幸いに残っている。それは前述の『鉄槍斎文鈔』巻一に収載されている。「駁日本雑事詩与黄公度書」という文章のなかで、『日本雑事詩』に収められた四番・五番・十五番・十六番・二十番・二十五番・三十四番・三十九番・五十一番・七十四番・一一六番、そして一七六番（番号は重刊本により筆者がつけた）など、合わせて十二点の詩に存する誤謬と思われる個所について、詳細、かつ厳しく指摘している。(21)

このようにみると、黄遵憲と延寿は交友活動を通じて互いに裨益したところが大きかったと推測できる。黄は延寿のことを「わたしの親友」と称し、前述の『日本雑事詩』（薩摩水戸）に書き入れたのも、その懇意な間柄を表しているであろう。

（3）　青山延寿のため序文や批評を書く

如上の筆談や『日本雑事詩』を通じて延寿と交友した黄遵憲は、また延寿のために序文も寄せている。

日本之史、以漢文紀事者、莫善于『大日本史』、而其書実出水戸藩士之手。水戸藩号多賢、有青山雲龍氏者、世以史学鳴。其伯子延光、継『日本史』後、為『紀事本末』一書、而史体益備。余来日本即聞青山氏名、後得与其季子延寿交。延寿官于史館、平生所著述、多渉二国史、与之徴文考献、無能出其右者。(22)

文献考証において、延寿の右に出る者がないと言っている。

また延寿の文集『鉄槍斎文鈔』（五巻）には、三島毅・重野安繹などの評語が附されているが、黄遵憲の評語は、何如璋に並んで「桜史序」（巻三）・「含雪楼記」「植桜記」（以上巻四）・「擬乞禁屠牛疏」（巻五）に見える。「桜史序」に附す評語で、

黄公度曰、推陳出新、総不拾人牙後、慧必有此文、乃可為此 花写照也。
又云、絶妙好詞、花神有知亦応首肯、且嘆伯壎（延光）仲篪（延昌）之皆我知己也。

と評を下している。

3　『国史紀事本末』の書誌

以上、黄遵憲と青山延寿との交流を中心に述べてきたが、次に『国史紀事本末』について論述してみたい。この本は延光が文久元年（一八六一）に完稿したもので、「神武東征」から、南北朝の「神器入京師」に至るまでの歴史変遷に対し、五十八の項目を立てて、それぞれの主題につき漢文で編纂された史書である。「『大日本史』の紀伝に依拠し、その普及版を作ろうとする意図から出た点では、父拙斎の『皇朝史略』と立場を等しくしたが、ただ記事本末体を採用した点に新味があり[23]」、李鴻章（後述）・兪曲園（後述）・黄遵憲（前述）らは、この点に着眼し高く評価している。そして、『本末』は延光が著した多数の著書のなかでも代表的な存在で、本書に附す延光の「序」・延寿の「後序」、同「青山季卿[24]」を一読すれば理解される。

『本末』には草稿本と刊本が存する。草稿本は国立国会図書館蔵で、四十一巻よりなる延光の旧蔵書であった。これは真壁俊信が活字本に改めたため、利用の便がきわめてよくなった(25)。また、真壁俊信の解題によると、草稿本の各項目の最後に記された「論賛」（論評）の部分のみを『国史紀事本末論賛』（一冊、写本）にまとめたものは、国学院大学図書館に所蔵されているという。『国史紀事本末論賛』は、延光の子青山勇が明治二十七年（一八九四）に書いた『先考行状』にも延光の著書として挙げられているが、刊行したか否かは不詳である。

一方、本書の刊本には明治九年（一八七六）版がある。同じ刊行年で同じ四十巻であるが、下記の二本を確認できた。

（ア）　無李鴻章序本

四十巻、二十冊より成る和綴じの活字本で、見返しに「青山従六位輯／国史紀事本末／含雪楼蔵版」とある。奥付に「明治二年八月廿三日官許／同九年八月刻成／著者　茨城県士族　青山延光／発行者　同　青山勇　東京市本郷区弓町壱丁目拾三番地寄留／発行所　吉川半七　東京市京橋区南傳馬町壱丁目拾弐番地」とあり、「同九年八月刻成」の横に、「明治九年九月／九日版権免許」という赤いスタンプが捺されている。また、吉川半七の横に「吉川／半七／検印」が見られる。

巻首には、徳川慶喜の「題辞」（無紀年）、延光が文久元年（一八六一）に撰述した「序」、それに延寿が明治九年（一八七六）に撰文した「後序」がある。大阪府立図書館には、同じ本書が二点所蔵されている。

吉川半七は明治時代に大変活躍した出版人で、『家忠日記』『藩翰譜』『新井白石全集』『故実叢書』などといった大部な書物の他に、水戸藩の『大日本史』（二十五冊、一九〇〇年）も上梓した。

（イ）　李鴻章序本

国立国会図書館・奈良県立図書館（但し奥付のみが欠如している）蔵。見返しに同書名のみ記され、奥付に「明治二年八月廿三日官許／同九年八月刻成／著者　茨城県士族　青山延光／出版人　同　青山勇　東京第四大区四小区本郷弓町壱丁目拾三番地寄留／発行書肆　東京府平民　太田金右衛門　東京第一大区十三小区横山町三丁目七番地」とあり、「明治九年九月／九日版権免許」という赤いスタンプは、前記の無李鴻章序本と同様の箇所に捺印されている。

つまり、書肆を除いて、あとはほぼ無李鴻章序本と同じである。太田金右衛門は吉川半七ほどの書籍発行人ではないが、『郵便報知新聞』『新律附例解』『続風簷遺草』『防長烈士遺伝』『無声詩蛆』『増評唐宋八家文読本』『唐宋八大家訳語』を刊行したほか、延光の父の代表作とも言われている『皇朝史略』と『続皇朝史略』の出版も行った。このようにみると、吉川半七も太田金右衛門も水戸藩や青山一門と深い因縁のある書籍発行人のように感じられる。

但し、水戸の私家版では青山一族のものが知られ、延寿が中心となって、紙墨自分持ちで、摺・製本も自分で行って書肆に渡し、いくばくかの謝礼を得ていたとの記述もある。(26) 前述の『皇朝史略』も『本末』（無李鴻章序本）も、見返しは共に「含雪楼蔵版」(27) となっているため、『本末』も青山の私家版の一つだったかもしれない。

この本は、徳川慶喜の「題辞」に継ぐ李鴻章の「日本国史紀事本末序」があり、延寿の「後序」が二十冊の巻末に移されている。これらの点を除いては、刊行年・内容・冊数などすべて前述した無李鴻章序本と同一である。

李鴻章の序に、「博士子勇、剞劂既竣工、奉其書介公使森君貽予、因諾其請為之序」とあるので、延光の子勇は、本書の印刷後、清国駐在公使森有礼を介して、李鴻章に寄贈し、序文の執筆を依頼したことが認められる。また、李の序文は光緒三年十月（明治十年、一八七七年十一月）という日付で、本書の明治「九年八月刻成」（奥書）より一年経過したことが分かる。このように考えると、本書は李鴻章の序文を入手してから、太田金右衛門は改めて印刷・装丁したものと確認できよう。
八葉にわたる李鴻章の序文（図13参照）は、紀伝・編年・記事本末といった歴史叙述法の三体裁の流れと『本末』の内容を述べてから、次のように記している。

日本之紀、百王一姓、年代攸邈、其書較難。博士旁捜群籍、折衷紀伝、（中略）綱挙目張、勧戒並列。予昔観日本史紀伝、疑其志体未備、今読是書、誠足以得紀伝之貫穿、而補史志之缺略矣。海表諸邦、莫不有史、最其体裁而文華粋美者、莫如日本。（中略）観書中紀其国歴朝崇文之盛、尤不禁為之神望也。

とみえる。要領よくまとめられたこの本は、日本の「紀事本末」体の空白を補塡するもので、東アジアの国のなかで日本ほど歴史書の体裁が揃い、文が優雅な国はない、と評価している。ちなみに李鴻章の序文の末尾の欄外に「木邨嘉平摸刻」一行があり、代々出版・印刷に関わってきた著名な彫り師であった木邨嘉平（四代）の手によることが分かる。
『本末』は以上の四十巻（無李鴻章序本・李鴻章序本）のほかに、二十一巻本の存在も確認した。奈良県立図書館橿原分館蔵、十冊。表紙所載の内容は四十巻本と同一であるが、題簽にある「青山／延光／編次」記載のみがない。見返しに継いで、青山延光の「序」、四十巻にわたる「国史紀事本末目録」、そして本文が続く。但し、青山延寿の「後序」と李鴻章の序文は見当たらない。第十冊の巻末「弟延之　延寿校／国史紀事本末巻之二十一終了」の後に奥付が付き、「青山従六位編輯／明治四年辛未七月／東京横山町三丁目／和泉屋金右衛門」（図14参照）とある。前述の李鴻章序

穿而補史志之缺矣海
表諸邦莫不有史叙其
體裁完備而文筆粹美
者則莫如 日本蓋與中
華同處一洲自通使隋
序 六
唐崇尚儒術推尊孔子
庠序之間經史燦列漸
摩既久人才奮興故其國
史記雖經蘇我蝦夷之
燹刦而訪之耆儒稽之故

籍猶得藉以纂成全史
撮其精華備紀本末使
後之治事者如斷獄之
有律令格式焉觀書中
紀其國歷朝崇文之盛
序 七
尤不禁為之神往也博士
子勇剞劂既竣奉其書
介公使森君貽予因謁其
請為之序
大清光緒三年歲次丁

図13　李鴻章が『国史紀事本末』に寄せた序（奈良県立図書館蔵）

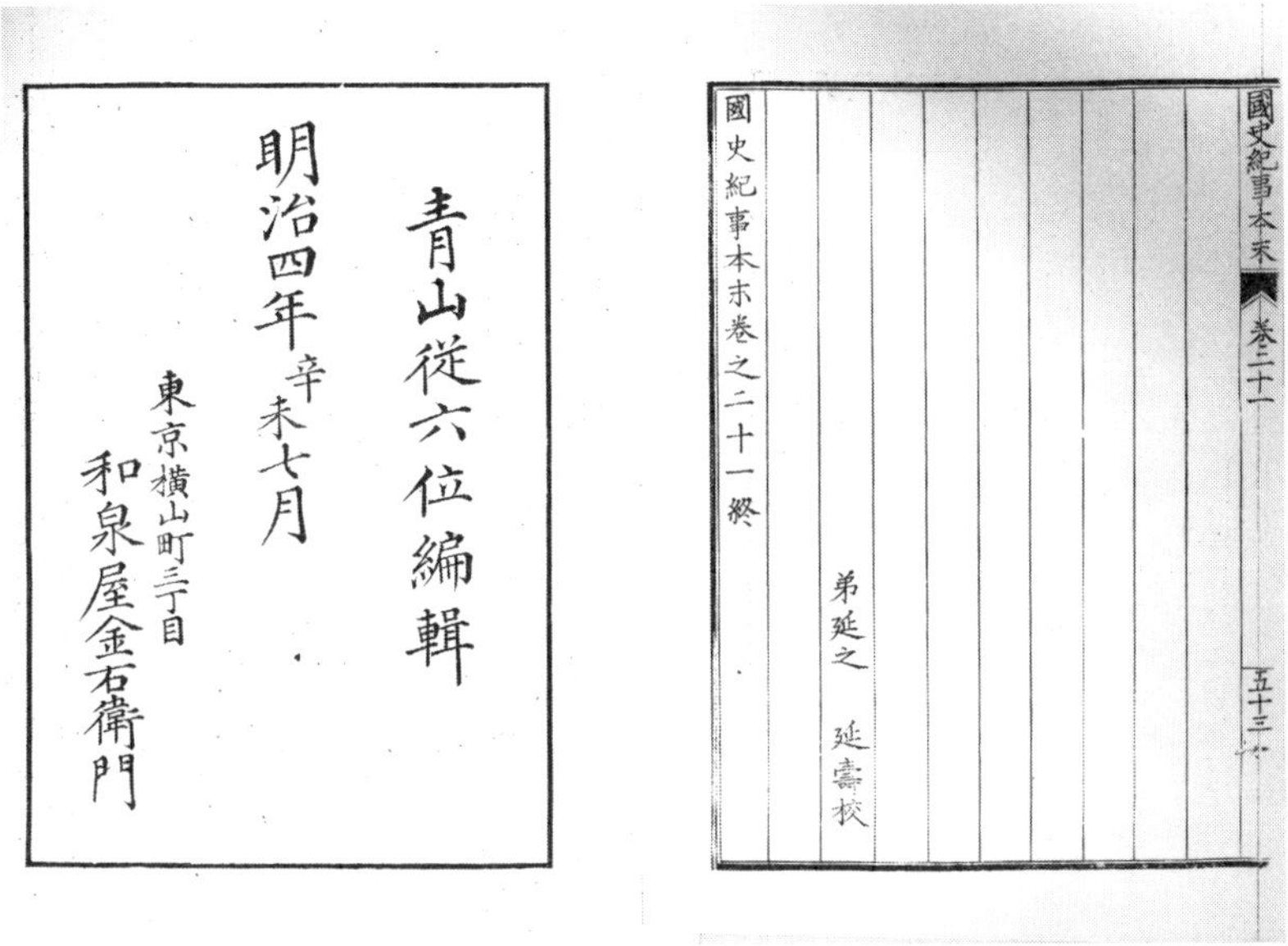
青山従六位編輯
明治四年辛未七月
東京横山町三丁目
和泉屋金右衛門

國史紀事本末　卷二十一　五十三
國史紀事本末卷之二十一終
弟延之　延壽校

図14　『国史紀事本末』二十一巻本奥付（奈良県立図書館蔵）

本と同じ書肆であることがわかる。この二十一巻本は、おそらく四十巻本が「明治九年八月刻成」とされるまでの明治四年にできた中間版本だったであろう。

また、『本末』には明治四十五年（一九一二）刊行の『続史紀事本末』（三十四巻）があるそうであるが[28]、いろいろ調べてみたが未見である。但し、延光の子勇によれば、「『続史紀事本末』三三《ママ》巻、自室町衰弱至大阪役、未脱稿[29]」とあるので、未完のことは事実であろう。

ちなみに清末の儒学者兪曲園が寄せた「日本国史紀事本末序」を紹介しよう。兪曲園の『春在堂雑文』三編巻三（二四頁）に収められたこの序文は、李鴻章の序と同様に、中国における歴史叙述法の三体裁を顧みてから、次のごとく論述している。

（日本）其国旧史有曰六部国史者、編年体也、有曰大日本史者、紀伝体也。而紀事之体、顚末未有聞。於是青山博士徴文考献、著国史紀事本末四十巻。（中略）其功力勤矣、其体善矣。博士君有令子曰勇、介其国人竹添井井、問序於余。余聞博士君為東国世家、自其曾大父以来、累居史職、博士君紹承家学、蓋不止如太史公之父子相継也。合数世之見聞以成此書、宜其書之博而精矣（下略）。

祖父以来の史学の伝統を受け継いでできた本書は、日本の記事本末体の濫觴を作り、よくできたと評価している。また、兪曲園の親友、竹添井井（進一郎）を介してこの序文が依頼されたことが知られる。この序文の執筆時間は明らかではないが、『本末』に使用されることがないことから、李鴻章の序よりさらに遅れたはずだと推測できる。

4　『日本国志』と『国史紀事本末』

黄遵憲は『日本国志』巻三十七礼俗志四に、神道（十一葉）・仏教（約五葉）・氏族（三葉半）・社会（三葉）という項目を設け論述している。神道を扱う葉数が仏教などの三者の合計に相当することから、黄の神道を重んずる姿勢が読み取ることができる。黄遵憲は「神道」項で、神武天皇から明治天皇まで合わせて二十一名（図15参照）の天皇が神を敬う事項を中心に記述しているが、その記載範囲が広く、内容が詳細、かつ正確なことは、中国に先例がないし、後人でもその右に出る者はあまりいないようである。

では、ここに記述された神道の知識を黄遵憲はどこから獲得したのであろうか。先行研究を参考にしたのか、独自の理解に基づいたのか、これは従来の研究に欠けている作業であるが、『日本国志』をより客観的に評価するには不可欠な作業である。そこで、筆者は『日本国志』の「神道」項の出典について調べることにした。

いろいろ調査してみた結果、**表1**（番号は天皇の代を示すもので、筆者が便宜上つけた）に明らかなように、この「神

日本國志卷三十七

出使日本參贊官黃遵憲編纂

禮俗志四

神道

図15 『日本国志』巻三十七「神道」項

表1　『日本国志』（巻三十七礼俗志四・神道）と『国史紀事本末』関係表

『日本国志』	『国史記事本末』
一、神武天皇、一頁表～二頁裏	巻一神武東征全部、巻二列聖尊神一頁表、多数引用。但し、一頁表一行「自天祖……託始焉」と二頁裏五行「神籬……祝詞也」は未見。
十、崇神天皇、二頁裏～三頁裏	巻二列聖尊神（以下、同と略す）一頁表～三頁表、多数引用。但し、表現上の変改が多い。
十一、垂仁天皇、三頁裏～四頁裏	同三頁表～四表、多数引用。但し三頁裏の二つの割注と四頁表三行「於是……神宝」は未見。なお、四頁表・裏の割注「神宝二十一種」は『延喜式』巻四神祀四・伊勢大神宮・神宝廿一種を多数引用。
十四、仲哀天皇、四頁裏～五頁表	巻五神功征三韓八年・九年条、多数引用。但し表現上の変改が多い。
十九、允恭天皇、五頁表	同五頁表、多数引用。但し、五頁表十行「遂以神道聴訟」は未見。
二十三、顕宗天皇、五頁表～五頁裏	同五頁裏～六頁表、多数引用。但し五頁表十一行「使壱岐県主……三十二神之一也」など未見も多い。
二十九、欽明天皇、五頁裏	「是時……有賀茂神之祭」は同六頁表、「百済王…必復興」は巻八西藩朝貢・欽明天皇十五年・十六年条を、それぞれ多数引用。但し、五頁裏四行「則又以神道警勧外国」と同六行「後世……祭祀焉」は未見。
三十六、孝徳天皇、五頁裏	同七頁表、多数引用。但し五頁裏十一行「於是……庶政之典」は未見。
四十、天武天皇、五頁裏～六頁裏	同七頁裏～九頁表、部分引用。
四十一、持統天皇、六頁裏	同九頁表～九頁裏、多数引用。
四十二、文武天皇、六頁裏～七頁表	同一〇頁表～一二頁裏、多数引用。但し、六頁裏四行「於是有女王侍斎之典」は未見。なお、割注は『延喜式』巻四神祀四・伊勢大神宮・巻五神祇五・斎宮・祓料を多数引用。
四十四、元正天皇、七頁表	同一三頁表～一三頁裏、多数引用。但し、七頁表十四行「於是有命婦会祓之礼」は未見。

四十八、称徳天皇、七頁表～八頁表	「神護景雲二年……正八位」は同一六頁裏～一七頁表、「欽明時……命毀仏像」は同欽明天皇条、「孝謙帝寵任僧道鏡……其謀卒沮」は巻一六押勝道鏡之乱二三頁表～二五頁裏、それぞれ多数引用。但し、表現上の変改が多い。その他、未見。
五十、桓武天皇、八頁表	同一九表～二四表、多数引用。
五十、平城天皇、八頁表～八頁裏	同二四裏～二五表、多数引用。
五十二、嵯峨天皇、八頁裏～九頁表	同二五頁表～二八裏、多数引用。
五十四、仁明天皇、九頁表	同二八頁裏～三二頁裏、多数引用。
五十六、清和天皇、九頁表～九頁裏	同三四頁表～三八頁裏、多数引用。
六十、醍醐天皇、九頁裏～一〇表	同四一裏～四二裏、多数引用。但し、一〇頁表一行「其時……太政復古之詔」は未見。
一二二、明治天皇、一〇頁表	未見。

道」項の出典資料は多数『本末』に依拠し(30)、二個所（十一代垂仁天皇条と四十二代文武天皇条）の一部のみが、『延喜式』から写したことがわかった。換言すれば、「神道」項の後ろに記された「外史氏曰」の部分を除き、大多数は『国史紀事本末』と『延喜式』からの引用であったのである。

しかし、黄の引用には次のようないくつかの特徴がみられる。

まず、テキストを上手に選択したこと。類似した漢文体の史書は、たとえば『皇朝史略』（十二巻、青山延于、一八二三年著）、『続皇朝史略』（五巻、同、一八三一年著）、『国史略』（五巻、岩垣松苗編、岩垣杉苗増補点注、一八七七年巖谷修序）なども存在したが、編年体のこともあり、利用するには不便を感じる。『本末』は『大日本史』所載の歴史事象を分類編集（紀事本末体）した著書であるうえ、著者延光は斯界の権威でもあるだけに、当時では類書のない便利な書物だったと考えられる。

次に『本末』を適宜に取捨したこと。『本末』は優れた史書であるが、表1に明らかなように、黄遵憲は巻一神武東征（全部）・巻二列聖尊神・巻五神功征三韓（八年・九年条）・巻十六押勝道鏡之乱（二二頁表～二五頁裏）など、合わせて四巻の内容のみを参考にしている。そのうち、巻五・巻十六はごく一部の引用に止まり、巻一と巻二に引用の力点を置いたことが確認できた。

しかも、巻二についてもすべて引用するのではなく、そのうちの景行（十二）（数字は天皇の代を示す）・応神（十五）・雄略（二十一）・清寧（二十二）・敏達（三十）・推古（三十三）・斎明（三十七）・天智（三十八）・元明（四十三）・聖武（四十五）・光仁（四十九）・淳和（五十三）・文徳（五十五）・陽成（五十七）・光孝（五十八）・宇多（五十九）など、合わせて十六名の天皇の項目は削除し、二十一名の天皇の事項に限って参考引用している。

このような黄の取捨の基準については、必ずしもつまびらかではないが、神道の事始めを重んじることは、その中の重要な基準だと思われる。これは次の資料に示した「於是」などの表現が多数使用されていることからでも窺えよう。「於是」は、「したがって」「それゆえ」の意味を示すもので、前に述べた事柄の順当な結果として後の事柄につなぐ表現である。この表現は『本末』からそのまま引用したものもあれば、黄遵憲が書きいれたもの（※のつくもの）がもっと多かった。神道の歴史をより分かりやすく理解してもらうために、黄が加えたものと推測できる。

乃……祀皇祖天神。（二頁裏神武天皇条）

※以後遂以伊勢為大神宮、毎世例遣皇女侍神宮、朝廷毎歳遣使奉幣。（三頁裏垂仁天皇条）

以兵器為祭神始於此。（三頁裏同）
※遂以神道聴訟。（五頁表允恭天皇条）
於是有賀茂神之祭。（五頁裏欽明天皇条）
於是有践祚大嘗之祭。（五頁裏用明天皇条）
※於是有神祀事務先於庶政之典。（五頁裏孝徳天皇条）
※於是有神官与祭普賜爵録之例。／※於是有国司輸祓之例。／※於是有毎歳祈年之祭。／※於是有神宮遷宮之儀。（六頁表天武天皇条）
※於是有女王侍斎之典。（六頁裏文武天皇条）
※於是有命婦会祓之礼。（七頁表元正天皇条）
※於是有神官叙位之例。（七頁表孝謙天皇条）

伊勢神宮・賀茂神社の由来、皇祖天神（神武天皇）・兵器を祭る始まりなどに関する記述がきわめて多いのである。

神道の事始めを重要視するのは、後に展開された黄遵憲の神道論とは密接なつながりがあると思われる。「神道」項の末に、「外史氏曰」の文字を冠した批評が挿まれている。黄は神功の開基・崇神の肇国・神武の遠征はみな神道にかかわり、兵事・兵器・刑法・税制・倉蔵・礼楽など一切の国政も神道に源を発している。これが日本の独特なことだ、と記述している。このような万事神道起源論という考えを有するだけに、神道諸事の事始め（源）に着目し、一貫した脈絡で記したのだと考えられる。

また、黄遵憲は引用の際に原文の内容を簡潔にまとめたり、表現を変改したりして、原文を充分理解したうえに

『日本国志』に合うように創意工夫を凝らした努力の跡が容易に見られる。

表2は筆者が「神道」項から見出したミスをまとめたものである。『本末』に依拠した（『延喜式』引用部分を除く）部分に、十三個所のミスが存するが、発音（1番）や字形（2番〜7番）の相似による単純なミスが多い。七千二百字[31]ほどの長文、しかもなじみのない固有名詞が多数出ている、などの点を考え合わせると、三年しか在日しなかったアマチュアの黄遵憲に、学問に対する真摯な態度がなければ、とうていできるものではなかったのだと思われる。

表2　『日本国志』巻三十七礼俗志四神道の正誤表

番号	ページ・行	誤→正
1	五頁表二行	以中臣武賊津使臣為審神者→烏
2	一頁表五行	天祖大日靈→霎
3	三頁裏一行	以高橋邑人活日為大神掌酒→目
4	三頁裏二行	以赤盾・赤矛祀黒坂神、以黒盾・黒矛祀大阪神→墨
5	三頁表二十二行	帝之珥→弭
6	九頁裏三行	式部大輔三善請行→清
7	三頁裏四行	三月使女皇→皇女
8	七頁表十五行	孝謙天皇（四十六代）→称徳天皇（四十八代・孝謙の重祚）
9	八頁裏七行	嵯峨天皇宏仁十年→弘仁十四年
10	三頁裏十二行	五十瓊敷→五十瓊敷命
11	一頁裏十一行	三年戊戌→午
12	九頁裏五行	公卿率判官→辨
13	七頁表十三行	元正天皇霊亀四年→養老

著作権が強く主張されている現代のわれわれは、『日本国志』に典拠を明記しなかった不備[32]があると指摘できても、ひたすら精確に記述しようとした黄遵憲の多大な努力には敬意を表さざるをえないであろう。

注

（1）台湾文海出版社影印本（沈雲竜主編『近代中国史料叢刊続編』第一〇輯第九六種、一九七四年、所収）、上海古籍出版社影印本（劉雨珍解題『晩清東遊日記彙編』、二〇〇一年、所収）、同影印本（『続修四庫全書』史部地理類第七四五冊、二〇〇二年、所収）がある。

（2）拙稿「黄遵憲与姚文棟――『日本国志』雷同現象考」（復旦大学『日本研究集刊』一九九九年第一期。後、胡令遠・徐静波主編『近代以来中日文化関係的回顧与展望』〈上海財経大学出版社、二〇〇〇年七月〉所収）。

（3）拙稿「黄遵憲『日本国志』源流考――『芸苑日渉』との関連をめぐって――」（浙江大学日本文化研究所編『江戸・明治期の日中文化交流』、農文協、二〇〇〇年十月、所収）。

（4）青山延寿『鉄槍斎文鈔』巻五（東京松易家塾活版、明治二十年〈一八八七〉序刊、所収）。

（5）『先考行状』一巻、秀英舎、明治二十八年（一八九五）刊。

（6）件名：「青山延寿献本ノ儀ニ付伺」（国立公文書館蔵、公文録・明治五年・第八十五巻・壬申八月～十一月・東京府伺人〈八月・九月・十一月〉）。

（7）件名：「三等掌記青山延寿依頼免本官ノ件 外」（国立公文書館蔵、諸官進退・諸官進退第七十巻・明治十二年四月）。その他に、東京大学史料編纂所所蔵の史料で青山延寿に関する更なる詳細を知ることができる。彼は明治九年（一八七六）から太政官正院修史局第二局で二等協修として勤務、明治十年・十一年は太政官修史館第二局乙科で三等掌記として引き続き勤めた（東京大学史料編纂所編集発行『東京大学史料編纂所史料集』〈二〇〇一年、三六五頁〉）。しかし、明治十一年八月に落馬して怪我をしたため、明治十二年一月と三月に二度辞表を出し、四月に三等掌記を免じ、月俸二十円の御用係を命ぜられた。自宅で『先朝紀略』の編纂が課せられた仕事であったが、同九月に御用係を辞任した（東京大学史料編纂所蔵『史料編纂始末八　修史館時代』自明治十二年一月至同年十二月）。また、同史料所収の「第二局編輯功課表」によれば、青山延寿は在任中の明治九年後半から十一年後半まで、重野安繹とともに主に『加賀藩史』（世家・列伝の部）を編集し、同時に明治十年七月と十一月は『先朝紀略』（漢文）の批評を担当した。

（8）佐藤一斎識語（『壎箎小集』、嘉永五年序、所収）。

（9）大沼厚識語「清魏善伯叔子和公兄弟三人、以史学文章鳴於一時、而叔子為其白眉、二人皆不及焉。我邦水府青山氏兄弟三人、亦以史学文章鳴於一時、而無可軒輊（下略）」（注（4）に同じ）。

（10）「一巷出四才真奇事。然亦不止四才、青山氏昆季数人皆奇才、則不益奇乎」（注（4）に同じ）。

（11）件名：「青山延光国史撰著ノ功ヲ賞シ物ヲ賜フ」（国立公文書館蔵、太政類典・第一編・慶応三年～明治四年・第三十四巻・官規・賞典恩典三）。

（12）鄭子瑜・実藤恵秀編校『黄遵憲与日本友人筆談遺稿』（早稲田大学東洋文学研究会出版、一九六八年）二一頁。

（13）さねとうけいしゅう編訳『大河内文書』（平凡社、一九六四年五月）八〇頁～八九頁。

（14）注（13）に同じ、八七頁。

（15）『大河内文書』（注（13）前掲書）にない会話で、注（12）前掲書三一頁より翻訳。

（16）『大河内文書』（注（13）前掲書）一八七頁。

（17）『大河内文書』（注（13）前掲書）八七頁、以下同じ。

（18）「　」記号のついた部分は『大河内文書』に欠けている。筆者が注（12）前掲書より補欠・翻訳した。

（19）ここに引用した「薩摩水戸」（二十番）・「漢文史書」（七十四番）・「古文家」（七十五番）はみな実藤恵秀・豊田穣訳『日本雑事詩』（平凡社、一九六八年）による。

（20）注（19）に同じ、三頁。

（21）これについては、稿を改めて論考する予定であるが、結論を言うと、黄遵憲は青山延寿の指摘した「誤謬」を重刊本に取り入れなかった。

(22)　黄遵憲『皇朝金鑑』序、鄭海麟・張偉雄編校『黄遵憲文集』(中文出版社、一九九一年)一一三頁。なお、延寿の『皇朝金鑑』(五十五巻)は、黄遵憲の序文(光緒四年、一八七八)よりだいぶ遅延して明治二十八年(一八九五)十月になってはじめて上梓された。時あたかも甲午戦争直後に当たり、本書の巻末に寄せた青山勇などの跋文に、時代の雰囲気が躍如しており、黄遵憲が書いたこの序文も、当然のことながら載せられなかった運命に遭遇した。

(23)　水戸市史編纂委員会編『水戸市史』中巻(三)(水戸市役所、一九七七年二月)九五八頁。

(24)　注(4)に同じ。

(25)　『続神道大系』論説編『国史紀事本末』(真壁俊信解題、神道大系編纂会、一九九七年)。なお、『国史紀事本末』の版本についは、本書の解題によるところが多いが、筆者独自の調査結果も多く含まれている。

(26)　注(23)二三に同じ、一二四四頁。

(27)　「含雪楼」のことについては青山延寿の「含雪楼記」(注(4)前掲書、巻四、所収)に詳しい。

(28)　国史大辞典編集委員会編『国史大辞典』五(吉川弘文館、一九八五年二月)六四九頁。

(29)　注(5)に同じ。

(30)　前述のように、『国史紀事本末』には稿本と明治九年版がある。黄遵憲と青山延寿の懇意な間柄から、黄は稿本に基づく可能性も否定できないが、但し、たとえば稿本の「天武天皇二年」「八年公卿奏言、六月・十一月」という表現に対し、『日本国志』(五頁裏十二行と九頁表十行)は明治九年刊本と同様に、「元年」「十二月」とあるため、明治九年刊本に依拠したことがわかる。また、黄遵憲は『本末』を基本に神道項を成しているが、その他に、適宜『延喜式』『古語拾遺』『日本書紀』(『書紀集解』掲出の本文)も参照していた。詳細は須原祥二「『日本国志』の参照史料について」(四天王寺国際仏教大学日中交流史研究会編輯・発行『『日本国志』研究――礼俗志「神道」』、二〇〇三年)参照。

(31)　『日本国志』神道項は史料の内容一〇頁分と黄遵憲「外史氏曰」の議論の内容一頁分で、全部で一一頁。史料の内容は約七二二四文字。

（32）『日本国志』には、次のように青山延光や『国史紀事本末』が全然登場していないわけではない。

源光國《ママ》作大日本史、青山延光作紀事本末、皆謂通使実始於隋、而於魏志・漢書所叙朝貢・封拝概置而弗道。（以下、この問題に対する黄遵憲の見解を記す）（巻四隣交志五頁）

尤者曰太宰純……青山延光、字伯卿、号佩弦斎、延于子……著述之富、汗牛充棟、不可勝数。（巻三十二学術志七頁）

前者は中日交渉史の起源を論ずる際に、後者は江戸時代の著名な漢学者を列挙する際に、それぞれ青山延光や『本末』に言及しているもので、出典としての登場ではない。

第五章　姚文棟の日本研究

第一節　姚文棟について

姚文棟（一八五二～一九二九）、字は子梁（志梁）、上海の人で、二十九歳より十年間にわたり外交官生活を送った。光緒七年（明治十四年、一八八一）十二月に第二代駐日公使黎庶昌の随員として日本に赴任して、第三代駐日公使徐承祖が光緒十三年（明治二十年、一八八七）の解任まで前後五カ年も日本に滞在し、そして同十一月にロシア・ドイツ・オーストリア・オランダ四国駐在公使洪鈞の随員としてベルリンに赴任した。光緒十七年（明治二四年、一八九一）外交官生活を終えて、インド・ビルマ・雲南を視察し（一八九一）、日本からの侵攻を守るため台湾に渡り防衛活動をして（一八九五）、時勢に対する強い関心を持った一面を示した。その後、山西省学務処責任者（一九〇二）、江蘇省師範学堂監督（一九〇九）をつとめ、教育事業に熱を入れた。同時に欧米文化の進入にともなう人心の散漫、道徳の低下を憂慮して、上海仏教公会（一九〇六）、世界宗教会（一九一二）などの宗教団体の発足や、古学保存会（一九〇九）・尊孔会（一九一二）・孔教会（同）・国学保存会（一九二二）を組織して伝統文化保護運動にリーダーシップを発揮した。

姚文棟に著書は多数あるが、大半は叢書に収められているようである。経学研究書を中心にした『東呉学舍』十六種（一八六七～七九）、晩年の著書を集めた『槎渓』二十五種（前の三点、一八九四。後の二十二点、民国時代）のほかに、たとえば、モンゴル・青海・ロシア関係の著作を収めた『春明』十二種（一八八〇～八一）、欧州関係の研究書を入れた『欧槎』八種（一八八八～九〇）、インド・ビルマ・雲南・貴州などの考察を記録した『南槎』二十二種（一八九一～九三）、日本・朝鮮・安南関係の著書を集めた『東槎』三十種（一八八二～八七）など、[1]辺境・対外関係の著書においては彼の右に出るものがあまりいないと思われる。清末の絶えぬ民族危機に直面してかなり経世の抱負のある、しかも文才を具えた側面が如実に現れている。

上記の『東槎』三十種のうち、日本関連のものとして、未完成ないし未刊と思われる本には、『日本芸文志』『日本火山温泉考』『日本海陸駅程考』『日本興産考』『日本東京記』『日本近史』『中東年表』『日本氏族考』『日本古今官制考』『日本経解彙函』『日本通商始末』『日本文源』『日本文録』『海外文伝』『日本沿海大船路小船路詳細路線図』『掘切村観菖蒲花詩』『梅影唱和詩』がある。

なお、『東槎』三十種には『校正経籍訪古志』も挙げられているが、日本駐在の清国公使館がこれを出版する際に、姚はこの本の事務担当者にすぎなかったので、彼の編著書ではなかったと思われる。

『東槎』で日本関連のものとして刊行・脱稿した本には次のようなものがある。

（1）『琉球地理小志』

不分巻、[2]刊行年が記されていないが、見返しや序文の日付はみな光緒九年（一八八三）となっているため、この年の刊行であろう。また、姚文棟が書いた識語の日付から、この本は前の光緒八年に完成したことがわかる。見返しは黄超曾（随員）の手による「琉球小志並補遺附説略」で、巻首には陳允頤（横浜正理事）と余瓗（長崎正理事）が寄せた序文が載っている。三人とも姚文棟と同時期に日本に滞在した外交官である。

この本の前半は、琉球の疆域・度数・形勢・沿革・山岳・河渠・港湾・岬角・海峡・島嶼・離島・暗礁に関する内容で、冒頭に「日本明治八年官撰地書に照らして訳出す」という注がある。続いて「琉球立国始末」「琉球形勢大略」「沖縄島総論」（以上中根淑撰）、「琉球新誌自序」（大槻文彦撰）、「沖縄志後序」（重野安繹撰）があり、それに海軍省の実測図説を加えている。それに継いで「琉球小志補遺」と「琉球説略」があり、後者は文部省が刊行した教科書に基づいた翻訳である。この本は、明治政府が明治十二年（光緒五年、一八七九）琉球を県にしたのを意識して翻訳された実用書である。

（2）『日本地理兵要』

十巻、一八八四年総理衙門刊。陸軍省で作った『兵用日本地理小誌』をもとにし、それにちかごろの人の航海記を加え、さらに沿海の港湾・島嶼・礁岬を入れている。これは琉球を取り戻すために書かれた本である。また、近代中国最初の日本地理書でもある。

（3）『日本会計録』

四巻、刊記がないので、出版年不明であるが、光緒年間の刊本だと思われる。巻首に寄せられた鄭崇敬の序文から、この本は姚文棟が帰国後に刊行したことがわかる。歳出入（巻一）、府県出入（巻二）、銀行総数（巻三）、金貨・銀貨・紙幣の種類、新金銀銭貨、貨幣鋳造額（巻四）、そして、補遺（国債総数・出進口貨物比較・出進口銀幣比較）といった構成である。筆者が閲覧したこの本には「日本師船考」と「日本師船表」が附録されている。前者は鄞（現、浙江省寧波）沈敦和輯訳とされ、「吉野帯甲快船」から始まり、日本の新旧兵船四十一艘を記録している。後者は「上海姚文棟東木撰」とあり、鉄甲船三号・鉄甲快船二号・穹面平甲快船・巡海快船十九号・砲船六号・雷艇などを表にまとめている。

（4）『海外同人集』

二巻、刊行年不詳。「跋日本志稿」「題長風破浪図巻」「読海外奇書室記」「広海東文選楼説」「送姚君志梁省親帰国序」「送姚君志梁西使欧洲序」「経籍訪古志例言並跋尾節録」「重鈔論語皇侃疏真本書後」「上姚使君書」「跋塞外金石志」「墨江修禊詩序」「観成蹊館試女生徒記」など日本人から贈られた文を集めたものである。

（5）『帰省贈言』

一巻、光緒十五年（一八八九）序刊。上海の母に会いに帰省する際に、日本の友人から贈られた詩四十一首・文五篇を集めたもの。

（6）『墨江修禊集』

一巻、光緒十八年（一八九二）の見返し。日本滞在中の日本の友人との唱和詩集である。

（7）『重九登高詩』

「東槎二十二種目録」によれば、「東瀛使署に初刻、重刻一本あり」と記されているが、未見である。

（8）『日本国志』

十巻、後述。

とにかく、著書からも明らかなように、姚文棟は日本の地理・軍事を中心に日本に対して意欲的な研究ぶりを示した。だからこそ、第二の黄遵憲とまで高く評価されているのも(3)一理があろう。

第二節　姚文棟と東京地学協会

姚文棟は日本滞在中に東京地学協会と密接な関わりを持っていた。東京地学協会は、地学の総合的な発展ならびに普及を主な目的とした学術団体である。明治の初期、外交官としてヨーロッパに駐在していた渡辺洪基・長岡護美・榎本武揚らが、ウィーン・ロンドン・サンクトペテルブルクの各王立地理学協会の会員となり、地学が国の発展に大いに貢献していることを、文明開化を急ぐ日本にもこのような協会が必要である、と痛感した。帰国後、彼らは創立委員となり、また塚本明毅・福沢諭吉を幹事、北白川宮能久親王を社長に、一八七九年（明治十二年）四月十八日に東京地学協会を創設した。それ以来、さまざまな活動が行われ、今日の社団法人東京地学協会まで発展してきた。

一八八二年（光緒八年、明治十五年）九月十三日、渡辺洪基・北沢正誠両幹事の紹介で入会した(4)姚文棟は、東京地学協会主催の例会や年会にしばしば出席した。次に姚が出席した例会の講演者・テーマ・年会の資料を示しておく。括弧内は典拠である。

一八八二年九月二十九日　佐野常民「故伊能忠敬翁ノ事績」、河井庫太郎「上総国弘文帝陵別考」（『東京地学協会報告』〈以下「同」と略す〉第四巻第四号）

　十月二十七日　荒井郁之助「測量術沿革考」、鈴木真年「日本開闢以来地理沿革考」（同第四巻第五号）

　十月三十一日　臨時例会、荒井郁之助「測量術沿革考」（同）

一八八三年一月二十七日　小泉正保「清国浙江紀行（第二回）」（同第四巻第五号）

三月三十一日　北沢正誠「高岳親王求仏至羅越国薨於流沙河上考」(同第四巻第一〇号)
五月二十六日　第四年会(同第五巻第三号)
六月三十日　賀田貞一「米国地質測量紀事」、中田敬義「朝鮮風土概略」(同第五巻第二号)
九月二十九日　河井庫太郎「白蛇記」、神戸応一「露領東南実践記」(同第五巻第三号)
一八八四年四月二十六日　大島圭介「支那ノ人種論」、河井庫太郎「長久保赤水先生ノ略伝」(同第六巻第一号)
五月三十一日　第五年会(『東京地学協会第五年報』)
一八八五年九月二十七日　大島圭介「支那東北地方沿革考(第二回)」、小泉正保「安南国近況一班《ママ》」(同第五巻第四号)
一八八六年五月七日　第六年会(『東京地学協会第六年報』)
一八八七年五月十一日　第八年会(同第九年第一号)
六月三十日　賀田貞一「米国地質測量記事」(同第五巻第二号)
九月二十七日　坪井正五郎「本邦諸地方ニ在ル横穴ハ穴居ノ跡ニシテ又人ヲ葬ルニ用ヒシ事モ有ル説」(同第九年第六号)

中国第一歴史档案館所蔵の文書によれば、姚文棟は光緒七年十二月二十六日(一八八二年二月十四日)から同十三年八月三十日(一八八七年十月十六日)まで日本に派遣されていた。(5) これで姚は来日半年後入会以来、離日直前まで東京地学協会と関わりを持ち続けたことがわかる。

学界参加の他に、姚文棟は次のように何度も東京地学協会に本を寄贈した。

一八八二年十月　『辺要分界図考』七冊（『東京地学協会報告』第四巻第五号）
一八八三年一月　『西山遊記』一冊（同第四巻第八号）
　　　　七月　『江蘇優貢巻』一冊（同第五巻第二号）
　　　　八月　『海外同人集』二冊（同第六巻第三号）
一八八六年一月　『江南郷試硃巻』一冊（同第七年第八号）

姚文棟が地学協会に対して強い関心を寄せたのは、政治的な要素による面もあったかもしれないが、更には地理学が得意という嗜好から由来したところが大きかったと察する。東京地学協会で学んだ知識が帰国後の彼にどんな影響を及ぼしたかについては、今後の課題としたい。因みに一八八七年十一月八日に、帰国に付き姚文棟は更に東京地学協会の通信会員に改選された(6)。

第三節　埋もれた著作『日本国志』について

中国は世界一長い日本研究の歴史を有するが、研究書として現れたのは明代以降のことである。清代には同じ『日本国志』という書名の著書でも翁広平（三十巻、一八一四）・姚文棟（十巻、一八八四）・黄遵憲（四十巻、一八八七）が著したものがある。

黄は初代公使何如璋の参賛で、姚は二代・三代公使の随員で、二人とも同じ日本駐在の外交官として精力的に日本研究活動を行い、しかも同じ書名の『日本国志』を著したなどの類似点から、従来二人の『日本国志』について比較研究が行われている。両書の間に「見えない糸がつながつてゐるやうにおもはれる（中略）「日本国志」なる書名は、じつは黄遵憲が姚文棟から教へられたのかもしれない」[7]と主張する人もあれば、反対論を唱える人もいる。[8]さらに姚の『日本国志』が未完のものだという説も出ている。[9]しかし、上記の比較論は姚の『日本国志』を見てからの発言ではなく、本書の所在がわからないため、『読海外奇書室雑著』所収の「日本国志凡例」など二次資料によるものにすぎない。したがって、推測の域を超えない憾みが残っている。

筆者は一九九八年四月に南京図書館で偶然姚の『日本国志』を発見した。いまそれを紹介したうえで、黄の『日本国志』との比較研究を試みたい。

1　書　誌

南京図書館善本室所蔵の『日本国志』は、無表紙、四針眼、紙の綴糸で、無罫線の紙に毎ページ九行、一行二十字で墨書された十二冊本である。一冊は五十三丁（第十二冊）から一二〇丁（第八冊）にわたり、全部で一〇一二丁となっている。巻首に「日本国志巻一／上海姚文棟述」と記されており、各冊のはじめに「蘇州区文物管理委員会蔵」の朱印があり、同文物管理委員会の所管を経て現在の南京図書館に移管された経緯が窺える。十二冊目の末尾に姚文枏の光緒十四年（一八八八）五月付けの識語が記されて、この写本を知る手がかりを提供してくれている。

壬午（光緒八年、明治十五年、一八八二）の年に、兄は地理の考究の命令を受けて日本に派遣された。三年間苦心してようやく本書を完成させ、訳署（総理各国事務衙門－筆者）に清書を提出して、添削いっぱいの初稿を家に残していた。今年の春欧州から、広東の胡鉄花君の斧正を乞うべく、もう一部清書して送ってくれという手簡が来たので、紙・筆を具え、三ヶ月がかりで書写人に写してもらった。（下略）

とある。すでに述べたように、姚が洪鈞の随員として日本を離れベルリンに赴任したのは一八八七年（光緒十三年、明治二十年）のことなので、『日本国志』の書写を文枏に依頼したのは渡欧以後の二年目のことになる。文枏は文棟の弟で、『上海県続志』三十巻・『（民国）上海県志』二十巻・『江蘇編訂礼制会喪礼喪服草案』八巻などを書き残した挙人出身の清末有名な文人である(10)。

同識語によれば、『日本国志』の原稿に和籍の引用上不備な個所があり、友人王谷生（維勤）は訂正・統一の作業をした。また、李東沅は日本の造り字（国字—筆者）を調べ別紙に写して解釈を加えている。したがってこの写本はきわめて丁寧に書写されたことがわかる。

2　構　成

この写本は「日本国志凡例」・本文・付録及び識語からなる。「日本国志凡例(11)」は次の五条からなる構成である。

（1）「編次」。全書十巻の構成並びにその内容（後述）についての説明である。光緒八年（明治十五年、一八八二）正月に着手して同十年（明治十七年、一八八四）九月に本書を完成したと述べてある。

（2）「事物異称」。「日本の一里、或いは中国の十里に当たるといい（中略）六尺で間を為す。（中略）一間平方で歩を為し、三十歩で畝を為し、十畝で反を為す（下略）」というような度と面積に関する単位名や「街を町といい、市集を名邑といい、書信局を郵便といい、外国租界を互市場という」日本的語句を挙げて、他の中国人と同様に中日間の同音異義語に対する関心ぶりを示した。さらに「中国の辞書にない字、たとえば、辻・峠・辿・圀（中略）の類を今悉く存する。以て一隅の風気を見る」と説明している。

（3）「採用書籍」。たとえば、

日本風土記五十巻、民部省図帳二巻、皆官書、大八洲記十二巻梨本祐之撰、天保郷帳無巻数、官書、輿地実測録十三巻伊能忠敬撰、日本地誌提要七十七巻、国勢要覧二巻、皆官書、以上総国、（中略）摂陽群談十巻岡田徯志撰、以上畿内、（中略）新編常陸国志六十三巻中山信名撰、以上東海道

といったように、各道の参考書の書名・巻数および著者などが詳細にリストアップしてある。本人は和書が九十九部と言っているが、実際数えてみたところ、五十九点しかなかった。それは総国七点・畿内四点・東海道十三点・東山道五点・北陸道三点・山陰道三点・山陽道七点・南海道七点・西海道八点・北海道二点である。

（4）「参訂姓氏」。この事業に協力した以下十二人の日本人の名前を特別に記したもので、姚のエチケットを示している。

塚本明毅、中根淑（以上静岡の人）、北沢正誠（長野の人）、柳楢悦（三重の人）、川田剛、荒井郁之助、岡本監輔（以上東京の人）、藤野正啓（愛知の人）、鈴木大亮、岡千仞、木村信卿（以上仙台の人）、小牧昌業（鹿児島の人）。

その他に姚文枏は上記の識語で、「（前略）林曾賚君・朱樹新君・沈恩孚君が訳署に上呈する清書を校正し、日本の翠嵐女士が稿本を求めて校閲し、東文翻訳盧永銘・東文教習荒木道繁が倭籍を以て校讐した者であることを併せてここに記す」と『日本国志』の助力者を補充説明している。本書の成立に多数の友人、ことに日本人からの有力な支持を得たことが知られる。上記のうち、塚本明毅・北沢正誠・柳楢悦・川田剛・荒井郁之助・岡千仞、そして小牧昌業は

内務省地理局地誌課の人で、盧永銘は当時日本駐在の東文通訳で、荒木道繁は公使館に設置された東文学堂の日本語教師である。

（5）「未備」。「この編のほかに『鉱産考』『海陸駅程考』『火山温泉考』はみな別に専書をつくる。ゆえに巻中には一字もつらねない。また年号表及び険要を注明する地図があり、この書の補となる。みな時間が逼迫するためいまだ厘訂していない。また軍政・官制・刑法・食貨など、みな其の立国の要務で、考索して遺すべからず。後の君子、こいねがわくは、それ、これを補え」と本書未収事項についての断りである。ここにいう『鉱産考』以下は未見である。恐らくは未完であろう。

さて、本文については後述に譲るが、付録は「字典未見之字」と「日本国志未載之字録存備考」からなる。前者については「峠：嶺字、喰：音未詳、畑：音未詳（中略）、辻：衢字、込：籠字（中略）、鱈：大口魚」といったように、本書に採用された中国辞書に未見の国字を中国語で解釈するものであるが、後者は「働：動字（中略）、籾：栗字（中略）、躾：礼字」といったごとく、『日本国志』未収の国字についての解釈である。これはともに寧波の人李東沅が校正を終えてこの写本の巻末に記したものである。

識語については上述したので、省略する。

3　内　容

日本全国を各道に区分してその下に国を置く。それは次のとおりである。

巻一　総　叙：東京、西京（二十三丁）
巻二　畿　内：山城、大和、河内、和泉、摂津（五十六丁、以上第一冊）
巻三之上　東海道：伊賀、伊勢、志摩、尾張、三河、遠江、駿河、甲斐、伊豆（一〇〇丁、第二冊）
巻三之下　東海道：相模、武蔵、安房、上総、下総、常陸、小笠原島附（八十三丁、第三冊）
巻四之上　東山道：近江、美濃、飛騨、信濃、上野、下野（七十九丁、第四冊）
巻四之下　東山道：磐城、岩代、陸前、陸中、陸奥、羽前、羽後（一〇六丁、第五冊）
巻五　北陸道：若狭、越前、加賀、能登、越中、越後、佐渡（八十七丁、第六冊）
巻六　山陰道：丹波、丹後、但馬、因幡、伯耆、出雲、石見、隠岐（八十一丁、第七冊）
巻七　山陽道：播磨、美作、備前、備中、備後、安芸、周防、長門（一二〇丁、第八冊）
巻八　南海道：紀伊、淡路、阿波、讃岐、伊豫、土佐（一〇七丁、第九冊）
巻九之上　西海道：筑前、筑後、豊前、豊後（五十九丁、第十冊）
巻九之下　西海道：肥前、肥後、日向、大隅、薩摩、壱岐、対馬（一一一丁、第十一冊）
巻十　北海道：渡島、後志、膽振、石狩、天塩、日高、十勝、釧路、根室、北見、千島、樺太附（五十三丁、第十二冊）

巻一の「総叙」では全国の彊域・経緯・幅員・形勢・沿革・建置・郡数・戸口・田圃・租税・治体・軍鎮・砲台・陸軍・海軍・艦船・海軍提督府・学校・開港・鉄道・電機・郵便・物産を述べており、その次から国ごとに下記の二十四項目を小見出しをつけて記述している。

疆域、形勢、沿革、郡数、戸口、田圃、租税、府県治、軍鎮[12]、学校、名邑、山岳、原野、河渠、湖沼、港湾、岬角、島嶼、暗礁、灯台、灯船、浮標、工場、物産

これは「凡例」に記された二十四の項目であるが、本文を点検してみると、国によっては項目のたて方に変化があり、「海峡」（三十回）、「地峡」（一回）、「半島」（二回）、「電機」（二回）、「聚落」（一回）、「雑居聚落」（一回）と六項目が付け加えられていることが明らかになった。地域的な特色を重んじていることが認められる。

要するに、『日本国志』は体裁が整い記述が明晰で、主に明治十年代の日本の地理に関する簡明な読本である。この本は出来てから「従来と違う正確な記述[13]」や「日本の研究成果を上手に取り入れた[14]」などと日本の友人から好評を得た。

第四節　黄遵憲と姚文棟――『日本国志』類似表現考

初代公使何如璋の参賛である黄遵憲の『日本国志』四十巻はあまねく知られている。それと姚の『日本国志』との間にはいかなる異同が見られるだろうか。以下それについて比較してみたい。

第一欄と第二欄は内容上の比較で、「姚志」は姚文棟『日本国志』を、「黄志」は黄遵憲『日本国志』を指すものである。第三欄の「注」は表現上の異同である。

姚志	黄志	注
彊域、形勢、沿革、郡数、田圃、山岳、河渠	地理志一・二	相似
府県治、名邑、湖沼、港湾	地理志三	相違
灯台、灯船、浮標	職官志二	相違
戸口	食貨志一	相違
租税	食貨志二	相違
軍鎮	兵志二	相違
学校	学術志二	相違
物産	物産志二	相似
原野、岬角、海峡、島嶋、暗礁、工場		黄志該当なし
	国統、隣交、天文、刑法、礼俗、工芸	姚志該当なし

以上を整理すると次のようになる。

ア、姚志にあって黄志にない内容
　原野、岬角、海峡、島嶋、暗礁、工場
イ、黄志にあって姚志にない内容
　国統、隣交、天文、刑法、礼俗、工芸
ウ、黄志にもあるが、表現などが異なる内容
　府県治、名邑、湖沼、港湾（以上黄志地理志三、一頁、一六頁、二一頁、二三頁）、灯台、灯船、浮標（以上黄志職官志

二、一二頁、一三頁）、戸口（黄志食貨志一、三頁）、租税（黄志食貨志二、一頁）、軍鎮（黄志兵志二、一三頁）、学校（黄志学術志二、七頁）

エ、黄志・姚志ともにあってしかも表現が相似した内容

彊域、形勢、沿革、郡数、田圃、山岳、河渠（以上黄志地理志一・二）、物産（黄志物産志二）

この結果、同じ『日本国志』とはいえ、地理本位の姚志は黄志より詳細な個所（ア）も存するものの、全体としてはほぼ黄志に含まれ（ウ・エ）、人文などにも及ぶ黄志の記述範囲にひけを取ること（イ）がいえるであろう。

清末の高官である張之洞は、かつて黄志と姚の『日本地理兵要』を比べながら、黄志は内容が詳細で議論もあり、姚の『兵要』を遙かに凌いでいるが、『兵要』は黄志よりデーターが新しいし、海浜・湾岸・島に限り黄志より詳しい、という主旨を論述している(15)。これは姚の『日本国志』についてもまったく該当する評価であろう。

次に黄志と姚志における似た表現について検討してみよう。

上のエで示したように、相似した表現は黄志の地理志一・二と物産二に集約されている。黄志は地理一・二で畿内より千島にかけて日本の八十七国の事情を彊域・形勢・沿革・郡数・田圃・山岳・河渠といった順で記述しているが、その国の配列順はまったく姚志と同じであるうえに(16)、類似表現が多いこともきわめて目立つ。以下姚志を底本に具体例を二つ挙げておこう。（　）内は黄志(17)である。なお、句読点は筆者が付けたもの。

例一、紀伊

彊域（姚志・・小見出し、黄志「彊域」なし）

北至和泉・河内・大和・伊勢、東・西・南（皆）至海、東西（凡）二十七里、狭処（凡）八里、南北（凡）三十里、狭処（凡）七里。

形勢（姚志：小見出し、黄志「形勢」なし）

包擁大和之三方（而）突出於（黄志：「於」なし）海表、後闊前鋭、状如箕舌。吉野之大（黄志：「大」なし）山脈（来）自東北来（黄志：「来」なし）、為（黄志：「為」→「成」）熊野・高野（之）諸嶺。熊野川貫流中央、紀伊川注其北彊、西北衍沃、田野大闢、東北幽僻、民多寒窶、（而）海浜広斥、富魚介（黄志：「富魚介」→「魚介殊富」）、（且）柑橙之産最饒。風俗朴直（下略）。（姚志巻八・南海道・紀伊、黄志巻十一・地理志二、一三頁）

例二、北海道

渡島向南方（黄志：「向南方」→「南向」）陸奥之北郡（黄志：「之北郡」なし）、其状如伸頸張頤、宛折趨東北為膽振。後志（当）、石狩直（黄志：「直」なし）禽脊之要、天塩・北見・日高・十勝排於南北、如（黄志：「如」→「為」）左右翼、釧路為其臂、根室之地岬角左右相望、為之（黄志：「之」→「其」）股、千島曳其後、為之尾（黄志：千島曳尾其後）、石狩・十勝（之）二高（山）岳対峙於（黄志：「於」なし）全道之中央、支脈四布、諸大川大率発源於此。衆水之（黄志：「之」なし）分流者（黄志：「者」なし）、西為石狩川、西北為天塩川、北為常呂川、南為大津川。土人業漁猟、不知耕稼（黄志：「耕稼」→「稼穡」）。石狩・十勝等（処）原野昡漠、（雖）土壌雖（黄志：「雖」なし）肥沃、（而）産業未開、風俗鄙朴、言語・衣服皆異於内地（下略）。（姚志巻十・北海道、黄志巻十一・地理志二、一四頁）

以上は括弧で示したように、少数の文字の相違を除いては、両志の表現がほぼ同一であることが浮き彫りになった。

特に傍線の引かれた「後闊前鋭、状如箕舌」（後ろが広く、前が尖っていて、その形は箕の舌のごとし）や、「状如伸頸張頤」（その形は、頸を伸ばし、あごを出しているごとし）などといった比喩表現まで同じであることがわかる。

これは黄志の地理部分の二例にすぎないが、同じことが物産志についても言える。たとえば、黄志巻三十九・物産志二「紀伊国物産」（二四頁）では、砥石・那智黒石・瀑布石・白石・緑礬・土硫黄・石灰・大麻・蘿葡・薇・甘薯・芋・蒟蒻（中略）・煙管など紀伊国の物産が詳述されているが、これは排列順序にしろ表現にしろ、ほぼ姚志の記載と一緒である。

右は表現上の一致した例であるが、数字に関しては紀伊国「田圃三万七千三百七十九町零段（黄志：「段」なし）四畝一歩一厘八毛（下略）」といったごとく、同一のものもあれば、戸口の部分に記載された統計数字のように違うものもある。黄が明治十四年までの資料を使用しているのに対して、姚はより新しい統計を取り入れたものもあるので、このような不一致が生じたであろう。

とにかく、姚志と黄志の間には書名のみならず、同じ内容に関しては、表現上の一致も少なからず見られたことを立証した。すでに述べたように同じ外交官であるうえに、姚は光緒十年（明治十七年、一八八四）九月に、黄はその翌年に『日本国志』を完成したなどの点から、黄は姚の影響を受けたという説も出されている。今指摘した両書の間に同一表現が著しく存在している事実は、いっそうその説を裏付けているように見えるが、筆者はその点に同意しない。

黄志は脱稿は姚志より一年遅れであるが、着手は光緒五年（明治十二年、一八七九）で、姚志の光緒八年（明治十五年、一八八二）より三年も早かった。しかも黄は初代公使館の書記官で、姚は二代・三代公使館の随員のため、滞在時期がずれて一緒に仕事をしたことがない(18)。このような点から詮索すれば、相手の原稿を見る蓋然性が非常に低いので、踏襲・剽窃のようなことはまず排除してもよさそうで、別の視点から考えなければならない。

そこで、筆者は資料同一説を主張したい。つまり、黄も姚も同じ資料を利用して『日本国志』を著したことが原因ではないかと考えている。

第五節　姚文棟の『日本国志』の参考書について

この資料同一説を立証するためには、黄志と姚志に使用された参考資料を探し出し、考証しなければならないであろう。ところが、黄志には参考書について記されていない。本文中に多数の書名は出ているものの、参考にしたか否かは詳らかではない。黄志の出典研究の作業には、越えにくいハードルが立ちはだかっているのである。これに対し、姚志では先に述べたように、冒頭に五十九点の「採用書籍」が詳細に列挙されているので、これを手がかりに調べることにした。その結果、次のようなことが明らかになった。

まず、内容については、『新編鎌倉志』八巻、『東京府志料』二一〇巻といった地理関係の本が圧倒的に多い。そのためか、『阿波志』のような完全に漢文で書かれた本、『大日本輿地通志南海部讃岐志』のような、主に漢文で撰した本もあるが、大半は和文で書かれている。たとえば、『蝦夷志料』（二〇九巻、目録一巻）、『西讃府志』（六十巻、補遺一巻）、『紀伊続風土記』（九十七巻、付録十七巻）、『肥後国志略』（二十二巻）、『増補校訂肥後国志』（存三冊）、『南路志』（一二〇巻）、『西条誌』（二十巻）、『壱岐国続風土記』（十冊）などで確認したところ、引用文を除き、みな和文で記された著書であることがわかった。姚の『日本国志』については、実藤恵秀は「漢文で書かれたものばかりで、したがって古いものが多い(19)」と論じているが、誤解であろう。

そして、この五十九点の参考書に写本が多く含まれている。たとえば、『阿波志』（十二巻、藤原憲、文化十二年序）、

『肥後国志略』（二十二巻）、『南路志』（一二〇巻）、『西条誌』（二十巻）、『壱岐国続風土記』（十冊）はそうである。そして、日本の多くの図書館には所蔵がなく、内閣文庫に集中している。

さらに調べていくと、姚文棟の挙げた五十九点の参考書は、明治時代の地誌課の旧蔵書であったことを確認できた。東京大学史料編纂所に『修史局地誌課採集図書目』（不分巻、一冊）という写本が所蔵されている。巻末に「明治九年五月正院修史局地誌掛ヨリ借用謄写／考証課」が写されている。明治九年（一八七六）五月、考証課が正院修史局地誌課から同蔵書目録を借りて写したことがわかる。この目録は次のような分類が行われている。

全国総紀、畿内（山城・大和・河内・和泉・摂津）、東海道（伊賀、伊勢、志摩、尾張、三河、遠江、駿河、甲斐、伊豆附小笠原嶋・甲斐・相模・武蔵・安房・上総・下総・常陸）、東山道（近江・美濃・飛騨・信濃・上野下野・磐城・岩代・陸前・陸中・陸奥・羽前・羽後）、北海道、北陸道（若狭・越前・加賀・能登・越中・越後・佐渡）、山陰道（丹波・丹後・但馬・因幡・伯耆・出雲・石見・隠岐）、山陽道（播磨・美作・備前・備中・備後・安芸・周防・長門）、南海道（紀伊・淡路・阿波・讃岐・伊豫・土佐）、西海道附琉球（筑前・筑後・豊後・豊前・肥前・肥後・日向・大隅・薩摩・壱岐・対馬・琉球）、行紀、万国

とある。そして上記の国ごとに関連の図・書名・冊数をことごとく記載し、某献本を記録する例も見られる。但し、著者と巻数は記されていない。草稿であったかもしれない。

この目録をさらに改定増幅したのは、『地誌目録』（一冊）である。これは内務省地理局が明治十七年（一八八四）十二月に編集し、翌年二月に刊行した本である。この本はほぼ『修史局地誌課採集図書目』と同様の分類が行われ、二

四〇〇点の地誌について、書名をはじめ、著者・巻冊数・版本（写本・刊本）が記録されている。収録点数の豊かさなどの点から見れば、当時の日本全国の地誌総目録だといってもよさそうである。

『地誌目録』と照合してみた結果、姚文棟の挙げた五十九点の参考書はみなこの目録に含まれていることがわかった。これについては、姚本人も「日本国志凡例」三で「内務省地理寮および東京地学協会に、地誌が多数所蔵されているが、みな倭文で、漢文のものがまったくない。今採用して翻訳した本をリストアップしておく」、と地誌課の蔵書を利用した事実を認めている。

姚文棟が掲げた五十九点の参考書が、地誌課の旧蔵であったことを裏打ちするのにもう一つの証拠がある。それはこれらの参考書に地誌課の蔵書印が多数捺してあることである。たとえば、『壱岐国続風土記』には「地理寮地誌課図書之印」、『西讃府志』『大日本輿地通志南海部讃岐志』『肥後国志略』『南路志』には「正院地志《ママ》図籍課之記」、『蝦夷志料』『西条誌』には「地誌備用図籍之記」などの蔵書印が押されている。

これらの蔵書印については、『改訂増補内閣文庫蔵書印譜』（国立国会図書館、一九八一年、一五二頁）で、次のように述べられている。

明治五年十月、政府は「皇国地誌」編集を担当する部局として、正院内史所管の下に歴史課と並んで地誌課を新設した。「正院地志《ママ》課図籍之記」はその当時使用したものであろう。約六〇点の地誌類に押してある。同課は明治七年八月三十日、内務省地理寮に合併され、その蔵書も移管されたようである。「地理寮地誌課図書之記」印はこの地理寮で使用したものとみられる。これを押した地誌類が約八〇部ある。当時新写した本も多い。しかし、翌八年九月二十日「皇国地誌」編集の都合から、地誌課は再び正院に属して、修史局に合併され、さらに同十年十二月には内務省地理局（地理寮が十年一月に改称）に移管されて、ここで地誌編集を行うこととなった。「地誌備用図籍之記」はそれ以後、地理局地誌課において使用したものと認められ、下限は明治十八年刊本「類聚三代格」にも押されている。これを押した図書九〇余部がある。

とある。引用が長くなったが、正院地志課（明治五年十月）・地理寮地誌課（明治七年八月）・内務省地理局地誌課（明治十年十二月）など、地誌課は所属の改変により名称もたびたび変えさせられた。それに伴って「正院地志課図籍之記」「地理寮地誌課図書之記」「地誌備用図籍之記」などの蔵書印が使用されたのだという。

第六節　姚文棟の『日本国志』と『日本地誌提要』

姚文棟が掲げた五十九点の参考書は、地誌課の蔵書であったことが明らかになったが、いったい姚文棟は『日本国志』を撰する際に、それらを参考にしたか。参考にしたとすれば、どれほど参考にしたのだろうか。この問題をめぐって調査することにした。

筆者は姚文棟の掲げた参考書を内閣文庫で多数出してもらったが、参考になったと思われるような著書はなかなか見つからなかった。苦闘したあげく『日本地誌提要』という本に逢着して、ようやく結果を得ることができた。

『日本地誌提要』は、地理寮地誌課塚本明毅などが編集した七十七巻のもので、明治五年から明治九年に刊行された四冊本（国会図書館蔵）と、明治七年から明治十二年に刊行された二十冊本（内閣文庫蔵）と、同八冊本があるが、共に（東京）日報社の出版である。この本の凡例一によると、

一　原稿。元地図ニ副へ。澳国博覧会ニ出示スル為ニ編纂ス。明治五年壬申十月。稿ヲ起シ。明年三月上澣ヲ以テ成ル。定期僅二十旬。大率旧来図籍及見聞スル所ニ拠レハ。謬誤脱漏ナキ能ハス。因テ稿ヲ以テ各府県ニ下シ。実地ヲ参観シ訂正セシメ。更ニ校勘ヲ加へ。再此書ヲ編集ス。

とあるように、この本は明治六年（一八七三）オーストリア（澳国）で開かれる博覧会に出品するために編纂されたもので、明治五年（一八七二）十月から起稿、翌年三月に完成し、その後、地方へ実地調査に行き、謬誤脱漏を訂正して再編集した、とある。また、各洲ごとに一枚の地図が別に附されたというが、刊本には未見である。

この本は「総国」を首に置き、以下、五畿七道の順に記述し、琉球・北海道を以て終わる。国ごとに、彊域・形勢・沿革・郡数・戸口・田圃・租税・府県治・軍鎮・学校・名邑・山岳・原野・河渠・湖沼・港湾・岬角・島嶼・暗礁・灯台・灯船・浮標・工場・物産など二十四項目を立てて、片仮名交じり文で記されている。各巻の内容を具体的に挙げると、次のごとくである。

巻一「総国」、巻二「二京」、巻三～七「畿内・山城～摂津」、巻八～二十二「東海道・伊賀～常陸」、巻二十三～三十五「東山道・近江～羽後」、巻三十六～四十二「北陸道・若狭～佐渡」、巻四十三～五十「山陰道・丹波～隠岐」、巻五十一～五十八「山陽道・播磨～長門」、巻五十九～六十四「南海道・紀伊～土佐」、巻六十五～七十三「西海道・筑前～薩摩、附州南諸島」、巻七十四「二島・壱岐、対馬」、巻七十五「琉球」、巻七十六～七十七「北海道～千島、附樺太」

これらを姚文棟の『日本国志』と照合した結果、『日本国志』は順序から内容まですべてこの本に準じて中国語に翻訳したことが明らかになった。たとえば、右に挙げた例一「紀伊」と例二「北海道」について、『日本地誌提要』では次のように記述されている。

紀伊
疆域　北ハ和泉河内大和伊勢。東西ハ海ニ至ル。東西凡貳拾七里。狭処凡八里。南北凡三拾里。狭処凡七里。
形勢　大和ノ三方ヲ包擁シテ。海表ニ突出シ。後闊前鋭。状箕舌ノ如シ。吉野ノ大山脈東北ヨリ来リ。熊野高野ノ諸嶺ト成リ。熊野川中央ヲ貫流シ。紀伊川其北彊ニ注ク。西北衍沃。田野大ニ闢ケ。東北幽僻。民多ク寒窶。海浜広斥。魚介ニ富ミ。且柑橙ノ産最饒ナリ。風俗朴直（下略）。

（『日本地誌提要』巻五十九・南海道、一〜二頁）

北海道
形勢　渡島。南方陸奥ノ北郡ニ向ヒ。其状頸ヲ伸ヘ頤ヲ張ルカ如ク。宛折シテ東北ニ趨キ。膽振後志トナリ。石狩夤脊ノ要ニ直リ。天塩北見日高十勝南北ニ排シテ左右翼ノ如ク。釧路其臂トナリ。根室ノ地。岬角左右相望テ之カ股トナリ。千島其後ニ曳テ之カ尾トナル。石狩十勝ノ二高岳。全道ノ中央ニ対峙シテ支脈四布。諸大川大率源ヲ此ニ発シ。衆水ノ分流スル者。西ハ石狩川。西北ハ天塩川。北ハ常呂川。南ハ大津川トナス。土人漁猟ヲ業トシ。耕稼ヲ知ラス。石狩十勝等ノ原野曠漠。土壌肥沃ト雖モ。産業未タ開ケス。風俗鄙朴。言語衣服皆内地ト異ナリ（下略）。

（『日本地誌提要』巻七十六・北海道、二～三頁）

「後閫前鋭。状箕舌ノ如シ」や「其状頸ヲ伸ヘ頤ヲ張ルカ如ク」といった表現も含めて、原文を翻訳したことが知られる。これで、黄遵憲と姚文棟は『日本国志』を編纂する際に、同一資料――『日本地誌提要』を参考にしたとする仮説が立証できた。と同時に『日本国志』は、姚文棟が著した著書ではなく、翻訳書ということもわかった。すると、『日本国志』の巻首に掲げた五十九点の参考書は、姚文棟ではなく『日本地誌提要』を撰した地理局の人が参考にした本だと考え直さざるをえないであろう。

『日本国志』は姚の翻訳書ではあるが、原文にきわめて忠実であるのは大きな特色をなしている。それは前に挙げた紀伊と北海道の内容を見ても、一目瞭然であろう。姚文棟は日本語がわからないので、他人に依頼して翻訳した可能性が皆無とはいえないが、「後閫前鋭。状箕舌ノ如シ」「民多ク寒窶。海浜廣斥」（紀伊条）のように、漢文訓読調が濃厚に残っている文章のため、漢字を頼りにして姚文棟本人が翻訳した可能性のほうがもっと大きかったかと思われる。この翻訳作業は、先に述べたように二年半もかかり、そして、塚本明毅・中根淑・北沢正誠・柳楢悦・川田剛・岡千仞・小牧昌業などの日本人、盧永銘・林曾賚・朱樹新・沈恩孚などの中国人にいろいろの形で協力してもらったのである。

また、姚文棟は『日本地誌提要』を全部そのまま翻訳したのではなく、鉱山・神社・仏寺・沖縄などの内容については削除している。神社・仏寺は実用的な内容ではないし、駅路・鉱山は別の本に譲りたいと考えていたからであろう。また、沖縄はその帰属問題について当時まだ中日の懸案となっていたため、自然に『日本国志』から外されたのだと考えられる。

最後に『日本地誌提要』の執筆者について少し触れることにしたい。これについては刊本では次のように記されている。

総　閲　少内史正六位　塚本明毅
纂修兼校正　大　主　記　新藤　羆
権 中 主 記　小島尚絅
地誌課御用掛　望月　綱
纂　修　八 等 出 仕　三好紀徳
九 等 出 仕　三谷　恂
少　主　記　土岐　恭
布施　譲
十三等出仕　新見旗山
中村元起
内海　鈇
地誌課御用掛　服部常純

しかし、この本の原稿『日本地誌提要第一稿』（四巻、四冊、写本）は、東京大学史料編纂所に残っている。それによると、執筆者は下記の**表1**のとおりとなっている。

表1　『日本地誌提要第一稿』記載の執筆者

巻（冊数）	内　容	担当者
巻一（一冊）	全国・畿内（山城・大和・河内・和泉・摂津）	十等出仕新藤鼎纂修 十一等出仕中島央、十五等出仕西盛幸八書
	東海道（伊賀・伊勢・志摩・尾張・三河・遠江・駿河・甲斐・伊豆・相模・武蔵・安房・上総・下総・常陸）	十等出仕新藤鼎纂修 等外一等出仕鶴田真容書
巻二（二冊）	東山道（近江・美濃・飛騨・信濃・上野・下野・磐城・岩代・陸前・陸中・陸奥・羽前・羽後）	権中主記三谷恂纂修 十五等出仕西盛幸八書
	北陸道（若狭・越前・加賀・能登・越中・越後・佐渡）	八等出仕坂谷素纂修 唐金昌俊書
巻三（三冊）	山陰道（丹波・丹後・但馬・因幡・伯耆・出雲・石見・隠岐）	十一等出仕小島尚絅纂修 田内逸雄書
	山陽道（播磨・美作・備前・備中・備後・安芸・周防・長門）	十一等出仕小島尚絅纂修 堀尾成裕書
巻四（四冊）	南海道（紀伊・淡路・阿波・讃岐・伊予・土佐）	八等出仕岡千仭纂修 吉田哲書
	西海道（筑前・筑後・豊前・豊後・肥前・肥後・日向・大隅・薩摩・壱岐・対馬）	八等出仕岡千仭纂修 十三等出仕松下十太書
	琉球	八等出仕岡千仭纂修 十三等出仕松下十太書
	北海道（渡島・後志・膽振・石狩・天塩・日高・十勝・釧路・根室・北見・千島）附樺太	八等出仕岡千仭纂修 十一等出仕中島央書

この表に記された五人の執筆者は、各巻ごとに記されているため、刊本より詳細な情報を提供している。そのうちの岡千仭は、坂谷素・小島尚絅と共に刊本の執筆者から消えているが、第一稿の主要な執筆者として第四巻（南海道・西海道・琉球・北海道）を担当した。そして、彼は黄遵憲や王韜等の中国人とも親しく付き合った人物である。このように考えると、姚文棟はテキスト『日本国志』の選定や翻訳の際に、彼に助力してもらった蓋然性が高かったと推測している。

『日本地誌提要』は明治後刊行された日本最初の統計的辞書的な官撰地誌ともいうべきもので、七十七巻の完成までに、塚本明毅以下十人以上で満五年を要した学術性の高い地理書である[20]。この翻訳を受けた総理衙門は、いかなる態度で読んだかは知るすべもないが、『日本地理兵要』と違って刊行までに踏み切らなかったのは事実である。おそらく本書は『日本地理兵要』と類似している内容が多いから上梓に至らなかったのかもしれない。そのため、『日本国志』は清末の中国であまり知られなくて、今日まで多くの謎に包まれていたのである。

注

（1）本節で述べている姚文棟の事跡は主に「景憲先生年譜略」と「景憲先生全集総目録」による。ともに『景憲先生苦口文』（勧社編集、一九一五年）所収。本書は十年回忌の際に編集出版された姚文棟の文集であり、姚の思想・履歴・著作などを知る上で大変役立つ本である。国会図書館や北京大学図書館などに蔵本がある。

（2）姚文棟は「琉球説略」に書いた識語では『琉球地理小志』を二巻としている。

（3）実藤恵秀『明治日支文化交渉』（東京、光風館、一九四三年）一一五頁。

（4）『東京地学協会報告』第四巻第四号。

（5）拙稿「清末駐日外交使節名録」、浙江大学日本文化研究所編『中日関係史論考』、中華書局、二〇〇一年。

（6）『東京地学協会報告』第九年第八号。

（7）注（3）に同じ。一四五～一四六頁。

（8）盛邦和『黄遵憲史学研究』（江蘇古籍出版社、一九八七年）一一八頁。

（9）鄭海麟『黄遵憲与近代日本』（北京、生活・読書・新知三聯書店、一九八八年）一七二頁。

（10）姚文棟と弟の姚文枏については『翁文恭公日記』光緒二十二年五月二十五日付の日記で評価されている。

（11）「日本国志凡例」は姚文棟の文集『読海外奇書室雑著』（別名「東槎雑著」、一八八五自序）にも収録されているが、南京図書館蔵の『日本国志』と比較してほぼ同じであることが判明した。

（12）『読海外奇書室雑著』所収の『日本国志凡例』では「軍政」とする。

（13）星野恒「跋日本志稿」、『海外同人集』上巻一頁。

（14）宮原確「前題」、『海外同人集』上巻三頁。

（15）張之洞「諮文」、黄遵憲『日本国志』（光緒二十四年、浙江書局重刊本）巻首所収。

（16）姚文棟の『日本国志』は、黄遵憲に比べて付録として記載された「樺太」（第十二冊・巻十）のみが多い。他の国名はすべて同一である。

（17）使用するテキストは光緒二十四年浙江書局重刊本である。

（18）『清季中外使領年表』（中華書局、一九八五、二八頁）によれば、黎庶昌は一八八二年二月十四日（光緒七年十二月二十六日、明治十五年）に日本到着。姚文棟も随員として同行していたはずである。到着後、黄はすでに離日していたか否かは詳らかではないが、同『年表』八四頁では、黄のサンフランシスコ総領事の任期は、一八八二年四月～一八八五年九月とされている。すると、黄と姚は会ったとしても二月十四日から～三月までの一ヶ月余りの間に限定され、二人は離・着任の雑用に追われて、『日本国志』に関する討論が行われる余裕がなかったはずである。

（19）注（3）に同じ。一四三頁。

（20）『日本地誌提要』は高い学術性を有するだけに、一九八二年に臨川書店、一九八五年にゆまに書房よりそれぞれ復刻された。

第六章　第三代駐日公使徐承祖について

清末の中日外交交渉、文化交流をめぐる研究の中で、初代公使何如璋、二代・四代公使黎庶昌および彼らの部下、たとえば、黄遵憲・姚文棟などがしばしば登場し、注目の的となっている。ところが、第三代駐日公使徐承祖については、管見する限りまとまった研究がなく「忘却」された存在となっているようである。それには種々の理由を列挙できるが、徐に関する資料が何・黎ほど多くないのも主要な原因だと考えられる。

しかし、清末の早期の外交官および明治前期の中日関係を考察する際に、徐を見過ごしてはならない。彼も光緒十年代における中日関係史上の重要な人物である。同時に、彼を通じて近代知識人の変貌ぶりの一端を知る手がかりになると考え、小論を試みた次第である。

第一節　身　上

父徐鼒（一八一〇～六二）は、字は彝舟、亦才を号とし、江蘇六合の人である。道光二十五年（一八四五）に進士となり、翰林院庶吉士、福寧（現、福建霞浦）知府などを歴任、博学であり多数残した著書の中で『読書雑釈』十四巻・『小腆紀年』二十巻が特に著名である。母は沈淑人といい、兄承禧は道光十二年（一八三二）生まれの官生で[1]、字は心燕、布政司経歴需次であったが、太平天国軍の弾圧に功あり知県の資格を奨励され、左宗棠を補佐して福建省福清・

崇安各地で事務を担当した。その後、光沢・連江・長楽・古田・莆田・福安などの知県を経て、邵武・延平の知府をつとめ、官「二品頂戴補用道」に至る。性格が剛直で、各地に善政を多く残した、という(2)。六人兄弟（三男、三女）のなかで、徐承祖は道光二十二年（一八四二）七月に次男として生誕し、字を孫祺という。彼の経歴を知る資料として『清代官員履歴檔案全編』にしか記述が見えないので、引用してみたい。

徐承祖、現年四十三歳、係江蘇六合県人、由監生報捐県丞、指分広東。同治五年、因浙江温処粛清案内出力、経前閩浙総督左宗棠保奏、奉旨賞戴藍翎。光緒三年、経前出使美日秘国大臣陳蘭彬奏帯出洋。四年加捐同知双月選用。七年期満経陳蘭彬保奏、奏旨免選同知、以知府不論双単月儘先選用。本年七月十一日奉旨発往福建、交何璟等差遣委用(3)。

徐承祖は四十三歳で、江蘇省六合県の監生であったが、捐納によって県丞として登用され、広東省に赴任し、同治五年（一八六六）に浙江省温州において粛清の件で功があり、閩浙（福建・浙江）総督左宗棠の推薦により、藍翎を授けられた。光緒三年（一八七七）に美日秘国（アメリカ・スペイン・ペルー）駐在公使陳蘭彬に従って西洋に赴き、さらに同四年（一八七八）に同知双月選用を捐納した。同七年（一八八一）に外交官任期満了後、陳蘭彬の推薦で免選同知（知府・知州を補佐し、海防・水利・食糧などの担当）となり、知府として優先的に登用され、本年七月十一日に福建省にいる閩浙総督の何璟（?－一八八八）のところに派遣されたという。

また、資料によれば、陳一行の米国到着は光緒四年七月一日（一八七八年七月三十日）で、随員として同行した徐は月給一二五両、整装銀（赴任旅費）・帰装銀（帰国旅費）を各三七五両もらい、光緒七年六月末（一八八一年七月）まで

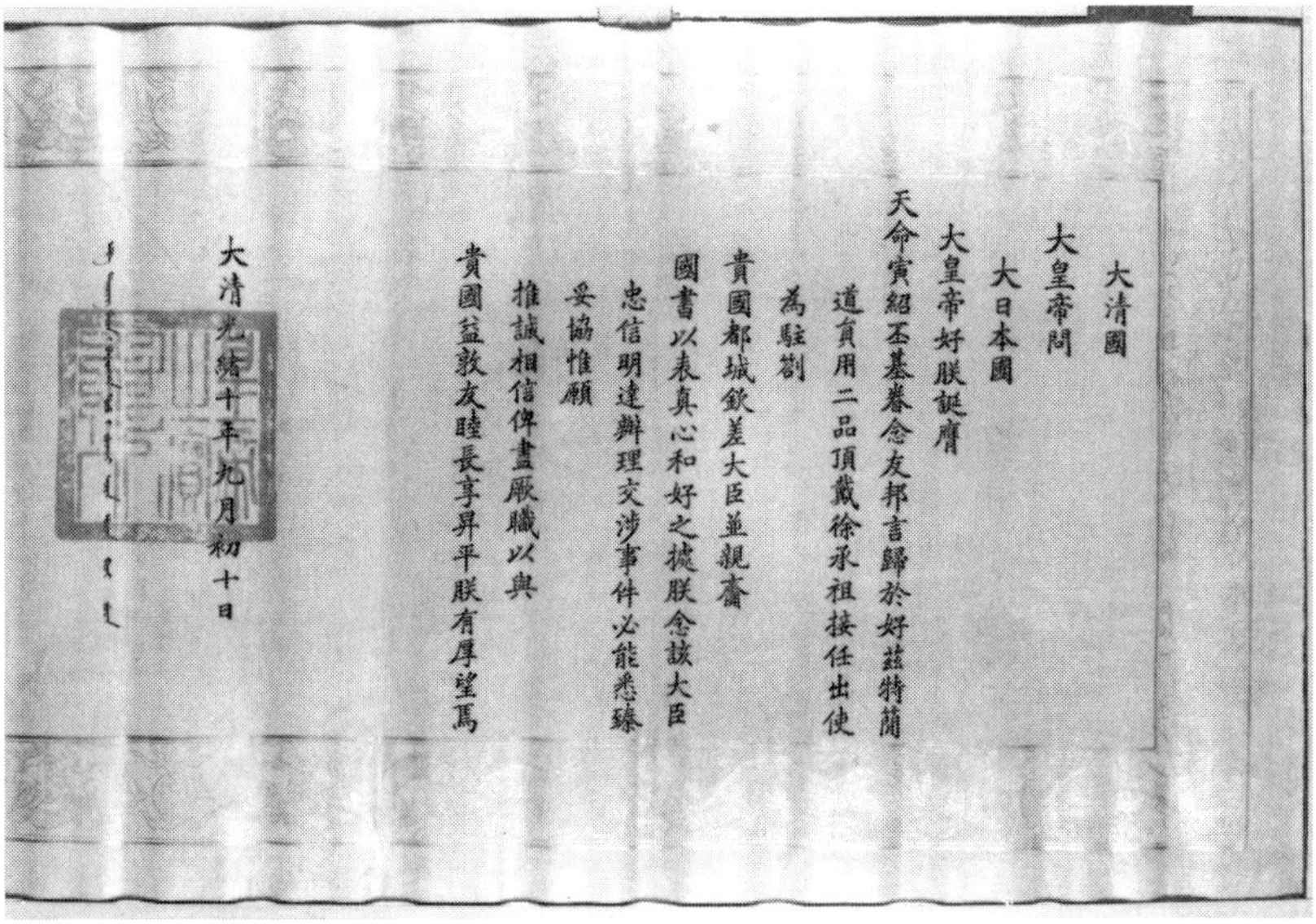
大清國
大皇帝問
大日本國
大皇帝好朕誕膺
天命寅紹丕基眷念友邦言歸於好茲特簡
道員用二品頂戴徐承祖接任出使
為駐劄
貴國都城欽差大臣並親齎
國書以表真心和好之據朕念該大臣
忠信明達辦理交涉事件必能悉臻
妥協惟願
推誠相信俾盡厥職以與
貴國益敦友睦長享昇平朕有厚望焉
大清光緒十年九月初十日

図16　徐承祖が赴任時に持参した国書（外交史料館蔵）

に赴任したという。[4] 同資料に後日、日本駐在公使であった黎庶昌も陳の部下スペイン駐在二等参賛として（月給四〇〇両）記録されているのが興味深い。

以上のように、清朝の西洋への公使派遣は光緒元年（英国は七月に、アメリカは十一月にそれぞれ任命）を濫觴とするので、徐は初代駐アメリカ・スペイン・ペルー公使陳蘭彬に従って渡米した近代中国の初期外交官の一人であったことが認められる。

福建省に行ってからの経歴は明らかでないが、中仏戦争中に、監察院を通じて「条陳防禦事宜」（後述）を建言したことが評価され一挙に公使に抜擢され、[5] 光緒十年十一月十日（一八八四年十二月二十日）から二品頂戴・道員の官位をもって同十三年十一月二十一日（一八八八年一月四日）に至るまで駐日公使をつとめた。[6]

要するに、高い学歴に恵まれないものの、洋務の才能で清末の高官左宗棠、初代駐アメリカ・スペイン・ペルー公使陳蘭彬など維新派の眷顧を受けた、近代中国の初期外交官の一人ということが知られる。

第二節　駐日公使時代

前述したとおり、光緒十年十一月から同十三年十一月までが徐承祖の駐日公使時代であった。この間に彼は、函館・新潟・夾港に領事を増設し[7]、欧米人同様に中国人の日本内地旅行の権益を実現させた[8]などの実績を残しているが、始終順風満帆なものではなかった。彼は初代公使何如璋の抱えていた琉球問題などには出会わなかったものの、前任公使黎庶昌のような幸運には恵まれず、近代中日関係にマイナス影響を及ぼした事件の折衝に立たされたことがあった。

1　甲申事変

光緒十年十月十七日（甲申、一八八四年十二月四日）夜、金玉均をはじめとする開化党と朝鮮駐在公使竹添進一郎（一八四二〜一九一七）らは、ベトナム問題で勃発した清仏戦争に乗じて、朝鮮から清国の勢力を排除して親日派の政権を樹立しようと、事大党大臣を殺害し国王を拘束してクーデターを起こした。中日間の衝突がにわかに尖鋭化し、朝鮮半島における情勢が緊迫したものに一転した。

事件勃発の際、黎庶昌の後任として光緒十年八月十七日（一八八四年十月五日）に駐日公使に任ぜられた徐承祖は、十月二日（十一月十九日）に北京を離れて同十二日（二十九日）に上海に到着し、福建省福安県知県である兄徐承禧のところへ母の見舞いに出発しようとしたところであった。同二十五日（十二月十二日）に軍機処から赴任を急ぐよう厳命されて[9]、徐は迅速な反応ぶりを示し、事態の真相を把握するため上海駐在の日本領事館の領事と共に朝鮮に行かせてもらうように要請した[10]。そして、中国側が兵船を朝鮮へ派遣する動きがあることを聞いて、紛争が戦争までに広がることを危惧して、調査員を先に派遣すべきだと献言した[11]。しかも、船を待って[12]十一月二日（十二月十八日）に出発して四日（二十日）に長崎に、六日（二十二日）に神戸に着いた彼は、在地の清国領事から情報を聞き、平和的に事件を解決すべく大臣を朝鮮へ派遣したほうが妥当だ、と二度にわたり進言した[13]。十一月九日（十二月二十五日）に東京に到着、十日（二十六日）に公使の大任をバトンタッチされた[14]徐は、十三日（二十九日）に黎庶昌を推薦し、朝鮮へ派遣するようにとも提案した[15]。

外務省との交渉のなか、中日ともに朝鮮から撤兵する案が日本側から出された。総理衙門の指示に従い最初は譲歩しなかったが、①ロシアが朝鮮を虎視眈々と狙っているので、日本は朝鮮に手を出す可能性が少ない、②中国はフランスとの戦争が終わったばかりで、朝鮮問題で躊躇していたら、日本はフランスと結託して台湾を侵攻しかねないし、フランスとの戦争が再燃したら、日本からさらに厳しい条件を出されるかもしれない、と理由を陳述し、半年ないし一年後に撤兵するという案を李鴻章に献言した[16]。それが受け入れられて、その後の李鴻章と伊藤博文による会談の基礎を作ったのである。

徐が提出した撤兵案について批判的に見ている学者もあるが[17]、徐にはそれなりの哲学があった。国力の弱い中国は負ければ弱体化が加速するため、外国との戦争を極力避け、平和な国際情勢を利用し洋務を通じて国力を強めるべきだ、というのが彼の持説である（『条議存稿』、後述）。

徐は甲申事変の談判で「譲歩」する一方ではなく、「強硬」な姿勢を示したこともある。中日間の懸案となっている琉球帰属の問題も折衝中に一緒に討議すべきであり、中国兵隊に対する懲罰、日本への賠償金の支払いを断固として反対すると意思表明もした[18]。

とにかく、赴任早々負託された厄介な甲申事変に直面して、徐が外交官に相応しい才能を発揮して、積極的な役割を果たしたことは評価すべきであろう。

2　長崎事件

甲申事変も光緒十一年三月四日（一八八五年四月十八日）に中日『天津条約』の締結により決着がついた。ところが、一年後に長崎で再び面倒な出来事が起こった。

光緒十二年七月十四日（一八八六年八月十三日）に長崎港に碇泊の清国の軍艦定遠（旗艦、水師総督丁汝昌）の水兵と現地の巡査との争闘があり、水兵と巡査がそれぞれ一人負傷した[19]。前夜の遺恨を散ぜんがために、巡査は同十六日の夜、水師に襲いかかり激闘に至った。結局、中日双方で死傷者八十人を出し、その内、中国側の死傷者は日本側の倍以上にのぼった大事件にまでエスカレートしたのである[20]。

はじめは事件を裁判にかければ徐は、中国側が勝つにきまっているだろうと考えた。そして、日本側が簡単に非を認めまいと予測し、万一軍事行動に走ったらと懸念して海軍を煙台と台湾に移動させて事態に備えるよう上奏した[21]。裁判が始まると、日本側は種々の手段を施して、裁判の長期化を通して責任を曖昧にする戦術を取った。交渉が難航したなか、本案を長崎から東京に移して討議するか、さもなければ、西洋の外交官の調停を依頼するよう中国側が提案したが[22]、日本側の首肯を得られなかった。徐は、最後の手段として賠償案を提出したが、それも受け入れられなかったため、絶交するより仕方がないと憤慨して公使館員を中国へ引き上げる強硬策をとろうと献言した[23]。

その後、本案はドイツ駐日公使何理本（BaronVon Holleben）の斡旋で、日本側が徐の求める賠償問題の相談に応じることによって一転機を見せた[24]。光緒十三年正月十六日（二月八日）に、数ケ月の交渉を経て清国全権公使徐と日本側の外務大臣は遂に協議書にサインし、本案の和平解決を迎えた[25]。

3　文化活動

どういうわけか、徐は何・黎公使らと明らかに異なり、文化活動を行った事績が実に少ない。光緒十二年に蒲生重章編『近世偉人伝』義字集第三編（青天白日楼、明治二十八年）に序文を、同『褧亭詩鈔』（二巻、明治三十五年）に題辞を寄せたのが目下見つかったたったの二例である。それにしてもごく普通の序文にすぎない。その他に、彼は日本在任中に森立之・渋江全善等の『経籍訪古志』『通鑑紀事本末』『読書雑釈』『周易旧注』を刊行し、足利学校所蔵の『論語義疏』の借鈔に積極的な役割を果たした事跡(26)がある。

第三節　著　書

徐の著書は南京図書館で『美英条約』と『条議存稿』が見つかっている。民国九年（一九二〇）に上梓された『六合県続志稿』（巻十五芸文志上）にも彼の著書としてこの両書が取り上げられているので、これは世に残した徐の著書すべてだと思われる。量的には少ないが、徐の思想や個性などが濃厚に投影されている。以下記しておく。

1　『美英条約』

徐承祖訳、四冊、不分巻。見返しに「光緒丙戌排印于扶桑使廨」とあり、光緒十二年（丙戌、一八八六）に在日公使館での刊行がわかる。

第一冊の表紙に、光緒己丑（十五年、一八八九）春、銭康栄が手書きした識語があり、徐が各国の法律に詳しく、本書に匹敵する訳書がないと褒め称え、徐が郵送してくれた本だと紹介してある。

銭は浙江省嘉興市の人、識語を書いた光緒十五年（一八八九）は、ちょうど副貢生出身の彼が同知というポストを授与された年であった。その後、南洋通商の仕事や安徽省での哥老会による教会焼きこわし事件の処理で、洋務才能を認められ、同十八年（一八九二）に道員に昇進し、湖南補用に派遣されたという(27)。

各冊の巻末に「沈陽楊枢参校・六合徐致遠校字」があり、楊も徐も徐承祖の随員であり、在日部下の協力を得たことがわかる。楊は同文館の卒業生で、日本駐在公使館の翻訳・参賛を経て、その後、日本駐在公使兼日本遊学生総監督（光緒二十九年）、ベルギー駐在公使（宣統元年）などといった外交経歴の持ち主である(28)。

徐はもと徐承禋という。字は少芝、附生という資格で徐承祖に随行した。帰国後、知県の資格を奨励され、安徽省への試用に配分された。著に『覆瓿詩存』（一巻、抄本）が存するという(29)。

光緒十二年（一八八六）九月に書かれた徐承祖の自序によれば、この本は光緒三年（一八七七）より三年間ワシントンに駐在した外交生活の中に、暇を利用し英語を勉学する際の参考書として使用していたテキストという。原文に忠実であるべく、多数の人に疑問を尋ね、広く資料を調べて翻訳した本書を、光緒十年（一八八四）に総理各国事務衙門に提出して好評を得たとのことである。

徐は自序でさらに次のように述べている。

近年来、欧亜諸国は競争するなかで条約をきわめて重要視している。国益に関することなら、たとえば、土産の進出入税に対してけっして軽々しく対処しないし、自然の変化に備え国境の境を経緯度数に準拠する。また、商務についてはなるべく商人の利益を保護すべく、両方にとって公平であるように契約上の言葉を吟味する。それは条約に基づきながら通交する歴史を数百年有する国だからである。我が国は典籍が完備しているものの、外国との条約に関する資料は欠けている。よって本書は列強との交渉に裨益するところが多いであろう。

と国際条約の知識の重要さを強調している。

元・亨・利・貞四冊に分かれた本書には、嘉慶二年（一七九七）から同治十年（一八七一）にかけて英米両国の間に締結された、航海・貿易・国境・漁業・奴隷売買禁止などに関する多数の条約が収録されている。琉球とアメリカとの咸豊四年（一八五四）に結ばれた条約も附録として翻訳されているが、この条約に中国の年号が使われるのは、琉球が中国の属国ということを欧米でも知られている証になるからだと強調している。中日間の懸案となっている琉球問題を強く意識しているのである。

一八四〇年に西洋の鉄砲で鎖国のドアを開けられることを余儀なくされた中国は、さらに二十年後の第二次阿片戦争に負けて、西洋人に内地通商・近畿駐在の諸権利を認めざるをえない結果を招いた。外国との交渉がますます頻繁になる過程で、華夷思想が漸次崩れて、国際法に目を向けなければならなくなった。それまで国際法に関する知識なら、中国滞在中の宣教師や他の文化人により少し導入されていた。たとえば、一八六三年から一九〇八年にかけて中国総税務司担当のイギリス人ロバート・ハート（Sir Robert Hart、漢訳名：赫徳）は、ホイートン（Henry Wheaton、漢訳名：恵頓）の『国際法要素』（Elements of International Law, 6th ed, Boston、一八五五）の中から使節の権利と義務に関する内容を訳したが、ウイリアム・マーチン（Martin, William Alexander Parsons、漢訳名：丁韙良）はさらに本書の全文を翻訳し、総理衙門の肝入りで一八六五年（序文は同治三年十二月、一八六五年一月）に『万国公法』と題して公刊された。しかし、アメリカの条約については、時期的な早さからも内容上の完全性からも、『美英条約』の右に出るものがない。この意味において最初に英米間の条約を中国に導入した徐の貢献は特筆に値するものであろう。なお、原本に出ている地名を漢訳する際に、原語（英語）を保留する翻訳法をとっているが、このことからだけでも、訳者の真面目な学風の一端が窺えよう。

2　『条議存稿』

徐承祖撰、一巻、南京図書館蔵、光緒十一年（一八八五）と同十二年（一八八六）の二つの刊本が存するが、共に一冊、日本で刊行された鉛印本である。十二年本は十一年本より巻末にある附録「条陳防禦事宜」以下が多く、その他はすべて同一である。いわゆる十一年本の版木をそのまま利用した増訂本である。本文の記述は十二年版に従う。ちなみにこの十一年版の内容は、のちに王之春の『国朝柔遠記』（一冊、袖珍本、上海同文書局石印、光緒十八年）に付録として収められた。

巻頭に呉嘉善・唐毓慶・謝伝烈・陳家麟・梁継泰・孫点・陳允頤・厳士琯・陳明遠・姚文棟が甲申（光緒十年、一八八四）八月から乙酉（同十一年、一八八五）初夏にかけて書いた識語が載せてあり、徐の部下がその大半を占めている。(30)

徐の光緒十一年（一八八五）四月に記した自序によると、光緒十年（一八八四）の秋北京で完成した総理各国事務衙門を通して皇帝に献上した本稿は、陳哲甫（明遠）・姚子梁（文棟）の勧めで上梓に乗り出した次第であるという。

本書は儲才（三条）・理財（六条）・化莠（三条）・水陸営制（四条）・江海防（二条）・洋務（二条）・出使（四条）とあわせて七項目二十四条から構成され、当時の政治・経済・社会・軍事・外交面に存在した問題に対する認識が集約されている。

政治面では人材採用制度の改革が中心に論じられ、北京に儲才館を設け、文武両道の通暁者を広く募集し、京師に輪船水師衙門を、同衙門にさらに水師総学堂を設置し、水師の人材を急いで養成すべし、と提案した。具体的な養成方法としては、近代初の留学に派遣された幼童が、年齢的に幼いため善悪の判断力を有せず西洋の悪習を身につけた教訓から、優秀な附生を選び出し、洋語（西洋の言葉）を同文館で二年間、西洋に設けられた中国の書院で三年間習わせてから、天文・算学・化学・鉱物・機械・測量・絵図・陸路・水師・船主といった西洋の専門技術をさらに二、三年勉強させる、と献言した。西洋の技術、中華の思想という「中体西用」論の具現であろう。（「儲才」条）

経済面においては墾田を奨励し、西洋の高利貸しに対抗すべく「存公局」（国営銀行）を設置し、舶来品を模造して金銀の大量流失をくい止め、舶来品の進入を退治する策を提言した。また、コストの高い海運法を改善すべく鉄道の修築、悪質な商人の懲罰、鉱産資源の利用、中外銀銭の価値の同一視、などを主張した。（「理財」条）

社会面では治安改善のため、習芸所を設け、浮浪者・犯罪者に技術を習わせ、生計上の自立をさせる、と献策した。また、義学を設け、『小学』『論語』を勉強させ、教育を通じて西洋宗教の進入を防ぎ、阿片禁止策として阿片を吸う者を物心両面で懲罰する、と強調した。（「化莠」条）

軍事面においては、より戦闘力のある軍隊を建設するため、揚子江の水師が速度の速い小輪船を使い、外海輪船を通商各国に出航させ練習すべきだ、と改革の必要性を唱えた。また、軍事訓練時の号令は中国語を使用し（「水陸営制」条）、北洋の各要所に強力な兵隊を駐屯させ京師を保護し、沿海地区の他に内陸にある川の警備もおろそかにしてはならない。そのため、地方民団の日頃の訓練が必要だ、と力説した。（「江海防」条）

外交については、洋務が目下の急務であり、中国は戦争に負ければいっそう弱まるため、戦争を極力避けるべきである、と主張する。そのため、露・英・仏・独諸列強が互いに牽制しあう、目下の世界情勢を利用して、人材の募集、不満の解消、食糧の貯蓄、兵隊の訓練、海防の整備などといった洋務を行い、不平等条約の改定を目指し、我が国に友好的態度を示す国と一助になるべき同盟条約を締結する、と献策した。(「洋務」条)

徐はまた公使の職務に触れて、国交を固め、華僑を保護するためにも、公使は大局を知り、臨機応変の能力を持たなければならず、そのため、駐在国の風土・人情・政治・軍事・刑法・通商などについてつねに心がけ、我が国に関係、あるいは裨益することを記録して総理各国事務衙門に報告しなければならない。そして公使の中でも中国と隣接しているロシアがもっとも大事であるので、慎重に公使の人選を行うべきだ。公使派遣の必要性をめぐる国内の論争に対して、各国との通商が実働されている以上は派遣せねばならない。それは相手国の事情を察知し、交渉上の便宜を図るなどの点においてもプラスとなるところが多いからである。但し、随員の選択については洋語の分かるものが多く採用されている現状だが、必ずしも適任でない。素養の高い同文館・広方言館の生徒から選ぶべきだ、などと主張した。また、外交官になった京官(北京の官僚)が任期満了後、再び北京での任用ができない制度に対して異議を唱え、その人の才能にあわせて、総理各国衙門に勤務させてもいいのではなかろうかという。さらに、派遣された公使は複数の国を兼任することが多いが、費用もかかるし、能率も良くないため、もっと合理的に調整すべし、と力説した。(「出使」条)

同じ光緒十年(一八八四)にかつての同僚だった黎庶昌も似たような上奏を進呈したのが面白い。駐日公使任期中の黎は『敬陳管見摺』を提出し、水師の訓練、鉄道の敷設、街道の整備、公使の謁見、商務の保護、予算制の導入、と内政改革案を六条建議した。(31) これに比べて、『条議存稿』は内政(儲才・理財・化莠)に止まらず、攘夷(水陸営制・江海防・洋務・出使)も論じ、内容的により広汎にわたっている。

そして、黎のそれは皇帝の汽車乗り、公使謁見などといった敏感な問題に直接に触れ、当時実行しがたいことを多く勧めているのに対して、『条議存稿』は割合穏便で、小輪船の使用、習芸所の設置、民団の訓練などといった「実効性」の高い提案が多分に含まれている。それだけに、『敬陳管見摺』は総理衙門に却下され、皇帝までに進達できなかったが、『条議存稿』は朝廷で好評を受け、直省の総督などの討議に交付されたという[32]。

『条議存稿』光緒十二年版の巻末に、附録として「条陳防禦事宜」が収録されているが、これも『条議存稿』と同じく光緒十年に、徐が北京滞在中の産物である。中仏戦争に対する対策であるが、前の五条は基隆（六月）、馬江（七月）が攻撃を受けた直後に、後の八条はそれ以前にそれぞれ上奏したものという[33]。

始終国際法に準拠するのが「条陳防禦事宜」の最大の特色であると思われる。華夷思想が濃厚に残っている光緒前期に、敵国に対して感情的な行動に走るのがきわめて自然なことであろうが、徐は英米条約を根拠に（「条陳防禦事宜」第四条と第五条に「この前の米英戦争条約にこのようなやり方が用いられている」と典拠を上げている）、フランスの外交官を清国から駆除する際の人身の安全と財産の確保をしっかり守り（第四条）、フランスの商人が引き続き中国で貿易することを許可し（第五条）、そして、中国政府の指示に従わず逮捕されたフランス人を虐待してはいけない（第十一条）、と非常に冷静な対策を講じたのである。これは前述のとおり、『英美条約』を翻訳し国際法を熟知していたからであろう。

実効性の高い対策が多く提示されていることは第二の特色として上げられるであろう。たとえば、福建・広東両省が他の省から徴兵しているやり方に対して、勇敢で戦いになれた現地の福建・広東人を募集したほうが得策だと力説し（第六条）、電報を打つ際に、従来の号数法を変えて、西洋の字母に共通性のある清文を用いた方がより秘密が守れる（第八条）と提案した。また、敵に砲台を攻撃され、力量の対比がどんなに我に不利であっても、死守しなければならない制度に対して、一旦撤退して夜襲などの戦術で敵を攻撃したほうが有効だとしたうえ、敵との戦いは武器より智慧の戦いだという説を鮮明に出した。（第十二条）

そのためか、「条陳防禦事宜」は監察院経由で上奏すると上意にかない、直省の総督・巡撫などへの参考に交付されたという。(34) そして高い学歴に恵まれなかった彼も洋務の才能を朝廷に買われ、一挙に公使に抜擢されたという。(35)

このように『条議存稿』と「条陳防禦事宜」を通じて、国内外の情勢を的確に把握し、普通の書生が行いがちな理想論ではなく、実状に即した実用的な提案を献言する、というような徐のイメージが浮上してきたと思われる。

第四節　弾劾事件

上述したとおりに、徐承祖は光緒十三年十一月二十一日（一八八八年一月四日）に日本駐在公使の任期を全うした。ところが、翌年に彼を弾劾した事件が起こった。それは京畿道監察御史趙増栄が書いた、光緒十四年九月七日（一八八八年十月十一日）付の十数枚にわたる密告書簡で、徐の日本任期中の次の「罪」が摘発されている。

①私腹を肥やす、②銅価を大げさに報告する、③余った銅を隠す、④運賃を大げさに報告する、⑤利息を私にする、⑥長崎事件の対処に過失がある、⑦清算書で不正をする、⑧電信料金に不正がある、⑨不法に功労牌を作る、⑩在地の華僑にプレゼントを強要する、⑪銅価を上げて私利を図る、⑫随員の推薦に嘘をつくところがある、⑬規則に違反して随員に親類が多い、⑭性格がずるい、⑮不当に銅貿易者担当者を推薦する、⑯銅貿易担当者の推薦に嘘をつくところがある、

と多数の私利私腹を図る事例が細かに列挙されている。[36]

右に列挙された「罪」には、銅貿易に関する内容が多く含まれている。これはもともと公使の責務ではなかったらしいが、光緒十一年四月二十八日（一八八五年六月十日）に、徐は滇（雲南）銅より和銅のほうが安くて良質のため、日本で買うよう進んで上奏したのが採用されたため、その後、銅貿易に関する業務が始まったのである。[37]

事態を重く見た総理各国事務衙門は光緒十四年九月二十四日（一八八八年十月二十八日）と同十月六日（十一月九日）に、秘密に調査するよう、両江総督曾国荃と徐の後任である黎庶昌にそれぞれ厳命した。数日後、曾は同十月十八日（十一月二十一日）、黎は同十月二十八日（十二月一日）に細かい調査結果を提出した。趙が羅列した上記の徐の「罪」を裏付ける証が一つも見つからなかったという報告書であった。[38]

この報告書を受けた上層部の態度については知るすべもないが、『六合県続志稿』（巻十三・人物下）の徐承祖項に「後以銅案被議罷職」と記されているため、この弾劾で失脚したことがわかる。すると、四十代後半のその後の彼は不遇な生活をおくったはずだと想像するに難くない。それなら、彼の著書僅少の原因についても少し合点がいったような気がする。根も葉もない噂にすぎないのに、熟年の年齢でますます出世しそうな政治生活に終止符を打たれてしまった。

なお、彼を弾劾した趙増栄の事績については、『清代官員履歴檔案全編』に詳細な記録がある。[39]

第五節　弟徐承礼について

徐承礼は字乳羔、道光二十六年（一八四六）に三男として生まれ、蔭生、候選州判、加同知選であったが[40]、光緒十年十一月十日（一八八四年十二月二十日）より、兄徐承祖に随行して、神戸正理事官（月給銀二五〇両、そのうち光緒十三年正月一日〜同十一月三十日は二二五両）として光緒十三年十一月三十日（一八八八年一月十四日）まで活躍した[41]。任期満了後、知府需次の資格を与えられ、浙江省台州府知府の補欠となった。父の遺書『小腆紀年伝』（六十五巻）の補遺（五巻）を著して、伝統的学問に関する深い教養を示した[42]。彼は日本研究書を二点残している。

1　『日本識略』

南京図書館蔵、七冊、毎半葉十一行、一行につき二十三字の稿本である。題目の次の行に「六合徐承礼小彝甫輯」とされ、「小彝」とは字であろう。各冊の内容は以下の通りとなっている。（括弧内は筆者の説明）

記

一冊　表第一、統糸世次（第一世から第一二〇世今主までの天皇の世系譜）、表第二、紀年大事（中日年表）
二冊　志第一、天文・経緯・歴朔・時・気候、志第二、地里・彊域・幅員・形勢・険要、志第三、道国（各府県の地理）
三冊　志第四、府県（東京から山形県まで）、志第五、府県（石川県から北海道まで）

四冊　志第八、山川三（滋賀県・近江国）、志第九、山川四富山県（越山国から長門国まで）
五冊　志第十、山川五和歌山県（紀伊国から肥後国まで）、志第十一、山川六宮崎県（日向国から根室国まで）
六冊　志第十四、沿海三和歌山県（紀伊国から筑後国まで）、志第十五、沿海四大分県（肥後国から千島国まで）
七冊　志第十六、勝蹟・勝蹟補遺

現存の第一冊の表紙に「日本識略第二冊」（第一冊のみ）と墨書されることから、この一冊の前にまた第一冊があったはずである。さらに、内容からは、第三冊と第四冊の間に「志第六・志第七」、そして、第五冊と第六冊の間に「志第十二・志第十三」という内容の記された原稿が二冊存在していたはずだと判断できる。完本の確かな冊数については即断できないが、少なくとも十冊はあっただろうと憶測できる。

そして、ごく普通の用紙が使用された原稿の所々に白紙が残されていることから、未完の原稿であることが明らかである。巻首におしなべて「日本識略巻第」とされ、「第何巻」と記すべき所の巻数がすべて明記されていないこともその証左となるであろう。

本書の中身については、日本全国の地理を中心に編集された著書であることが、上記の簡略な紹介で見当がつく。各項目については一々典拠が挙げられ、作者の学問に対する峻厳な態度に感心せざるを得ない。主な参考書としては次のものが列挙されている。（括弧内は筆者の補足）

和書には地理局測量表録、続国史略、日本史、職官志、職原抄、明治史要、日本地理書、地理撮要、法令全書、（日本）地誌提要、日本全図、両京市誌があり、漢籍には（日本）環海険要図誌（王肇鋐）、東槎聞見録（陳家麟）、日本雑事詩注（黄遵憲）、（日本）地理兵要（姚文棟）、（遊歴）日本図経（傅雲龍）、日本国志（黄遵憲）、策鰲雑摭（葉慶頤）、

日本紀遊（李筱圃）、扶桑遊記（王韜）、使東雑詠（何如璋）、日本述略（「使東述略」か、何如璋）、談瀛録（王之春）が取り上げられている。明治初期の中国人の著した代表的な日本研究書のほとんどが視野に入っており、関心の深さが窺える。

和書では内務省地理局の編纂物が大いに生かされたようである。とくに、『日本地誌提要』が頻繁に登場し、最も参考にされた著書となっている。この本は、明治六年にウィーンで開かれた万国博覧会に出品するため、地理局地誌課（のち、地理局と変わる）長塚本明毅（号、寧海）等が編集し、同七年に改定刊行された七十七巻のもので、日本全国を各道に区分してその下に国を置き、彊域、形勢、沿革、郡数などについて述べた、主に明治十年代の日本の地理に関する簡明な読本である。最新の地理情報が簡潔に記述された最高権威を有するこの地理書は、中国の知識人たちにも重宝がられていた。たとえば、姚文棟はそれを『日本国志』（十巻、明治十七年成）と全文中訳し、黄遵憲は『日本国志』（十巻、明治十八年成）の地理と物産部分に大いに取り入れた(43)。

2　『日本輯要稾』

南京図書館蔵、一冊、毎半葉十行、一行二十三字の二十二丁の稿本である。表紙に「日本輯要稾第二本」と墨書されることから、残本であることが分かる。但し、完本の冊数は判明できない。作者は見いだせないが、筆跡や原稿用紙から徐承礼の手によるものと判断できる。南京図書館でも「徐承礼撰」としている。

学校・飲食・服飾・宮室・（歳時）・婚姻・喪葬・僕隷・娼優・姓氏・文字・方言と十二の項目に分かれて記録されているが、出典として『東槎聞見録』が多分に取り上げられている。『東槎聞見録』は、陳家麟が著した日本研究書で、経緯・歴算・気候・時刻・彊域・形勢・山川・沿海・海里・田地・建置・都会・戸口・社寺・橋梁・物産・名勝・

古蹟・宮署・皇統・親王・将軍世系・華族・歴史・政治・官制・刑罰・学校・文字・書籍・貨幣・国債・賦税・銀行・鉱山・兵制・灯台・製造・鉄道・電線・郵便・通商・姓氏・時令・人情・風俗・屋舎・街市・飲食・服飾・婚姻・喪葬・祭祀・人物・芸事・方技・流寓・遊覧・雑載にいたる五十九項目に分かれている。

「日本輯要藁第二本」の項目を見るかぎり、ほとんど『東槎聞見録』に内包されていることが認められる。内容を照らし合わすまでの余裕がないが、多くは『東槎聞見録』に準拠したと見ても間違いあるまい。陳が徐承礼の兄徐承祖の部下で、同僚でもあり、それに姪にあたる親類であるため、本書を編纂する際に種々の利便があったと考えられる。

未完成の箇所や添削がきわめて多い状態から、稿本というより書きかけた草稿といったほうが相応しい。なお、内容的に『日本識略』が地理中心であるのに対して、『日本輯要藁』は人文本位のため、互いに補完関係にある。

清末における日本研究は、『使東詩略』（光緒三年）、『扶桑遊記』（光緒五年）のような紀行文から始まり、光緒十年代の『日本国志』（光緒十三年成立）、『遊歴日本図経』（光緒十五年）を代表とする百科事典式の研究を経て、甲午戦争後の東遊日記といった日本視察記へ発展していった踪跡をたどることができる(44)。その内、第二段階における百科事典式の日本研究を、さらに並列型と綱目型に二分化することができる。項目を並列に並べただけの並列型（たとえば『東槎聞見録』）に対して、綱目型とは並べられた項目が文字通り綱と目の関係にあるものである（たとえば、『日本国志』）。『日本輯要藁』は正に並列型に属した地誌である。

結び

以上、清末の第三代駐日公使徐承祖を中心に、弟徐承礼を兼ねてその事績をめぐって論述してみた。父は翰林院検討までつとめた、清朝中枢の学者であり、世に残したおびただしい著書のなかに、百年以上経ったいまでも再版されたものがある。(45) このような書香漂う典型的なインテリの家庭に育ち、伝統的な学問について深い造詣の持ち主である徐兄弟は、科挙試験に出れば及第の可能性がないわけではない。しかし、二人とも従来の学問と相反する「経世致用」の方向へ発展していった事実が興味深い。

父徐鼒は、今の世では八股文は急務ではなく、時勢を知る者が貴しと、徐承祖らに教育したことがあり、(46) 大学者でありながら社会の移り変わりについて常に冷静に観察し、時代の本質をキャッチしていたようである。

そして、徐承祖兄弟は故郷六合で咸豊元年から同治三年にかけて蜂起した太平天国軍への防備と戦闘を父と共に経験したことがあり、(47) この体験で必ずや徐承祖の軍事を中心とした才能が磨かれ、その一部はそのまま彼の「条陳防禦事宜」に生かされたと思われる。(48) 同時に、清朝の封建体制の破綻を認識させられる契機をつくったはずであり、この破綻を克服するには、伝統的な学問だけではとうてい間に合わず、「洋務」に関する新しい知識が必要だと痛感したに違いない。そこで、政治・兵刑関係の本を博学して、地理、沿革、西洋の製造などといった新しい知識を広く身につけたという。(49)

西洋に滞在した体験も徐に大きな影響を与えただろうと想像できる。『条議存稿』は彼が国内外の体験を通じて熟考した結晶だと言っても過言ではあるまい。一方、弟は『日本識略』と『日本輯要稿』を著し、未完ではあるものの、新興の日本に対する関心の深さの一端が如実に現れている。

このように、西洋からの深刻な挑戦に直面した一部の文化人が、「伝統」を離反して急速に洋務を中心とした近代的な学問に目を移した事実は、徐兄弟を通じて垣間見ることができたと思われる。

注

（1）『敝箒斎主人年譜』、同治十三年（一八七四）刊、敝箒斎遺書本。

（2）『六合県志続稿』巻十三人物下・巻十三・文武仕宦表、民国九年（一九二〇）刊。

（3）秦国経主編『清代官員履歴檔案全編』第四冊、一二一頁、華東師範大学出版社、一九九七年。

（4）『清同光間外交史料拾遺』（全国図書館文献縮微中心、一九九二）十二冊・巻四「復核出使美国西班牙秘魯三国一年期満支銷各項経費・附清単」（光緒六年六月、八八頁）、同十三冊巻四「復核陳蘭彬出使美国西班牙秘魯三国第二次支銷各項経費摺」（光緒七年三月七日、一一〇頁）、同巻四「復核陳蘭彬出使美国西班牙秘魯三国第三次支銷各項経費摺・附清単」（光緒八年、一三七頁）。

（5）「趙増栄等参奏和調査徐承祖在日行私貪汚之有関文件」、中国第一歴史檔案館蔵『軍機処録副奏摺』、外交類・中国与日本関係、フイルム番号：五七九。

（6）「総理衙門奏報出使大臣経費開支之文件（之一）」（中国第一歴史檔案館蔵『軍機処録副奏摺』、外交類・中国与日本関係、フイルム番号：五七九）。これによると徐承祖は光緒十年十一月初十日（一八八四年十二月二十日）より同十三年十一月二十一日（一八八八年一月四日）に至るまで公使の給料（月給一〇〇〇両、そのうち、光緒十三年正月初一日～同十一月二十一日の月給は八〇〇両）を受けている、という。しかし、『清季中外使領年表』（中華書局、一九八五年、二八頁）によれば、徐の離着任の期間は光緒十年十月十日～同十三年十一月二十一日とされている。つまり着任の記述はちょうど第一歴史檔案館蔵の文書と一ヶ月ほどの食い違いがあり、明らかに『年表』のほうが間違っているであろう。

（7）何如璋時代から、横浜領事は築地・函館を、神戸領事は大阪を兼ねて管轄していたが、光緒十年から新潟・夾港へ行く中国の商人が多くなるにつれて、黎庶昌はこの両港を横浜の管轄下に入れた。しかし、その後函館・新潟・夾港における貿易業務がますます増加してきたため、横浜領事だけではとても手に負えなくなった。徐承祖は光緒十二年正月に、専任の領事を増設するよう上奏した。それが総理衙門に認められ、横浜理事署随員陳坤を函館・新潟・夾港の交渉業務の副領事として任命し、冬と夏の間、函館に派遣するようになった。「使日徐承祖奏添設新潟等処領事摺」光緒十二年正月十七日、『清季外交史料』巻六十三、二〇頁。

（8）「井上外務大臣より徐公使宛書簡」第五四二〇号、明治十九年七月十三日（光緒十二年六月十二日）、『大日本外交文書』付記六、二六一頁。

（9）「軍機処電寄曾国荃等諭旨」光緒十年十月二十四日、『清光緒朝中日交渉史料』巻五、二四頁、「閩督来電」同二十七日、二九頁、国立故宮博物院故宮文献編輯委員会編輯『宮中檔光緒朝奏摺』第二冊、光緒十年十一月一日、七〇〇頁、国立故宮博物院、一九七五年。

（10）「出使日本大臣徐承祖来電」光緒十年十月二十六日、『清光緒朝中日交渉史料』巻五、二七頁。

（11）「出使日本大臣徐承祖来電」同注（10）二十七日、二九頁。

（12）公使などが兵船に乗って赴任するのはそれまでの慣例であったが、甲申事変勃発で戦争のため兵船の備えが足りなくなったので、徐は三菱公司の船に搭乗して日本へ赴いた。『宮中檔光緒朝奏摺』第二冊、光緒十年十一月一日、六九九頁。

（13）「出使日本大臣黎庶昌来電」光緒十年十一月五日、『清光緒朝中日交渉史料』巻六十九頁、「出使日本大臣徐承祖来電」同七日、一〇頁。

（14）「北洋大臣来電」光緒十年十一月九日、同一二頁、「出使日本大臣徐承祖来電」同十一月十一日、二六頁。

（15）「出使日本大臣徐承祖来電」光緒十年十一月十三日、同三二頁。

（16）「徐承祖上李鴻章信」光緒十年十二月十五日、同巻七・八頁。

（17）王如絵著『近代中日関係与朝鮮問題』第四章、人民出版社、一九九九年。

(18) 「出使日本大臣徐承祖来電」光緒十一年三月三日、『清光緒朝中日交渉史料』巻八・七頁。

(19) 清国の水兵と長崎の巡査の争闘の原因については、女遊び説、西瓜購入時の言語不通説などと諸説紛々としている。詳細は王家倹「中日長崎事件之交渉」(中華文化復興運動推行委員会主編『中国近代現代史論集』第一五編・清季対外交渉(二)、台湾商務印書館、一九八六)を参照。また、『長崎談叢』(第十一輯、一九三二年十二月)には、当時長崎裁判所に勤務し事件後の裁判の通訳にあたった山口林三郎の回想―「明治十九年清国水兵暴行事件顛末覚書」が掲載されている。

(20) 死傷者の数について諸説があるが、一応『清光緒朝中日交渉史料』巻十・八頁「担文与日状師克爾沃問答」(光緒十二年八月三日)による。

(21) 「北洋大臣来電」光緒十二年九月二日、『清光緒朝中日交渉史料』巻十・一二頁、「北洋大臣来電」同九月三日、巻十・一三頁。

(22) 「発北洋大臣電」光緒十二年十月二十二日、「北洋大臣来電」同二十三日、『清光緒朝中日交渉史料』巻十・一九頁。なお、同じ史料は『清季外交史料』巻六十九・一八頁にも載っている。

(23) 「北洋大臣来電」光緒十二年十月二十六日、「北洋大臣来電」光緒十二年十月三十日、『清光緒朝中日交渉史料』巻十・一九頁、二〇頁。なお、同じ史料は『清季外交史料』巻六十九・二〇頁にもある。

(24) 「北洋大臣来電」光緒十三年正月七日、『清光緒朝中日交渉史料』巻十・二二頁。なお、同じ史料は『清季外交史料』巻七十・二頁にも見える。

(25) 協議書の主要内容については、①長崎事件の責任問題について各自で審理し、懲罰すべきか否かはおのおの自国の法律に照らし公平に斟酌せしめ、互いにその審理に関与しない。②被害者に対して、それぞれ賠償金を支払い、医療費については日本側が全額負担する、というものであった。賠償金については「傷多卹重」(死傷者が多いほど、賠償金を多く支払う)という原則で解決した。つまり日本側は五一、五〇〇元を、中国側は一五、五〇〇元をそれぞれ相手国に支払い、そして、医療費の二、七〇〇元は全額日本側が負担するという。「北洋大臣来電」正月十四日、『清光緒朝中日交渉史料』巻十・二三頁。

(26) 詳細は陳捷『明治前期日中学術交流の研究』(汲古書院、二〇〇三年)第三部第二章第三節、第三部第三章第二節参照。

（27）『清代官員履歴檔案全編』第五冊・四一七頁。
（28）『清代官員履歴檔案全編』第六冊・五九一頁、第八冊・二九〇頁。
（29）『六合県続志稿』巻十三・文武仕宦表、巻十五・芸文志上。
（30）識語を書いた者は呉嘉善（不詳）・唐毓慶（不詳）を除いて、謝伝烈・陳家麟・梁継泰・厳士琯・陳明遠（兼参賛）・姚文棟はすべて徐承祖の随員であった。また、陳允頤は前任黎庶昌時代の横浜正理事官で、孫点はのち黎庶昌の随員となった。
（31）黎庶昌『拙尊園叢稿』巻五。なお『敬陳管見摺』の書かれた時期について、張海鵬は光緒十年五月だと主張する。同『追求集：近代中国歴史進程的探索』一三八頁、社会科学文献出版社、一九九八年。
（32）『条議存稿』光緒十二年版巻末にある徐承礼の識語。
（33）『条議存稿』光緒十二年版巻末にある徐承祖の識語。
（34）注（33）に同じ。
（35）注（5）に同じ。
（36）注（5）に同じ。
（37）『宮中檔光緒奏摺』第二冊、光緒十一年四月二十八日・七四四頁。
（38）注（5）に同じ。
（39）『清代官員履歴檔案全編』第四冊・七三八頁、第五冊・一三七頁、第二八冊・一一七頁、一一八頁、一二一頁。
（40）『六合県続志稿』巻十三・人物下。
（41）「総理衙門奏報出使大臣経費開支之文件（之二）」による。前掲『軍機処録副奏摺』。
（42）『六合県続志稿』巻十三・人物下。
（43）拙稿「黄遵憲と姚文棟——『日本国志』類似表現考」、一九九九年五月復旦大学日本研究中心第九届国際シンポジウム発表論文、胡令遠・徐静波編『近代以来中日文化関係的回顧与展望』所収、上海財経大学出版社、二〇〇〇年。
（44）拙稿「中国史上における日本研究の一分類」、浙江大学日本文化研究所編『江戸・明治期の日中文化交流』所収、農文協、二〇〇〇年。

（45）徐承祖の父徐鼒の著書については、たとえば、『読書雑釈』（十四巻、『叢書集成続編』第十八冊、台湾新文豊出版社）、『小腆紀年附考』（二十巻、王崇武校点、中華書局、一九五七年）、そして『小腆紀伝』（六十五巻、補遺五巻、『清代伝記叢刊・遺逸類四』、台湾明文書局）などの再版が知られる。

（46）「星使常拊膺自嘆曰：恨平生不得一第。又自述先大夫庭訓曰：当今之世、帖括非急務、所貴者識時務耳」とある。『条議存稿』光緒十二年版の巻末にある蔡軒の識語、光緒丙戌（十二年）九月六日。

（47）徐鼒は在籍検討として「総巡挙人」などを担当した。『六合県志』巻六、「兵事考」・三頁。なお、徐承祖の兄徐承禧は、『六合県志』巻六、「兵事考」所収の地方民団に関する記載ミスについて、数十条指摘している。民団と関わりの深いことが窺える。

（48）徐承祖曰く「臣於同治元年間、曾在福建管帯閩広壮勇」とある。「条陳防禦事宜」第二条。

（49）「是以観星使学識固淵源有自、而又博覧夫政治、兵刑之書、従観夫山河形勢之険、歴代沿革各省利弊、諸邦風俗、洋人製造、挙無不羅于胸中」とある。『条議存稿』光緒十二年版巻末にある蔡軒の識語、光緒丙戌（十二年）九月六日。

第七章　王肇鋐およびその『日本環海険要図誌』の研究

はじめに

中国の長い日本研究史の中で、地理研究の一環として日本の地図が多数描かれてきた。宋の時代にできた『歴代地理指掌図』所収の「古今華夷区域総要図」は、日本が描かれた世界最古の地図だと指摘されている。[1] 元代にも『声教広被図』のような注目すべき日本の地図が描かれたが、倭寇に悩まされた明代には、『日本国考略』『籌海図編』『日本一鑑』等の日本研究専門書所収の日本地理図や『朝鮮日本図説』等、枚挙に遑がないほど大量に誕生した。清代に入ると、『吾妻鏡補』の中に「日本国図」と「長崎図」が所載され、日本の地理に対する研究が深まった。その後、一八四〇年に勃発したアヘン戦争は、中国をはじめとする東洋に激甚な衝撃を与え、従来の世界観を根本的に改変するものがあった。その時代の反映として近代的な視野から世界を再認識しようとする動きが見られ、『瀛寰志略』『海国図志』等の世界の情勢を広く捉えた著書が生まれた。これらの著書に日本図も描かれているものの、強硬な姿勢で清朝に臨んだ西洋がクローズアップされており、日本はむしろ付随的な存在としての登場で、描かれた地図に多くの誤認が存在し、顧みるに値するものは少なかった。

下って清の後期つまり明治時代になれば、日本の開国に伴って中日間に種々の摩擦が生じたことを受けて、日本への関心が高まり、訪日の中国人が次第に増加してきた。その中で日本旅行記や日本視察記等、従来と異なった新しいジャンルの日本研究書が生まれ、そのうち、いままでの日本地理に関する不完全乃至は誤った知識を正そうと、明治日本の地図も多数描かれた。王之春『談瀛録』（四巻、一八八〇年）に所載の「朝鮮連日本図」「日本国地輿図」「中国界連日本図」、陳家麟『東槎聞見録』（四巻、一八八七年）に所収の「日本四大島全図」、葉慶頤『策鰲雑摭』（八巻、一八八九年）に掲載された十一枚の各道の地図、そして傅雲龍『遊歴日本図経』（三十巻、一八八九年）に図示された「日本国計里総図」、および四十六枚の府県庁分図等は、その典型例であろう。これらの日本図が出現した背景には、軍部の高官である王之春のごとく、明確な軍事的な意図に基づいた者もあれば、陳家麟・葉慶頤・傅雲龍のように、普通の意味でより正確に日本を認識し、紹介しようとした者のほうがもっと多かろう。

しかし、以上のような地図は、中国人が著した総合的な日本研究書の巻頭に付随したもの、乃至は著書のごく一部分にすぎなかった。純粋に地理の見地からの研究といえば、王肇鋐の『日本環海険要図誌』が唯一の存在かもしれない。本論は見落とされてきた『日本環海険要図誌』とその著者王肇鋐の事跡を解明し、それを通じて明治前期に展開された中国人の日本研究の新しい側面を明らかにしようとしたものである。

第一節　『日本環海険要図誌』について

1　書　誌

『日本環海険要図誌』（以下、「図誌」と略す）は二十巻、残十巻（第十一巻～二十巻）、十冊、中国国家図書館蔵。無題箋、四周双辺、柱・丁数のない罫紙に毎半葉十行、一行二十五字で書写された写本である。各冊の冒頭に該当巻の目録があり、目録と本文の丁数は下記のとおりである（括弧内は目録＋本文の丁数。但し、第一冊のみは目録等＋本文の丁数）。

第一冊（第一巻）　一一一丁（十七＋九十四）
第二冊（第二巻）　六十二丁（四＋五十八）
第三冊（第三巻）　八十丁（六＋七十四）
第四冊（第四巻）　七十一丁（七＋六十四）
第五冊（第五巻）　四十一丁（四＋三十七）
第六冊（第六巻）　三十四丁（三＋三十一）
第七冊（第七巻）　三十八丁（五＋三十三）
第八冊（第八巻）　三十七丁（四＋三十三）
第九冊（第九巻）　一二〇丁（九＋一一一）
第十冊（第十巻）　七十七丁（六＋七十一）

各冊は三十四丁（六冊）から一二〇丁（九冊）にかけてまちまちの分量で、総計六七一丁（四十五＋六二六）、字数（本文）一五六、五〇〇（六二六丁×二五〇字）となっている。

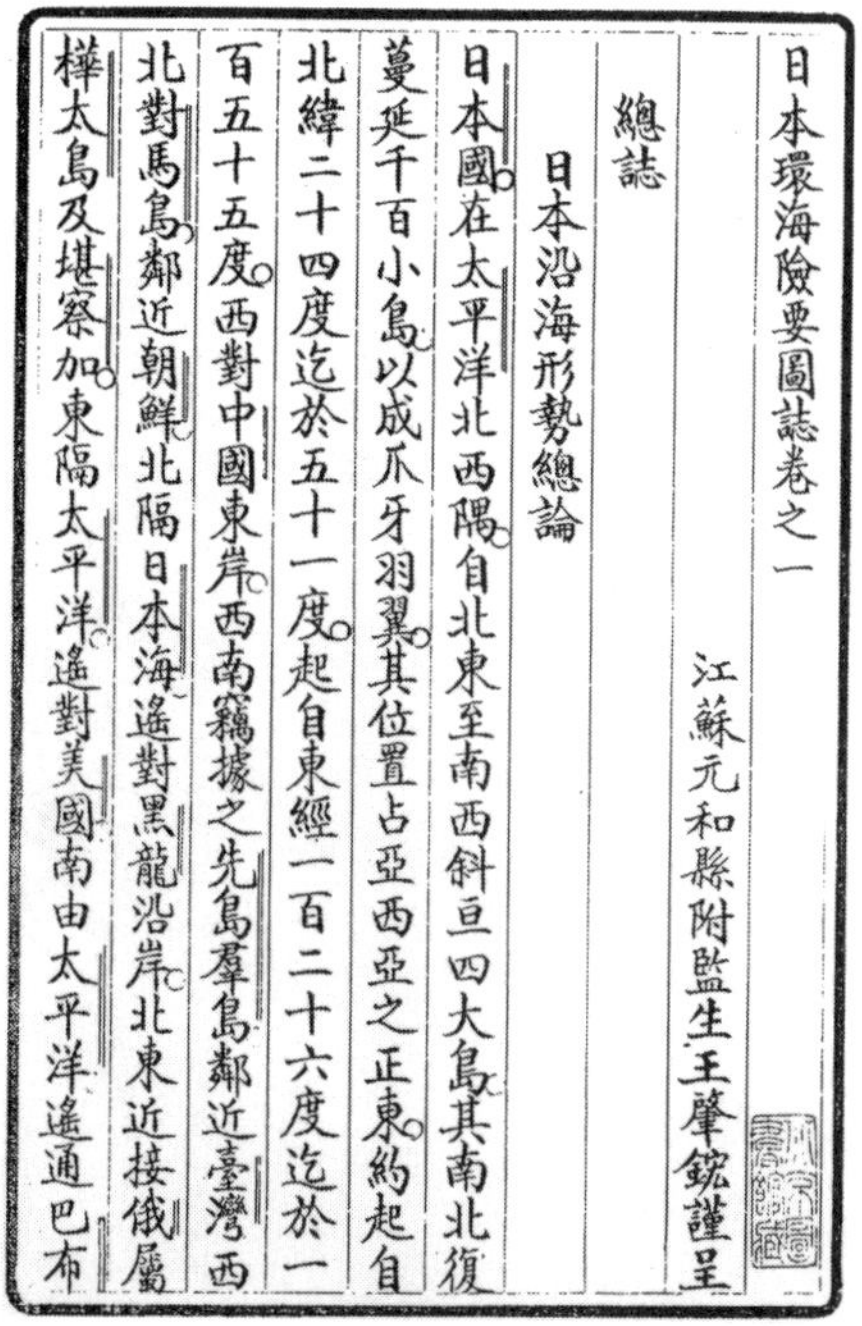
日本環海險要圖誌卷之一
江蘇元和縣附監生王肇鋐謹呈
總誌
日本沿海形勢總論
日本國在太平洋北西隅自北東至南西斜亘四大島其南北復
蔓延千百小島以成爪牙羽翼其位置占亞西亞之正東約起自
北緯二十四度迄於五十一度起自東經一百二十六度迄於一
百五十五度西對中國東岸西南竊據之先島羣島鄰近臺灣西
北對馬島鄰近朝鮮北隔日本海遙對黑龍沿岸北東近接俄屬
樺太島及堪察加東隔太平洋遙對美國南由太平洋遙通巴布

図17　『日本環海険要図誌』巻首（国家図書館蔵）

第一冊の巻首に「日本環海険要図誌巻之一／江

蘇元和県附監生王肇鋐謹呈」（図17参照）と記され、上呈本であることがわかる。「北京図書館蔵」という蔵書印しかないため、それまでの持主を知るすべはない。しかし、第一冊に「鴛湖沈氏海日楼蔵書／日本環海険要図誌／抄本／缺十巻」という付箋が挟まれているので、沈氏海日楼の旧蔵であることが認められる。沈氏とは沈曾植（一八五〇－一九二二）のことで、浙江省嘉興の人、字は子培、号は乙庵、晩年、寐叟と号する。光緒六年（一八八〇）の進士で、刑部主事、総理衙門章京、江西広信知府、安徽提学使、安徽布政使等を歴任。(2) 歴史、金石、文学、音韻、書道に長じ、清朝滅亡後、上海に寓居した。付箋に記した鴛湖とは現在の南湖で、嘉興を代表する湖であることから、嘉興のことを指す。沈は「海日楼」という書斎を有し、『海日楼蔵書目』『海日楼文集』等がある。

2　成　立

本書は成立するまで二段階を経た。

此書本分十二巻、成於光緒十三年冬間、書中収羅之実測図籍、則於十二年為止。（凡例第一条）

元十二巻で、光緒十二年（一八八六）までの日本側の実測図等の資料に基づき、同十三年（一八八七）の冬に成立させた、という。また、この凡例が書かれた光緒十七年に先立つ三年、つまり光緒十四年（一八八八）に、作者はより詳細な情報を披露している。

余自乙酉歳東遊日本、（中略）博採各種沿海実測図録、両逾寒暑、訳輯成書、名之曰日本環海険要図誌。

（『日本全国海岸図』識語）

乙酉歳とは、光緒十一年（一八八五）にあたり、この年に日本を訪れた作者は、二年掛けて沿海実測図籍を広く捜羅し、それらを訳して日本環海険要図誌にまとめた、という。したがって、作者は光緒十一年から同十三年の冬まで来日し、日本側の沿海実測図籍を訳し十二巻分の初稿を成したことがわかる。

今回の訪日の目的について、作者は『銅刻小記』（後述）の「自序」でこのように述べている。

天下事有一技一物、雖至纖至微、用之得当、因小以成大、足以立功而顕名。宋人不亀手之薬、用於洴澼絖耳、一善用之、即利於水戦、得裂地而封。然非買以百金研精而習之、亦不能適於用也。

宋の不亀手の薬を挙げ、小さな技術であっても、うまく活用さえすれば大きな役割が果たせる、という。作者は続けて言う。

鋐一介諸生、痛先人之賷志以終也。思為有用之学以継先志、遂東遊日本。自揣不文、惟於輿地為性之近。但孤寒無力、提挈無人、薄遊三載、始尽得其沿海各島険要、有未備者、更輾転求諸彼国海軍署中、成書十二巻、於口岸形勢纎悉畢載。

私は一介の書生にすぎないが、先人の志を継ぎ、有用の学問を学ぶべく訪日した。地理学に向いてはいるものの、経済的ゆとりもなく、採用してくれる人もなかった。三年間滞在してはじめて沿海各島の険要を知ることができた。さらに、その不備を海軍省で補完し、十二巻を成して、港の形勢を悉く記した、という。これを見ると、作者は実用の学問――地理学を求めるために来日し、三年の歳月を閲して『図誌』十二巻を完成したのである。作者はさらに著書完成後の事情を書きつづけている。

是時、遵義黎公出使是邦、先以呈之公、公閲而首肯、今年（光緒十五年）春始得以咨達海軍及総署、北洋諸処。祇以巻帙繁重、図幅纖細、力難付鐫、僅於戊子（光緒十四年）春将総図付諸銅版。（下略）

ちょうど駐日公使黎庶昌が来日したため、本書を見せ首肯してくれた。そして、光緒十五年（一八八九）の春、本書を海軍・総理各国事務衙門・北洋大臣の所へ上呈した。しかし、本書は分量が多く、図が細かいゆえ、上梓することが難しい。そのうちの総図のみが光緒十四年（一八八八）の春に銅版で印刷されたのである、という。黎庶昌は公使として二度日本に駐在したことがあるが、これは光緒十三年十一月十九日から光緒十六年十二月二十日までの二度目の駐在であろう。黎庶昌の報告を受けて、総理衙門などが如何なる返事を出したかは判らないが、王肇鋐がその後在日清国公使館に派遣されたので、『図誌』は総理衙門からも認められたのであろう。(3)

自奉総理衙門咨送日本使署増輯以来、十六年二月迄十七年十二月、又加二年之工、已将所関測量事実収至本年（光緒十七年）為止。訛者正之、畧者詳之、闕者補之、較前已多三分之一、故今改訂為二十巻。（凡例第一条）

総理衙門より光緒十六年（一八九〇）二月から同十七（一八九一）十二月まで在日本清国公使館に派遣されて以来、今年（光緒十七年、一八九一）までの測量関係の資料を収めた。初稿のミスを訂正し、簡略な箇所を増補し、欠如した部分を補完して初稿より三分の一の分量を増補したため、二十巻に改訂した、という。

要するに、王肇鋐は光緒十一年から同十三年冬までの第一回の来日中に本書十二巻を編集翻訳し、そして光緒十六年二月から同十七年十二月までの二度目の公費来日中に、さらに本書を二十巻に補訂増補したのである。

3　構　成

第二冊（第二巻）～十冊（第十巻）は一律に目録と本文から成るが、第一冊（第一巻）は「日本環海険要図誌凡例」（三丁）、「羅盤図式」（半丁）、「日本環海険要図誌総目」（十丁）、「日本環海険要図誌巻之一目録」（二丁半）、「日本全国海岸図」（一枚）、そして本文（九十四）から構成される。

「日本環海険要図誌凡例」は十七条から成り、第一条は、すでに引用したとおり本書の成立経緯についての説明で、第二条は、第一巻から第二十巻までの内容に関する紹介である。第三条では「此書専攷海岸岬湾之凸凹状勢、島嶼礁灘之大小位置、航路錨地之深浅底質、潮汐之遅速、渡航之方向、入港避険之準標。因日本四面環海、得其門則攻守皆便、失其門則攻守皆難、故首以其沿海形勢考察焉」とし、日本は海に囲まれているため、これらの沿海の様子が分かれば、攻守するに便利だという認識を示している。第四条以下は、本書の分類（第四条）、使用された漢字－国字と訳語（第五条）、里・縺・間・尋の単位（第六、七、八、九条）についての解説で、第十条では航海保全に必要な水路事項－行船法程・危険な暗礁を必ず各項目の後ろに明記すとし、第十一条以下は経緯度・灯台（第十一条）、方向（第十二条）、固有名詞（地名・人名・船名）（第十三条）、風向（第十四条）、岸の左右表示法（第十五条）等についてのコメントである。

最後の第十六条、第十七条は、後述のように引用書目と海図についての説明である。

「凡例」に次いで「羅盤図式」「日本環海険要図誌総目」がある。「総目」では第一巻北太平洋海流図から第二十巻琉球国誌までの総目録が書き連ねられており、詳細は附録を参照されたいが、各巻は先に図（後述）があり、最後に「誌」、つまり該巻の地理に関する詳細な内容が記されている。「誌」の内容は概ね次の通りである。

第一巻　総叙（環海全岸形勢・天時・風信・潮流・海流・経緯度表・航海法）
第二巻〜第六巻　九州（北西岸・西海岸・南西海岸・南東海岸・豊後水道）
第七巻〜第八巻　四国（南海岸・紀伊水道）
第九巻〜第十三巻　中土（南海岸・南東海岸・東海岸・北海岸・北西海岸）
第十四巻〜第十六巻　日本内海
第十七巻　北海道・千島列島
第十八巻　豆南諸島
第十九巻　州南諸島
第二十巻　琉球及びその属島

総目の後に「日本環海険要図誌巻之一目録」と「日本全国海岸図」が続く。詳細は後述する。

4　地　図

本書は、書名に示したように日本の沿海図誌に関する本であるゆえ、数多くの図が収録されている。北太平洋海流図、北太平洋風図、日本近海海風図（第一巻）から琉球群島総図、運天奥分図、那覇港分図、慶良間海峡分図、先島群島総図、狩股錨地分図、石垣島石垣泊地分図（第二十巻）までに至り、附図を計算外にしても一二二枚にも上っている。それは九州総図（第二巻）、天草列島及八代湾総図（第四巻）、豊後水道総図（第六巻）といった総図もあれば、呼子港分図、伊万里湾泊地・水道分図、平戸海峡付江袋湾分図、壱岐島分図（第二巻）等の分図も多数含まれており、全国沿海図が全面的に網羅されている。

しかし、これらの一二二枚の図は一枚しか印刷されていない。前述の第一冊の本文の前に折り込まれた「日本全国海岸図」である。この図は光緒十四年（一八八八）、つまり王肇鋐が一回目に来日した際に上梓されたもので、真中上に「日本全国海岸図」と記され、右上の東山道から真中の北陸道、東海道、畿内、山陰道、山陽道、南海道を通り、左下の西海道に至るまでの地図である。そして右下は豆南諸島、左上は州南諸島（沖縄）・千島列島・北海道である。真中下に「凡例」六条があり、本図の主旨は、日本沿海の「岬角、港湾、島嶼、岩礁、潮流、山高、水深等類」を詳らかにすることにあり、全国を九州、四国、中土（本州）、北海道、豆南諸島、州南諸島、千島列島と七区に区分し、そのうちの前の四区は、さらに八道（東海道十五国、東山道十三国、北陸道七国、山陰道八国、山陽道八国、南海道六国、西海道九国、北海道十一国）一畿（八国）に分けている、という。明治初期の日本で普通に行われていた全国区分を踏襲したものと思われる。そして、凡例の左隣に作者の光緒戊子（十四年、一八八八）正月付けの「附識」が記されている。「附識」の一部の内容はすでに引用したが、それによれば、「奈刊刻無資、鈔写非易、今先将総図付銅鐫以公諸世、欲覧東国形勢者、亦足識其大概。至其余各分図、惟望当道臣公採訪実事者、有以襄助成之則幸甚」と図の上梓のための資金もなければ、書写も容易なことではないゆえ、先にこの総図（日本全国海岸図）のみを銅板印刷に付し、その他の図は助成があればと言っている。

しかし、王肇鋐を悩ませた出版助成は、三年後の光緒十七年になっても依然未解決のままである。

閲此書者自必与海図対観、惟此次雖増輯大備、而目中所列之図非尠、尚未請有経費開刻、故有誌而無図。

（『図誌』「凡例」第十七条）

と本書の閲覧にあたり海図は不可欠であるが、その量が膨大につき、出版費用の目処が立っていない。そのため、本書は「誌」のみで、「図」がないという。

したがって、本書は一二二枚の図の目録は「総目」に記されているものの、図そのものは「日本全国海岸図」しか刊行されていないのである。

第二節　『日本環海険要図誌』の参考書について

『図誌』は本人も認めているように、日本側の資料を集め、翻訳した著書である。彼は「凡例」第十六条に、本書の参考書として次のように掲げている。

一　書中引用之図籍、日本寰瀛水路誌、東京府地誌、京都府沿海誌、神奈川県沿海誌、和歌山県沿海誌、愛知県沿海誌、大分県沿海誌、山形県沿海誌、日本地学辞書、日本地誌提要、伊能忠敬日本実測録、灯台局航海標識便覧表、海軍省実験筆記、水路報告等雑誌百余種、文部省日本全図、内務省府県分轄図、大日本府県分轄図、内務省日本全図、海軍省実測海図一百四十余幅、英海軍海図若干幅。

「文部省日本全図」を区切りに地誌と地図（海図）が二分され、前者は十四点、後者は最後の「海軍実測海図」一四〇点、「英国海軍海図」若干点のほか、四点の地図が挙げられている。いったい『図誌』は上記のどの資料に基づき翻訳したのか、筆者はこの問題をめぐって調査することにした。以下、まず上記参考資料の調査結果を紹介して、それから特定作業に入りたい。分析の便宜上著者順に並べ替えたものである。

（1）　日本地誌提要

七十七巻、内務省地理局塚本明毅他編、明治五年～明治九年に刊行された四冊本（国会図書館蔵）、明治七年～明治十二年に刊行された二十冊本（内閣文庫蔵）、があるが、共に（東京）日報社の出版である。そのほか、臨川書店（一冊、一九八二年）とゆまに書房『内務省地理局編纂善本叢書』（明治前期地誌資料四～七、四冊、一九八五年）による復刻版がみられる。この本は「総国」を首に置き、以下、五畿七道の順に記述し、琉球、北海道を以て終わる。国ごとに、彊域・形勢・沿革・郡数・戸口・田圃・租税・府県治・軍鎮・学校・名邑・山岳・原野・河渠・湖沼・港湾・岬角・島嶋・暗礁・灯台・灯船・浮標・工場・物産など二十四項目を立てて、片仮名交じり文で記されている。明治後刊行された日本最初の統計的辞書的な官撰地誌ともいうべき学術性の高いものと言われている。

（2）　内務省府県分轄図

正確には大日本府県分轄図。一冊、内務省地理局明治十四年（一八八一）出版、宮内庁書陵部・東京大学史料編纂

所蔵、地図資料編纂会編『明治前期内務省地理局作成地図集成』第二巻（柏書房、一九九九年）所収。内容は後述の『大日本国全図』と変わらないが、携帯に便利なように十四枚に分割したもの。第二図に記された識語によれば、もっぱら行政上郡区管轄を周知する目的で、三府三十七県及び北海道を十五枚の地図に作成した。郡区編制一覧表が分割され掲載されている。吉田晉、高橋不二雄製図、結城正明鐫、欄外に「発兌　芝柴井町松井忠兵衛、両国吉川町塩島一介」とある。彩色印刷。

（3）内務省日本全図

正確には大日本国全図。一枚、地理局地誌課明治十四年（一八八一）出版、同十六年（一八八三）補正、宮内庁書陵部蔵、地図資料編纂会編『明治前期内務省地理局作成地図集成』第二巻（柏書房、一九九九年）所収。河川、主要な道路、地形が描き込まれており、「大日本府県分轄図」になかった北海道が追加されている。

（4）内務省海道航線図

未見。

（5）東京府地誌、京都府沿海誌、神奈川県沿海誌、和歌山県沿海誌、愛知県沿海誌、大分県沿海誌、山形県沿海誌

内閣文庫、東京大学史料編纂所図書館などで未見。

（6）日本寰瀛水路誌

正確には寰瀛水路誌。海軍省水路部刊行、後述。

（7）海軍省水路報告等雑誌百余種

未見。ただし、『水路報告』は、明治十二年（一八七九）十月から海軍省水路局が航海者に配布した航路告示で、あ

わせて二二三六号を発行した。同十九年（一八八六）二月より誌名を『水路告示』と改称し引き続き発行した。(4)

（8）　海軍省実験筆記
　未見。

（9）　測量部二十万分之一地図百余幅
　正確には輯製二十万分一図。明治十九年（一八八六）から同二十六年（一八九六）にかけて参謀本部陸地測量部が作成した、ほぼ日本全域にわたった一五三面の地図である。『幕末・明治日本国勢地図：初版輯製二十万分一図集成』（柏書房、一九八三年）という復刻版がある。

（10）　測量部二万分一地形図若干幅
　正確には正式二万分一地形図。陸軍測量部、明治十八年（一八八五）から大正元年（一九一二）にいたる間に、重要な地域に一二三五面を完成。日本最初の正式地形図。『正式二万分一地形図集成』（柏書房、二〇〇一年）という復刻版がある。

（11）　文部省日本全図
　真中上に「日本全図、明治十年九月文部省宮本三平製」とあり、「東部」と「西部」と二枚に分かれ、東京結城正明鐫とされている。早稲田大学図書館蔵。同図に記した宮本の識語によれば、伊能忠敬の実測図、海軍省の沿海実測表、天保年中幕府の諸藩より徴した図等に基づき作成した。北海道から琉球まで集録された全国地図で、地名が特に詳細で、山川、村里の位置呼称まで記載されている。彩色印刷。

（12）　灯台局航海標識便覧表
　正確には航路標識便覧表。一冊、逓信省燈台局編、明治二十二年一月改正出版、内閣文庫蔵。燈標・浮標・立標と

分類し記録した全国の航路標識のマニュアルである。明治二十三年一月、明治二十四年一月の改正版がある。

（13）　伊能忠敬日本実測録

十三巻首一巻、伊能忠敬測録、大学南校明治三年（一八七〇）刊行、内閣文庫蔵。巻頭に源慶永（明治三年）・高橋景保（文政四年）の序文、伊能忠敬の自序があり、大学南校（後の東京大学理科大学の前身）伊藤明徳の記した「附言」（明治三年）によれば、伊能図は既刊であるが伊能実測録ははじめての刊行である。全国各地の街道・沿海の距離、島嶼・湖沼の面積等が記録された漢文書籍である。

（14）　伊能忠敬日本実測図

伊能忠敬（一七四五～一八一八）は幕命を受けて行った測量図、日本最初の実測地図。[5] 下記の復刻版が見られる。日本国際地図学会監修『伊能中図［地図資料］：大日本沿海実測図』（武揚堂、一九九三年）、清水靖夫他編『伊能図』（武揚堂、二〇〇二年、東京博物館蔵伊能中図原寸複製）、鈴木純子、渡邊一郎編『伊能図集成［地図資料］：「大図」「小図」最終上呈版』（柏書房、一九九九年）。

（15）　松本氏里程測量図

正確には日本各駅里程測量全図。一枚、松本弘編、小川道治他明治十九年刊行、銅版、東京本所勉致舎山中栄三刻、内閣文庫蔵。彩色で当時日本全域と三府（東京・京都・大阪）・七港（函館・横浜・新潟・長崎・横須賀・那覇・神戸）が分図で描かれている。また、府県、三府隣県間の里程の表があり、各国（藩）の田地・畑地・宅地一覧表がついている。明治十九年（一八八六）六月付けで細川潤次郎の寄せた序によれば、作者が十年掛けて自ら測量し他の資料を参酌してできたものである。松本はほかに『阿波国全図』（明治十年）がある。

（16）　日本地学辞書

一冊（本文七二八頁）、河井庫太郎編集、河井鱗蔵訂正、中屋活版所明治十四年（一八八一）出版、内閣文庫・早稲田大学蔵。日本語で道・国・郡・府・県・街市・街道・駅・村・山陵・山嶽・峰・峠等の内容を伊呂波順に並べ、読み・所在・簡略な解釈を加えたものである。巻頭に塚本明毅と渡辺洪基の序文、巻末に鈴木敬作・鈴木安襄・河井鱗蔵、および父梅所の跋文（日付は共に明治十七年）がつく。日本最初の地理辞書である（塚本明毅の序による）。

以上『図誌』に掲げられた参考資料について紹介してきた。明治前期の官撰事業として、地図作成は主に内務省地理局、陸軍省測量部、海軍省水路部、文部省で行われ、地理（地誌）研究は主として内務省地理局で行われた。以上解説した1～4番は内務省、5～8番は海軍省、9、10番は陸軍省、11番は文部省、12番は逓信省の編纂物である。13・14番は江戸時代の伊能実測録・伊能図であるが、明治になってからも内務省・陸海軍・文部省に各種の地図編集に利用された(6)。そして、15番の『日本各駅里程測量全図』も伊能図を参酌した上、さらに補完した特色ある地図である。16番の『日本地学辞書』の著書河井庫太郎は、そのほかに『大日本府県志』（十四巻、二冊、明治二十三、二十四年東京秩山書房・博聞社活版）、『護良親王甲斐国遺跡考』（一冊、明治二十三年東京出版）、『明治庚寅年災異予論』（一冊、明治二十三年東京長尾景弼出版。以上共に内閣文庫蔵）があり、地理学の専門家である。要するに以上の資料は当時日本のもっとも権威の高い機関と研究者が編集した成果であることが明らかにされた。

第三節　『日本環海険要図誌』と『寰瀛水路誌』

では、王肇鋐は上掲の日本最先端の研究成果のうち、どれを翻訳したかについて突き詰めることにしよう。

1　『寰瀛水路誌』について

『寰瀛水路誌』は海軍水路局が明治十四年から同二十一年にかけて発行した世界水路誌である。水路局は、世界各地の水路誌の翻訳を図るべく、明治十一年（一八七八）に全世界を包含する英版水路誌など一四二五冊を購入した。(7)

初代水路部長柳楢悦が本書第一巻に寄せた序で、

先ズ英米各国ノ水路誌中其最モ新刊ニシテ且ツ精正ナル書ヲ選抜シテ之ニ内外人ノ測量報告等ヲ加ヘ題シテ寰瀛水路誌ト曰フ。之ヲ分チテ百巻トナシ端ヲ本邦ヨリ起シ逐次沿海ノ各部編集ニ着手ス。

と英米版の資料を中心に水路誌を百巻まで翻訳しようとした大計画であった。しかし、この計画は七年後になって肝付兼行新水路部長のもとで見直されることとなり、実際刊行を確認できたのは次の十五巻である。

第一巻　日本、十編、明治十八年、十九年刊（後述）。
第二巻　朝鮮及び沿海州、六編、上野清、内田成道、嘉納謙作輯、明治十六年刊。

第三～八巻　支那沿岸、二十二編、黒野元生、内田成道（第六巻十編のみ）訳、明治十四年～十七年、十九年刊。
第十、十一巻　温徳斯坦、十二編、金木十一郎訳、明治十五年、十八年刊。
第十二巻　波斯海湾、八編、堀江忠重訳、明治十五年刊。
第十五巻　北太平洋諸島、十編、岩間侃次郎訳纂、明治十九年刊。
第十六、十七巻　新西蘭、十一編、東方覚之訳、明治十五年、十六年刊。
第十八巻　南太平洋諸島、八編、内田成道訳纂、明治二十一年刊。

いずれも内閣文庫の所蔵で、第一巻と第二巻を除き翻訳が中心であった。そして、第九、十三、十四巻は未見で、果たして世に生まれたか否かもつまびらかではない。

2　『寰瀛水路誌』第一巻について

第一巻日本と第二巻朝鮮のみが翻訳でなかったのは、英米の水路誌に誤りが多くて、日本人自らの測量を待たねばならなかったからである。(8) したがって明治十八年、十九年に誕生した日本巻は、他の巻に比較して刊行は遅延したものの、沿岸における日本最初の水路誌として注目されている。(9)

本書は上下二巻（二冊）に分かれ、上巻（第一冊、第一編～第五編）は大日本沿海南東部にあたる内容で、海軍水路局が明治十八年（一八八五）六月の刊行にかかるものである。序（六頁）、編纂縁起（八頁）、凡例（三頁）、寰瀛水路誌巻一上総目次（二三頁）、折込図二枚「北太平洋風図」「北太平洋海流図」、そして本文（一〇二二頁、四十四万字）、日本沿海各地経緯度表（五頁）、日本沿海各地潮信表（二頁）、寰瀛水路誌巻一上地名索引（三五頁＋正誤表二頁）という構成となっている。

序は水路局初代局長、海軍少将正五位勲三等柳楢悦が明治十八年（一八八五）三月付けで書いたもので、先に触れたように本書編纂の経緯について述べられている。

「編纂縁起」は、同じ日付で編纂兼校刊主任、水路局図誌課副長、海軍省御用掛石川洋之助が記したもので、そのうち本書の参考文献について詳細に触れている。主に水路局実測海軍将校の実験筆記、沿海府県海岸取調書（沿海誌）、一八八四年英国水路局が刊行した支那海針路誌第四巻であるが、伊能氏実測地図（第二編〜五編、七編）、東京府地誌（第二編）、京都府沿海誌（第六編）、神奈川県沿海誌（第二編、第三編）、和歌山県沿海誌（第三編、第五編）、愛知県沿海誌（第三編）、大分県沿海誌（第五編）、山形県沿海誌（第七編）もそれぞれ参考引用している、という。このように見ると、王肇鋐が掲げた参考書の大半は孫引きかもしれない。

「編纂縁起」に続き凡例がある。あわせて九条記されているが、その第八条に曰く、

本書ヲ看ル者ハ必ラス其関係海図ト参照セサルヘカラス故ニ、巻首ニ海図式ヲ挿入シ以テ海図ヲ用フル者ノ便ニ供ス。又巻中重要ナル関係海図ハ本文中ニ注記セリ然レトモ尚ホ遺脱セル処ハ巻首ニ挿入セル海図索引ニ就キテ其関係図ヲ索メ之ヲ参看スヘシ。

海図式と海図索引が巻首に付けてあるという。後者は第二冊に一枚の折込図「海軍省水路局刊行海図索引図」を指すものと思われるが、前者については、内閣文庫本では未見で、国会図書館蔵本に「日本海軍水路局海図式」が折り込まれている。(10)

『寰瀛水路誌』下巻（第二冊、第六編～第十編）は、大日本沿海北西部に相当する内容で、海軍水路局が明治十九年（一八八六）三月の刊行にかかるものである。構成は第一巻上とほぼ同様で、編纂縁起（五頁）、総目次（二〇頁）、折込図「海軍省水路局刊行海図索引図」（一枚）、本文（八八四頁、三十八万字）、日本沿海各地経緯度表（五頁）、日本沿海各地潮信表（二頁）、寰瀛水路誌巻一下地名索引（二八頁＋正誤表三頁）となっている。

「編纂縁起」は、第一巻上と同じ肩書きの石川洋之助が明治十九年（一八八六）一月に記した第二冊（六編以下）に関する説明であり、第一冊の「編纂縁起」と重なるのが多いが、若干書き直した箇所もある。

要するに『寰瀛水路誌』第一巻上下二冊は本文だけでも約二千頁、八十二万字にのぼる膨大な分量の著書である。

3　『日本環海険要図誌』との比較

以上は、『寰瀛水路誌』を紹介したが、次に『図誌』との比較を行いたい。まず、次の『寰瀛水路誌』（第一巻）と『日本環海険要図誌』総目録対照表を見よう。

この表から両書の間に配列順の相違はあるものの、章の名称はほぼ一致していることから、『図誌』は紛れもなく『水路誌』を参照したことが判る。しかし、巻の配列順については、『図誌』ではつぎのような改変が行なわれている。『水路誌』では、第一編「総論」の次に大きくいえば、太平洋側（第二～四編）、内海（第五編）、日本海側（第六～七編）、北海道（第八編）、九州（南西、北西）（第九編）、州南（南西）諸島（第十編）という順に記述されている。沿岸防備上における重要度に基づき、当時の日本海軍はこのような章立てをしたのであろう。これに対して『図誌』では、「九州」（第二～六巻）が先立ち、それから四国（第七～八巻）・中土（第九～十三巻）・内海（第十四～十六巻）・北海道（第十七巻）・豆南諸島（第十八巻）・州南諸島（第十九巻）・琉球国（第二十巻）へと続く。つまり、首都から地方へととい

表1　『寰瀛水路誌』（第一巻）・『日本環海険要図誌』総目録対照表

寰瀛水路誌（第一巻）	日本環海険要図誌
第壱編日本沿海総論	第一巻総叙
第二編中土南東岸及東岸	第十巻中土南東海岸誌 第十一巻中土東海岸誌
第三編九州南東岸 四国南岸 中土南岸 及南東岸	第五巻九州南東海岸誌 第七巻四国南海岸誌 第九巻中土南海岸誌 第十巻中土南東海岸誌
第四編豆南諸島	第十八巻豆南諸島誌
第五編日本内海（紀伊水道、和泉海、播磨海、播磨・備後両海間水道、備後海、安芸海、伊予海、豊後水道、周防海、長門海峡）	第六巻豊後水道誌 第八巻紀伊水道誌 第十四巻～第十六巻日本内海誌
第六編中土北岸	第十二巻中土北海岸誌
第七編中土北西岸	第十三巻中土北西海岸誌
第八編北海道及千島列島	第十七巻北海道誌、千島列島誌
第九編九州北西岸及南西岸（五島列島、男女群島、平戸海峡南面近傍ノ島岩、大村海湾、長崎半島西岸、長崎半島東岸、島原海湾、筑後並肥後海岸、薩摩海岸）	第二巻九州北西海岸誌（平戸海峡等） 第三巻九州西海岸誌（五島列島、大村海湾、長崎半島西岸等） 第四巻九州南西海岸誌（男女群島、長崎半島東岸、島原海湾、薩摩西海岸、薩摩南西海岸、薩摩南海岸等）
第十編州南諸島（大隈群島・土噶群島、奄美群島、沖縄群島）	第十九巻州南諸島誌 第二十巻琉球国誌

う『寰瀛水路誌』の記述順と比べて、『図誌』では、清国から九州に到着し四国経由で本州（中土）の首都へと向かう、という到着順で巻を立てたことが認められる。

『水路誌』のこのような章立てはむろんそれなりの合理性があるが、一つの内容が複数の巻に分散することがあり、たとえば、「中土」は第二編、第三編、第六編、第七編に分かれている上、第三編には九州と四国が並存しており、しかも、「九州」は第三編、第九編にまたがっている。これは整然性を重んじる中国人にわかりにくいと判断されたのだろうか、『図誌』では「中土」を第九・十・十一・十二・十三巻に、「九州」を第二・三・四・五巻に、それぞれ順を追ってまとめられている。中国人向けに配列順を変更したと思われる。

総目録の他に、両書の内容においても異同が見られる。たとえば、『水路誌』第一編は日本沿海総論という内容で、三十八の項目にわたり日本環海全岸の形勢・気候・風信・潮流・海流・経緯度・航海法誌等について解説している。これらの項目を『図誌』と比べると、「一般気候」を「気候」に直すなど、文字上における若干の調整が行われたことを除き、配列順までもほぼ『水路誌』に忠実に基づいている。また、内容についても、**表2**の傍線の引かれた部分に明らかなように、対応関係にある部分は多い。

しかし、**表2**に傍線の引かれていない非対応関係にある部分も少なからず存在している。また『水路誌』後半の「南西信風時自上海至長崎法程」「自横浜至米国桑港法程」「自横浜至澳太利行船法程」「自澳太利至横浜法程」の四項目が削除されているので、『図誌』は『水路誌』からのそのままの翻訳ではなかったことがいえる。上述したように、『水路誌』は本文だけでも約二千頁、八十二万字にのぼることもあり、王肇鋐は適宜に変改を行ったと思われる。

要するに『図誌』に記述された「誌」の内容は、主に当時の日本海軍水路部により作成された『水路誌』を翻訳編修したものである。

表2　『寰瀛水路誌』（第一巻）・『日本環海険要図誌』内容対照表[11]

寰瀛水路誌第一巻	日本沿岸険要図誌
①太平洋ノ北西隅ニ四大島及ヒ数十ノ島嶼アリ、相合シテ日本帝国ヲ成ス。其位置亜細亜ノ正東ヲ占メ、大約北緯二十四度ヨリ同五十一度ニ至リ、東経一百二十六度ヨリ同一百五十五度ニ至ル。而シテ北ハ千島海峡ニ由リテ、②露領堪察加ニ接シ、遠ク痾哥徳斯科海ニ及ビ、又下リテ日本海《ジャパンシー》ヲ隔テテ、韃靼、朝鮮ニ対シ、③南ハ太平洋ヨリシテ遠ク巴布亜及ヒ澳太利ニ通シ、④東ハ北太平洋ヲ隔テテ遥ニ米国ニ対シ、⑤西ハ東海ヲ帯ビテ支那東岸ニ面ス。而シテ中土ノ西部南面ニ一内海ヲ控ユ。之ヲ日本内海ト曰フ。此海ハ紀伊水道ト豊後水道トニ由リテ太平洋ニ通シ、長門海峡ニ由リテ日本海ニ通ス故に、四面皆航通ノ便アラサル莫シ。⑥其四大島ノ一ヲ中土ト曰ヒ、五畿及ヒ東海、東山、山陰、山陽、北陸、南海紀伊淡路ノ諸道ヲ包括シ、北緯三十三度二十六分ヨリ同四十一度三十二分ニ至リ、東経一百三十度五十二分ヨリ同一百四十二度四分ニ至ル。其長サ北東ヨリ西南ニ向フテ大約七百里、東京ヲ以テ殆ント其中央トナス。⑦其幅ハ即チ約五十里ヨリ二百里ニ至り、広狭一様ナラス。其次ヲ九州ト曰ヒ、西海全道ヲ包括シ、日本内海ニ由リテ中土ト分隔セラレ、北緯三十度五十八分ヨリ同三十三度五十七分、東経一百二十九度二十分ヨリ同一百三十二度七分ニ至ル。（下略）（日本沿海総論）	日本国在①太平洋北西隅、自北東至南西斜亘四大島、其南北復蔓延千百小島、以成爪牙羽翼。西ハ其位置占亜西亜之正東、約起自北緯二十四度、迄於五十一度、起自東経一百二十六度、迄於一百五十五度。⑤西対中国東岸、西南竊據之先島群島、鄰近台湾、西北対馬島、鄰近朝鮮、北隔日本海、遥対黒龍沿岸、北東②近接俄属樺太島及堪察加。④東隔太平洋、遥対美国、③南由太平洋、遙通巴布亜及澳大利。⑥其四大島之在中央者、曰中土、包括畿内及東海、東山、山陰、山陽、北陸、南海紀伊淡路之諸道、共分五十八国、現置三府三十一県、地形如曲尺、其位置起自北緯三十三度二十六分、迄於四十一度三十二分、起自東京（「東経」の誤り－引用者）一百三十度五十二分、迄於一百四十二度四分。其長自北東迄南西、約七百里英里下同⑦以其幅自五十里至二百里不等。京城在其中央之東南隅、下臨東京海湾、安房、相模東西相対、成該海湾門戸、恃為険固。其西有相模海湾、形開濶、難於泊船。（下略）（総誌・日本沿海形勢総論）

第四節　王肇鋐について

1　略　歴

王肇鋐はあまり知られざる人物のため、その事跡も必ずしも明らかにされていない。『図誌』の巻頭署名によれば、字は振夫、元和（現、蘇州）附監生である。

前述した通り、彼は光緒十一年～同十三年冬と光緒十六年二月～同十七年十二月、二度来日したことがある。中国第一歴史檔案館で、彼の二度目の来日を確認できた。当館所蔵在日清国公使館の会計書によれば、王肇鋐は第四代公使黎庶昌の随員として、光緒十六年（一八九〇）二月十七日～同十二月二十日在日し、毎月銀五十両支給された、とある。そして、第五代公使李経方の時代にも引き続き留任し、光緒十六年十二月二十日～十七年十二月十九日、同じ月給が支給された。但し、李経方の会計報告書に記された身分は、いままでの「随員」よりさらに具体的に「修輯日本沿海険要図誌附監生」と記載されている。(12)『図誌』の編纂は王肇鋐に課せられた具体的な仕事であろう。また、同じ李経方の会計報告書（第二次）には、「輯修沿海図誌随員王肇鋐回華補鈔書誌三個月　銀一五〇両」という記録もあり、光緒十七年（一八九一）十二月十九日以降も、三ヶ月分の月給（三×五十＝一五〇両）を受領し、帰国したことがわかる。「補鈔書誌」とされる意味は難解であるが、補って『図誌』を清書することだと推測する。いずれにせよ、『図誌』の原稿の清書は帰国後に完成したと考えられる。

王肇鋐の師は、後述のように林天齢で、字は受恒、錫三を号とする。福建長楽の人、咸豊十年（一八六〇）進士に及第、官、翰林院侍読学士に至り、光緒四年（一八七八）死去、謚号文恭を贈られた。[13]著書に『林錫三先生両遊紫琅倡和詩藁』（光緒元年刊、同二年再刊、同五年補刊）がある。王肇鋐がいつ、どこで林天齢に教わったかはつまびらかではない。

また、王肇鋐が在日中に日本人と交際した記録はあまり確認されていない。管見する限り、籾山逸也と懇意であったようである。清末の中国人と深い交わりのあった籾山は、親しく交遊した清人を列挙する際に、数度王肇鋐の名前を挙げた。また、王肇鋐は劉慶汾・陶大均とともに籾山の『星岡小記』のために識語（光緒十六年六月付）を書いた。[14]その他に、『嚶鳴館春風疊唱集』（一巻、孫点）に王肇鋐の唱和詩が載せてある。

2　著　書

王肇鋐は『図誌』以外に、いくつかの著書（図）を書き残している。次に年代順に記しておく。

（1）日本四大島全図

一枚、陳家麟『東槎聞見録』（光緒十三年、一八八七序刊）巻頭所収。北海道・中土（本州）・四国・九州が描かれている。この図の左下に王肇鋐の識語が記されており、次のような経緯を述べている。[15]

陳家麟とわたくしは同じ林錫三師に教わったものの、面識がなかった。光緒十一年の冬始めて日本で邂逅した。『東槎聞見録』を見せ、地図の作製を依頼された。ちょうど日本沿海険要各図を描いた所のゆゑ、それを選択し縮小したのがこの地図である。しかし、紙幅が窄いためただ府・県・庁・軍鎮・高山・灯台を列するに止まり、詳細は載せられなかった。

とある。文中に触れた光緒十一年（一八八五）の冬とは王肇鋐が始めて来日した年で、陳家麟は光緒十年十一月から同十三年十一月まで随員として在日したため、王肇鋐より一年早くの来日になるわけである。[16]

（2）図形一斑

一巻、一冊、石印本、中国国家図書館蔵。地図に記す道路・鉄道・村落等の図式（記号）についての本である。図二十二丁である。刊行年や出版社等は明示されていないが、序文は「光緒十七年（一八九一）辛卯仲冬王肇鋐振夫序於日本東京使廨」と記されているゆえ、光緒十七年（一八九一）冬東京での刊行と見てよい。

本書は実は『測絵図譜』からの翻訳である。『測絵図譜』[17]は、内務省地理局が業務上の必要に応じて編集した図式の本である。明治十一年（一八七八）の銅版印刷にかかり、絵葉書のように一枚ずつ第一号から第四十号まで番号をつけた図式が四十二枚描かれている。各図の下に「文会舎彫刻科」[18]と印刷してある。二冊本の冒頭に彩色の「濃淡ノ色ヲ以テ山ノ高低ヲ示ス表」がついているが、『図形一斑』には取り入れられなかった。表の次に明治十一年（一八七八）八月付けで内務省地理局測量課が書いた図式の重要性を訴える「測絵図譜緒言」が掲載されている。（筆者が句読点をつけ、旧漢字を新字体に改めた。）

地上ノ真形ヲ紙上ニ写著シテ、一目観閲シ易カランムルモノハ、地図ニ如クハナシ。然レトモ、地ニ山脈ノ起伏アリ、渓澗ノ凹凸アリ、其他国郡境界河港通塞ノ如キ形態一ナラス、設シ其体裁ヲ一ニシ、其記号ヲ斎セサレハ、恐クハ観者ヲシテ望洋ノ嘆ヲ免レシムルコト能ハサラン。（下略）

これを王肇鋐は「図形一斑序」の冒頭で次のように翻訳している。

以地面之真形顕諸紙上而能了然心目者、莫如図。然地有山脈之起伏、渓澗之凸凹、他若橋梁・津渡・道路・村城与夫田園・屋舎、種種形態不斉、若不以写影之法施之、雖満幅燦然可観、問其真寔部位、終有未能相合者矣。（下略）

語句上に若干の調整は見られたものの、基本的には原文に基づいている。無論、「図形一斑序」はすべて「測絵図譜緒言」のコピーではない。続いて王肇鋐は次のように言っている。

原夫地図之学、始於希臘・羅馬等国、在二千四百年以前已発明水平写影之法、厥後、精益求精、泰西諸国靡弗講究、故西人不僅測絵其本国地図、凡所経歴之国、鮮不絵其地図而去。

地図学は西洋に源を発し、彼の国の人はこれを重んじていると述べている。さらに王肇鋐は本書を書く経緯についてこのように述懐している。

予自纂輯日本沿海図誌以来、既将日本地図窮蒐無遺、不禁有周遊環宇之志。蓋心乎図絵之学、冀以西人之心為心也。且念自与泰西通商以後、絵図之法、前人已訳有成書、地図一門与尋常画学不同、学者亦既暁然、惟憾未見善本図幅。因不量愚魯、存人一己百之心、従事於此数年来、略知一二、爰於公暇、絵就図形若干式、非敢謂得其全豹、不過窺見一斑、故即以図形一斑命名焉爾。

『図誌』の編纂に携わって以来日本の地図を漏れなく蒐集したので、世界へ周遊しようとする気持ちを抑えることができなかった。西洋と通商して以来、絵の描き方の翻訳書が出ているし、地図が絵画と異なることもすでに周知されているが、よい本はまだないため、ここ数年この仕事に従事して以来身に付けた僅かな知識に基づき、若干の図形を描いた、という。翻訳とは明言していないものの、次の図式1号から37号まで、そして40号について、忠実に『測絵図譜』を踏襲していることが認められた。（矢印の前は『測絵図譜』を、矢印の後は『図形一斑』を表わし、矢印のない項目は両者同一の意味である。数字は『測絵図譜』に付いた順番——号である。）

1、国道・同→通衢・又　2、県道・同→街道・又　3、里道・同→村路・又　4、双行鉄路・同→双行鉄道・又　5、低鉄路・高鉄路→低鉄道・高鉄道　6、平地鉄路・橋頭鉄路・廂下銕路・隧中銕路→平地鉄道・橋頭鉄道・廠下鉄道・隧中鉄道　7、石磴・土磴　8、稲田・隴畝　9、漫水之稲田・漫水之隴畝→漫水稲田・漫水隴畝　10、桑園・茶園　11、松林・竹林　12、独樹・雑樹　13、桧樹・杉樹　14、果園・葡萄園　15、塩田・砂洲　16、石造水道・木造水道・地中水道・樹籬・竹籬・矮柵・板墻・石墻・石塁墻→乱石墻　17、土隄・同→又　18、土岸及方隄朶・石岸及圓隄朶　19、人造岸崕（方形石岸・圓形石岸・板岸・礫岸、篝岸）→「人造岸崕」四字なし　20、懸橋・土橋・舟梁・浮梁　21、鉄橋・石橋・板橋・石柱鉄橋・石柱板橋　22、渡頭（綱渡・人渡・馬渡・馬車渡）→縄渡　23、水櫃橋・欄堰・斜堰・飛橋・反水壩・歩渡・馬渡・馬車渡　24、茅原・草原　25、水蘆場・下湿地→蘆蕩・湿地　26、水辺蘆場・泥炭窖→水辺蘆蕩　27、水涯地・泥堆　28、山・山騫→又　29、噴火山・凹所渟水→凹地渟水　30、砂山・同上→又　31、永雪山・氷雪山　32、瀑水・渓河→滝布　33、石山・同→又　34、土石危険ノ山・土石石灰錯合ノ山→土石危険之山・土石石灰錯合之山　35、鋸形石灰ノ山・剖裂白玉ノ山→鋸形石灰之山・剖裂白玉之山　36、衆坑丘ヲ含ム石灰山・崩土山→含衆坑石灰山　37、衆坑頽岩ノ石灰山・鋸形ノ岩石山→衆坑頽岩之石灰山・鋸形之岩石山　40、外国界・州界・管轄界・郡界・村界・町界・大区界・小区界・番地界・公園界→国界・省界・府界・州界・県界・都界・図界・市鎮界・村駅界（公園界カット）

『図形一斑』で原文を変えた例は、原文の38号、39号、そして文末の最後の一項目である。それは『測絵図譜』38号にある府・県・市街・城郭・古城・神社等69個の図式を、『図形一斑』ではこれらを総図記号（省会・府・庁・県等40個）、総図記号（渡頭・輪船渡等35個）と分類して表わしている。そのうち、原文の図式「湿泉・掲示場・郵便局・電信標・瓦斯灯・舫・水程標・上下舟」をカットし、その代わりに「省会・村駅・軍営・砲台・製造局・寺・塔・牌坊・井・塩場・渡頭」を増やしている。増やした図式の出自は不明である。

また、39号にある「官舎・石造聯立家屋・石造特立家屋・木造聯立家屋・木造特立家屋・神社・佛閣」もすべてカットした。

最後に『図形一斑』の末尾に「水線港湾形・水平曲線地形・山地図式・平地図式・低地図式・対写図式」と六項目の図式が増補されているが、出自は不明である。

『図形一斑』は、おそらく近代中国で早い段階で導入された西洋図式の専門書であり、しかも、欧米からの直接輸入ではなく日本経由という形をとったことが意味深い。

（3）銅刻小記

一巻、一冊、上海図書館蔵。刊記がないが、自序は光緒己丑十月王肇鋐叙於都門寓次と記されているため、光緒十五年（己丑、一八八九）、つまり彼の一回目の帰国後の序刊のことが分る。自序でまず訪日したモチーフを述懐して（前述の通り）、そして本書の由来を語っている。それによれば、光緒十四年の春日本の総図の刊行を通じて西洋発明

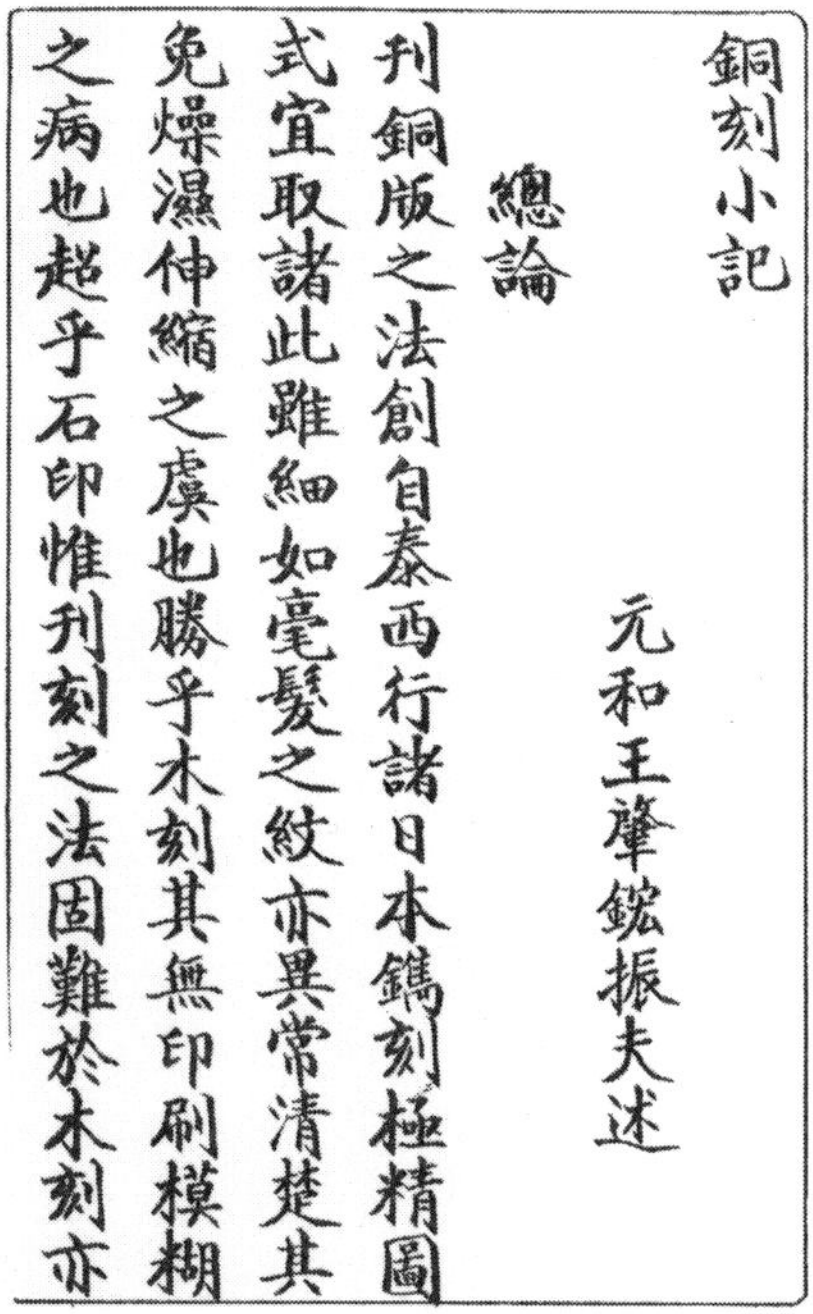
銅刻小記

元和王肇鋐振夫述

總論

刊銅版之法創自泰西行諸日本鐫刻極精圖式宜取諸此雖細如毫髮之紋亦異常清楚其免燥濕伸縮之虞也勝乎木刻其無印刷模糊之病也超乎石印惟刊刻之法固難於木刻亦

図18　『銅刻小記』巻首（上海図書館蔵）

の石印より精度の高い銅板印刷の技術を知った。しかし、日本沿海分図は日本人に依頼するわけにはいかないため、独学でその技術を身に付けた。いまその銅板技術を図に描き、コメントを加えた、[19]という。

この本は本文墨付け十四丁で、「総論」に継ぎ、「磨版」、「上蝋」、「鈎図」、「上版」、「刻蝋」、「爛銅」、「修版」、「爛銅薬水」、「融蝋」、「留薬」、「蔵版」、「薄紙上版」、「縮刻」、「刷印」へと続き、銅板印刷の全過程が十三図をつけて紹介されている。

（4）中俄交界地名表等五種

十二巻、十二冊、中国国家図書館蔵、版心の下に「東単牌楼／仁昌紙店」と印刷された原稿用紙にきれいに書写された稿本である。用紙は赤格子がつき、毎半葉八行、一行二十字となっている。全体の叢書名がなく、各冊に著者とページも記されていない。第一冊の表紙に「前出使日本随員王肇鋐編輯謹呈／憲鑒」と記されていることから、王肇鋐が編集して上呈した本であることがわかる。また、各冊の表紙に朱色の細長い紙が貼り付けられている。内容は凡そ次の通りである。

①中俄交界地名表（第一冊）一巻、四十七丁。まず「中俄交界地名表叙」があり、康熙二十八年（一六八九）より始まった中露間の国境分界の歴史を略述している。その後は本文で、「中俄交界地名表」をリストアップし、康熙、

雍正、咸豊、同治、光緒年間十三回にわたり定められた中露国境地名を表の形式で一目瞭然に表示している。

②界牌卡倫考（第二冊～第八冊）七巻、一五二丁。界牌とは国境の印として分界線に立てられたもので、卡倫とは清代、辺境要衝に設置された見張り小屋である。七巻にわたり中露辺境地帯の界牌・卡倫について考証している。

③北徼水道考（第九冊、第十冊）二巻、八十二丁。王肇鋐が光緒壬辰（十八年、一八九二）九月付けで書いた「北徼水道考叙」があり、中露辺境地帯にある河川――松花江・牡丹江などについての考証である。前述のように、王肇鋐は光緒十七年十二月まで日本に滞在したため、これは帰国直後にできた著書である。

④北徼地名異同表（第十一冊）一巻、五十七丁。中露辺境地帯にある地名の異同について考証した本で、内府図、洪鈞図、その他の書籍に表記された地名の異同を一覧表にまとめたものである。

⑤北徼星度考（第十二冊）一巻、三十六丁。中露辺境地帯にある町の経緯度を列記した本である。巻末に王肇鋐が記した「地図体例異同説」が付録されている。

要するに、この稿本所収の五種は、みな中露関係の地理専門書で、中露関係が先鋭化する中、命じられた仕事だったと考えられる。

（5）訳文須知

四巻、六冊、中国国家図書館蔵。各冊の巻頭に「元和王肇鋐振夫著」と記され、朱印「田余声／蔵書章」が捺してある。薄い紙を使用し、版心（柱）に章節名が記され、きわめて丁寧かつきれいに書写されている。稿本だと推測する。中国人向けの日本語学習書で、各巻の内容はおおむね下記のとおりである。

巻一（第一冊）字母、文法、語助（起承類・煞脚類・重用煞脚類）、助語（発語・接頭語・接尾語）に分けて記す。

巻二（第二冊）「イハバ言、イハレ謂、イハユル所謂」などのごとく虚字を論じる。倭字訓解を付す。
巻三（第三冊）和字（淋、搾、揃など）、借字（辨→弁、雁→广など）、誤字（假→仮、體→体、充→宛、圖→啚など）、略字（佛→仏、區→区、應→応、麥→麦など）、実字（あへん阿片、あま亜麻など）、訳文単句（短い句）、全文（短文）を解説する。
巻四　上（第四冊）・中（第五冊）・下（第六冊）に分けて一部至亻部、心部至立部、竹部至龍部における中日の同字異義の漢字を扱う。たとえば、雨上：雨後、雨足：雨脚、雨着：雨衣、雪達磨：雪羅漢といった類である。

レベルの高い教科書であるが、残念ながら成立年代が不明である。甲午戦争後の時代背景をかもし出したような文句が見出せず、「遠キ慮ナケレバ必ズ近キ憂アリ。無遠慮必有近憂」「知ルコトハ易ク、行フコトハ難シ。知則易、行則難」「樹木少ナシ。樹木不多」といった「無色」のものが多い。王肇鋐が早くも光緒十年代に日本滞在の経験を有したことを考え合わせると、甲午戦争以前にできた教科書の可能性が高いように思われる。とすれば、甲午戦争以前に中国人が書いた日本語の教科書がきわめて少なかったため、本書はとても貴重な存在となる。

（6）普通体操摘要

一巻、一冊、六十三丁、光緒二十六年（一九〇〇）『湖北武学』叢書本（第三十一冊）。中学校・師範学校生徒向けの日本の体操教科書十七章のうち、八章を中訳したもの。「日本師範学校原本、元和王肇鋐訳」とされており、啞鈴（一二七節）・棍棒（三十一節）・木環（三十節）の体操法について、挿絵を多数使用して解説している。

以上、王肇鋐の著作を紹介してきたが、『日本環海険要図誌』『日本四大島全図』『図形一斑』『中俄交界地名表等五種』を通じて、彼は地理の研究者であることが明らかになった。また、『訳文須知』という日本語の教科書を編纂し、『日本環海険要図誌』『図形一斑』『普通体操摘要』を翻訳したことから、日本語も達者である一面が認められた。王肇鉉は、このような両方の知識を備えただけに、上記の業績を挙げられたのであろう。

結び

すでに述べたように、王肇鉉は総理衙門の命を奉じ『図誌』を編纂した。しかも『図誌』には日本環海険要図を一二二枚も収める予定であった。中日関係が悪化しつつあるなかで、この行為に軍事的な意図が潜められていたことは自明のとおりであろう。しかし、一方でこれらの日本図は公開されていたことも指摘しなければならない。確かに「軍事ノ機密ニ関スル事項ヲ記載スル文書図書ヲ出版スルコトヲ得ス」という出版条例はあったもの[20]、これらの地図はその機密の範疇外とされていた。一八七〇年、清国と修好条約を結ぶため、柳原前光一行は中国に持参したお土産に書籍のほかに、「日本全図大小七張、支那近傍図十張」があった[21]。また、すでに述べたように、内務省や陸軍省では多くの地図を出版しており、とりわけ海軍省水路部では、数多くの日本沿海図を公にしていた。たとえば、明治十七年（一八八四）中に調製刊行した海図に「日本総部」「日本海岸全図」「伊予国八幡浜」「伊予国自長浜至高茂崎」「豊後国佐伯湾」等四十八枚があり、明治二十年に海図は新刊十五版、改版七版、大改正一版、計二十三版、印刷数は海図七、三三四枚、払下げ海図数一、五三二枚であった、という記録がある[22]。これらの海図の一部は、早稲田大学図書館所蔵の『諸海図』[23]で確認できる。王肇鉉の『図誌』所収の唯一の図「日本全国海岸図」については、その出自をまだ特定できないが、本人が『日本全国海岸図』の識語でほのめかしたように、水路部が発行した海図に依拠したものと見て間違いあるまい。

次に『図誌』ができてからの中国での影響について考えてみたい。

『図誌』は軍事的な背景のもとで誕生したもののため、総理衙門に進呈されたことに違いない。しかし、軍事的に利用された確証は得ていない。甲午戦争勃発直後、李鴻章の求めに応じて、総理衙門が急いで水師営に命じて中日韓の地図を調製させた。その元となったのは、英国が作製した海図だったという。[24]王肇鋐が苦心惨憺して作製した日本図は、棚上げにされていたであろう。

『図誌』が中国で影響を及ぼした好例は、傅雲龍の『遊歴日本図経』である。一八八七年、遊歴使として日本等六カ国を訪問した傅雲龍は、その三十巻の力作『遊歴日本図経』の巻二「日本地理二」で、日本全国地図四十七枚を扱っており、そのうち、最初の地図「日本国計里総図」は王肇鋐の「日本全国海岸図」を模写した、という。[25]微々たる影響であるが、管見する限りこれは唯一の例である。

しかしながら、『図誌』はそれなりの意味があった。清末に展開した日本研究は、黄遵憲の『日本国志』が代表するように総合的な研究があれば、傅雲龍の『日本金石志』のように金石関係の研究もある。また、楊守敬が『古逸叢書』を刊行するなど書誌学の研究も、姚文棟が『日本国志』『日本地理兵要』を翻訳するなど地理学の研究も盛んに行われた。従来、日本地理の研究といえば、姚文棟が唯一の存在のように見受けられていたが、いま論じてきた王肇鋐は、明治文人と詩文のやり取りや筆談の交流など表舞台に現れることも少なく、あまり知られていなかった存在であるが、日本地理を研究したユニークな一人であり、清国政府に求められた日本研究の一翼を担った。このように清末の中国人は実に多種多様な日本研究を行ったことを、改めて確認することができた。

附録　『日本環海険要図誌』総目録

第一巻　北太平洋海流図、北太平洋風図、日本近海海風図、日本全国海岸総図、日本中土四国九州総図、日本環海全岸形勢天時風信潮流海流経緯度航海法誌
第二巻　九州総図、長門海峡至平戸海峡総図、呼子港分図、伊万里湾泊地・水道分図、平戸海峡付江袋湾分図、壱岐島分図、厳原港及阿須港分図、竹敷港分図、網代湾分図、九州北西海岸誌
第三巻　唐津至長崎包壱岐島・五島総図奈摩・奈留・若松・大串各附図、五島鯛之浦分図、五島若松浦分図、長崎港分図、九州西海岸誌
第四巻　天草列島及八代湾総図黒瀬戸附図・柳瀬戸附図、天草富岡湾・口之津湾分図、三池泊地分図、三角港分図、牛深港及近海分図、中川原及中甑浦・片浦湾・泊浦各分図、山川港分図、薩隈内海分図、九州南西海岸誌
第五巻　油津及外浦分図、自細島港至鶴見崎総図、猪之串港・米水津奥各分図、九州南東海岸誌
第六巻　豊後水道総図、佐伯湾分図、佐賀関分図、八幡浜港分図、宇和島港分図、豊後水道誌
第七巻　自高茂崎至下田総図安満地・清水・古満目各附図、須崎港及野見港分図、浦戸港及高知近海分図、四国南海岸誌
第八巻　自鳴門水道至室戸崎総図小松島泊地・椿泊浦附図、橘浦分図、鳴門航門分図、紀川口分図、大崎湾分図、由良湾分図、紀伊水道誌
第九巻　自和泉海至東京海湾総図、自田辺至尾鷲総図田辺・勝浦・賀田各附図、大島港・浦神港・尾鷲湾各分図、伊勢海及三河湾総図、浜島及五個所港分図、的矢港分図、三河湾総図、清水港分図、江之浦湾分図、戸田港分図、田子及安良利奥分図、妻良子浦両澳分図、中土南海岸誌

第十巻　下田港及近海分図、網代港及近海分図、江之島錨地分図、小多和及小網代港分図、東京海湾総図、金田湾分図、浦賀港分図、横浜港分図、品川湾分図、勝浦湾・犬吠崎分図、中土南東海岸誌

第十一巻　東京海湾至金華山総図、石之巻湾附近沿岸総図石浜・野蒜・折之浜各附図、遠島地頭及金華山分図、金華山至津軽海峡総図、大舟渡港近海分図、釜石港及大槌湾分図、山田港分図、宮古港分図、久慈湾・鮫泊地分図、尻矢崎分図、中土東海岸誌

第十二巻　水島水道分図、油谷湾分図、瀬戸崎港分図、萩附近分図、須佐港分図、江崎港分図、隠岐列島総図、隠岐島後南部諸港分図、西郷港分図、島後福浦分図、自御来屋崎至手結崎総図加賀浦・笠浦附図、美保湾分図、若狭湾総図、宮津湾及近海分図、小浜港分図、敦賀湾分図、阪井港分図、輪島泊地分図、中土北海岸誌

第十三巻　能登総図伏木錨地附図、九十九港分図、七尾湾総図、七尾北湾分図、佐渡島及羽越海岸総図小木・新潟・加茂・飛島各附図、佐渡島総図、二見錨地分図、船川湾分図、津軽海峡総図、青森泊地・野辺地錨地分図、大畑浦・大湊奥出分図、中土北西海岸誌

第十四巻　日本内海総図、由良港分図、大阪及神戸分図、明石海峡及附近分図、播磨海中部総図、播備両海間総図、室津湾・岡山奥出・牛窓奥出・興居島分図、日本内海誌上

第十五巻　鞆津錨地・姫島碇泊所分図、備後海西部総図、来島海峡分図、安芸海東部総図、安伊両海間総図、伊予海北部総図、三机奥出分図、自姫島至佐賀関総図、日本内海誌中

第十六巻　上之関海峡分図、自島田川至丸山崎総図、笠戸浦分図、自丸山崎至下之《ママ》関海峡総図、長門海峡総図、日本内海誌下

第十七巻　北海道及千島総図、北海道総図、函館港分図、室蘭・浦川・浜中各分図、厚岸港分図、根室地頭及附近諸

島総図暮霧磯・花笑附図、自根室地頭至色丹島総図、珸瑤瑁水道分図、根室港分図、野附錨地分図、寿都港分図、小樽港分図、北東諸島諸錨地分図、北海道誌、千島列島誌
第十八巻　豆南諸島南部分図、父島列島分図、豆南諸島誌
第十九巻　鹿児島海湾至台湾総図、屋久島一湊・口永良部島港分図、奄美大島総図、名瀬港分図、奄美大島海峡西部分図、焼内湾分図、州南諸島誌
第二十巻　琉球群島総図、運天奥分図、那覇港分図、慶良間海峡分図、先島群島総図、狩股錨地分図、石垣島石垣泊地分図、琉球国誌

注

（1）『歴代地理指掌図』、（宋）税安礼、一一〇〇年ごろ成立。『地図に見る日本――倭国・ジャパング・大日本――』（海野一隆著、大修館書店、一九九九年）参照。
（2）沈曾植の伝記資料は多数あるが、ここでは『清史稿』（列伝二百五十九）による。
（3）拙稿「清末駐日外交使節名録」（浙江大学日本文化研究所編『中日関係史論考』、中華書局、二〇〇一年七月）参照。
（4）水路部創設八十周年記念事業後援会『水路部八十周年の歴史』、一九五二年、一八四、一八七、一八九頁。
（5）伊能忠敬は幕命を受けて寛政十二年（一八〇〇）から文化十三年（一八一六）までの十七年間に蝦夷をはじめ全国を測量し、日本最初の実測地図「大日本沿海輿地全図」を七種（江戸府内図・特別地域図・特別大図・大図・中図・小図・特別小図）作製し幕府に献上した。その後、明治六年（一八七三）の皇居火災で焼失し、再度伊能家から明治政府へ献上された控えの「伊能図」は、陸軍・海軍・内務省で模写され、明治初期の地図に利用されたが、東京帝国大学図書館で保管中に大正十二年（一九二三）の関東大震災によって失われた。そこで、元図はすべてなくなってしまった。しかし、諸藩の要望によって複製された「伊能図」が今日でも国内外に残っているおかげで、実測による昔の姿をしることができる。

（6）清水靖夫「伊能図――『大日本沿海輿地全図』――の後裔」（東京地学協会『伊能図に学ぶ』、朝倉書店、一九九八年、所収）参照。
（7）杉浦邦朗「初代水路部長柳楢悦そのⅧ――人とその時代」八、『水路』第八三号、一九九二年十月。
（8）「本邦及ビ朝鮮近海ノ如キハ、外人所著ノ水路誌ニ遺謬多キヲ以テ我局測量及ヒ其他ノ報告等ニ基ツカサルベカラス故ニ（下略）」。柳楢悦『寰瀛水路誌』第一巻序。
（9）水路部発行『日本水路誌』第一巻序、一九一八年。
（10）国立国会図書館蔵『寰瀛水路誌』は内閣文庫蔵本より第十二、十五巻が欠けている。
（11）『寰瀛水路誌』（第一巻）・『日本環海険要図誌』内容対照表に傍線の引かれたものは対応関係にあり、傍線のないものは非対応関係にあることを意味する。なお、番号は筆者が便宜上つけたものである。
（12）注（3）に同じ。
（13）林天齢の事跡については、陶湘編『昭代名人尺牘続集人伝』（巻二十一、二頁）、朱汝珍輯『詞林輯略』（巻七、一二頁）にも見られるが、繆荃孫纂輯『続碑伝集』（巻十八、二〇頁）に所載の兪樾が撰した墓誌がもっとも詳細である。ただし、墓誌では「字受恒、一字錫三」とされている。
（14）「余往来節署、前後数年、所相知者不下十数人。曰姚子梁、曰徐少芝、曰劉子貞、曰陶杏南、曰王振夫、曰盧子銘等、日夕過従、以為文字之遊。海外異域之客、其交却勝同邦之人、亦可謂奇縁也（下略）」。『星岡小記』、明治二十二年（光緒十五年、一八九九）五月籾山逸也識。（『籾山衣洲遺書』（未刊）第一種、所収）籾山はその後にも『国会』（明治二十七年四月十八日）などで王肇鋐のことを述懐したことがある。
（15）「陳君軼士与余同受知於林錫三師之門、然初未識也。乙酉（光緒十一年、一八八五）冬蘚苫於東瀛、今出示所輯『聞見録』、属絵地図列首、適余方□摹絵日本沿海険要各図、爰為選要縮絵。蓋幅太窄、未能詳載、僅列府、県、廳、軍鎮、高山、灯台大略而已。光緒丁亥（十三年、一八八七）孟冬元和王肇鋐識」。
（16）注（3）に同じ。

（17）『測絵図譜』は内閣文庫に一冊本と二冊本が所蔵されている。内容、刊行年などはすべて同一であるが、一冊本はケース入りで、ケースに楕円型に描かれた表紙があり、「従五百分至五千分／地理局測絵図譜測量課」と彩色印刷されている。また巻頭に「太政官／記録」「日本／政府／図書」印が見られる。二冊本は雲・泥と分冊され、ともに厚紙の表紙がある。第一冊の楕円型に描かれた表紙に彩色印刷された文字は一冊本と同様である。表紙に「外務省／画図係」という朱印が捺してある。使用の便を図るため、外務省画図係が二冊に装丁したのだと考えられる。ここの記述は二冊本に基づく。なお、地理局は明治十四年にさらに二万五千分一の図譜を作るための『測絵図譜』を公刊した。『明治前期内務省地理局作成地図集成・第二巻日本図・地方図編』（柏書房、一九九三年）所収。

（18）「文会舎彫刻科」と記された刊行物に、その他『実測埼玉県管内全図』（明治十三年、一八八〇刊）がある。また、明治初期の東京に文会舎という出版社が実在し、『国会汎論』『動物学図解』『耕作必携野菜之種蒔』『幾何学』を刊行発売した。『測絵図譜』を彫刻した「文会舎」と同一のものなのか、今後の研究を俟つ。

（19）「僅於戊子（光緒十四年）春将総図付諸銅版、因知彼国刊銅之法、創自泰西、較之石印為精。慮分図之未便再仮手東人也、乃考求其法、研精而習之、尽得其方、爰分絵刊銅諸器、各繋以説」。

（20）『出版条例』第十八条、勅令第七十六号、明治廿年二月廿八日。蝸牛老人著『明治初年より二十年間図書と雑誌』（五六頁、東京：洗心堂書塾発行、一九三七年五月）所収。

（21）外交資料館「日清修好通商条約締切一件・柳原権大丞品川大録清国出発前書類」明治三年（2／5／1／6の1）。

（22）『水路部八十年の歴史』（注（3）に同じ）一七八、一九〇頁。

（23）請求記号：明治文庫、ツ〇四、〇五二九。明治時代に水路部が刊行した海図五十三枚が集録されている。

（24）光緒二十七年（一八九四）七月三十日「総署収北洋大臣李鴻章文」、同八月初九日「総署収北洋大臣李鴻章文」、『清季中日韓関係史料』（中央研究院近代史研究所編、一九七二年）三三五三〇頁、三三五六一頁。

（25）「日本国計里総図」に記した傅雲龍の識語。

第八章　傅雲龍の日本研究の周辺
――その著書をめぐって――

はじめに

浙江省は地理的にも文化的にも対外交流に恵まれ、古くから日本との関係が密接である。明治維新以降も日本留学や赴日視察などを行い、たえず全国各省に先立って時代の先端を歩んでいた。これらの赴日視察者のうち、観光日記や視察日記を書き残したものも多くあるが、浙江省徳清市の人傅雲龍は『遊歴日本図経』『遊歴美利加合衆国図経』などを撰した、著名な一人である。従来、中国に於ける日本研究史の一環として、傅の『遊歴日本図経』については、実藤恵秀、王暁秋をはじめ、先学の研究はいくつかあるが[1]、傅の著者などについては言及されていない。

中国における日本研究は多種多様な形で行われてきたが、日本遊記（日本視察記なども含む）というジャンルは、明治以降の中国における日本研究の主流であり、それまでとは截然とした相異でもある。これらの日本遊記については、余りにも膨大なためか、的確な数字がいまだに謎に包まれているのが現状である。『清末中国対日教育視察の研究』（汪婉著、富士ゼロックス小林節太郎記念基金一九九四年度研究助成論文。その後、一九九八年同題で汲古書院より刊行）の付表に収録された、一八七七年（光緒三年、明治十三年）～一九一一年（宣統三年、明治四十四年）における中国日本視察者撰の「東遊日記」によれば、一七一点にも及んでいるといわれる。無論、そのうち「東遊日記」とは称しがたい書も混じっており、漏れもあるので、一七一点を上回ると思われる。清朝における日本研究書といえば、すぐ黄遵憲の『日本国志』が取り上げられるが、傅雲龍の『遊歴日本図経』は、種々の点において『日本国志』を凌ぐところがあり、再認識せねばならないと言える。

以上の背景で小論を試みた次第であるが、本章の趣旨は、a傅の著作を実証的に論考することを通じてあまり知られていない傅の著書の事情、及びその中における『遊歴日本図経』などの遊歴書の位置付けを明らかにしようとすること、b『光緒順天府志』や傅の家族と関連付けて、『遊歴日本図経』に代表される遊歴書が短い間に出来た秘訣を解くこと、cさらに本章を通じて、今後の傅雲龍及び彼の『遊歴日本図経』への研究に基礎作業を行っておくこと、にある。

第一節　略　歴

傅雲龍、浙江省徳清市の人、はじめ雲鄷と称す。字は懋元で、醒夫と号する。郷賢である父虁梅の長子として生まれた彼は、幼いころから塾に通い、十二歳にしてすでに経史諸書に通じ、のち兵学を研究した。咸豊九年（一八五九）雲南李永和の乱を鎮めるに功があった。同治八年（一八六九）兵部武選司となり、同時に車駕司郎中を兼任する。光緒十三年（一八八七）、外国遊歴使試験の第一番で、同八月より光緒十五年（一八八九）十月にかけて、日本・アメリカ・ペルー・ブラジル・カナダ及びキューバ六か国を視察した。視察中に遊歴書の撰述に没頭し、帰国後はその詳細たる内容で時の光緒帝に大いに誉められた。その後北洋機器局総辦兼神機営機器局総辦などを歴任し、技術関係の仕事に携わった。光緒二十七年（一九〇二）病気で世を去り、一品と褒賞された。(2)

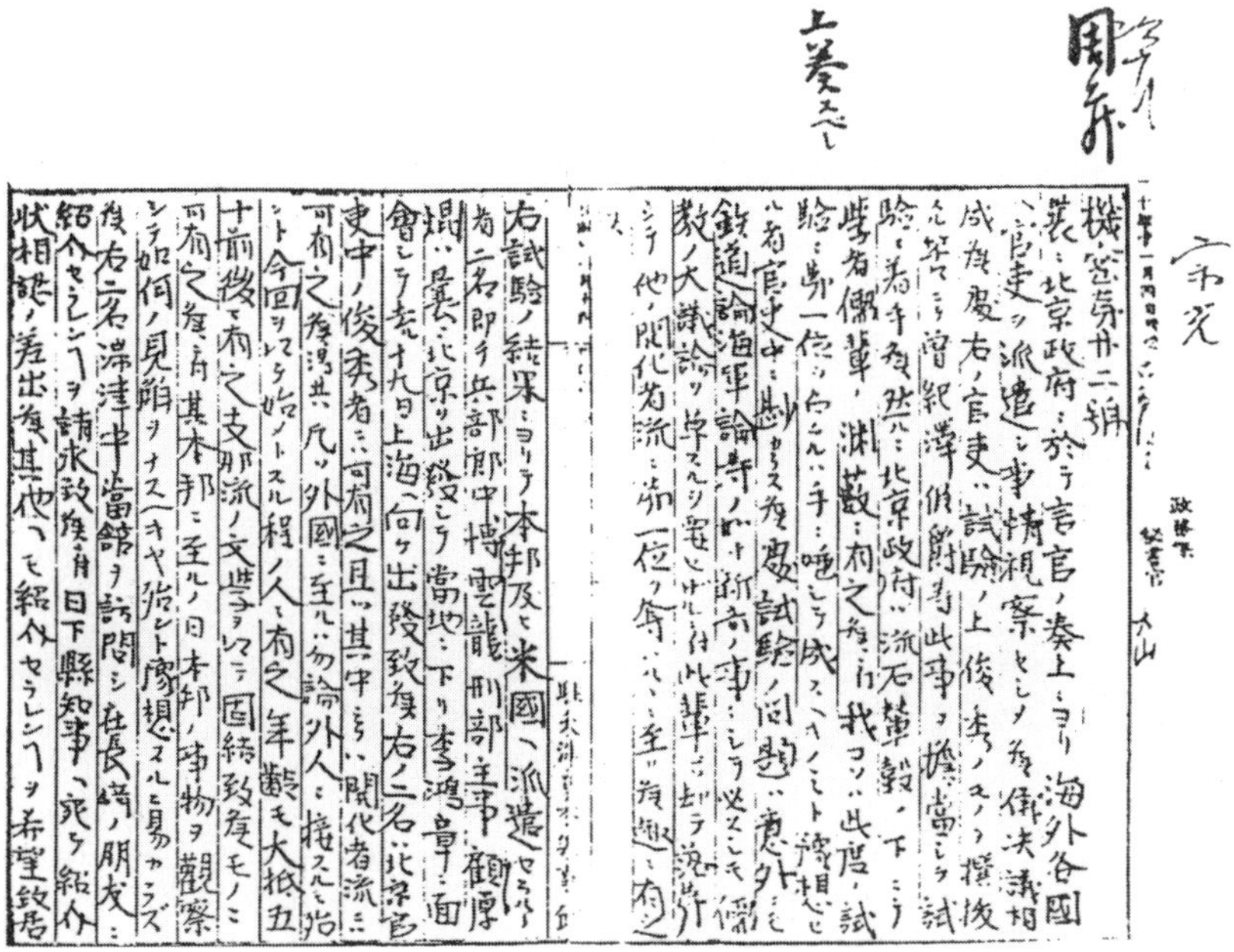
上奏スベシ
周布

機密第廿二号
曩ニ北京政府ニ於テ言官ノ奏上ニヨリ海外各國
ヘ官吏ヲ派遣シ事情視察セシムル事ニ決議相
成候處右ノ官吏ハ試験ノ上俊秀ノ者ヲ撰抜
スル筈ニテ曾紀澤[illegible]此事ヲ擔當シテ試
験ニ着手候然ルニ北京政府ハ流石華轂ノ下ニア
ル学者儒華ノ淵藪ニ有之候ニ付我コソハ此度ノ試
験ニ第一位ヲ占ムルハ手ニ唾シテ成スヘキノ事ト豫想セ
シ者官吏中ニ尠カラス候處試験ノ問題ハ意外ニモ
鉄道論海軍論等ノ如キ新奇ノ事ニシテ必ズシモ儒
教ノ大議論ヲ草スルヲ要セサルニ付此輩ハ却テ[illegible]
シテ他ノ開化者流ニ第一位ヲ奪ハルヽニ至ル程ニ有之
候
右試験ノ結果ニヨリテ本邦及ヒ米國ヘ派遣セラルヽ
者二名即チ兵部郎中傅雲龍刑部主事顧厚
焜ハ曩ニ北京ヲ出發シテ當地ニ下リ李鴻章ニ面
會シテ去ル十九日上海ニ向ケ出發致候右二名ハ北京官
吏中ノ俊秀者ニハ可有之且ツ其中ニテハ開化者流ニ
可有之候得共凡ソ外國ニ至ルハ勿論外人ニ接スルモ殆
ント今回ヲ以テ始メトスル程ノ人ニ有之年齢モ大抵五
十前後ニ有之支那流ノ文学ヲ以テ固結致候モノニ
可有之候ニ付其本邦ニ至ルノ日本邦ノ事物ヲ観察
シテ如何ノ見解ヲナスヘキヤ殆ント豫想スルニ易カラズ
候右二名滞津中當館ヲ訪問シ在長崎ノ朋友ニ
紹介セラレンヿヲ請求致候ニ付目下縣知事ヘ宛テ紹介
状相認メ差出候其他ヘモ紹介セラレンヿヲ希望致居

図19　天津駐在領事館領事波多野承五郎が伊藤博文宛の機密書簡（外交史料館蔵）

前記の外国遊歴試験は、清朝政府がはじめて行ったものなので、最初から内外の注目の的となった。天津駐在の領事波多野承五郎は次のように外務大臣伊藤博文宛に報告した。(3)

（前略）右試験ノ結果ニヨリテ本邦及ヒ米国へ派遣セラルル者二名、即チ兵部郎中傅雲龍、刑部主事顧厚焜ハ曩ニ北京ヲ出発シテ当地ニ下リ、李鴻章ニ面会シテ去ル十九日上海へ向ケ出発致候。右ノ二名ハ北京官吏中ノ俊秀者ニハ可有之、且ツ其中ニテハ開化者流ニ可有之候得共、凡ソ外国ニ至ルハ無論、外人ニ接スルモ殆ト今回ヲ以テ始メトスル程ノ人ニ有之、年齢モ大抵五〇前後ニ有之、支那流ノ文学ヲ以テ固結致候モノニ可有之候ニ付キ、其本邦ニ至ルノ日、本邦ノ事務ヲ観察シテ如何ノ見解ヲナスヘキヤ殆ント予想スルニ易カラズ候。右二名滞津中当館ヲ訪問シ在長崎ノ朋友ニ紹介セラレンコトヲ請求致候ニ付キ、日下県知事ヘ宛テ紹介状相認メ差出候、其他ヘモ紹介セラレンコトヲ希望致居候様子ニヨリテ、視察スルニ本邦ニ至ルノ日、交友ヲ求ムルノ必要アルハ其今日ニ感スル所ナルカ如クナレドモ、聞ク所ニヨルニ、右二名ノ行李中許多ノ古書ヲ蔵スル由ニ有之候ニ付キ、此等ノ書ヲ本邦ノ儒流ニ示シテ利益スルコトアラント思考スルモノト被存候、右二名ハ旅費ノ外毎月三〇〇両ヲ支給セラレ候趣ニテ、之ヲ以テ滞在費ニ充ツルモノナリトノコトニ有之候、派遣ノ期限ハ二ヵ年ニシテ本邦滞在ハ半年ノ見込ニ有之、其内琉球ト北海道ヘ巡歴致候積リナリト申居候、此回ノ巡歴ハ無論秘密ニ無之候得共、旅費其他ノ費額ニ制限アル為メナルカ、拙官ヲ訪問セル時モ頗ル簡略ヲ主トシ、平服ニテ従者ヲモ召連レスニ来館致候。右二名ノ通弁人トシテ北京留学生沢村繁太郎ナル者被相傭候（中略）、同人儀ハ今回本邦ヨリ米国ニ至リ、再ヒ北京ニ帰リテ周遊所見報告書編纂ヲ助成スル目的ニ有之、且ツ日清両国ノ関係ニ付キ右二名ノ視察者ニ誤解ヲ起サシメズ我兵制、工業、農商等ノ盛昌ナルヲ示シ傍ラ、清国ニ対スル政略ガ平穏ヲ主トシ、他意ナキヲ知ラシメ候様尽力可致趣申含置候。（下略）

引用が長くなったが、傅雲龍の行動、遊歴の期限・費用・通訳など詳細に報告している。

また、傅雲龍が遊歴から帰国してからも日本側に重視されているようで、『太陽』雑誌の記者、川崎紫山は、『太陽』（第四巻第拾壱号、明治三十一年〈一八九八〉五月三十一日、「歴史及地理」欄）に傅雲龍の写真とともに「北洋機器局と傅雲龍氏」というレポートを寄せた。

（前略）機器局の総辦を傅雲龍と為す。雲龍懋元と号す。浙江の人。光緒十三年、清国皇帝閣部諸臣に詔して、各其出洋遊歴者を挙げしむ。傅氏試に応じ、疾書四千余言、指画詳明、議論淵博、なるの故を以て、第一人に列し、命を奉じて日本に遊び、是より亜米利加合衆国、秘魯、巴西、等に遊歴し、到処、採風問俗、善く其形勢民情を審にし、帰朝の後、機器局の総辨と為り、今や現に其任に在り。氏、天資温厚、人に接する、和易、絶て圭角を露さず。経術深醇、議論淵博、詩に工に、書に妙なり。而して稍や時務に通ず。氏曰く「僕亜米利加より帰朝の後、書を総理衙門に上りて、旧法の改革せざるべからざる所以、新法の施行せざるべからざる所以を論ぜり。然るに総理衙門大臣、褒として充耳の如く、殆ど之を度外に付し去れり。李中堂の如きは、善く之を知ると雖も、而かも善く之を用うると能はず。今日に及び、総理衙門漸く迷夢を攪破し来り、機器の事業亦力めて拡充を図るに至りぬ」と。時事を感慨して自ら措くと能はざるものの如し。余、氏の嚮同に由りて機器局を覧、氏より見本として同局鋳造の銀貨壱円、五十銭、二十銭、十銭、各一個づつを贈られ、また其著述簒喜廬存札・游古巴詩董・游歴図経余紀・陸兵槍学・考空気砲工記各一部、及び簒喜廬詩稿初集、観海贈別初編各一部を贈られぬ。余も亦其携ふる所の白石余稿及太陽を贈呈せり。

このレポートの後に、傅雲龍の詩「擬古」「次韻答沈玉甫」「濾州紀事」などあわせて七点が掲載されている。

第二節　著　書

以下、筆者が目睹した傅雲龍の編著書を年代順に記しておこう。

（1）字学三種三巻

傅雲龍輯、一冊、浙江図書館蔵、清同治十三年（一八七四）味腴山館傅氏刊本。細目は下記のとおりである。

①干祿字書一巻　（唐）顔元孫撰

②俗書証誤一巻　佚名

③字書誤読一巻　（宋）王　雰撰

本書の刊刻は非常に真面目で、版心（柱）の下に「楊宜治書」「曹秉哲書」といったような名前が十九人、各丁に明記されている。各書の見返しは、「同治甲戌（同治十三年、一八七四）七月順徳李文田題」とされている。傅雲龍本人が同じ年に巻末に書いた跋文の署名の傍に、「傅雲龍印」「懋元印」、及び「同治甲戌年十一月開印」という朱印が押されているので傅の架蔵本だったことがわかる。

（2）続彙刻書目十二巻

傅雲龍輯、十冊、上海図書館蔵、清光緒二年（一八七六）刊本。本書は清嘉慶四年（一七九九）に出版された顧修の叢書目録『彙刻書目』（十巻）の増補版で、計経部（巻一～巻二）七十四点、史部（巻三～巻四）七十一点、子部（巻五～巻九）一九二点、集部（巻十～巻十二）一七八点、併せて五一五点の増加である。巻首に傅の同治八年（一八六九）に書いた自序が飾られている。

（3）説文古語考補正二巻

程炎撰、傅雲龍補、二冊、上海図書館蔵、清光緒十一年（一八八五）紅余籀室刊本。巻頭にある傅の自序が、光緒六年（一八八〇）十二月に書かれたものなので、本書の完成は五年前のことが判明する。巻末には例の『越縵堂日記』で名を馳せた会稽（現、浙江紹興）李慈銘（光緒七年）・長興（現、浙江長興）張度・烏程（現、浙江湖州）李端臨（光緒十一年）及び傅雲龍本人の跋文が載せてある。李端臨は傅雲龍の妻である（後述）。

程炎、字は東冶、清乾隆時の進士、湖広道御史官となる。著書に『説文古語考』の他、『続方言補正』『説文引経考』『儀礼古文今文考』『礼記古訓考』『稲香楼詩文集』などがある。(4) 傅が『説文古語考』の誤りを正し、不備を補完した。この書を通じて、傅の小学に関する学殖が充分窺える。

なお、本書の見返しと巻首によれば、これは傅の纂喜廬所著書の第一点である。

（4）西陵趯程録一巻

傅雲龍撰、十五葉、一冊、中国科学院図書館蔵、清光緒十一年（一八八五）紅余籀室刊本。巻首の書名の下に「纂喜廬所著書六」とある。書名の次の行に「知府用先換頂戴兵部武選司兼車駕司候補郎中臣傅雲龍撰」と記されているので、兵部武選司兼車駕司候補郎中を担任中ということがわかる。同治十三年二月二十四日（一八七四年四月十日）に慈安太后（咸豊帝后、東太后）と慈禧太后（咸豊帝妃、西太后）が、西陵へ墓参りに行く際の著者が警備担当した所の記録である。巻末に傅雲龍の弟、傅鼎（元の名前は雲万という）が同治十三年に記した跋文がある。

（5）纂喜廬叢書四種

傅雲龍輯、七冊、上海図書館蔵、光緒十五年（一八八九）徳清傅氏日本東京刊本。細目は以下のとおりである。

①論語十巻附録一巻　（魏）何晏集解　附録（清）黎庶昌撰

②新修本草残十一巻（存巻三至五、巻十二至十五、巻十七至二十）（唐）李勣等撰　（日本）小島知足輯補

③文選残一巻（存巻五）

④陶淵明・帰去来辞（晉）陶潜撰

以上四点のうち、『文選』と『帰去来辞』はおのおの「延喜十三年（九一三）二月五日良峯衆樹刊之」「大唐天祐二年（九〇五）秋九月八日余杭龍興寺沙門光遠刊行」という刊記があるものの、江戸時代の西村兼文の偽作で、信用できないものと指摘されている(5)。

本叢書についての記載は、同じ傅の『遊歴日本図経余記』（後述）と本書の見返しに次のような異同が見られた。

書名	『余記』	見返し
論　語	叢書之一	叢書之二
新修本草	叢書之二	叢書之二
文　選	叢書之三	叢書之三
帰去来辞	叢書之五	叢書之四
二李唱和集	叢書之五	未　見

すなわち、（1）『余記』によれば、もう一つ『二李唱和集』があるものの、実際は未見である。浙江図書館、上海図書館、そして華東師範大学図書館の蔵本は皆四点であり、『二李唱和集』は入っていない。『余記』では、「唐『二李唱和集』将帰雲龍為『纂喜廬叢書』之五、然先刊自陳」と陳榘が先に刊行してから傅の『纂喜廬叢書』の五点目に入れる、という意味であるが、都合で、傅は刊行しなかったかも知れない。（2）『余記』の「叢書之五」と、見返し

の「叢書之二」は、それぞれ重複しており、『帰去来辞』の「叢書之五」は「叢書之四」に、『論語』の「叢書之二」は「叢書之一」に直すべきであろう。

また、以上刊行された四点は傅の序跋（皆光緒十五年東京での撰述）によれば、すべて在日中国公使館の人、貴陽人陳榘（衡山）のコレクションであるが、それを帰国後に刊行された『遊歴日本図経余記』記載の序跋と突き合わせると、他の内容は殆ど一緒であるのに、『新修本草』の跋文と『帰去来辞』の序文には陳の名前のみが消えたことが分かった。これは単なる傅の手落ちによるミスだとはとても思えない。

ついでに、陳榘が刊行した『二李唱和集』を確認することができた。それは一冊、関西大学図書館内藤文庫蔵、「湖南秘极」という印記があり、内藤湖南のコレクションであった。見返しに「影北宋本二／李唱和集　光緒己丑貴陽／陳氏栞于日本」とあり、「光緒己丑」は光緒十五年（一八八九）のことで、陳榘の赴任中（光緒十五年一月十九日〜十六年十二月二十日）にあたるであろう。

本文は「攀和嘉篇」から始まり、「却要開紅兼間」で終わり、あわせて二十丁である。それに続いて李昉と李至との交遊を紹介した「青箱襍記」と、『経籍訪古志』記載の『二李唱和集』の内容がある。そして、傅雲龍の跋文（光緒十五年、一八八九）、陳榘の兄にあたる陳田の序文（己丑、光緒十五年）、陳榘の跋文（光緒十五年）がおのおの載せてある。陳田の序文に曰く、

二李倡和集一巻、家弟榘随蒓斎黎公奉使東国所得也。嘗見銭警石文集云、吾家子弟仕宦者、但以俸祿所余購置書籍、佳子弟也。吾弟足当斯言矣。余遍検両宋群賢小集、呉曹鈔存、樊榭紀事均未見、此本著録家亦罕及、可謂希如星鳳。覆刊精審、与西崑酬唱並行、談芸家所楽観也。

光緒己丑陳田序。

ここにいう『両宋群賢小集』は宋陳思輯、元陳世隆補の本で、『四庫全書』本がある。『呉曹鈔存』『樊榭紀事』は未見である。陳榘の跋文に曰く、

二李倡和詩一巻（中略）首尾均有缺葉、何人所刊不可考。然為北宋槧本、載日本森立之訪古志。中国佚此書久矣。光緒己丑春、余于東京書肆収穫、詫為奇珎、重価購帰。（中略）今穫是集亟付良工鋟木、与北宋本無毫髪異。佚而不佚、読者当同為一快也。板式行款均載傅懋元兵部跋中。光緒十五年夏貴陽陳榘

（6）不易介詩稾残三種

傅雲龍撰、一冊、浙江図書館蔵、光緒十五年（一八八九）日本にて刊行。三種は下記の通り。

①遊古巴詩董一巻

見返しのa面には同書名、b面には「不易介集詩之四、光緒十五年夏五月印活字本于日本国東京」とある。なおa面の真中上には「御覧」という朱印が押されているため、皇帝へ進呈した本であることが判明した。この詩集には、キューバ見学中の光緒十四年（一八八八）十一月二十六日から同二十九日までの古体詩三十二点が収められている。ただし、自序によれば、キューバ滞在中は、ハードなスケジュールに追われて、とても作詩の暇がなかったので、翌年二月十七日にブラジルからニューヨークに赴く船の中で追記したものだという。

②遊秘魯詩鑑一巻

見返しのａ面には同書名、ｂ面には「不易介集詩之五、光緒十五年夏五月印活字本于日本国東京」とある。ペルー見学中の詩四十点が収録されている。

③遊巴西詩志一巻

見返しのａ面には同書名、ｂ面には「不易介集詩之六、光緒十五年夏五月印活字本于日本国東京」とある。本書の巻末には、光緒十五年に東京で書かれた下記十六名の跋文が掲載されている。

来安孫点（君異）、瀏陽李昌洵、海塩陳明遠、貴陽陳榘、劉慶汾、顧澐、門人開平周桂森、山陰銭徳培、会稽陶大均、奉化蔣子蕃、華亭廖宗誠、香山鄭汝騤。

顧澐と周桂森を除いて、みな日本に駐在した清国の外交官である。李昌洵の跋文によると、『遊歴日本図経』（後述）などはあまりにも膨大な量にのぼるため、印刷の完成を懸念して先に本詩集を試みに刊刻したという。

『不易介集詩稾』は何点あるかはつまびらかではないが、上記蔣子蕃の跋文によると、傅は「図経而外、復紀以詩。詩凡六宗、日本、美利堅詩詩巻帙較繁、先以詩董、詩鑑、詩志見示同人」という。『増版東西学書録』巻六附下之下（光緒二十八年刊）に傅雲龍の著書として『遊日本詩変』前編二巻後編二巻、『遊美利加詩権』一巻、『遊加納大詩隅』一巻、『遊古巴詩董』一巻、『遊秘魯詩鑑』一巻、『遊巴西詩志』一巻（以上皆石印本）と列挙され、六点ある。この六点は傅の遊歴国順に合致しており、『遊日本詩変』『遊美利加詩権』『遊加納大詩隅』は、それぞれ『不易介集詩稾』の一、二、三にあたるものと思われる。

なお、光緒十九年（一八九三）に編輯された傅雲龍の文集『籑喜廬文二集』（稿本、後述）には、「遊日本詩変前編叙」「遊古巴詩董叙」「遊秘魯詩鑑叙」「游巴西詩志叙」が収められているものの、『遊日本詩変後編』『遊美利加詩権』と『游加納大詩隅』の序文は見当たらぬ。少なくともこの三書は光緒十九年の時点ではまだ未刊であったのであろう。

また、「遊日本詩変前編叙」によると、本書は帰国して整理したもので、計古今体詩一九六点であるという。序文の日付けには「光緒十七年夏五月」とあるので、この年に編集作業が終わったことはわかるが、刊本は見つかっていないため、無事に刊行されたか否かは不明である。

（7）遊歴日本図経三十巻

傅雲龍撰、十四冊、浙江図書館蔵。見返しに「游歴日本図経（a面）三十巻光緒十五年夏六月印于日本（b面）」とある上に、「御覧」という朱印が真ん中の上に押してある。これも『遊古巴詩董』と同様に皇帝に進呈した本であろう。因みにこの本は華東師範大学図書館（二点）、関西大学図書館（泊園文庫）、大阪府立中之島図書館、東京都立図書館（実藤文庫）にも蔵本があるが、都立図書館本以外は、同じ位置にみな「御覧」が捺してある。見返しに次いで序が四つ、下記の順序で載せてある。光緒十五年冬十月合肥李鴻章の「游歴日本図経叙」、同十五年孟冬之月徳清兪樾が撰した「傅懋元日本図経序」、同十五年龍集己丑十一月桐廬袁昶の「傅懋園駕部游歴諸外国図経書叙」、及び同十四年四月黎庶昌叙於日本東京使署と記した「游歴日本図経叙」である。李以下四人は共に当時中国の著名な人物で、これだけでも本書に対する関心の高さの一端が窺える。

なお、『遊歴日本図経余記』によれば、『遊歴日本図経』の印刷が光緒十五年九月十七日で終了しているが、前述の李・兪・袁の序文はすべて同十月ないし、十一月の日付なので、本書の序文の印刷などの作業は帰国（同九月二十七日上海到着）後なされたことは察するにかたくない。『遊歴日本図経余記』光緒十五年十月十三日条では、「尋謁合肥粛毅伯大学士、曰已為叙日本図経矣」と、この日李鴻章を訪ね、はじめて『遊歴日本図経』のために序を書いてくれたことを知ったという。現に華東師範大学図書館（二点とも）、関西大学図書館、東京都立図書館の蔵本に李・兪・袁の序文がないのはその証拠となろう。（ただし、大阪府立図書館の蔵本には李鴻章などの序文がある。）

序の次に「游歴日本図経目録」があり、計天文・地理・河渠志・国紀・風俗・食貨・考工・兵制・職官・外交・政事・文学・芸文志・金石志・文徴と十五の項目が設置されており、そのうち、地理と金石志はそれぞれ五巻にものぼり、彼の関心が如実に示されている。

なお、本書の巻末には『叙例』と、同十五年八月に黎庶昌が記した跋文がついている。

また、本書の下記の内容は『小方壺斎輿地叢鈔』に収められ、この叢書の影響力を借りて、清末の中国で広範に伝わった。

「日本沿革」（巻二地理志二）、「日本疆域険要」（同）、「日本山表説」（巻五地理志五）、「日本河渠志」（巻七河渠志）（以上、『叢鈔』第十帙所収）、「日本風俗」（巻十風俗）（『叢鈔』再補編第十帙所収）、太宰純「登富嶽紀」（一巻、巻二十八日本文徴一、以下同）、源之熙「遊嵐峡記」、釈大典「遊石山記」、鈴木恭「瀧溪記遊」、沢元愷「登富士山記」、沢元愷「登金華山記」、林長孺「豈止快録」（一巻、巻二十九日本文徴二、以下同）、釈紹岷「鹿門宕嶽諸遊記」、安積信「遊松連高雄二山記」、橘南溪「霧島山記」、市村水香「遊天王山記」、広瀬謙「遊綿渓記」、山田敬直「遊保津川記」（以上、『叢鈔』第十帙所収）。

（8）遊歴古巴図経二巻
傅雲龍撰、一冊、浙江図書館蔵。見返しでは、「游歴古巴図経二巻（a面）、游歴書十九之四、図経六之四、籑喜廬傅氏所著書（b面）」としているが、版心では「游歴書十九之三」「図経六之三」とあって、不一致が見られる。『遊古巴詩董』『遊歴日本図経』と同様の箇所に「御覧」という朱印がある。なお、刊行年・刊行地は明記されていないが、筆者は、下記の理由により光緒十五年に日本で刊行されたものだと主張したい。

①『遊歴巴西図経余紀』光緒十五年二月十八日条と同二十一日条に、おのおの「雲龍発篋纂『古巴図経』」「『古巴図経』畢」と見える。つまり、本書は二月十八日より稿を起こして同二十一日に完成した、ということである。さらに、本書の「自序」の落款は「光緒十五年四月十七日」となっているので、傅が再び日本に戻る前に、本稿はすでにできあがっていたわけである。

②『遊歴日本図経余紀』（後編）では、本書の日本での刊行について、「（九月）十四日因『日本図経』印工逾限至再、于是先校『古巴図経』」と少々触れている。換言すれば、本書は『遊歴日本図経』と同時に日本で付梓されたわけである。

③同じ時期に日本で刊行された『遊歴日本図経』と相似点が多数ある。

a　各丁のa面の右下に「纂喜廬所著書」、版心の一番下に「図経六之三」（『遊歴日本図経』では、「図経六之一」）、b面の版心の一番下に「游歴書十九之三」（『遊歴日本図経』では、「游歴書十九之一」）とあって、同じ版式である。

b　巻首の署名は、『遊歴日本図経』『不易介集詩槀』などの日本での刊行物と同じで、「奏派游歴日本美利加秘魯巴西等国英日属地加納大古巴知府用兵部郎中臣傅雲龍」となっており、帰国後の刊行物、例えば、『遊歴図経余紀』の署名とは異っている。

本書は、天文・地理・風俗・食貨・考工（以上は巻一）兵制・職官・政事・文学（以上は巻二）と九種類に分けられて、巻末に「叙例」がついている。

（9）遊歴図経余紀十五巻

傅雲龍撰、四冊、筆者蔵。見返しに「游歴図経余紀十五巻、光緒十五年冬李文田題」とある。各冊の巻首の右下に「実学叢書子部傅記類」一行が印刷されているため、本書は『実学叢書』の一つということが判然とした。

本書は遊歴官試験のトップで採用された傅雲龍が、日本・アメリカ・カナダ・キューバ・ペルー・ブラジルの逐日視察日記であって、下記十五巻に分かれている。

①遊歴地球図　（余紀一）
②遊歴天時地里合表　（余紀二）
③遊歴日本図経余紀前編上　（余紀三）
④遊歴日本図経余紀前編下　（余紀四）
⑤遊歴美利加図経余紀前編上　（余紀五）
⑥遊歴美利加図経余紀前編下　（余紀六）
⑦遊歴加納大図経余紀　（余紀七）
⑧遊歴美利加図経余紀二編　（余紀八）
⑨遊歴古巴図経余紀　（余紀九）
⑩遊歴秘魯図経余紀上　（余紀十）
⑪遊歴秘魯図経余紀下智利附紀　（余紀十一）
⑫遊歴巴西図経余紀　（余紀十二）
⑬遊歴美利加図経余紀後編擅香山附紀　（余紀十三）
⑭遊歴日本図経余紀後編　（余紀十四）

⑮遊歴図経余紀叙例（余紀十五）

『遊歴日本図経余紀』は三巻で、前編二巻は光緒十三年（一八八七）八月十六日北京出発の日から、同十四年（一八八八）四月十八日、次の視察地アメリカに赴くまでの計八カ月の日記であり、後編一巻はアメリカ・カナダ・キューバ・ペルー・ブラジル見学後、再び日本に戻って游歴国の図経の撰述・印刷にあけくれた事柄を中心に記したもので、光緒十五年（一八八九）四月二十八日横浜到着より同十月十七日、北京帰着までの六カ月近くの日記である。

（10）遊歴美利加合衆国図経三十二巻

傅雲龍撰、十二冊、東北大学狩野文庫蔵。前書と同様に「実学叢書史部載記類」が各冊の巻首の右下に刻まれている。見返しには「游歴美利加国図経（a面）三十二巻、光緒十五年冬順徳李文田題（b面）」とあるものの、署名は「花翎二品銜直隷郡補道総辦北洋機器局前游歴使臣傅雲龍述」となっているため、実際の刊行は光緒十五年、帰国後北洋機器局の仕事に従事してからのことであろう。ただし中の「美利加合衆国図」は傅の光緒十五年夏、日本東京の識語があるため、日本で版下を作ったことが分かる。本書の装丁・表紙・紙などは殆ど『遊歴図経余記』と変わらないので、同時期の刊行物だと思われる。なお、本書の見返しの真ん中には前掲書（6）（7）と同様に「御覧」という朱印が捺してある。但し少し小さい。

本書の巻立ては『遊歴日本図経』に比較して「職官」「芸文」「金石」「文徴」が欠ける他は同じである。「芸文」は内容が少ないため、「文学」巻に入れられている。

（11）纂喜廬文初集十八巻

傅雲龍撰、稿本、浙江図書館蔵。見返しに「纂喜廬文初集（a面）十八巻　光緒十九年冬十二月常熟翁同龢」と墨書されている。巻首に「纂喜廬文初集目」があり、巻一から巻一八にかけての文章目録が仔細に記録されている。そのうち、内容（文章）がなくなったものも混じっているが、そのような場合、題名だけを著録し、その右下に細字で「佚」とつけて区別している。

目録の後に記された傅雲龍の解説によれば、この文集に収められた文章は凡そ三九一篇で、みな光緒十三年（一八八七）までに書かれたものである、という。解説の日付は光緒十九年（一八九三）秋九月庚辰朔（一日）となっているため、この年に編集作業が終わったと思われる。

この文集は、毎半葉十四行、毎行三十二字で、紅格子の写本である。巻末に「李端臨斠女范淑復斠／子范初范翔范鉅斠石」が記されているので、家族の助力を得たことがわかる。内容をひもとくと、中国の伝統的な学問、「毛詩正義書後」「周礼書後」「儀礼書後」「礼記書後」「春秋左伝書後」「春秋左伝杜預集解書後」「論語魯読攷書後」「孟子注疏書後」といった経学書、「説文解字義証書後」「段氏説文注訂書後」「説文校議書後」「説文解字旧音書後」「説文引経攷書後」といった小学書、「天一閣書目書後」「全毀抽毀書目書後」「愛日精廬蔵書志書後」「読敏求記書後」「続彙刻書目書後」「結一廬書目書後」「皇朝経籍志書後」といった目録書（以上すべて巻十二）は目立つが、「陸兵論」「海防論」「兵通論」（以上巻一）のような時勢関係の内容もあれば、「地動説」「天空説」「地球大洲説」（以上巻一）「中外約表」「西年月日証異表」「寒暑表比較表」「電光声速率表」（以上巻十）のような自然科学や洋学関係の内容もある。傅雲龍の博学の一端を見せている。遊歴選抜試験でトップを取ったのは偶然のことではなかっただろう。

また、「漢石例補正叙」「両漢金石続記叙」（以上巻十一）「金石萃編書後」「金石続編書後」「両漢金石記書後」「常山貞石志書後」「粤東金石略書後」「金石癖書後」「金石苑書後」など金石に関する文章も少数ではない。なぜ金石関係

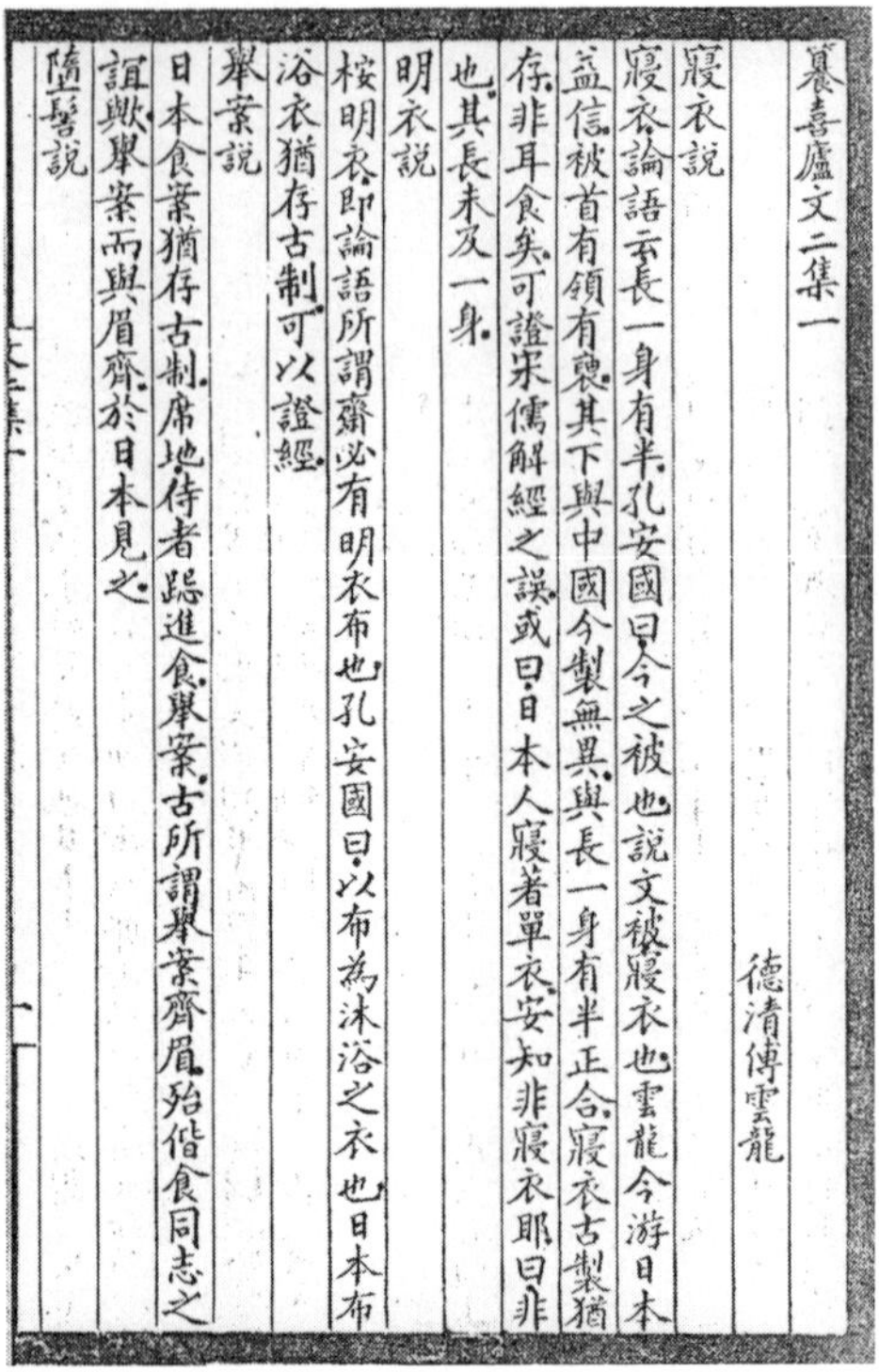
纂喜廬文二集一

德清傅雲龍

寢衣說

寢衣論語云長一身有半孔安國曰今之被也說文被寢衣也雲龍今游日本益信被首有領有襟其下與中國今製無異與長一身有半正合寢衣古製猶存非耳食矣可證宋儒解經之誤或曰日本人寢者單衣安知非寢衣耶曰非也其長未及一身

明衣說

按明衣卽論語所謂齋必有明衣布也孔安國曰以布為沐浴之衣也日本布浴衣猶存古制可以證經

舉案說

日本食案猶存古制席地侍者跽進食舉案古所謂舉案齊眉殆借食同志之誼歟舉案而與眉齊於日本見之

墮髻說

図20　『纂喜廬文二集』巻首（浙江図書館蔵）

の内容が、『遊歴日本図経』の六分の一を占めているのか、腑に落ちなかった部分が解消したような気がする。

（12）纂喜廬文二集十巻

傅雲龍撰、稿本、十一冊、杭州図書館蔵。見返しに「纂喜廬文二集（a面）十巻光緒十九年冬十二月常熟翁同龢」と題し、つづいて厚紙で貼りつけられた「纂喜子象」と「観我箴」がある。前者は帽子をかぶり、髭を生やし、官服を着ている傅の写真で、元気はつらつに見える。後者は本写真についての傅の説明である。それによると、この写真は光緒十四年四十九歳でアメリカのサンフランシスコ視察に行った時に撮影したもので、帰国後、二番目の息子范初がこれを拡大した次第である。あれからすでに五年の歳月が経ち、顔はそんなに変わらないが白髪は出てきた……と。

この「観我箴」は傅自ら赤格子の用紙に書写したもので、終りに「雲龍印信長寿」「懋元父」朱印二つが押されている。

「観我箴」の次は「享喜廬文二集目」で、巻一から巻十にかけての目録が詳しく列挙されている。

本書の内容は、巻一を除いては、ほぼ傅の遊歴国の図経よりの抜粋である。巻二、巻三はアメリカ・カナダ・キューバ・ペルー・ブラジル、巻四は中国と日本及び上述の五カ国の時差・距離・度量衡の比較表、巻五は日本、巻六はアメリカ、巻七はカナダ・キューバ・ペルー、巻八はブラジル、及び傅の各国図経、詩集の序文と日本遊歴中に書いた序文、巻九はもっぱら金石関係、とくに日本金石に関する跋文、巻十は日本で見た、もしくは刊行した本に関する跋文、遊歴国図経の凡例、専例などである。

目録だけでも十丁ほどびっしり書かれていて、内容が多種多様で、整理しにくいためもあって、理路整然と編纂された感じはしない。そして例えば、「景日本延喜本文選弟五残巻叙」「二李唱和集跋」等のように巻八と巻十に重複して出ているものもある。とはいえ、世間に知られていない本稿本は、少なくとも下記二つの価値があり、重要視すべきであると思われる。

①多数の内容は刊行ずみの遊歴国の図経の抜粋にすぎないが、テキストの校正に極めて大切である。

②図経に収録されていない逸文のようなものもある。例えば、巻一の「寝衣説」「明衣説」「拳案説」「堕髻説」などの文章は出典が明らかでなく、それまでに発表されたか否かも見当がつかない。巻八の「中井兼之篆体正変叙」「偉人伝叙」は『遊歴日本図経余記』光緒十五年十月二十五日条と、同十一月二十四日条で触れてはいるが、序文そのものは収録されていない。

本書の目録以下は、毎半葉十四行、毎行三十字で、紅格子の写本である。各巻末には「子范翔・初・鉅校」があり、所々に校正や削除したあとが見えて、父親自らの指導のもとで、息子三人の協力により、編輯されたものであろう。

（13）纂喜廬文三集四巻

傅雲龍撰、稿本、浙江図書館蔵。見返しに「纂喜廬文三集（a面）四巻　光緒十九年冬十二月常熟翁同龢署」と墨

書されている。『纂喜廬文初集』『纂喜廬文二集』と同様に、巻首に「纂喜廬文三集目録」があり、巻一から巻四までの文章目録が細かに記録されている。毎半葉十四行、毎行三十二字で、紅格子の写本である。

これは遊歴から帰国後に書いた文章を集めた文集である。「緩議和疏」「請一度量衡疏」「請設京師武学疏」「請於京師立製造銀銭総局疏」（以上巻一）、「上海軍衙門王大臣救時書」「上海軍衙門王大臣呈日本海軍歴史書」「上総理海軍衙門事務恭慶親王書」「上合肥中堂議巴西招工書」（以上巻二）などに見られるように、上奏した文章が主である。

（14）実学文導二巻

傅雲龍輯、二冊、筆者蔵、光緒二十一年（一八九五）石印本。巻首の右下に「実学叢書子部雑家類」がある。自序に曰く、初心者の便を図るべく、実学関係の文章を五十四点集めた。ただし、図算・化学・英文は漢文を以て宗とすべきため、子范初が録した経世時文をも取り入れた、という。本書は「彭剛直盛世危言叙」「楊楷洋薬茶絲分類表叙」のような経世時文計十五点のほかに、残り三十九点は傅雲龍の文章一色で、内容は、製図・地理・軍事（炮、船、陸軍、海防）・天文・数学・化学・度量衡等多種多様に及び、傅の洋学に関する博学を如実に示している。

なお、上海図書館には、『洋務実学新編』（二巻）という本がある。見返しに「光緒丙申（二十二年、一八九六）季春、上海書局石印」とされているが、中味、作者とも『実学文導』とまったく同じで、書名を変えただけでの再版であろう。

（15）絵図比例尺図説一巻

傅雲龍撰、一冊、筆者蔵、光緒二十一年（一八九五）石印本（自序）。見返し（b面）に、「光緒二十一年冬十二月徳

清傅雲龍署検印入実学叢書」とあり、巻首の右下に「実学叢書子部雑家類」と印刷されている。そこで、本書も前掲書『遊歴図経余紀』と同様に『実学叢書』の一つであることが判明した。

中味は図三十（絵図比例尺図）、説二つ（絵縮図比例尺図説、絵伸図比例尺図説）、表一つ（工部営造尺与英尺比較表）で構成され、比例尺について分かりやすく、しかも実用的に説明したものである。

(16) 考空気砲工記一巻、考化白金工記一巻
傅雲龍撰、一冊、筆者蔵、光緒二十一年（一八九五）石印本（『考化白金工記・自序』）。見返し（二点ともB面）に「光緒二十一年冬徳清傅雲龍題印入実学叢書」とある上に、巻首の右下に「実学叢書史部考工類」（二点とも）とあるため、これも『実学叢書』の一部であろう。

『考空気砲工記』は「原工」「改製」「効用」「総論」「砲表」「砲図」と分けて空気砲につき解釈している。『考化白金工記』は白金の取り方などを中心に、図を付けて十六項目別に詳細に論述している。

(17) 遊歴巴西国図経十巻
傅雲龍撰、二冊、浙江図書館蔵、巻首に欽命二品頂戴江南分巡蘇松太兵備道袁為給示諭禁事、という通達が載せられている。それによると、

　拠分省補用知府傅范初禀称、窃范初故父直隷補用道傅雲龍著有游歴日本・美利加・秘魯・巴西・加納大・古巴等国図経、及『実学文導』『機器図説』『考化白金工記』『考空気砲工記』『比例尺』『比例尺図説』『字学三種』。各

書均已次第付印、誠恐坊間翻刻縮印、潺淆語意、改換名目、貽誤匪浅、請出示諭禁、立案並転飭上海県及英法租界委員一体示禁。（中略）光緒貳拾捌年正月十八日示

とある。つまり、傅の子傅范初の申出による上掲傅の著書の無断翻刻の禁令である。

通達の後は見返しである。見返しに「游歴巴西図経十巻（a面）、光緒廿七年冬子范鉅題（b面）」とある。光緒廿七年は一九〇一年にあたるが、通達の日付、版式等が後掲の『遊歴英属地加納大図経』『遊歴秘魯図経』と同一であるなどの点からは、翌二八年の刊行と考えたほうがいいであろう。

この本の刊行については、前掲の『纂喜廬文三集』巻二に収録されている「上合肥中堂議巴西招工書」（光緒十八年九月十一日）、「上合肥中堂請印遊歴巴西図経書」（日付不明）を一読してわかるように、傅雲龍が何度も李鴻章に請願したようである。しかし、その夢は、傅が光緒二十六年（一九〇〇）故人となって以来、息子らの努力により始めて実現された。紙や印刷（石印）の質から察して自費出版のようである。

この本は刊行は遅延したが、草稿は遊歴中に書き始めたようである。『遊歴日本図経余紀』光緒十五年十月初二日条によると、「分巴西図経門類凡十、曰天文、曰地理、曰国系、曰風俗、曰食貨、曰考工、曰兵制、曰政事、曰文学、曰叙例。蓋就見聞所獲而分也」とある。これをその後の刊本と付き合わせると完全に一致している。但し、この日の時点では、この図経はまだできていなかった。傅雲龍は『余紀』光緒十五年十月初四日条で、また「編次巴西国図経、子目五十有二、而稿難遽定」と記述している。

なお、「傅雲龍監絵図」という印が刻ざまれた「巴西国図」がある。『游歴日本図経余紀』（後編）には「以所絵美利加合衆国総図、英属地加納大図、秘魯国図、巴西国図、重校一過、付之銅工」（光緒十五年七月初六日条）とあるの

で、本ブラジルの地図も次のカナダとペルーの地図と同様に日本で銅版を印刷されたことが分かる。

（18）遊歴秘魯図経四巻

傅雲龍撰、二冊、筆者蔵、見返しは「光緒廿七年冬子范鉅題（b面）」となっているが、上掲の『遊歴巴西国図経』と同様に、同二十八年の刊行であろう。通達、見返し、署名、版式等は『遊歴巴西国図経』と同じである。

また、『遊歴日本図経余紀』光緒十五年九月二十九日条では、「検秘魯図経、雖初草、難可遽定、其子目可編次也。凡四十有三。その子類不外天文・地理・国系・風俗・食貨・考工・外交・政事・文学・叙例十者」と、この日に目録ができたことがわかる。本書の刊本は天文・地理（巻一）・国系・風俗・食貨（巻二）・考工・兵制・外交（巻三）・政事・文学・叙例（巻四）という内容で、「兵制」一項を除いてすべて『余紀』の記載と合っている。なお、本書の「秘魯国図」は「傅雲龍鏤銅版于日本」とされている。

因みに傅雲龍の本書に先立って、同治十二年（一八七三）に張溥が『秘魯国志略』（一巻）という本を著している。いま、『清代稿本百種彙刊』（文海出版社、一九九一年）に収録されている。

（19）遊歴英属地加納大図経八巻

傅雲龍撰、二冊、浙江図書館蔵、見返しに「游歴加納大図（a面）経八巻、光緒廿八年子范鉅謹題（b面）」とある。光緒二十八年（一九〇二）の刊行であろう。通達、見返し、署名、版式等は『遊歴巴西国図経』と同じである。巻立てを『遊歴巴西国図経』とつき合わせると、国系と文学が少ないほかは同じである。『遊歴日本図経余紀』光緒十五年十月初六日条では、「定英属地加納大図経類目」とある。なお「傅雲龍監絵図」という印のある「英属地加納大図」

が付載されている。

（20）饗喜廬存札一巻

傅雲龍輯、一冊、上海図書館蔵。見返しに「范初范翔范鉅依年編」が印刷されているため、傅の三子により編纂されたことが分かる。これは傅雲龍宛ての書簡集で、序跋や奥書が見当たらないので、刊行年と出版地を知ることができないが、光緒中の刊行物であろう。計三十六通の手紙が収められている本書には、兪曲園のものは三通、黎庶昌のものは四通含まれている。『遊歴日本図経』などに触れている内容も少なからずあり、傅の研究に役立つものが多いようである。

（21）郷賢商巖公事略一巻

傅雲龍編、一冊、浙江図書館蔵。刊記がないため、刊行年が不明であるが、巻末に「不孝雲龍泣述光緒十九年追改」という一行があるので、この年に刊行されたと思われる。傅雲龍の父、傅爇梅（字、商巖）の年譜で、奏議・碑伝（碑に記した事跡）・譜状（年譜）からなる。傅雲龍一族を知る上に貴重な資料となる。

以上は年代順に筆者が見た傅の編著書について論述したものである。他に傅雲龍の未完成原稿もいくつか残っている。そのうちの三つを記しておく。

（22）饗喜廬訪金石録

傅雲龍編、一冊、浙江図書館蔵。表紙に同右の題が記されており、傅雲龍本人の肉筆である。墨付四十二丁、毎半葉十一行、毎行二十字、版心に「味腴山館」が印刷され、赤い罫線が引かれた用紙である。巻首に「訪碑録校勘」と題して「雲龍印信長寿」の印が捺してある。書き込みや殴り書きが多すぎて読みづらいが、「隋金輪寺塔銘」「隋龍山公墓誌」「蜀碑」「蜀石」「蜀金」といった題の内容はようやく判読した。遊歴前の傅雲龍の金石訪問録のメモであろう。

（23）饗喜廬詩初集一巻

傅雲龍撰、一冊、浙江図書館蔵。表紙に同右の題が墨書されており、傅雲龍の筆による。墨付二十五丁、毎半葉九行、毎行二十字。巻首に「詩傭詩存　雲龍初藁」と題して、戊午（咸豊八年、一八五八）、辛酉（同十一年、一八六一）、壬戌（同治元年、一八六二）、癸亥（同二年、一八六三）、甲子（同三年、一八六四）の年に書いた詩集である。そのうち、壬戌・癸亥が多数を占め、圏点が多く施され、友人の評価が記されている。

（24）傅氏鈔校書六種

傅雲龍輯、九冊、国家図書館蔵。「晉書考証」（第一冊）、「隋書目録考証」（第二冊）、「昌平山水記」（第三、四冊）、「韻補正」（第五冊）、「河渠備徴」（第六、七冊）、「漕運全書」（第八、九冊）といった内容に関する写本である。「雲龍印信長寿」と「懋元印」（ともに第三冊）が捺してあり、「傅雲龍校」（第二冊）、「傅雲龍伝鈔本、子范初手録」（第三冊）、「雲龍抄」（第六冊）が記されている。朱筆や書き込みが多い。なお、「傅氏鈔校書六種」という書名は、国家図書館がつけたものである。

その他、浙江図書館には、傅雲龍の文書が数多く保管されているが、そのうち、『饗喜廬所著書目』という稿本があり、傅雲龍が自分の編著書について記した解題書である。それによるとまだ下記の著書がある。大半は未完乃至は未刊だろうと思われる。

『軍礼通記』、『説文解字正名』、『許学文徴』、『籑喜廬経翼』、『北上里志』一巻（同治八年著、光緒十三年自序）、『呉柳堂先生年譜』一巻、『姚太夫人年譜』一巻、『補晉書芸文志』四巻、『北堂書鈔引書目』一巻、『水経注碑目』一巻、『隷続目』一巻、『金石集成』、『籑喜廬史徴』、『籑喜廬子衡』、『籑喜廬別録』、『遊日本詩変』前編二巻後編一巻、『籑喜廬詩二集』一巻、『籑喜廬詩三集』一巻、『水経注雋句』（写本）。

以上傅雲龍の数多くの編著書を通じても彼の博学がわかるであろう。上述した諸書は、大別すると兵部郎中任期中に書いたもの五点（(1)～(4)(11)）、遊歴中に執筆した遊歴書十点（(5)～(10)(12)(17)～(19)）、そして帰国後に編纂した本六点（(13)～(16)(20)(21)）と、三種類に分けられる。これらの著作は彼の主要な経歴のみならず、思想変化も大まかに反映していると思われる。すなわち、遊歴前、中国の伝統文化について研鑽し、特に文字学や目録学、地方志に力を注ぎ、また新学にも及んだ。これは彼が後日、外国へ行くための試験、および遊歴書を著す基礎となった。そして遊歴中、外国のことに強い関心をもち、精力的に書物を著述した。その豊富な著作は、他の遊歴使の追随を許さなかった。遊歴後、長年第一線において洋務関係の仕事に従事し、保守的な知識人が形而下とみなした銃砲や縮尺等の実学を積極的に研究した。彼のこれらの著述は、中国の優秀な知識人が西洋文化と出会い強烈な衝撃に直面した際、いかに伝統から離脱し、実践と学問上において近代への脱皮を図るかという縮図といえる。その内、遊歴書の数は傅の全著書の中のトップを占めており、特に『遊歴日本図経』については、李鴻章・兪曲園など当時中国一流の人物が序文を寄せ賛辞を送ったこと、光緒帝は宴会で労をいたわり、遊歴書の詳細たることを誉めたたえたうえに、直隷（河北省）への配布を指示したこと[6]、などからも傅の遊歴書は時世に合致したもので、李鴻章など洋務派運動を進めている上層部に重んじられたことが分かる。

第三節　遊歴書を多数書き得た理由

傅が光緒十三年八月十七日の北京出発から、同十五年十月十七日の帰京まで、二年二ヶ月かけての視察中に『遊歴日本図経』三十巻、『遊歴美利加合衆国図経』三十二巻、『遊歴古巴図経』二巻など、つぎつぎと著書を刊行したことは、すでに見てきた通りである。僅か二年間という短い間に大量の著書を書いたもの、と誰もが感心するに相違あるまい。そして、どうしてそれが可能で、その裏に何の秘訣が潜んでいたのか、とおのずから疑問が湧いてくるであろう。筆者はいろいろ調査した結果、それは傅の勤勉さとも相関していると思われるが、主に次の二つの原因があることを指摘しておきたい。

第一、傅の学殖。上述した傅の著書を通じて、すでに傅の学殖豊かなことが十分窺えるが、筆者は特に『光緒順天府志』（周家楣修、張之洞・繆荃孫纂、光緒十二年〈一八八六〉刊）を強調したい。本書は京師志から金石志までの一三〇巻に達する巨作であり、文華殿大学士直隷総督一等伯爵李鴻章をはじめとした監修九名、署吏部左侍郎通政使司通政使前順天府府尹周家楣を筆頭にした総裁三名、総纂と迎えられた両広総督張之洞・翰林院編修繆荃孫二名、内閣中書鮑恩綬以下十五名の分纂、その他全部で計五十人を動員した有力なスタッフで、六年間（光緒五年〜十一年）にわたって編集されたものである。いわば光緒帝・皇太后の許可を得て特別予算を作っての国家事業として行われたものである。傅雲龍は兵部郎中という身分で、「分纂」（分担編集）委員の一人として、下記の巻を分担した。

a、食貨志二巻（田賦下・旗租）、経政志一巻（駅伝・舗附）

以上計三巻で、傅雲龍が編纂したもの。

b、京師志二巻（兵制・水道）、地理志二巻（方言上・下）、河渠志十三巻（水道・河工・津梁・水利）、経政志二巻（官吏・漕運）、官師志十九巻（伝・官表・県表・学官表・官師表・県丞表・州判表・主簿表・吏目典史表・巡検表・同知表・都統提鎮表）、人物志四巻（選挙）

以上計四十二巻で、傅雲龍纂、繆荃孫覆輯としたもの。

c、地理志四巻（山川・郵鎮、蔡庚年纂）、食貨志一巻（田賦上、劉恩溥纂）、経政志三巻（砿廠・銭法・営制）、人物志一巻（郷賢表）、芸文志一巻（著書）（以上繆荃孫纂）

以上計十巻で、他人纂、傅雲龍覆輯としたもの。

以上傅雲龍が編纂したものは、a三巻、b四十二巻、計四十五巻に達し、『光緒順天府志』全書一三〇巻のうち、三分の一強を占めていることが明らかになった。傅雲龍が覆輯したものc十巻を含めれば、傅が中心的な役割を果したことはいっそう明白であろう。傅雲龍はこのように繆荃孫など一流の学者と一緒に仕事をし、『光緒順天府志』という大規模な地誌編纂を通して、貴重な経験を積み重ねた経験があったために、遊歴日本・アメリカ諸国図経を、短時間に書き上げることを可能にしたのであると言える。

実際、われわれが遊歴日本・アメリカなど諸国図経を一読すると容易に『光緒順天府志』と相似している点に気付く。例えば、

a、図表を多く用いること。『順天府志』は地理志で大興県・宛平県など各県の地図が二十五点（皆陽湖趙広恭絵）

掲載され、他の個所でも必要に応じて随時表を列する。傅の遊歴書も同様に地理志ではその国の全国地図（日本で銅版製作した精度の高いもの）を載せ、他の巻では多くの表を利用している。

b、体例が同一であること。『順天府志』は序（李鴻章・周家楣・沈秉成）、本文、序志［序録（繆荃孫纂）・志例（張之洞纂）］と構成され、つまり編者の序文、凡例は最後（序志）に出てくるのである。傅の遊歴書も同じ順序で、編者傅の序文と凡例は巻末の叙例（自叙・凡例・専例）に置かれている。そして、書名を先に、次の行にその巻の題名を書くという普通に行われている形式（たとえば、「日本国志第一巻之一／国統志一」）とは異なり、同じ行に、巻の題名を上に書き、書名と巻数はその下に記す（たとえば、「日本文学上　遊歴日本図経二十上」）、という書式をとっている。これも完全に『光緒順天府志』の模倣と思われる。

ついでに『籑喜廬所著書目』によれば、『光緒順天府志』の一部、『順天府方言志』（二巻）、『順天府河渠志』（十三巻）は、光緒十一年（一八八五）に単行本として先に刊行された。また、本書一三〇巻は北京古籍出版社（一九八七年）、上海書店（二〇〇二年）よりそれぞれ標点本（一六冊）と影印本（三冊）として出版された。

第二、家族の助力。妻李端臨は医学に詳しく、『紅餘籀室吟草』三巻、『女芸文志』三巻、『続小名録』一巻を著した人物で、夫の傍らで資料調べを手伝うなどして内助の功があった。(7) 次男傅范初、四男傅范翔、七男傅范鉅は、父の著書『籑喜廬存札』一巻の編輯、(8)『遊歴巴西国図経』十巻、『遊歴秘魯図経』四巻、『籑喜廬文二集』十巻などの校正、(9)『遊歴秘魯図経』四巻、『遊歴巴西国図経』十巻、『遊歴英属地加納大図経』八巻の出版・校正をした。(10) 三男傅范晃は、得意な英語を生かし、父の『遊歴美利加合衆国図経』の中の「中国美利加月朔表」、「州表」を書いた。(11)『小紅榴室吟草』二巻を残した娘傅范淑は、兪曲園のような著名な学者にまで絶賛された親孝行で、一生母がわりに、父などの世話をした。(12) 息子四人、娘一人のうち、ことに国子監と同文館を卒業した次男は、父について仕事をする時が多く、手助けとなることが多かったと思われる。彼は『算学源流考』『電化理解』『地理雑誌』『海運利弊考』などを書き残して[13]、洋学の才能を十分に示した。

以上、傅雲龍の著書及び遊歴図経がなぜ多く書かれたかについて実証的に論考してみたわけである。本章の一では、傅の著書について書誌学的に論じることにより、彼の著作の外貌及びそのうちの遊歴書の占める主要な地位を明らかにした。二では、『光緒順天府志』や傅の親族と関連づけて、ハイレベルな地誌編纂の体験や肉親の支援があったこそ、数多くの遊歴書の編纂・出版が可能になったことを浮き彫りにした。よって、本章は傅雲龍や『遊歴日本図経』に関する今後のさらなる研究に基礎作業を行ったと思われる。

注

(1) 代表的な先行研究は下記のものがある。
佐藤三郎「明治時代前期における中国人による日本研究書について」、『近代日中交渉史の研究』、吉川弘文館、一九八四年三月。

武安隆・熊達雲『中国人の日本研究史』第三章第三節、六興出版、一九八九年八月。

小川博「実藤恵秀収集「東遊日記」（近代中国人日本旅行記）解題」、『創大アジア研究』第八号、一九八七年三月。

王暁秋『近代中日文化交流史』第六章第五節、中華書局、一九九二年九月。

(2) 『徳清県新志』（程森纂、一九二二年刊）巻七・傅雲龍伝による。

(3) 「天津駐在領事波多野承太郎より外務大臣伯爵伊藤博文宛の書簡」、機密第二二号、一八八七年十月二十一日、外交資料館蔵『清国人内地旅行欧米人同様許可雑件』。

（4）『説文古語考補正』巻首にある傅雲龍の識語による。
（5）厳紹璗『中国典籍在日本的流布之研究』第三章。江蘇古籍出版、一九九二年六月。
（6）注（2）に同じ。
（7）『徳清県新志』巻九・李端臨条による。
（8）見返しにある「范翔・范初・范鉅依年編」という落款による。
（9）『游歴巴西国図経』『游歴秘魯図経』の巻末にある「子范（翔・初・鉅——括弧内細字、以下同）復校」と、『纂喜廬文二集』の巻末にある「子范（翔・初・鉅）校」による。
（10）出版の根拠は、『游歴秘魯図経』『游歴巴西国図経』『游歴英属地加納大図経』の巻頭につけられた通達（前述）、校正は、本三書の巻末にある「子范（翔・初・鉅）復斠」、および『纂喜廬文初集』にある「李端臨斠女范淑復斠／子范初范翔范鉅斠石」、『纂喜廬文二集』にある「子范（翔・初・鉅）斠」による。
（11）『徳清県新志』巻八・傅范冕条による。但し、『游歴美利加合衆国図経』には「州表」という項目が見当たらず、「地理志」にあるいくつかの表を指すと考えられる。
（12）『徳清県新志』巻九・傅范淑条による。
（13）『徳清県新志』巻八・傅范初条による。

第九章　明治前期における中日漢詩文の交流

はじめに

「鯨波渺渺接遙空、今古由来一葦通」[1]。中日両国は、この詩で詠われたように一衣帯水の近隣のため、古くからさまざまな形の交流が行われてきた。その中で漢詩文の交流がとりわけ多くて、漢字文化圏における文人交流の一大の特色を成している。このような日本人と往来した詩文については、唐の時代に文約一〇〇点、詩一二九首[3]、元・明時代に文六点、詩四十八点[4]、同時代の五山僧の語録・詩文集のために記した序跋は三十九点[5]とされている。これは必ずしも充分な統計とはいえないが、両国間の詩文交流が盛んだったことを説明するには充分だと思われる。

降って清の時代になると日本の鎖国状態にもかかわらず、詩文交流が途絶えたことはなかった。明末の遺民として日本に亡命した陳元贇[6]・朱舜水[7]・心越[8]の他に、長崎に来航した清人が日本人と交流することもしばしば見られた[9]。さらに、大時化に遭遇して難波した漂流民と現地の人々との詩文応酬もあった[10]。長きにわたって天災人過を逃れて現存している写本『陳林詩集』[11]と『漂流人帰帆送別之詩』[12]は、まさにその交流の結晶だといえよう。

しかし、このような詩文交流がピークに達するには、西洋の強力な鉄砲により鎖国の戸が開かれ、近代的な交通手段の出現により人員の往来がより便利になった明治時代を待たねばならなかった。この時代の前期—甲午戦争（日清戦争）以前における詩文交流は、主に日本を舞台として漢詩の唱酬、詩文の批評、序跋の撰述、などといった形で展開されて、未曾有の隆盛を呈したありさまであった。

以下、主に甲午戦争までに日本で行われた詩文交流をめぐって、その歴史的な流れを中心にアウトラインを描きたい。

第一節　文人による交流期

明治前期の文化交流は、中国側の担い手を基準にして概観すれば、おおよそ二つの時期に区分することができると思われる。それは清国の外交官が来日した明治十年（一八七七）を区切に、文人による交流期と外交官を主体とした交流期である。まず、前者について述べよう。

明治前期に日本に寓居した清の文人がいる。中国国内で必ずしも有名でない彼らは、日本で序跋を書き、日本人の漢詩文に批評を加え、書画を揮毫して上流社会の人々と交際するという生活を送っていた。その主要な者として葉煒・陳鴻誥・王治本・王藩清・胡璋（鉄梅）・王寅（冶梅）・衛鋳生などが挙げられるが、紙数の制限で葉煒・陳鴻誥の事跡について簡単に触れることに止めたい。

葉煒、字は松石、夢鷗と号する。秀水（現、浙江省嘉興）の人。一八七四年に日本国在上海領事館の推薦を受けて、東京外国語学校（現、東京外国語大学）漢語科の二代目の教師として来日。彼は、明治初期の日本のために多数の人材（特に漢語通訳人材）を養成し、[13]二度賞与された。[14]教育に非常に熱心だったことが窺える。一八七六年夏に帰国した彼は、日本が懐かしく、しかも経済的な理由もあり、一八八〇年に再び日本を訪れ、大阪に滞在した。その際『夢鷗囈語』（二巻）を著した。一度京都に移ったこともあるが、気候に慣れないため病気にかかって、再び大阪に戻り、療養中に『煮薬閑抄』を草稿した。一八八二年二月頃帰国し、一八八四年に秣陵（現、江蘇省江寧）の役所に就職したが、詳細は不明である。翌年、職を退き、南京に閉じこもって旧稿に手を入れ、『煮薬漫抄』（二巻）を著した。この本と一緒に上梓されたのに、日本人と応酬した漢詩を集めた『扶桑驪唱集』（一巻付録一巻）がある。

葉は二度の日本滞在中に多数の友人ができ、漢詩文の交流に積極的であった。たとえば、土屋弘の『晩晴楼文鈔』に批評を三十点書き入れ、江馬正人の『賞心賚録』、山田純の『枕上賸稿』にそれぞれ跋文を寄せた。そのほかに、日本の文人との漢詩のやりとりにも熱心で、それらの多くは明治の漢文学大家である小野湖山・大槻磐渓・中村敬宇などとの唱和集である『蓮塘唱和続編』（小野湖山編、一八七五年）、『愛敬余唱』（大槻磐渓編、一八七六年）、『扶桑驪唱集』（葉煒編、一八九一年）に収められている。一回目の帰国前に、明治前期の漢詩文壇でもっとも影響力のあった雑誌『新文詩』（森春濤主宰）は、わざわざ特集『新文詩別集』（第五号、明治十二年十二月）を刊行し見送った。そして、葉自身も帰国後『新文詩』にしばしば原稿を寄せた(15)。

葉のほかに、同じ郷里の陳鴻誥の活動ぶりにも目立つものがあった。陳、字は味梅、曼寿または乃亨翁と号する。幼いころ良好な家庭の教育を受けた彼は、特に作詩を好み、同行と郵便の往来を通じての唱和に虚日なしと自称している。詩集『味梅華館詩初集』（六巻、一八五〇年）、『味梅華館詩二集』（四巻、一八五一年）、『喜雨集』（四巻、一八五三年）を次々出した。一八五五年父を亡くし、一八六〇年太平軍に故郷を陥れられたその後は、生計が衰退の一途をたどっていった。一八七一年一旦出仕したものの、淡泊な性格の彼はまもなく止めて浪人生活を送った。上海に長く居住し、胡公寿などの名流と懇意であったという。生計上の理由と友人の影響を受けて、早くから来日を待ち望んでいたらしい。親友葉煒の『扶桑驪唱集』に寄せた題詞で、「笑我遠行何日遂、年年辜負苦吟身」と詠い、そして、「鴻誥はたびたび日本へ旅するつもりがあったが、未だに果たしていない」と注釈を施している。一八八〇年、日本にいる友人衛鋳生の斡旋で来日し、京都の暁翠楼に宿泊。一八八二年六月に日本を後にした。日本に滞在中の二年間、『退亨園詩鈔』（二巻、江馬正人）、『晩晴楼文鈔』（三巻、土屋弘）などに批評を多数書き残しているほか、多くの著書を刊行した。『味梅華館詩抄』（二巻、一八八〇年）、『邂逅筆語』（一巻、土屋弘、一八八一年）、『日本同人詩選』（四巻、一八八三年）はそれである。その内の『日本同人詩選』は、兪曲園の『東瀛詩選』よりも早く編纂された、中国人による日本漢詩集の濫觴として注目に値するものである。(16)

明治前期に来日した文人による詩文交流について、次のような特徴を有すると思われる。

第一に、時間的には清の外交官より早く行われ、その後に展開された外交官たちの文化交流の下準備をする役割を果たしたことがいえる。

明治初期の清末は、まだ開けたところのため、海外に出かける人があまりいなかった。そのうち、日本に来寓した清人は、商人・技術者・文人とに大別できるが、文化交流の主な担い手は人数の少ない文人しかいなかった。彼らは、来日の日は必ずしも同じではなかったが、早く日本の社会に溶け込み、ネットワークができた。そのため、その後に来日した清の外交官（とくに初代外交官）は、彼らを頼りにして生活の便宜をはかり、在地の日本人と交友したケースが少なくなかった。

例えば、王治本はそのうちのよい例である。桼園を号とする彼は、一八三五年(17)浙江省慈渓に生まれ、増生（地方官立学校の学生のうち、歳試で一、二等のもの）である。第二次アヘン戦争の後、豊かであった家が衰え始めた。(18)一八七七年、日清社塾の広部精（鹿山）の招聘を受け、漢語教師として来日。講義のかたわら、広部に『日清新誌』『環海新報』の編纂を協力した。西南戦争が勃発してから、学生が避難したため日清社の維持ができなくなった。その後、中村敬宇の同人社と合併して、王は引き続き教鞭をとった。(19)

彼は初代公使の来日後、公使館の官舎の選定に助力し、旧高崎藩主大河内輝声などの日本人を清の外交官に紹介した。[20] 彼の才能は初代公使何如璋に認められ、「学習翻訳生」として一八七八年九月十一日から一八八〇年二月九日まで約一年半雇われた。[21] このように王治本をはじめとする文人の惜しまぬ協力があったからこそ、何如璋らは、より速く安定した生活を確保し、広く友達を作り、文化交流などの仕事を順調に進めることができたと考えられる。

第二に、文人による交流は、漢詩文のみならず書画などについても並行して行われたという特徴が窺える。たとえば、前に述べた詩人として多くの詩集を刊行した陳鴻誥は、来日後『邂逅筆語』（一巻、土屋弘）、『晩晴楼文鈔』（三巻、同）、『冶梅石譜』（二巻、王寅）、『雲児詞』（一巻、陳鴻誥）などには序文を、『薇山摘葩』（二巻、水越成章）、『賞心賚録』（四巻、江馬正人）には識語を寄せている。

そして、彼は書にも精通した。それは『冶梅画譜』（二巻、王寅）、『冶梅画譜人物冊』（一巻、同）、『冶梅石譜』（二巻、同）、『賞心賚録』（四巻、江馬正人）、『雲児詞』（一巻、陳鴻誥）などの日本で刊行された書物に、彼が書いた題箋・題詞・見返しで確認できるが、そのほかに、金沢市常福寺にも彼の書道作品が数点よく保存されている。[22] これらの書道作品を通じて、いかに金石学に造詣が深く、篆書と隷書に優れていたかが十分わかる。また、『庚戌消夏草』（一巻、福原公亮）に口絵として彼の書いた二点の作品を見る限り、絵にも巧みであったことが認められる。

陳鴻誥のほかに、王藩清も同じである。彼は琴仙を号とし、陳鴻誥ほど詩文は得意ではないが、『衆教論略』（五編、加藤熙）に序文を寄せ、何如璋・沈文熒などの外交官と共に、『鴻斎文鈔』（三巻、石川鴻斎）、『日本名家経史論存』（十五巻、関義臣）を批評している。とくに後者については、巻一・五・七・十・十二・十四・十五と合わせて七巻にわたり評点を行っている。

しかし、王藩清の腕を十分に振う分野は書画にあった。『三崎新道碑』（一巻、肝付兼武）には題箋と碑文を書き、

『桃園結義三傑帖』（一巻、小塚侶太郎）には、書と共に詩も残している。また、

『翰墨遺余香』（一巻、伊藤兼道編）には書名を記したほか、胡震と一緒に絵も描いた。そして、『清国王琴仙書画状』（一巻、山内六助一八八二年刊）のように、個人の作品集まで出して、水墨画の長じたところの一端を見せている。さらに篆刻も得意にした。(23)

このように彼らは、詩・文・書・絵ともに通じた才能を以て明治初期の日本人を魅了させ、異なる階層の異なる需要を満たした。とりわけ芸術に長じる才能は、のちほど登場する清国の外交官の不備を補うことができ、アイデンティティーを主張する有力な手段となった。(24)同時に、このような多才が異国での生活に潤いをもたらしたのは、また言うまでもないことであろう。

第三として、文化交流の場所が外交官より広かったことが挙げられよう。

日本駐在の外交官は、外交上の制約を受けて民間人ほど自由な身ではないので、交流の場はどうしても駐在地、とくに首都に限定されがちであった。これに対して日本に居住した清人は、これらの制限が少なく、需要さえあればどこへも出かけていった。前述した葉煒と陳鴻誥は主に関西で活躍したが、王治本は四回ほどの長い旅をして、その足跡は京都、大阪、名古屋はもちろん、金沢、新潟、北海道まで広がった。

また、いままで触れなかった胡鉄梅もその例外ではない。彼は名は璋で、鉄梅を号とし、安徽省桐城の人。一八七九年、上海で金沢市常福寺住職北方心泉と交わりを結び、一八八〇年、初めて日本へ渡航した。それ以来、北方心泉と互いに益を受けつつ骨肉に等しい友情は、胡が神戸に客死する一八九九年までの終生に及んでいった。胡は父胡寅の影響を受け、詩・書・画に優れ、画は人物・花卉・山水画に長じ、中でも梅図を得意にした。当時の上海では張子祥、胡公寿に次いで任伯年・楊柏潤と名を斉しくしたとされ、日本北陸画壇にも益を与えた。また、詩は高知詩壇に影響を及ぼした。長崎出身の生駒悦を妻とし、主に金沢・神戸に住み活躍した。(25)

しかし、一方で文人らの文化活動に、外交官と比べてそれなりの不足が存在していたことも否めない事実であろう。たとえば、彼らの行動はあくまでも個人的な行為に過ぎないので、組織性がなく恣意的に行われる一面が強かった。同時に、彼らは職を持たず、文を通じて生計を立てねばならぬという制約を受けるので、作った詩には迎合性・遊戯性が強く、文学精神が貧弱な一面もあった。

また、彼らは激動たる明治日本に生活しながら、日本の社会、政治、文学などに対してはあまり関心を寄せなかった。前述した葉煒は、二度合わせて四年間日本に寄寓したが、日本滞在中にできた『煮薬漫抄』にせよ『夢鷗囈語』にせよ、目の前で激変しつつある日本のことを記さなかった。清末文壇の奇聞や伝統的な思想をめぐって随筆風に書き、旧時代の知識人の趣味を固持した。

これらの多くはおそらく彼らの先天的な習性や素養に由来するもので、これ以上厳しく追求する必要はないと思われる。むしろ、中日民間交流のために果たした役割については表彰すべきであろう。

第二節　外交官を中心にした交流期

一八七七（光緒三、明治十）年十二月十六日、何如璋を初代公使とする外交官が海安号に乗って横浜に着き、東京に公使館を設置した。これは日本と千年以上にわたる交渉のなかで、相手国に正式な官舎を設けたのが未曾有のことである。その後、公使館を拠点として、外交折衝のほか、中国逸書の収集、日本についての研究、日本人との筆談、詩文の交流などさまざまな文化活動が展開され、文化交流の主体が文人一辺倒の時代から、社会的な地位も文化教養もより高い外交官に移り変わる時代が到来した。

何如璋時代には、公使館官舎の選定、開港への理事の派遣などの雑事に追われた上に、琉球問題が生じたため、中日間の詩文交流は小規模でかつ個人レベルのものが多かったと思われる。

たとえば、一八七八年四月十六日、旧高崎藩主大河内輝声の招請を受け、何如璋、張斯桂、黄遵憲などの初代外交官は、東京の名勝地隅田川で桜を楽しんだ。その日、漢文学者加藤桜老も同席であった。来日後の初めての花見のため、みなとても上機嫌で、何如璋はさっそく「十里の春風に　爛漫と開く、墨川東岸　雪　堆を成す、筵に当りては　惜しむなかれ　詩と酒を、此の如き花の時　我正に来れり」と漢詩一点を口ずさんだ。それを受けて中日双方は十数点の漢詩を作り、夜九時ごろになって始めて帰途についた[26]。

この時代の往来した詩文は、主に『文学雑誌』（中村敬宇主宰）、『新文詩』（森春濤主宰）、『新文詩別集』（同）に散在している。例えば、何如璋の詩文に、「寄社長中村敬宇書並詩」（『文学雑誌』第六八号）、「長岡公使元韻即以為別」（『新文詩』第六一集）があり、副使張斯桂の詩文に、「壬午元旦即景」（『文学雑誌』第七〇号）、「詠御入歯」（同）、『次韻』（『新文詩』第五九集）がある。そのうち、参事官として来日した黄遵憲のものは一番多く、「与中村敬宇書」（『文学雑誌』第三四号、見出しは筆者がつけたもの）、「牛渚漫録序」（『文学雑誌』第六二号）、「鈔出墨子中与西学相合者」（同）、「答中村敬宇書」（同）、「次韻」（『新文詩』第四二集）、「書牘一則」（『新文詩』第五七集）、「与森希黄」（『新文詩』第六二集）、「頃奉命有米国之行、留別日本諸君子」（五首、『新文詩別集』第一六号）などが見られる。

彼らの詩文は雑誌に掲載されたほかに、唱和集にも現われた。『芝山一笑』（一巻、一八七八年）は、石川鴻斎が編修した彼と清国外交官との間にやり取りした詩文集である。また、最近発見された『袖海楼詩草』（二巻、一九二〇年）は、何如璋の没後、次男何寿朋が集めた何如璋の詩集である。上巻には、蒲生重章、栗本鋤雲、副島種臣、中村敬宇、大河内輝声、宮島誠一郎・青山延寿・関義臣・浅田宗伯などと交わした詩が数十点あり、何如璋の在日中の交友の一

端が窺える。(27)

漢詩文のやりとりがピークに達するのは第二代・第四代公使黎庶昌の時代を待たねばならなかった。

黎庶昌は公使として初めて来日したのは一八八二年一月のことである。それ以来一八八四年十一月までの間に、大規模の漢詩交流大会が二回行われ、二回とも旧暦重陽の節に開かれた詩会である。前者は東京の上野にある静養軒で開かれ、応酬した詩は姚文棟により『重九登高集』(28)に編修された。後者は永田町の公使館で催され、日本側には石川鴻斎、重野安繹、中村敬宇、長岡護美などの名流十三人、中国側には公使以下楊守敬、姚文棟などの八人がそれぞれ参加した。席上に吟じた漢詩は孫点の編集により『癸未重九讌集』（一巻、一八八三年か）として上梓されている。

中日間の詩文交流が最盛期を迎えたのは、黎庶昌が再来した一八八七年十二月から一八九一年一月にかけての任期中であった。彼は引続き重陽の詩会を三回開いた上に、修禊会（陰暦三月三日の節句に、水辺でみそぎを行う行事）を二回増やし、漢詩交流会にますます熱を入れた。これらの詩は、いずれも孫点が編修した『戊子重九讌集編』（二巻、一八八八年）、『己丑讌集続編』（二巻、一八八九年）、『庚寅讌集三編』（三巻、一八九〇年）に結集されている。

中国側の行った大規模な漢詩大会に対し、重野安繹を初めとする日本人も、一八八九年二月十四日と一八九〇年四月二十五日に、それぞれ盛大な答礼会を催した。その詩は『己丑讌集続編』と『桜雲台讌集編』（一巻、刊行年不詳、一八九〇年の詩集）にまとめられている。

一八九〇年（庚寅、光緒十六年）は黎庶昌の公使の任が満ちる年にあたる。そのため、帰国の途に着く数ヶ月前から送別会が連日のように行われた。その際に唱和した詩は「題襟集」として上記の『庚寅讌集三編』（下）に集録されている。

このように黎庶昌時代に行われた詩文交流は次の特徴を持つように思われる。

まずは制度化。黎庶昌は従来の恣意的に行われてきた唱和活動を異にし、はじめは秋期の重陽節を、後に春期の修禊会を増やし、漢詩交流大会を秋と春との二期に定例化した。しかも、催しの後、上述の書名の示した通りに必ず詩集を編集出版し、後世に貴重な資料を残してくれた。

これを可能ならしめたのは、黎庶昌は孫点というよき助手に恵まれていたからにほかならなかった。孫点、安徽省来安の人で、字は頑石、または聖与で、君異・夢梅華館を号とする。上海竜門書院を卒業し、のち、四代公使黎庶昌の随員として一八八八年一月二日から一八九一年一月二十九日まで日本に在寓し、五代公使李経方時代にも引き続き留任した。(29) 一八九一年五月に、帰国の途中船から落ちて溺死し、(30) 日本の友人からも多くの哀悼の詩が寄せられた。彼は文学に才能があり、詩・詞ともに得意で、日本人から熱烈な歓迎を受け、とくに森春濤との交誼が深く唱酬が多かった。(31)

彼は上記の唱和詩集を編修したほかに、『嚶鳴館春風畳唱集』（一巻、一八八九年）、『嚶鳴館畳唱余声集』（一巻、同）、『嚶鳴館百畳集』（一巻、一八九〇年）などの詩集を日本で刊行した。また、稿本としては『夢梅華館詩稿』『夢梅華館海外倡酬莘』『孫聖与先生詞集』『夢梅華館散体文稿』『夢梅華館紀夢』『夢梅華館尺牘』『夢梅花館奇文経眼莘』『夢梅華館同人姓氏録』『光緒乙酉科直省選抜優貢榜題名録』『夢梅華館留別海上龍門書院書籍文件』『道光乙酉科直省挙貢同年簡明録』『夢梅華館行篋記』『東渡贈言録』『夢梅華館日記』などが現存している。そのうち、『夢梅華館海外倡酬莘』は三島毅・重野安繹・向山栄・森槐南・岡千仞・巌谷修・水越成章・副島種臣などとの唱和集で、森槐南とやり取りした詩はもっとも多数占めている。そして、『夢梅華館詩稿』と『夢梅華館日記』は日本滞在中に書いた詩や日記も多く含まれているので興味深い。これらの著書を通じて、彼は詩・詞・文ともに才能を有したことが認められる。

孫点はまた『歴下志遊』（上海申報館光緒年間刊本）と『東行雑記』（稿本）があり、これらを一読して地誌にも頗る興味があったことがわかる。

次に大型化。たとえば、重陽節の漢詩大会の参加者は一八八八年には三十二人、一八八九年には四十四人であったのが、一八九〇年になると百人近くに増加していた。しかも、中日両国の知識人のみならず、李鶴圭・金夏英などの朝鮮人も加わって、漢字文化圏における大型の恒例集会にまで拡大していったのである。そして、中国国内在住の文人も進んで文通によって漢詩の交流に参加するようになった。

一例を挙げると、浙江省の文人厳辰は、『墨花吟館輯志図』と詩を、公使館の参事官を務めている同郷の陳明遠のところに送付して唱和を求めた。黎庶昌・森大来・兪箕煥をはじめとする中日朝三国の文人は積極的に応じ、次々と唱和した。それがまもなく『墨花吟館輯志図記』（一巻、附「海外墨縁」一巻、一八九〇年）に結集された。

外交官による漢詩の交流にはもう一つの特徴がある。それは政治化である。曾国藩の四大弟子の一人としての黎庶昌およびその部下は、外交官としての一面があると同時に、文人としての一面もある。前者は公人ならば、後者は私人といえよう。これは詩文交流に十分に現われていると思われる。高い文学才能を発揮して、詩の交流などの文化活動に情熱をかたむけたのは、文人としての趣味に由来する一面が確かにあったものの、外交官である以上は、国益を最優先に考慮せざるをえなかったはずである。日本と手を組み、西洋の侵入に対抗するのは、黎庶昌を初めとする外交官らに課せられた最大の政治課題だったであろう。

そのために、文学の才能を生かすことが、このような外交目的を遂行する上で有力かつ有効な手段として選択されたのである。詩文を通じてより多くの日本の友人を作り、文化交流を通して交誼を深めるべく、黎庶昌時代の外交官らは、外交を詩文唱和に託し、文化活動を政治的に展開させた。それで、「亜洲文物最相先、休戚同関豈偶然」(32)などの、中日朝が連合して西洋の進入に対抗するような趣旨の漢詩がしばしば登場し、黎庶昌時代における唱和活動の一大特色になったのである。そして、黎庶昌らのこのような願いは日本の多くの文人の共感を得たようで、「連衡経画匪夷思、十載星霜瞬息移。衣帯水連眉睫外、輔東形要歯唇期。同文同臭須相愛、殊俗殊情誰不知[33]」と萩原裕が黎庶昌に贈ったこの詩は、当時の多くの日本の有識者の心情を反映しているであろう。

黎庶昌のこの苦心をよく理解した人に三島毅がいた。清人と親交を持ち続けた彼は、黎の帰国際にこのような主旨のことを言った。

多忙な仕事の中、詩文交流に時間をたくさん費やしたのは、一見無駄に見えるが、清国と日本との間に不信が生じたのを見た黎庶昌は、詩文の交流を通じて、このような不信を友好に転化させようとした。上層の文人が詩文を通じて睦まじくなれば、庶民もこれに倣うので、両国はますます仲良くなるであろう。したがって、この無駄に見える詩文交流は実に大事である[34]。

そして、黎庶昌が詩文交流に熱心であることは、明治天皇まで知られていたようである。『明治天皇紀』によれば、任期満了時に勲一等に叙し、旭日大綬章を贈与された[35]黎庶昌は、天皇に謁見し、御写真一枚並びに賀知章法帖二本を賜った。「庶昌翰墨に長じ、最も詩を善くす、在任中屢々日清両国の名士を会し、雅筵を開き、力めて両国の親善を謀れり、毎回相賡酬する所の唱和詩集を裒輯し、刊行して之れを頒つもの数巻に及ぶ[36]」という。

第三節　甲午戦争後

しかし、中日文人たちが詩文交流に熱中しているところ、一八九四年に甲午戦争が勃発した。この戦争は李鴻章が苦心惨憺して建設した北洋軍艦を徹底的に破ったばかりでなく、黎庶昌をはじめとする外交官の中日友好の夢をも空洞化させたのである。これを契機に千年以上維持してきた中日関係が逆転し、中国は列強に倣い、民族の自立を目指す時代を迎えた。

このような時代背景のもとで、従来のインテリが熱中していた詩文往来は、明らかに時代の要求を外れたものとされ、いかにして中国を亡国の危機から救えるかは、中国のすべての人々に押し迫った最大の課題となった。そのなかで、日本に近代化の規範を求めようと、日本への視察ブームが興り、教育・法政・軍事・実業などに関する日本視察記が雨後の竹の子のように誕生した。

一方、甲午戦争の勝利は、日本の民族主義を極端なところまで煽り、日本人の中国観をいままでの親中国から中国蔑視へと変えた。一八六八年の明治維新は、日本の政治上の「脱亜入欧」を意味したものならば、甲午戦争は文化上の中国との決裂を意味したものと思われる。かつて中国の知識人と杯を交わし、友好を堅く誓った漢詩人は、アイデンティティを固持し、漢詩文をもって対外拡張政策に対する異議を立て、もしくは沈黙を守ったどころか、積極的にそれを謳歌する態度に豹変した。「文人詞客、争先諷詠以頌之、不啻汗牛充棟」（原漢文）[37]と、かつては清人との交流詩文が流行していたが、いまは打って変わって、『征清詩集』『砲槍余響』『外征紀事』『征清軍中公余』『征清詩史』『征清戦捷詩』『征清雑詩』などといった清国懲罰論の詩集が一世を風靡した。[38]皮肉なことにその先端に立ったのは、他ならぬ小野湖山・森槐南・向山黄村・藤沢南岳・三島毅・日下部鳴鶴などそれまで清人とあれほど親しく交際していた漢詩人らであった。

そして、附表「明治刊行物に現れた清人の序跋」をみれば明らかなように、いままで清人の序跋で著書を飾る気風があり、清人の寄せたそれは、明治期の刊行物に溢れるほどであったが、甲午戦争以降は、このようなことが顕著に減少し、日本文化を世界へ広げようとした動きさえ現れた。一例を挙げると、水戸の青山一門は、史学の研究者として黄遵憲等の外交官より深く尊敬され、青山延寿は清人と親交した。延寿の兄延光の代表作『国史紀事本末』（四十巻）は明治九年（一八七六）に刊行された際に、苦慮して李鴻章、兪樾の序文を入手することができたが、延寿の『皇朝金鑑』（五十五巻）が明治二十八年（一八九五）に世に生まれた際に、黄遵憲がつとに書いた学術性の高い序文があるにもかかわらず、掲載されることがなかった。甲午戦争で収めた軍事上の勝利は、文化的な優位も意味しているかのように思われ、中国文化を輸入するどころか、日本文化を輸出する時代を迎えたと誤認されたようである。延寿の姪青山勇が本書に寄せた跋文で、次のような抱負を語っている。

去歳自皇上一宣戦、於平壌、於旅順、我兵所向、無不奏捷、外国実畏我兵矣。自今而後、我国史者、清韓二邦必争先繙之。而此書（皇朝金鑑）雖属伝記、彼人士一閲則必曰、日本国明君賢臣、古今何其多也、必亦服我文矣。夫震耀威武、武臣之職也、発揚文徳、文士之任也。（原漢文）

武道と並んで文道で軍国主義を支えようとしている。いずれにしても、黎庶昌時代のような中日友好の雰囲気の下で行われた漢詩文の交流は、前代未聞の歴史の一頁として過去のものとなったわけである。

結　び

明治時代の中日関係史について、かつて実藤恵秀は甲午戦争を区切に、それ以前を攻日論横行時代、それ以降を親日時代と区分したことがある。(39) 留学生に関する貴重な研究、『大河内文書』をはじめとする膨大な近代中日交流の史料を掘り起こし、多大な業績を残した氏に対して、斯界の開山として尊敬している。そして、後人に与えてくれた学恩を深く感謝している。しかし、史料を多数発掘しながら史実に背いた結論へ導いた氏のこの説を首肯しえないところがある。

確かに甲午戦争以前に攻日論を唱えたものがないわけではなかった。その代表者としては、陳其元（『日本近事記』、同治十三年、一八七四）、陸廷黻（『東征日本』、光緒七年二月三十日、一八八一）、張佩倫（『密定東征之策』、光緒八年八月十六日、一八八二）が挙げられよう。しかし、このような日本懲罰論は、台湾出兵（一八七四年）や琉球事件（一八七九年）の後に起きた一時的なものに過ぎず、しかも、清朝廷に顧みられることなく、国策となるに至らなかった。むしろ列強と均衡外交を保ち、「夷を以て夷を制す」というのが、国力の衰退を極め、戦勝力を持たない清末の外交策の核心として一貫して貫かれてきたであろう。「自強」「保教」「保種」「実業救国」「教育救国」などといった後を絶たないこのような大衆運動は、字面からだけでも清末のこのような受け身的、防衛的な外交活動の特徴を反映していると思われる。

むしろ、甲午戦争以前の中日関係が、全体としては攻日どころか、平和的かつ友好的に推移したことは事実であろう。この中であずかって力があったのは漢詩文だと思われる。

明治維新後の日本は、脱亜入欧の政策を敢行し、西洋崇拝の時代に変わっていったが、江戸時代の余燼が残っており、斯文の老大家はもとより、役人、軍人、一般の市民も漢学の素養を身に付けたものが少数ではなかった。そこで、森春濤以下の大家が輩出し、旧雨社などの結社が雨後の竹の子のごとく現われ、『新文詩』などの漢詩文雑誌が世の中に流行し、平安朝以来漸次に隆盛に赴いてきた漢詩文壇は、未曾有の盛況を呈していた。

このような漢学の伝統勢力が依然として潜在した時代に到来した清人は、日本の朝野から心からの歓迎を受けて、彼らと交わることを無上の光栄と思われていた。おそらく当時の中日文化人にとっては、漢詩文は漢字文化圏における共通した文人趣味のみならず、「言語の通じない両者の間の政治的な差別と対立を越えた直接で人間的交流と連帯をつくりあげる可能性をも保証したのであって、その機能を小さく見てはなるまい(40)」。

それだけに、甲午戦争以前に来日した六代の公使は、例外なく多忙な公務のかたわら漢詩文交流を重要視した。前述の初代公使何如璋時代と二代・四代公使黎庶昌時代の他に、他の公使も積極的に詩文交流を行なった。たとえば、五代公使李経方は『牛渚漫録』（四巻、浅田宗伯）、『近世偉人伝』（二十二巻、蒲生重章）などに題辞を寄せ、六代汪鳳藻は『蒼海遺稿』（一巻、副島種臣）に題辞を贈っている。また、汪と宮島誠一郎との筆談記録も残っている(41)。さらに、修禊と重陽の定例宴は、李経方・汪鳳藻時代にも受け継がれ、日下勺水「紅葉館上巳宴集序(42)」によれば、「星使汪君芝房依黎・李二君之旧例、毎歳二度、挙上巳・重陽宴於芝山紅葉館、以燕都下同文諸人。」とある。また、三浦叶の説では、汪鳳藻時代では、修禊会が二度（一八九三年と一八九四年）、重陽会が一度（一八九四年）催された(43)。そのうちの一八九四年の修禊会の詩は、『国会』明治二十七四月十日、十八日、十九日に発表されている。彼らは、国益を守るための政府・国の使者、代弁者という外交官の面もあるが、文人である色彩はもっと強くて、身をおいた時代に大きな制約を受けながら、西洋諸国と異なる漢詩文交流を中心にしたユニークな文化外交を立派に推進した。それは不幸にも甲午戦争の勃発により打ち破れたものの、明治前期の漢学の隆盛に拍車を掛け、両国の親善友好のために重要な役割を果たした功績は、けっして忘れてはならないであろう。そして、平和共存が強調されている二十一世紀に、われわれはその史実から何か有益なものが見出せるのではなかろうか。

注

（1）善住「贈日本僧」（注（4）による）。
（2）張歩雲「試論唐代中日往来文」、上海社会科学院『社会科学』第六期、一九八一年。
（3）張歩雲『唐代中日往来詩輯注』、陝西人民出版社、一九八四年。
（4）陳高華「十四世紀来中国的日本僧人」、『文史』第一八輯、中華書局、一九八三年十月。
（5）王勇「元明時代日本僧侶著述之西漸」、『中日文化交流史大系・典籍巻』、浙江人民出版社、一九九六年。
（6）一六二八年日本に渡航した陳元贇に、『元元唱和集』（二巻、一八八三年）や『長門国志』（一巻、一八九一年）があるが、前者は日僧元政との唱和集である。
（7）一六五九年日本へ亡命した朱舜水に、『舜水遺書』（馬浮編、一九一三年）、『朱舜水集』（中華書局、一九八一年）、『朱氏舜水談綺』（華東師範大学出版社、一九八八年）などの中国語版がある。
（8）心越、姓は蔣、名は興儔、字は心越、東皐と号する。一六七六年来日した彼は、『東皐全集』（浅野斧山編、禅書刊行会、一九一一年）などを世に遺した。
（9）徳田武「中国文人が批評した江戸漢詩」、王勇・久保木秀夫編『奈良・平安期の日中文化交流』、農文協、二〇〇一年。
（10）漂流民の唱和については、拙稿「中日漂流民贈答詩勾沉」、徐静波・胡令遠編『東亜文明的共振与還流』、上海社会科学出版社、一九九六年。
（11）『陳林詩集』（一巻、写本、国会図書館所蔵）は、広東潮州人陳世徳、林光裕が嘉慶四年（一七九九）に日本人と唱和した詩集である。

（12）『漂流人帰帆送別之詩』（一巻、写本、遼寧図書館所蔵）は、道光六年（一八二六）に江蘇松江府文人と日本の漂流民との唱和詩集である。また、これについては、最近松浦章の「越前梅浦岡田家所蔵の「贈倭国難民詩」について」（近代東西言語文化接触研究会『或問』第三号、二〇〇一年十一月）に詳細な論考が見られる。

（13）葉煒の学生に、中田敬義、二口美久、石原昌雄などがいた（『扶桑驪唱集』凡例）。その内の中田は明治時代の中国語通訳や中国語教育などの重要な場で大変な活躍ぶりを見せた人である。六角恒広『漢語師家伝』（東方書店、一九九九年）に詳しい。

（14）葉煒は明治九年（光緒二年、一八七六）二月と八月に、東京外国語学校から奨励を受けた。日本国立公文書館所蔵「東京外国語学校教諭清人葉松石増給雇継届並報酬届」（二A―九―公一七六八）と同「同校教諭清人葉松石解約ニ付為賞与物品贈附届」（二A―九―公一七七三）。

（15）たとえば『新文詩』第三、四、七、一〇、三七、四一、四二、七〇号に、『新文詩別集』第二、四号に、それぞれ葉煒の詩文が見られる。

（16）拙稿『晩清文人与日本――光緒年間寓日文人考』、中国中日関係史学会・北京市中日関係史学会編『中日関係史研究』一九九八年第三期。

（17）王治本の年齢については、『港雲楼雨詩巻』に寄せた題跋の落款「光緒乙巳（光緒三十一年、一九〇五）一陽来復月中……王治本、時年七十有一」に基づき算出したものである。実藤恵秀「王治本の日本漫遊」、『近代日中交渉史話』、春秋社、一九七三年、二一八頁。

（18）王治本は『大河内文書九・泰園筆話』（弐）に曰く、「僕在二十年前、家計雖非巨富、亦有田百余畝、有両替等店数家、自西匪擾後、蕩無存者、現在因謀食殊難、故作遠遊……」。

（19）広部精『総訳亜細亜言語集・支那官話部』巻一下「跋」（青山堂書店、明治十三年）と同『増訂亜細亜言語集・緒言』（同、明治三十五年）による。

(20) 鄭子瑜・実藤恵秀『黄遵憲与日本友人筆談遺稿』(早稲田大学東洋文学研究会、一九六八年)六一―八〇頁。
(21) 拙稿『清末駐日外交使節名録』、浙江大学日本文化研究所編『中日関係史論考』、中華書局、二〇〇一年。
(22) 『金沢・常福寺歴史資料図録』(金沢市教育委員会文化財課編修発行、二〇〇一年)一一―一三頁、一七五頁、二一三頁。
(23) 王藩清が篆刻に堪能であることは、実藤恵秀『大河内文書』(平凡社、一九六四年)一三五頁による。
(24) 清の文人が日本で書画の腕を充分振った背後には、当時の社会的需要が高かったことに密接な関係があると考えられる。たとえば、明治前期の有名な歴史学者川田剛(甕江)は、依田学海との談話の中で、「近時書画いたく行はれて、明・清人の名画といへば、その価高をいとはず買もの多し。されば、いづれの儒士の家にゆきても多く蓄もてるに(下略)」(『学海日録』、第五巻、明治十五年九月十六日の条、岩波書店、一九九〇)と言っている。
(25) 『金沢・常福寺歴史資料図録』一三五頁、本岡三郎『北方心泉――人と芸術』(二玄社、一九八二年)を参照。
(26) 実藤恵秀「向島の花見」、『大河内文書』、平凡社、一九六四年。
(27) 何如璋の『袖海楼詩草』については、拙稿「新発現的中日関係史料――何如璋的『袖海楼詩草』」(『中日関係史料与研究』第一期、北京図書館出版社、二〇〇二年)を参照。
(28) 『重九登高集』の存在は、姚文棟『東槎二十二種目録』の割注「重九登高詩、東瀛使署有初刻、重刻二本」による。原本は未見。
(29) 注(21)に同じ。
(30) 孫点の死については「自殺」説を唱える人が多いが、彼の遺した日記『夢梅華館日記』(二十五冊)を見る限り、自殺する証拠は見つからなかった。
(31) 孫点と日本人との唱和活動については、神田喜一郎「日本における中国文学I――日本塡詞史話上――」(『神田喜一郎全集』第六巻、同朋舍、一九八五年)に詳細な論考があるので、それに譲って贅言しない。
(32) 黎庶昌「二十五日朝鮮李寿庭星使餞別於紅葉館即席有作呈教」、『庚寅讌集三編』(題襟集)、三九頁。
(33) 萩原裕「聞黎星使回槎在近、庚寅十月占登高集開留別筵於緑山紅葉館(下略)」、『庚寅讌集三編』(題襟集)、三三頁。

(34)「吾于公使、知無用之用矣。何哉?公使鴻臚交際之暇、毎逢良辰佳節、必率従僚属、設宴于東台芝山景勝之地、招集我文人騒士、詩酒応酬（中略）如此者不下数十次。世或謂使臣公務之劇、何為此無用文字之飲?是不大然。蓋両国使臣之相交于鴻臚、修礼容、慎辞令、専保護国体、甚則設城府、飾辺幅、適足以生猜疑、而情好則不通。明治以還、我与清国雖尋隋唐旧盟、使臣往来、不免猜疑者殆数年。自黎公使来、有見于此、務為風流文字之飲、以通情好。夫知文字者、皆一国士君子也。士君子苟通情好、下民豈不風靡。是以彼此歓洽、互知無他心、唇歯相依之交、日周月密、有隋唐旧盟不足復言者。然則風流文字之飲、有用于国家交際、不亦大乎!三島毅「奉送黎公使帰清国序」、『庚寅讌集三編』（題襟集）所収。

(35)『明治天皇紀』（吉川弘文館、一九七三年）明治二十三年十一月一日条。

(36)『明治天皇紀』明治二十三年十一月十日条。

(37)柳井碌編『征清詩集』（一八九五年）序。

(38)清国懲罰詩集については、三浦叶『明治漢文学史話・日清戦争と漢詩』三、四（『東洋文化』第二一九号、二二〇号、一九四三年六月、七月。同著『明治漢文学史』、汲古書院、一九九八年に再録）を参照。

(39)実藤恵秀「親日以前ものがたり、親日時代ものがたり」（同『明治日支文化交渉』、光風館、一九四三年）。戦争中に書かれた著書という点は充分承知しているが、この本は今でも多くの研究者に引用されているので、無視してはならないと思われたのである。たとえば、アメリカの著名な歴史学者学者、レイノズ（Douglas R.Reynolds.中国語の名前は任達）は、調和と合作に満ちる清末十年間の日中関係を近代日中関係史における「黄金十年」（ゴールデン・デケード）説を提出した際に、実藤恵秀のこの説を引用している。任達著、李仲賢訳『新政革命与日本――中国、一八九八―一九一二年』（江蘇人民出版社、一九九八年）九頁。

(40)石母田正「詩と蕃客」（同『日本古代国家論』、岩波書店、一九七三年）三五八頁。

(41)早稲田大学図書館編『宮島誠一郎文書目録』に詳しい。

(42)『国会』（明治二十七年四月十一日付）に所載。

(43)三浦叶『明治漢文学史』、汲古書院、一九九八年、八頁。

附録　明治刊行物所収の清人の序跋・論評

著　者	書名・巻数・刊年	清人の序跋・論評
青山延光	国史記事本末四十巻 明治九年	李鴻章光緒三年十月序
青木可笑	皇漢金石文字墨帖一覧二巻 明治十年	王治本光緒三年初夏題詩（巻一）、王治本題詩（巻二）
	江戸将軍外史五巻 明治十一年	沈文熒光緒四年孟秋跋
	樹堂遺稿二巻 明治二十一年	銭鐸・沈文熒評
浅田宗伯	仙桃集不分巻 明治十三年	黄遵憲光緒六年夏五序
	先哲医話二巻※ 明治十三年	張斯桂光緒四年仲冬序、黄遵憲光緒五年正月跋
	通俗医法捷径二巻 明治二十三年	劉慶汾光緒十六年秋題書名、銭徳培題辞
	牛渚漫録四巻 明治二十五年	鄭孝胥題書名、李経方題辞、黄遵憲光緒七年春三月序、楊守敬書
	続牛渚漫録一巻 明治二十五年	劉慶汾題籤、呂増祥題書名
跡見花蹊	彤管生輝帖二巻※ 明治十三年	黄遵憲・何如璋賛、張斯桂光緒四年仲冬下瀚序並書、何如璋・張斯桂・沈文熒・王治本詩・沈文熒・黄遵憲詞・廖錫恩題識
阿部貞	古今小品文集四巻※ 明治十四年	黄錫銓光緒六年立秋日序、王治本、沈文熒、黄錫銓評
石井忠利	戦法学二巻 明治三十二年	王治本訂
伊沢修二・大矢透	日清字音鑑不分巻 明治二十八年	張滋昉閲
石川鴻斎	芝山一笑一巻※ 明治十一年	沈文熒光緒四年夏至日序、王治本光緒四年七月上浣序、何如璋題書名、潘任邦挿図、

	王治本・沈文熒・黄遵憲・廖錫恩評、何如璋・張斯桂・沈文熒・黄遵憲・劉寿鏗・廖錫恩・潘任邦・何定求・王治本・王藩清等十名清人と著者との往来詩文を収む
日本文章軌範七巻※ 明治十二年	王治本題書名、何如璋光緒五年四月下浣序、黄遵憲光緒五年閏三月序、沈文熒光緒五年律中仲呂序、何如璋閲、沈文熒・黄遵憲評
纂評箋注蒙求校本三巻※ 明治十二年	何如璋・黄遵憲・沈文熒序、何如璋校閲、沈文熒合評
鴻斎文鈔三巻※ 明治十五年	何如璋光緒七年夏六月序、沈文熒光緒五年仲冬朔日序、王藩清・沈文熒・王治本・黄錫銓・黄遵憲評、王治本光緒六年中秋前十日後序
続日本文章規範七巻※ 明治十五年	王治本光緒六年八月上浣序、王仁爵書、何如璋閲、何如璋・黄遵憲・黄錫銓・沈文熒・王治本評
書家座右二巻※ 明治十六年	沈文熒書
和漢合璧文章軌範四巻 明治十七年	黄遵憲・黄錫銓・沈文熒・王治本・何如璋・姚文棟評
円機活法二十四巻※ 明治十七年	沈文熒光緒四年題辞、方濬益光緒九年題辞
文法詳論二巻※ 明治十七年初版、明治二十六年再版	杜紹棠光緒八年秋八月序
続文法詳論二巻※ 明治十七年初版、明治二十六年再版	黎庶昌光緒十年清和月題辞
画法詳論三巻※ 明治十九年刊、明治二十六年再刊	姚文棟光緒十二年仲春序、原機書

	黙鳳帖二巻※ 明治二十一年	孫点文、銭徳培絵、黎庶昌・陶大均・李昌洵題詞
	校訂精注十八史略校本七巻 明治二十七年	姚文棟校訂
伊藤兼道	翰墨遺余香一巻 明治十三年	王藩清光緒六年荷月題書名、王藩清・胡震絵画
井上陳政	曲園自述詩一巻 明治二十三年	黎庶昌光緒十六年二月序
江馬正人	賞心贅録四巻 明治十四年	陳鴻誥評、陳鴻誥光緒六年孟夏識語、衛鋳生題書名、王寅絵画並題詩、葉煒題書名、葉煒光緒六年夏五月中浣跋、陳鴻誥光緒六年夏四月題書名
	退享園詩鈔二巻 明治三十四年	陳鴻誥評、王照光緒二十六年初夏跋
大倉謹吾	雨村画冊一巻 明治二十一年（上海楽善堂蔵版）	岸田吟香題箋、徐三庚光緒十四年内題、題字、呉淦光緒十三年春五月序並書
大沢金之	扶桑奇文三巻※ 明治十二年	沈文熒光緒五年五月題字
大槻磐渓	愛敬余唱一巻 明治九年	葉煒評、葉煒・羅雪谷の唱和詩を収む
大野太衛	近史偶論二巻 明治十四年	王治本光緒七年夏月序
小野長愿	湖山楼十種 明治十一年～十四年 木村嘉平刻	黎庶昌光緒十五年秋九月題辞 『湖山楼詩稿』：何如璋、黄遵憲光緒四年三月三日評、黄遵憲・葉煒評、『鄭絵餘意』：何如璋跋、『湖山近稿』：王韜光緒六年三月下旬序、葉煒評、『湖山消閑集』：王韜光光緒六年三月下旬序、『蓮塘唱和集続編』：郭伝璞同治十二年七月題詩、葉煒題詩
	賜研楼詩五巻	巻三に黎汝謙・兪樾・方濬益・黄超曾・陳

	明治十七年	允頤・陳鴻誥・葉煒が著者の「七十自寿詩」に唱和した詩を収む
	清人兪陳二家精選湖山楼詩一巻 明治二十年	黎庶昌光緒十五年秋九月題辞
鷗盟社	鷗盟詩文三集※ 明治十五年	楊守敬光緒八年題辞、楊道承評
小山朝弘	春山楼文選二巻※ 明治十六年	沈文熒、王韜評
岡田昌春	八大家医伝不分巻 明治二十二年	張滋昉光緒十四年九秋序
岡千仞	尊攘紀事補遺四巻※ 明治十七年	黎庶昌光緒九年二月序
	蔵名山房雑著第一集七種十九巻 明治十六年	『東旋詩紀』：王治本光緒六年夏月序、『使会津記』：楊守敬題書名、『禺于日録』：楊守敬題書名、『熱海遊記』：楊守敬題書名、王治本光緒七年春日跋、『北遊詩草』：黄遵憲光緒七年春序、黄遵憲・黄錫銓・王治本評、『渉史偶筆』：楊守敬光緒八年莫春題書名、『渉史続筆』：姚文棟光緒九年夏四月序
	観光紀遊十巻 明治二十五年	王韜光緒十年秋八月七日序（蘇杭日記）、張煥倫光緒十年仲秋之月序（燕京日記）、陸純甫光緒十年九月序（滬上再記）
	蔵名山房文初集六巻 大正九年	張裕釗光緒十年秋月序、張煥倫・王韜・黄遵憲評
岡村邁	明治詩文歌集一巻 明治十一年	王治本の「郵便論」を収む
岡松甕谷	訳常山紀談十巻（訳） 大正五年	兪樾光緒十年秋七月序
岡本迪	黄石斎詩集六集 明治十四年～二十三年	第四集：楊守敬光緒七年夏題辞 第六集：黎庶昌光緒十五年八月中秋日序、

		孫点光緒十五年十月二十四日序、陳明遠・銭徳培・荘兆銘・陳榘・陶大均・李昌洵・傅雲龍識語
奥玄宝	墨縁奇賞四巻 明治二十六年	汪鳳藻光緒十九年題辞
小幡太郎	日本警察新法一巻 明治二十五年	王治本校閲、岸田吟香題箋
加藤熙	衆教論略五編 明治十年～十一年	王治本附言・評・光緒二年夏五跋、光緒二年夏四月序、沈文熒序・評、王藩清光緒三年夏六月序
亀谷省軒	函山紀勝一巻附録一巻※ 明治二十一年	黎庶昌光緒十四年正月既望題辞、孫点識語、孫点・黄超曾・黄遵憲・陳允頤評、黄超曾跋
	詠史楽府二巻 明治三十三年	文廷式評
	省軒文稿四巻※ 明治三十五年	沈文熒光緒五年仲冬朔序、沈文熒・黄遵憲・何如璋・孫点・王治本・徐少芝評
	省軒詩稿二巻附録一巻※ 明治三十六年	黄遵憲光緒七年臘月題辞、黄超曾・孫点・沈文熒・王治本・王韜・黄錫銓・黄遵憲・陳允頤・文廷式評
蒲生重章	近世偉人伝十一編二十二巻 明治十一年～二十八年	仁字集二編：王治本光緒三年季冬題辞 仁字集三編：黄遵憲識語、何如璋光緒五年春仲跋、黄遵憲光緒五年跋 仁字集四編：何如璋光緒五年冬月序、沈文熒光緒五年十月題詩、黄遵憲光緒六年二月十七日序、黄遵憲光緒五年四月廿日尺牘（代題辞）、何如璋・黄遵憲評、黄遵憲光緒五年十一月跋、王韜跋 仁字集五編：何如璋光緒六年仲秋題辞、張斯桂光緒六年九秋序、黄遵憲・王治本題辞、黄遵憲評

	義字集初編：黎庶昌光緒八年九月題辞、何如璋光緒七年二月題辞、黄遵憲光緒七年識語、黎庶昌光緒八年九月題辞 義字集二編：黎庶昌光緒十年秋日題辞、姚文棟評 義字集三編：徐承祖光緒十二年初夏序、黎庶昌題詩、徐致遠光緒十二年季春序、陳衍蕃書、徐少芝・姚文棟評 義字集四編：黎庶昌題詩、傅雲龍光緒十三年十一月二十五日序、黎庶昌評、孫点光緒十三年四月題詩、傅雲龍・徐少芝・孫点・陳衡山評 義字集五編：黄超曾題辞、黄超曾再題辞、黎庶昌光緒十五年夏序、李経方題辞、銭徳培光緒十五年冬序、張文成光緒十五年秋日題辞、孫点・徐少芝・陳衡山評 礼字集初編：陳希夷・黄遵憲・姚文棟題辞
近世佳人伝三編六巻 明治十二年～二十二年	二編：黄遵憲光緒六年秋仲題辞、沈文熒光緒五年孟冬題辞、黄遵憲評 三編：黄超曾題辞、陳榘光緒十五年春題辞、孫点光緒十四年上元夜序、姚文棟光緒八年十一月初六日序、張文成光緒十五年秋日題辞、孫点・徐少芝・姚文棟評
蒲門盍簪集二巻※ 明治二十七年	上巻：黎庶昌題辞、黎庶昌光緒十五年冬日序、孫点・徐少芝・陳衡山・黎庶昌・王治本・張滋昉評 下巻：黎庶昌光緒十六年冬至後題辞、孫点光緒十六年十一月二十四日序、陳衡山・孫点・王治本・徐少芝評
駿亭文鈔三巻※ 明治三十一年	黎庶昌題辞、黄遵憲題辞、孫点・陳衡山・黎庶昌・傅雲龍・銭琴斎・姚文棟・徐少芝・

		陳明遠・王韜・黄超曾評
	裴亭詩鈔二巻 明治三十五年	黎庶昌光緒九年題辞、徐承祖光緒十二年夏四月題辞、何如璋題辞、黄遵憲・孫点・傅雲龍・王治本・顧厚焜・王韜識語、徐少芝・陳衡山・孫点・黄超曾評
菊池三九郎	漢文綱要不分巻 明治三十四年	金国璞光緒二十七年二月序
肝付兼武	三崎新道碑一巻 明治十二年	王藩清題箋、王藩清光緒五年書
日下部鳴鶴	滎陽鄭氏碑不分巻 明治十四年	楊守敬光緒七年二月十九日序
	鳴鶴仙史楷書千文、行書千文、草書千文不分巻 明治十七年木邨嘉平刻	楊守敬光緒十六年仲冬題辞
窪田茂遂	西征小藁一巻 明治二十一年岸田吟香印刷	孫点光緒十四年六月跋
	三余堂詩鈔三巻 明治四十一年	沈文熒評
幸野楳嶺	楳嶺百鳥画譜三巻続三巻※ 明治十四年・十七年	楊守敬題箋、葉慶頤光緒十年序
児島献吉郎	漢文典一巻 明治三十六初版、明治四十年第五版	呉汝綸題字
小杉熙	東遊日録一巻 明治四十五年	王治本光緒三十一年秋九序（時年七十一）、王治本評
児玉少介	中学習字本三編五巻（一名韻華帖）※ 明治十一年～十四年	王治本序王琴仙序、王寅題辞、銭鐸題箋、李鴻章題字、胡震序、黄遵憲序、張斯桂題字、張甫題箋
小塚侶太郎	桃園結義三傑一巻 明治十九年	王藩清書、王藩清題詩
佐田白茅	明治詩文五十六集※	黄遵憲・沈文熒・何如璋・銭鐸・王韜・王

	明治九年～十三年	治本・廖錫恩・周子間評、何如璋・兪樾・李鴻章・呉大廷・孔継鑅・斉学裘・王韜・沈文熒・張斯桂の詩文を収む
	明治詩文第三大集十三巻 明治十七年～十八年	姚文棟・汪松坪・沈文熒・王治本・何如璋・陳允政・張滋昉・黄超曾・王韜評
佐藤楚材	牧山楼詩鈔二巻 明治二十三年	兪樾光緒十五年立夏序、孫点光緒十五年清明日跋、孫士希光緒三年春跋、金嘉穂・孫士希・銭鐸・王治本・孫点評
重野安繹	佐瀬得所翁遺徳碑銘不分巻 明治十二年	何如璋光緒四年夏五月撰銘、沈文熒篆額、廖錫恩書
	成斎文初集三巻※ 明治三十一年	黎庶昌序、王韜・姚文棟・黄遵憲・何如璋・沈文熒評
斯文学会	斯文一斑十三集※ 明治十四年	何如璋・黄遵憲・黄錫銓・姚文棟評
島田翰	宋大字本寒山詩集巻、 附永和本薩天錫逸詩巻 明治三十八年	兪樾序並書
城井国綱	明治名家詩選二巻※ 明治十三年	黄遵憲光緒六年六月序
末松謙澄	明治鉄壁集一巻※ 明治十一年序刊	張斯桂光緒四年仲春月序
	青萍集十二巻附録一巻※ 大正十二年	張斯桂光緒四年仲春月序、曾紀沢光緒十一年六月二十四日識
関義臣	日本名家経史論存十五巻※ 明治十二年～十三年	巻一：王藩清光緒四年秋日題書名、王韜題辞、張斯桂光緒四年序、何如璋光緒五年二月序、沈文熒光緒五年仲春序、何如璋・張斯桂・王治本・王藩清・沈文熒評 巻二：張斯桂光緒四年七月序、何如璋・王藩清・黄遵憲・王治本・沈文熒評 巻三：何如璋・張斯桂・沈文熒・王治本評 巻四：沈文熒序、沈文熒評

		巻五：沈文熒・王藩清・王治本評 巻六：沈文熒・黄遵憲・何如璋評 巻七：沈文熒・黄遵憲・王治本・王藩清評 巻八：王治本・黄遵憲評 巻九：王治本・黄遵憲評 巻十：王治本・王藩清評 巻十一：王治本評 巻十二：王治本・王藩清評 巻十三：廖錫恩・黄遵憲評 巻十四：黄遵憲・王治本・王藩清・沈文熒評 巻十五：黄遵憲・王治本・王藩清・沈文熒評、三島毅跋、王藩清光緒五年暮春書、王治本光緒四年夏日跋
副島種臣	蒼海遺稿一巻※ 明治三十八年	何如璋・黄遵憲・康有為・銭鐸・張滋昉評、汪鳳藻光緒十九年秋題辞、李鴻章光緒二年九月題辞、高玉谿光緒三年二月十五日跋、黄遵憲題辞、沈文熒識語、沈文熒光緒五年三月十八日再識、黎庶昌識語
曾根俊虎	俄国暴状誌不分巻 明治三十七年（楽善堂）	王韜光緒十一年識語
高井伴寛	三音四声字貫十二巻※ 明治十一年	何如璋光緒四年秋八月序、王治本光緒四年荷月中浣序、王藩清書
高階英吉	鼇頭十八史略校本七巻 明治二十三年	蹇念咸題辞
高島嘉右衛門	増補高島易断（信之巻）五冊 明治三十九年	劉紳一序、栄禄光緒二十八年序、袁世凱序、李興鋭序、許応騤序、鄧華熙序、兪廉三序、陶模光緒二十七年七月二十日序
高田義甫	唐音三字経不分巻 明治五年	羅浮山（雪谷）閲、光緒五年四月羅雪谷題辞
高田忠周	朝陽閣字鑒三十巻附録三巻	呉汝綸光緒二十八年八月序並書

	明治三十五年～三十六年	
高橋敬十郎	白山詩集六巻 明治四十三年	呉汝綸序
高橋二郎	法蘭西志六巻（訳） 明治十年	沈文熒光緒四年孟秋序並書
滝和亭	耕香館画賸四巻※ 明治十七年	兪樾題書名、銭少虎・華蘭徴・挹珊・林夢龍・焦梅・楊友樵・友蓮・陳逸舟・傅瀚・呉淦・顧子英・陳吉人・戴莱山・張熊・江星舎・王蘭亭・戴春元題辞、周少亭序（以上咸豊元年）、何如璋題字、黄錫銓光緒六年中秋月序、姚文棟光緒十年二月上浣序
竹添光鴻	棧雲峡雨日記並詩草三巻 明治十二年	李鴻章光緒四年六月序、兪樾光緒三年夏四月序、銭徴・兪樾評、高心夔（光緒三年四月）・楊峴（光緒三年四月八日）・強汝詢・李鴻裔（光緒三年）・呉大廷（光緒三年春三月）・斉学裘、薛福成（光緒四年八月）・曾紀沢巻末識語、方徳驥光緒三年五月朔跋 「詩草」：高心夔・兪樾評、楊峴・呉大廷・雪門氏・劉瑞芬・李鴻裔（光緒三年）・高心夔・徐慶銓（光緒四年秋九月）巻末識語
	棧雲峡雨日記二巻詩草一巻 （『独抱楼詩文稿』の附録） 大正元年	李鴻章光緒四年六月序、兪樾光緒三年夏四月序、鐘文烝光緒三年夏四月序、李鴻章・宝鋆・潘祖蔭・張之洞題詩、銭徴・兪樾評、高心夔（光緒三年四月）・楊峴（光緒三年四月八日）・強汝詢・李鴻裔（光緒三年）・呉大廷（光緒三年春三月）・斉学裘・薛福成（光緒四年八月）・曾紀沢・黎庶昌巻末識語、方徳驥光緒三年五月朔跋
谷　喬	明治百二十家絶句五巻 明治十六年	陳鴻誥光緒八年孟秋之月序、陳鴻誥評
土屋弘	邂逅筆語一巻	陳鴻誥序、土屋と陳との筆談記録

	明治十四年	
	晩晴楼文鈔三巻 明治十九年	陳鴻誥光緒八年冬日序、陳鴻誥・葉煒・姚文棟評
	晩晴楼詩鈔第二編七巻 明治四十一年	黄超曾光緒十六年八月識語（巻五）
	晩晴楼詩鈔第三編四巻 大正八年	黄超曾評
鄭永邦・呉大五郎	官話指南四巻 明治十四年	黄裕寿・金国璞光緒七年小陽月下浣序
	日漢英語言合璧不分巻※ 明治二十一年	黎庶昌光緒十四年秋日題辞、劉慶汾光緒十四年序
東条耕（琴台）	先哲叢談続編十二巻※ 明治十六年	楊守敬光緒九年冬並書序
永井久一郎	西遊詩稿一巻附声応気求集一巻 光緒二十四年上海刊	洪述祖題箋、洪述祖題書名、姚文藻光緒二十四年正月下旬一日序、通芸閣題詩、洪述祖光緒二十四年仲春題辞、姚文藻跋 附録：洪述祖題書名、姚文藻光緒二十四年花朝序
	西遊詩続稿二巻 光緒二十六年上海刊	文廷式光緒二十六年正月序、洪述祖・陳季同・姚文藻・董康・李宝嘉（伯元）・姚錫光・徐鈞博・文廷式・汪康年・汪鍾霖・袁祖志・易順鼎・陶森甲・王治本・張廷彦・劉学詢・蔡金台・文廷華等の唱和詩を掲ぐ
	淞水驪歌一巻別集一巻 明治三十三年	李宝嘉光緒二十六年二月二十八日序、別集に姚文藻・文廷華・洪述祖・汪康年・沈士孫・狄葆賢が永井に宛てた詩を掲ぐ
	西遊詩再続稿一巻 明治三十五年	呉広霈題書名、蔡鈞和光緒二十七年涂月序、剣華道人跋
長岡護美	長雲海詩草二巻 明治二十一年	張滋昉、姚文棟、黄超曾、方濬益評
	雲海詩鈔二巻	著者が黄超曾・陶大均・張斯桂・孫点・王

	明治三十三年	韜・姚文棟・李鳳包・黎庶昌・何如璋・劉錫洪に宛てた詩を掲ぐ
	雪炎百日吟稿一巻 明治三十八年	王治本序（時年七十一）、王治本・龐嘉猷・潘飛声・黄璟・胡公寿の詩を収む
中島蒿	東遊堆字韻詩二巻 明治二十一年	張滋昉光緒十二年春日題辞、傅雲龍光緒十四年題辞、顧厚焜題辞（二回）、張滋昉評
中野重太郎	逍遙遺稿二巻附録一巻 明治二十八年	張滋昉光緒二十一年季秋序
中村敬宇	自叙千字文一巻 明治二十年	孫点光緒十三年暮春識語
	敬宇文集十六巻※ 明治三十六年	黎庶昌光緒十五年仲冬大雪前一夜序、傅雲龍光緒十五年序、何如璋・黄遵憲・王韜・王治本評
	敬宇詩集四巻 大正十五年	黎庶昌光緒十五年仲冬大雪前一夜序、孫点識語（自叙千字文）、張文成光緒十五年秋日跋
	敬宇文二巻 明治二十二年	陳榘光緒十四年季冬序、張文成光緒十五年春王正月跋
仁礼敬之	北清見聞録六編 明治二十一年	張滋昉光緒十四年仲春序
信夫粲	恕軒文鈔三編三巻 明治二十一年	駱鈞光緒十三年冬十月序並書、陳雨濃評
橋本徳	海関詠物詩集第一編二巻 明治三十六年・四十一年	何侠雲題辞、黄用端明治三十二年天長節後十日序
服部轍	養痾詩紀不分巻 明治四十一年	阮丙炎（舜琴）題詩
羽山尚徳	国史評林八巻※ 明治十一年	沈文熒序
広部精	亜細亜言語集（支那官話部）七巻 明治十三年	王治本光緒五年端月穀旦題辞、龔恩祿光緒五年歳暮二十四日序、劉世安光緒五年正月上浣序

	総訳亜細亜言語集（支那官話部）四巻 明治十五年	王治本光緒五年端月穀旦題辞
	増訂総訳亜細亜言語集（支那官話部）五巻 明治三十五年	詢□詮光緒二十八年十一月上浣題辞、王治本光緒五年端月穀旦題辞、楊寿柱光緒二十八年重陽日序
鳳文館講義科	経史詩文講義筆記四十集※ 明治十六年～十七年	姚文棟、方濬益の賀詩（第一章）、藍文清（第二集）・方濬益（第三集）・黎庶昌（第四集）・江景桂（第五集）・藍文清（第六集）題辞、陶大均（第八集）・黎庶昌（第十四集）の詩、姚文棟の詩文（第四・五集）、陳允頤・方濬益の文（第八集）を収む
	鳳文会誌第十二号※ 明治十七年	楊守敬・陳允頤、江景桂・黎庶昌・黄超曾・謝祖沅題辞、沈文熒・楊守敬・姚文棟・方濬益・陳允頤・黄超曾評、黎庶昌題詩、江景桂・方濬益・黎庶昌・黄超曾の詩、黄超曾の文を収む
福島九成	参訂漢語問答篇国字解三巻 明治十三年	藕香榭光緒四年小春序
福原公亮	庚戌消夏草一巻 明治四十三年	口絵として陳鴻誥の書画２点を収む
藤井啓	竹外二十八字詩評本四巻 明治十六年	胡震光緒九年初伏日序、胡震評
藤川忠猷	春秋大義一巻附録一巻 明治十六年	黄遵憲光緒六年序、黄遵憲評
藤沢南岳	和陶飲酒詩不分巻 明治三十五年	張通典・黄乾等題詞（巻末）
藤野正啓	海南遺稿三巻附海南手記一巻※ 明治二十四年	黎庶昌光緒十五年二月序、徐致遠光緒十四年十一月序、孫点・王韜・沈文熒評、孫点光緒十四年十一月八日跋、光緒十五年八月後中秋五日書

前田円	鳳文龍彩帖一巻※ 明治十八年	王治本光緒十一年春仲題辞
股野琢	介寿集一巻※ 明治十八年	余瓗・梁丙森・馮鏡如・孫士希・陳雨濃・黎庶昌・黎汝謙の詩を収む
	邀月楼存稿五巻 大正八年	張滋昉評
松本万年	附評維新大家文抄三巻 明治十年	王治本光緒三年七月序、王治本の「郵便論」を収む
三島毅	中洲文稿四集十二巻 明治三十一年～大正六年	黎庶昌・黄遵憲・王韜・張滋昉評、林雲逵・黎庶昌跋（第一集）、黎庶昌・孫点評（第二集）
水越成章	薇山摘葩二巻 明治十四年	廬永銘光緒六年仲秋題箋、廖錫恩光緒六年孟秋題辞、亀山雲平序、王鉞光緒六年七月書、胡震光緒四年序、劉寿鏗題辞、王治本光緒五年冬題辞、黄一夔書、廬永銘題辞、馮昭煒光緒六年秋題辞、鄭文程光緒六年仲秋月題辞、廖枢仙・胡震・呉顥（瀚濤）、劉寿鏗評、王冶梅光緒六年秋絵画、衛寿金題辞、劉寿鏗（荘誦）光緒四年冬十一月、廖錫恩・呉広霈光緒五年孟春、廬永銘・陳鴻詰光緒六年仲夏識語、胡震光緒六年新秋跋
	遊箕面山詩一巻附録一巻 明治十五年	衛寿金光緒七年冬題辞、胡震光緒七年長至題辞、廖錫恩評、廖錫恩光緒七年十二月識語、張宗良光緒七年冬日識語
	唐宋詩話纂一巻 明治十五年	廖錫恩光緒八年三月題辞
	遊讃小稿一巻 明治十六年	黄吟梅光緒九年孟秋題辞、黄吟梅・陳霖（雨農）評、黄超曾光緒九年六月識語、胡震・陳霖光緒九年七月識語
	翰墨因縁二巻	廖錫恩・劉寿鏗・黄遵憲・呉広霈・王韜・

	明治十七年	張宗良・徐寿朋・馬建常・王治本・鄭文程・荘介禕・黎汝謙・黄超曾・胡震・盧永銘・馮昭煒・衛寿金・王鉞・陳鴻誥・郭宗儀・葉煒・王寅・胡璋・陳允頤・陳慕曾等二十五名の清人と著者との往来詩文・尺牘を収む、廖錫恩評
	皇朝百家絶句三巻 明治十八年	黎汝謙光緒十年潤五月題書名、陳霖光緒十年序
宮島誠一郎	養浩堂詩集五巻※ 明治十五年	楊守敬題書名、何如璋光緒七年正月上浣序、黄遵憲光緒七年夏六月序、楊守敬書、沈文熒光緒五年仲冬朔序並書（以上巻首）、黎庶昌光緒八年重九日序（巻末）、黄遵憲（162条）・何如璋（12条）・張斯桂（40条）・沈文熒(255条)・王韜（133条）評
村上剛	仏山堂詩鈔三編三巻 明治七年	梁文玩同治十三年首夏跋（京都見学中）
村上珍休	函峯鈔三巻 明治四十年	文廷華光緒三十二年春三月五日跋
村松良粛	晩村遺稿二巻※ 明治二十一年	沈文熒光緒五年律中姑洗之月清明後七日序、沈文熒評
森川鍵雲	得閑集二巻 明治二十四年	張滋昉光緒十七年仲春序
森槐南	補春天伝奇一巻 補春天伝奇傍訳一巻 明治十三年	張斯桂題辞、王韜光緒五年夏六月下旬題辞、沈文熒・黄遵憲評
森春濤	新文詩百集※ 明治八年～十五年	葉煒・王治本・謝隠荘・沈文熒・王藩清・何如璋・黄遵憲・王韜・張斯桂・陳鴻誥・陳慧娟・兪樾・衛鋳生・李芋仙・黄超曾・黎庶昌・黎汝謙・汪松坪・張滋昉・汪鶴笙・姚文枏・姚文棟・楊守敬評、彼らの詩文を収む

	新文詩別集二十八集 明治九年～十七年	葉煒を見送る特集（五集）、何如璋・張斯桂を見送る特集（十三集）、王治本・黄遵憲・黄超曾・黎庶昌・李芋仙の詩を収む、王治本・姚文棟評
安井息軒	読書余適二巻 明治三十三年	黄遵憲光緒七年夏五月序、小野鵞堂書
山田純	枕上賸稿二巻 明治十一年	銭鐸光緒二年立冬前三日序、葉煒光緒二年七月跋並評
山根虎之助	立庵詩鈔二巻 明治四十五年	周岸登光緒三十一年春季序、附録に李盛鐸・宋伯魯・張元済・文廷式・文廷華・張常惺・烏木山僧の唱和詩を収む
米津菱江	紉斎画賸四巻 明治十三年	郭慶藩光緒二年先立冬三日題辞、陶牧緑光緒二年三月題辞、戈鯤化題詩、蔣其章光緒三年小春月題詩
籾山逸也	鬢絲懺話一巻 明治二十三年	陳衡山光緒十六年序
	燕雲集二巻 明治四十二年	段雲錦宣統元年孟夏序、石春煦宣統元年五月序、雷啓中宣統元年四月二十九日跋
鷲津宣光	毅堂丙集五巻 明治十三年	何如璋光緒五年重陽前一日序、張斯桂光緒五年秋序、葉煒序、張斯桂・葉煒評
渡辺約郎	唐話為文箋一巻 明治十二年	王治本光緒四年長至月序

注

（1）　これは筆者が入手した資料の中から、清人との関連（序跋・批評・題辞等）のあるものをピックアップして著者順に整理したものである。

（2）　所収対象は原則として明治刊行物に限るが、明治時代に寄せた清人の序跋が次の時代になり刊行された場合もあるゆえ、大正時代の刊行物も多少含まれている。

（3）　※印は陳捷『明治前期日中学術交流の研究』「附表四清国公使館関係の中国人の序跋、題辞と評語などのある日本の出版物」にも所収されている。

第十章　清国公使館内に設置された東文学堂の研究

清末の中日交渉史のなかで、当時並びにその後の中国へ計り知れない影響を及ぼした中国人の日本留学運動はもっとも光彩を放ったものであろう。そのため、これについての先行研究も枚挙にいとまがないほどの活気に満ちている。しかし、その大半は甲午戦争（日清戦争）以降に力点を置かれ、その以前の事情については、資料の欠乏などの制限を受けて、きわめて研究が少ない現状にあるといわざるを得ない。

そのなかには、留学生の起点についての研究もあるが、諸説紛々としているようである。代表的なものには、細野浩二の張文成が同人社に入学した一八八八年（光緒十四年、明治二十一年）説[1]、舒新城・実藤恵秀などの、甲午戦争後の一八九六年（光緒二十二年、明治二十九年）に派遣された十三名の官費留学生説[2]、そして、呂順長が力説した浙江省が一八九七年（光緒二十三年、明治三十年）に派遣した留学説[3]がある。現在、どちらかというと一八九六年説が一番有力で定着した見解のように受け止められているようである。

しかしながら、日本への留学生の派遣は甲午戦争以前にすでに始まっており、日本語教育も中国の公使館に設置された東文学堂[4]で行われていたため、東文学堂の事実を明らかにしない限り、従来の留学生の起点説については疑義が含まれているとしなければならず、その検討の余地はなお残されているといわなければならない。

これについて、細野は前掲の論文で、詳細な史料を駆使して「近代中国留学生史は、張文成が同人社に就学した一八八八年三月五日にその起点が求められ、舒新城以来の定説的見解は修正されるべき」との結論を提出し、すでに貴重な努力を見せている。しかし、細野の論文は当時の東文学堂についての探求ではないため、まだ残された問題点が多いと思われる。

筆者は明治前期における日本駐在の清末の外交官の檔案を調べていたところ、東文学堂の史料に逢着した。それは北京にある第一歴史檔案館所蔵の『軍機処録副奏摺』外交類・中日琉関係の文書である。清末の外交制度によれば、公使は三年間の任期中に、毎年の年末に一度総理各国事務衙門（以下、総理衙門と略す）に当該年度に使用した経費の詳細な会計報告書を提出する義務がある。総理衙門はこれを審査したうえ、新たに報告書を作成し上奏するわけである。この報告書には付録として内訳書も必ず添付されているが、それはたいていa、公使館、理事署（領事館）全員の名前と人件費（月給）、b、渡航費、c、事務雑費、そしてd、東文学堂を中心に使用した諸経費、といった内容から構成されている。(5) 第一歴史檔案館所蔵の報告書に欠けたものもあるが、(6) 完全に保存されているものが大半で、東文学堂などを考察するうえで、貴重な第一次史料となりうると思われる。

本章は如上の檔案のうち、東文学堂に関する史料を踏まえたうえで、甲午戦争以前の東文学堂の推移を中心に考察し、従来の留学生派遣の起点や留学生監督の設置について新たな見解を提出するものである。

甲午戦争までの東文学堂は、日本語教育が行われた場所を基準にして以下のような歴史的変遷をたどったと思われる。

第一節　計画時代

一八七一年（同治十年、明治四年）に中日の間に結ばれた修好条約は、いままで世界列強の強大な軍事的な背景のもとで押し付けられたものの中で、比較的に平等な条約だと言われている。しかし、この中に第六条として次のような内容が規定されている。

　此後両国往復する公文、大清は漢文を用い、大日本は日本文を用い漢訳文を副うべし。或は只漢文のみを用い其便に従う。(7)

つまり清国は漢文のみを用いてもよいのに対して、日本側は漢文のみか、日本文を使用する際には漢文を備えるべきだということになっている。

　これは一見したところ日本側に不平等に見える条款であるが、実は清末の中国における外国語人材不足に由来したものにすぎない。つまり日本語のできる人が皆無に近い現状に鑑みて、やむを得ずこのような「不平等」な内容が条文に盛りこまれたのである。これには前例があり、同様の規定は修好条約に先だつ清国と欧米との条約にすでに存在していた。(8)

　このように開国を強いられた近代中国は、外国語、とりわけ日本語の人材不足という悩みを抱えていた。このことを痛感したのは、初代公使を務めた何如璋であろう。彼は一八七七年に赴任した際に、英語の通訳を引率することを余儀なくされた。

　日本語通訳を引率しなかったのは、もう一つの理由が考えられる。中国と日本は同文の国のため、通訳がいらないだろうと思われていたためである。(9)しかし、実際に赴任に行ったら違う言語の現実を知らされた。「東学（日本語）翻訳はその人選がもっとも難しい。語順が（中国語と）顛倒し、意味もわかりづらいので、日本語の達者な人が少ない」(10)。

そこで、現地で日本語のわかる人（通事）を臨時に雇用せざるをえなかった[11]。
　このような第一線での教訓から何如璋は日本語人材の育成を唱えた。

査東翻訳一項、何如璋在任時、以雇用日本通事兼充諸未合、宜商請招募華童学習日本語言文字、以備将来之選[12]。

現地で日本通事（日本語通訳）を雇い、目下の日本語人材に充てる。また、子供を招集し日本語を学習させ将来の日本語通訳の人材の選抜に備えるという構想を、何如璋が赴任早々総理衙門に提出した。これを受けた総理衙門は、

臣等当囑該大臣於当任後設法辨理。旋経該大臣片奏、請揀派学生出洋学習等因。奉旨允準、臣等当即行知該大臣、酌定章程、籌塾経費、択地開辨、按年列款於出使経費内作正報銷[13]。

と着任後速やかに着手するように指示した。まもなく、何如璋は学生を選抜し海外へ派遣して勉強させるように上奏した。総理衙門は、皇帝の許可を得て、章程を決め、経費を組み、場所を選択して実施し、それに使用した経費は公使館経費の中に入れて毎年一回精算を行うようにさらに子細な指示を行った。
　何如璋が具体的にどういう構想で日本語教育を手がけたかについては、詳らかではないが、少なくとも日本と手を組んで実現させようという考えはあったらしい。
　清末に来日した外交官と密接な関わりを有した宮島誠一郎は、明治十三年（光緒六年、一八八〇）三月九日に興亜会で行った演説で、次のように証言している。

故ノ大久保氏（中略）何如璋君ト議シテ、東京中央ニ日支両国ノ語学校ヲ開キ、互ニ四名ノ教師ヲ延キ、両国ノ生徒六十名ヲシテ語学ニ従事セシメ、大ニ両国ノ洪益ヲ謀ラントス。（中略）不幸ニシテ大久保氏斃レ、爾来此事亦中絶シ、余輩頗ル長大息ニ不堪モノアリ。（下略）(14)

また、何如璋自身も同三月下旬に曾根俊虎との談話の中で、この事実を認めている。

弟貴国ニ来ルヨリ故大久保内務大臣ト議シ、敝国ヨリ少年数十名ヲ選ビ貴地ニ留メ、亦貴国選挙ノ少年ヲ敝国ニ送リ互ニ国語ヲ学ビ、各両国ノ情実ヲ識ラシメ、後来両国政府ヲシテ益々交訂親密ニ至ラシメバ、上ノ為ス所下自ラ之レニ倣ヒ、上下相親交スルコト膠漆ノ如ク、緩急相扶ケ以テ外侮ヲ禦カンコトヲ約セシニ、憐ムベシ不幸ニシテ没シ玉ヘリ、弟之ヲ思フ毎ニ覚ヘズ涙ノ衣ヲ濡スニ至ルヲ。其後亦該情ヲ談スルモ耳ヲ傾ルノ人アラズ、故ニ弟遺憾ヲ包蔵シテ今日ニ至リシ（下略）(15)。

何如璋は一八七七年（光緒三年、明治十年）十二月五日の着任で、一方、一八七三年の征韓論政変後、初代内務卿として事実上政府を指導する立場にあった大久保利通が暗殺されたのは、一八七八年（光緒四年、明治十一年）五月十四日であったから、この構想は何如璋の赴任から半年も経たないうち打ち出されたと確認できる。

実は何如璋が提出したこの構想は、黄遵憲によるものらしい。宮島誠一郎は大久保が暗殺された翌明治十二年（一八七九）に黄と行なった筆談(16)の中で、いま日清両国が大事な時期を迎えたが、通訳の担当者は軽薄な者が多く、大任に耐えられるものが少ない、ということを記した。これを受けて黄は次のように答えた。

私はここに日本語学校を設け、優秀な少年を招き、三年かけて勉強すれば人材になると提案した。公使（何如璋）も大いに賛同してくれて、政府のほうへ報告した。しかし、琉球の帰属問題にかまけて実現しなかったのである。

黄はさらに何如璋が大久保にも具体的に呼びかけたことを披露した。

去年、大久保氏の存命中に公使がこの件を提案したことがあり、東京に学校を設け、日本の生徒二十名、清国の生徒二十名を募集し、教師四名を招くと。其の後、遂に実現に至らなかった。

とにかく、中日共同で通訳人材を養成するこの構想は、大久保が刺殺されたため実現を見ずに流れたが、初代公使何如璋時代から日本語人材の養成が計画されはじめたことは、また動かしがたい事実として注目に値する。

第二節　公使館教育時代

何如璋の日本語人材の養成計画を具体的に実現させたのは、一八八二年二月に着任した二代公使黎庶昌である。すなわち清国公使館の西[17]において「三年」を上限として「日本通商入口の翻訳人員の用の為に」「東文翻訳学生を招致」し、「光緒八年（一八八二）九月開館」したものである。[18]

開館に備えて黎庶昌は「修理公署学堂等」の費用を一〇三九両、「器具・書籍・紙・墨・筆等」の購買費を三五八両費やした[19]。また、後任の徐承祖も学堂の「書籍・紙・墨・筆」を購入するため初年度に一三五両、次年度に八十四両を使用し、さらに、学堂維持のために「修理学堂及鋪換地席」代金として上記二年間にそれぞれ四十五両と三十九両が費やされたことが知られる[20]。そして、光緒十年十二月一日から十三年十一月三十日まで学堂の僕人（雑用係）を一人雇用しつづけた[21]。それは後任の四代公使黎庶昌以降も受け継がれていった。

東文学堂の初代日本語教習は荒木道繁であった（表1参照）。光緒八年九月一日からスタート時の彼の初月給は四十洋銀であったが、光緒十一年十二月一日～十二年八月三十日は五十洋銀と増給された[22]。その後、在勤中に病死し、葬儀料として三〇〇両支給された[23]。

彼のポストを受け継いだのは稲垣真郎で、光緒十二年九月一日から十四年正月末まで教鞭を執った[24]。

この時期の日本語教育は公使館に設置された東文学堂で行われたため、本稿では「公使館教育時代」と名づけることとする。この時代に日本語の授業を受けた学生は楊道承・陶大均・李大林・盧永銘・劉慶汾・呉開麟・唐家楨・張文成・邱文元・馮国勲・姚文棠・葉松清ら十二人である（表2参照）。

彼らがどういう経緯で選抜されたかについては未詳であるが、盧永銘と劉慶汾（後述）を除いて、初年度は生活費（毎月）十両が支給され、二年目以降は少しずつ増額されたことが確かめられた。また、学習期限については邱文元・姚文棠・葉松清のごとく一年未満の者もあれば、陶大均・唐家楨・張文成のように四年を上回る生徒もあり、長短まちまちである。決して総理衙門が規定した三年に限定されたものではなかった。また、馮国勲のような再入学者（光緒十三年六月二日～同十六年五月底、光緒十八年七月二十日～同二十年六月十九日）のケースも現われた。草創期にあたりこのような規定を外れた状況が出現したのもやむを得ないことであろう。

第三節　日本人学校教育時代

さて、光緒八年（一八八二）九月一日に開館した東文学堂は、光緒十四年（明治二十一、一八八八）正月から大きな転換期を迎えた。それは表1に明らかなように、従来公使館内で実施されていた日本語教育が、同人社と二松学舎[25]とに移転するようになったことである。前者の教習は中村敬宇で、張文成一名を、後者の教習は三島毅で、唐家楨と馮国勲を教えた。

実は清国留学生が日本人学校で勉強するようになるまで、次のような紆余曲折があったのである。

まず、光緒十四年に先立つ四年、天津在住の北洋通商大臣兼直隷総督の李鴻章は、部下朱湛然を派遣して在天津日本領事館領事原敬と相談し、留学生の交換に合意した。原敬は日記[26]にこのような経緯を記録している。

明治十七年九月十五日（一八八四、光緒十年七月二十六日）朱湛然来訪、彼我書生を交換して教育すべき事を約す、来る二十日より我之を送り彼も亦送越筈なり、但衣食自辨の事。

そして、まもなく果たして互いに学生の派遣を実現した。

九月二十日　朱湛然書生二人（張、唐）同伴して来る。

九月二十一日　徳丸作蔵（余の従者）を道台管理の電信学校に送り、又昨日朱湛然の同伴したる書生本日より領事館内に寄宿せしむ。

原敬の従者徳丸作蔵を道台管理の電信学校に送り、張文成、唐家楨を天津領事館に寄宿させた。但し、生活費は自弁とされている。この時点において日本駐在清国公使館内にすでに東文学堂が開かれていたのに、なぜ張と唐を領事館に寄宿させたかについては詳らかではないが、その後の推移を見る限り、日本人学校へ直接留学させるのが究極の目的で、そのために先に領事館内で語学研修を受けさせたのだと考えられる。

それから一年後、原敬は任期を全うして帰国した。八月十七日に外務省に出頭した彼は、まもなく文部省へ清国留学生の受け入れの相談に乗り出した。

明治十八年九月二日（一八八五、光緒十一年七月二十四日）文部省に赴き李鴻章及道台より依頼を受けたる清国留学生二名を送越事に付同省大書記官辻新次に相談せり（此留学生二名は領事館に預り置きたる唐、張の両人なり、今は清国にて翻訳官となり居る由なり）。

そして、清国公使館（公使徐承祖）も訪ね、留学生の件につき相談した。

九月二十二日　留学生の件に付清国公使館を訪ふ。

文部省と相談して一ヶ月後に返事が来たため、原敬はさっそく李鴻章と道台周馥(27)へ通知した。

十月七日　留学生其他の事に関して李鴻章及周馥に書状を送る。

李鴻章宛の書簡（明治十八年十月頃）は次のような内容であった。

天津を出発するに当たり、領事館に預けてもらっている二名の学生を東京へ送り留学させようということを周観察より依頼された。また、いとまを乞う際にも、閣下から賛同のお言葉を頂戴した。東京に帰ってからこの件を外務卿に報告したところ、一番便利な方法を講じ、ぜひ実現させようという指示が出た。まもなく外務省より文部省へ照会し、その結果次のような返事が来た。本部では種々便利な方法を考慮してみたが、来日したばかりで、いろいろ不自由もあると予想されるため、誰かに依頼して、この学生の面倒を見て、わが国の言語・習慣を身に付けてから官学に入学させたほうがよりよい効果が期待できると思われる。

とあり、外務省の積極的な姿勢と異なり、文部省では「わが国の言語・習慣を身に付けてから」という猶予期間を設けた上で、「官学に入学させ」るという意見であった。

文部省が提出したこの意見の背後にはそれなりの背景があった。細野は前掲の論文で次の『郵便報知新聞』（明治十八年十二月十六日付）の記事などを引用しながら、李鴻章がこの年（光緒十一年）に打ち出した留学生派遣策について、慶応義塾をはじめ多くの私立学校は、日本語教育法の未確立を理由に挙げてこれらの留学生の受け入れを拒否した、ということを説明している。

（前略）過般露国政府及び清国の李鴻章より学生を送り、日本語学を伝習致したき旨を文部省へ照会ありしに付、同省より府下に有名なる私学校へ右の教授方を依頼されしかど、孰れも未だ方則なき語学を教授すること相なり難き旨を答へし（下略）。

そこで、留学生を受け入れる途が閉ざされたため、文部省は東京大学総理加藤弘之と協議した結果、東京大学内に日本語学校を設置することが決まり(28)、一方、同じ文部省の斡旋により、中村正直にも要請するようになったのである。文部省が中村を選んだ理由は、おそらく彼が同人社の経営者であると同時に、東京大学校の教授も務めており、それに徐承祖を始めとする清国の外交官とも懇意であったからであろう。原敬のこの李鴻章宛の書簡では、「中村正直は、和漢の学に通じ洋務も頗る知っている人物で、世に重宝されている」と高く評価されている。

また、原敬は道台周馥宛の書簡（明治十八年十月六日付）では、上記李鴻章宛の書簡に書いた内容の他に、さらに（a）留学生を受け入れる準備ができており、十五元の月謝あれば十分まかなえる、（b）来月十五日にフランス駐在公使館へ赴任することになっているため、今後のこの留学生の担当は同僚の近藤真鋤に代わる、など具体的なことを触れている。

では、清国留学生の受け入れについて、中村敬宇はいかに記録しているのか。『敬宇日乗(29)』にそのような内容が記されている。明治十八年（一八八五）九月五日付に、

暁訪辻新次、報昨日支那人二名欲来学我同人社之一件也。

とあり、昨日、内記局長の辻新次(30)が来訪し、二人の中国人が同人社に入って勉強したい希望を伝えられたことが分る。そして、同十月七日付に

支那留学二名之儀、一個人某ニ就キ、本邦が衣食住の習慣を与へ、然ル上ニテ官校入学為致候方ニ御決定相成候。

と見える。二人の留学生のうち、一人だけを日本の衣食住の習慣を身に付けてから官校に入学させることに決定されたという。なぜ一名減額されたかは詳らかではない。

この文部省の決定を受けたためか、天津日本領事館に預けてもらった張文成と唐家楨は、光緒十一年十二月一日（明治十九年一月五日）から、公使館に設置された東文学堂で勉強するようになった。（表二を参照）そして、しばらくして日本の生活にある程度慣れたと判断されたためか、張文成は同人社へ、唐家楨と馮国勲は二松学舎へそれぞれ入学するようになった。張文成の入学について、『敬宇日乗』明治二十一年（一八八八）二月二十五日付に、

孫点、陶大均来、生徒の（三字ほど不明）件ニ付……。

と見えて、後の文ははっきり読めない状態であるが、張文成入学の件を指すことは確認できるであろう。続いて二日後の二月二十七日付に、

陶大均来、生徒壱人ヲ愈々入学を頼マル。

と同人社入学が重ねて依頼されることがわかる。そして、同三月五日付に

支那徐致遠、陶大均携張文成始至束修四円、幹事一円、月俸屋費七円。

とあり、張文成はいよいよこの日に入学したことが知られる。

因みにここ『敬宇日乗』に登場した孫点は、光緒十三年十一月十九日～光緒十七年四月十九日在任の第四代と第五代公使館の随員であり[31]、徐致遠は光緒十一年十二月一日～十二年十一月二十九日と光緒十三年十一月二十二日～十五年二月二十九日在任の第三代、四代公使館の随員である[32]。また、陶大均は光緒八年九月二十一日～十二年十一月二十九日の間、四年余り公使館で日本語の勉強を終えてから[33]、そのまま同十二月一日から十六年十二月二十日まで、第三代（後半）と第四代公使館で東文翻訳官兼随員として活躍した清末初代の日本語に長けた人材である[34]。

『敬宇日乗』で入学金（束修）四円、毎月幹事一円、授業料と部屋代七円という支出があったことが分かった。また、清朝の檔案に、光緒十四年正月から十六年五月までの「両房房金、蔬飯」支出金として毎月十一円という記録が見える[35]。これは時間的には中村敬宇と三島毅の教習期限と完全に一致しているもので、同人社と二松学舎（両房）に支出した張文成三人の部屋代と食事代だと見て違いあるまい。

同人社における張文成の勉強ぶりを知るすべもないが、明治十八年上京、小石川江戸川端の同人社に入学した柏原文太郎が、中村敬宇の同人社で張文成と机を並べて習ったこともある、という回顧談を発表している[36]。個別指導もあっ

たであろうが、日本人学生と合同授業も受けたことがわかる。

この張文成はただの学生ではなかったように思われる。一八八八年三月五日（光緒十四年正月二十三日、明治二十一年三月五日）に入学後の彼は、同三月二十二日に中村敬宇の案内で教育博物館を見学し、同九月十七日に団扇を中村敬宇に贈り、同二十日に中村敬宇から『敬宇文』小本二十部、中本十二部を寄贈されたなどの記録が『敬宇日乗』に見える。

また、彼は在学中に、徐致遠と一緒に足利学校へ『皇侃論語義疏』という写本の校勘に派遣された。[37] そして、中村敬宇の『敬宇文』（明治二十二年、光緒十五年、一八八九刊）と『敬宇詩集』（大正十五年、一九二六刊）には跋を、蒲生重章の『近世偉人伝』（明治十年～二十八年刊）（義字集五編上）と『近世佳人伝』（明治十二年～二十年刊）（三編二巻上）にはそれぞれ題詞を寄せている。日付はいずれも光緒十五年のことである。

張文成の同人社での勉強は光緒十五年七月に終止符が打たれ、同八月から彼は二松学舎に転学して、在学中の唐家楨・馮国勲と共に学ぶことになった。

したがって三島毅は、この時点から光緒十六年（明治二十三、一八九〇）五月まで三人の中国人学生を教えるようになり、報酬も四円から八円に変わった（表1参照）。

三人が二松学舎に留学したことについて、『二松学友会誌[38]』でも確認できる。まず馮国勲（馮孔懐）については次のような記載が見られる。

馮国勲　明治廿二三年の交、日本語研究のため留学を命せられ本舎へ入塾せられたる孔懐馮氏は、其後久しく音信を聞かざりしか、去る頃本邦駐剳代理公使李氏に随行して再遊あり、久しぶりにて中洲翁を訪問せられ、種々の話し出でし由、偶十月の修睦会に際したれは、之を招きたるに横浜滞留中にて左の断り状を贈られたり。
三島先生函丈　日者躬詣鱣堂、得遂瞻依、忻慰無量。伏惟杖履萬福為頌。昨閲山田君恵翰、猥蒙寵召作同学樽酒之会、至為欣感。本擬明日如約、適浜署有用公、恐不能拜飲先生饌矣。萬分歉仄、容俟面罄、乞恕不恭、謹請撰祉　馮国勲頓首

馮は代理公使李盛鐸に従い来日し、久しぶりに三島中洲を訪問した。また、十月に開かれる予定の修睦会への欠席につき詫状を送った、という。李盛鐸はこの年（光緒二十四年八月十八日、明治三十一年十月三日）の着任で、一九〇一年（光緒二十七年、明治三十四年）までの駐在であった[39]。ここにいう馮の入学日—明治二十二（光緒十五、一八八九）、二十三年の交とは、表1と照合すれば明らかなように、光緒十四年（明治二十一）正月が正確であろう。

馮と同時に唐家楨のことも同史料に記載されている。

唐家楨　氏も馮氏と同じく本舎に入塾せられたるか、本年の初め頃北京総理衙門にて日本文の翻訳官を勤め居られ、野口多内氏等北京にて二松学舎茶話会を設けし時、氏も入会せられたる由。

馮と同時に二松学舎に留学した唐は、帰国後本年から総理各国事務衙門で通訳官を務めている、という。
また、三人の二松学舎に留学したことについて、『二松学舎六十年史要』[40]に次のように記録されている。

明治二十二年二月　清国留学生張文成、唐家楨及馮国勲入舎す（翌年七月帰国す、其後馮は、明治三十一年駐東京清

国代理公使李氏に従ひて再遊し、唐は北京総理衙門翻訳官となる）

とある。三人の留学期間が明治二十二年（光緒十五年）二月から翌年七月までとされているが、表1に明らかなように正確ではない。唐・馮は光緒十四年（明治二十一）正月から光緒十六年（明治二十三）五月までの二年五ヶ月で、張文成は光緒十五年（明治二十二年）八月から翌光緒十六年五月（一八九〇年六月十七～七月十六日）までの十ヶ月で二松学舎で勉強した。三人は帰国にあたり師三島から送別の詩（明治二十三年作）を贈られた。(41)

七月送張煥庭文成、唐子祺家楨、馮孔懐国勲帰清国

有友来於天一涯　聊応下問敢称師
備公回読既伝習　空海仮名尤熟知
文酒三年相徴逐　雲濤万里忍分離
勉哉四国交通便　象胥成功此是時

さて、この時代の日本語教育にもう一つ特記すべき事がある。それは、「随員兼公学監督」というポストの新設である。(42)兼任ではあるが、のちの留学監督の嚆矢となる点で注目に値するであろう。その担当者は張晉で、光緒十三年十一月十九日から十六年十一月十八日まで担任した。公使館外で日本語教育が行われたことに備えたものと推測できる。因みに、張晉は二度目の来日で、以前に三代公使徐承祖の随員として光緒十二年十二月一日から十三年二月十七日まで在日して、(43)その後病気で一時帰国したとの記録がある。(44)

第四節　再び公使館教育時代へ

張文成・唐家楨・馮国勲の三人が光緒十四年正月から十六年五月まで二年余の勉強を終えた後、第五代公使李経方と第六代公使汪鳳藻時代になると、日本語教育は再び公使館で行われるようになった。この時代の日本教育は、前時代に比べ次のようないくつかの顕著な変化が見られる。

まず、教育内容のよりいっそうの充実を図るべく、漢文教習を招聘し、従来の日本語一点張りから漢文教育も平行して行われるようになった。ここにいう漢文教育は、「中体西用」の清末という時代思潮を考えれば、中国語学のみならず、「四書」「五経」といった伝統的な思想教育も含まれていたと考えられる。東文教習鄭永寧と漢文教習張滋昉は、それぞれ光緒十七年正月十五日（一八九一年二月二十三日）と同三月十五日（一八九一年四月二十三日）から教え始めて、同十二月十五日（一八九二年一月十四日）まで担当した。そして、五日後の光緒十七年十二月二十日（一八九二年一月十九日）からは、張滋昉が一人で光緒十八年八月十九日（一八九二年十月九日）まで漢文教育の講義を受け持った。さらに、光緒十九年八月二十日（一八九三年九月二十九日）からの一年間は、再び鄭永寧と共同で教鞭を執るようになった。（表1参照）

鄭永寧は江戸時代の通事の後裔で、明治初期の対中外交で大変な活躍ぶりを示した人物である。また、張滋昉は、明治九年（一八七六）副島種臣と交際を結び、曾根俊虎の中国滞在中に、北京官話を教授した北京の人である。明治十二年（一八七九）の春、長崎に来遊し、翌年春上京、曾根俊虎宅に寄寓し、興亜会支那語学校教師に赴任した(45)。五年（一八八二）五月十四日学校の閉鎖にともない、文部省東京外国語学校講師に転任。文部省東京高等商業学校、帝国大学分科大学などで中国語教師を遍歴した、甲午戦争戦争以前の日本の中国語教育を支えた重要な人物である。[46]

次に、この段階から初めて奨励制度も導入されるようになり、「春夏秋三季考課奨賞」金として、光緒十七年（明治二十四、一八九一）には九十両、翌年には一八一両をそれぞれ支出したことが知られる。[47]また、次の汪鳳藻時代もこの制度を受け継いで、光緒二十年（明治二十七、一八九四）の会計報告書に「上年冬月、本年正月、四月三次季考奨賞」金として一一六両の支出記録があった[48]と記す。

そして、この段階に起きた変化の一つとして、「投効学生」の出現は注目に値するであろう。表2で示したように、馮国勲（二度目の来日）・段芝貴・李鳳年・呉允誠・方楙勲・沈汝福・王達月・呉焱魁・張文炳・陳昌緒・梁鐸・黄崇熙・廖宇人など計十三人の生徒は、李経方の任期内（光緒十六年十二月二十日〜同十八年八月二十一日）に募集されたのであるが、残りの三人朱光忠・祝海・陶彬は、汪鳳藻時代に「投効学生」として入学したのである。彼らには他の学生と異なって、月に十円の洋銀を生活費として支給している。洋銀で支払う先例は外国人（中村敬宇・三島毅・荒木道繁・稲垣真郎・鄭永寧）と日本在住の中国人（張滋昉）にしか見られないことからすれば、この三人は日本から志願した学生で、華僑の子弟かもしれないと推測できる。

総理衙門の選抜試験を受けて合格した正規の学生に対して、進んで日本語を勉強したいと応募した学生のことを「投効学生」だというであろう。汪鳳藻時代（光緒十八年八月二十一日〜同二十年七月十日在任）になると、朝鮮半島を中心に中日間に介在する政治・軍事的対立がますます尖鋭化し、ついに彼らの任期中に甲午戦争が勃発するにいたった。「投効学生」は日本語の人材がよりいっそう求められた時代の反映と見てよいであろう。

さらに、専任の「東文学堂監督」が置かれたことも特筆すべきであろう。前述のとおり四代公使黎庶昌時代にすでに「公学監督」が設けられたが、それは兼任であった。今度は六代公使汪鳳藻からそれを専任にし、しかも名称も

「公学監督」から「東文学堂監督」に変わった。

初代監督は林介弼で、光緒十九年八月二十日～十九年十一月十九日に担当し(49)、それを受けて寿勲が同十一月二十日から同二十年七月十日まで務めたことが知られる(50)。

林介弼はそれまでに第五代公使李経方の随員として光緒十六年十二月二十日～同十八年八月十九日に在日した(51)。また、寿勲も光緒十九年八月十八日から同十一月十九日にかけて第六代公使汪鳳藻の随員を担当した(52)。そして、彼は東文学堂監督を辞めてからも甲午戦争後に第七代公使裕庚の随員として光緒二十一年九月二十五日から同二十二年七月二十四日まで来日したことが明らかになった(53)。日本通としての再来であろう。

第五節　在日した卒業生について

次に視点を転換して、東文学堂の学生が卒業してからどういう仕事をしたかに、スポットライトをあててまとめて考察したい。

総理衙門が最初に明言したように、これらの学生は「日本通商入口の翻訳人員の用の為に(54)」招集された以上、卒業後日本との通商口で日本語の通訳を担当するのは言うまでもない。他の卒業生の仕事については史料が欠けているため分らないが、在日した卒業生については、如上の檔案に基づき下記のリスト（表3参照）を作成した。この表に明らかなように、卒業生のうち、在日公使館、領事館で通訳を担当するものもけっして少数ではないとの傾向が窺える。また、この表からは在日した彼らの仕事は「供事」（事務系）と「翻訳官」に分かれており、呉允誠と廖宇人を除いて大半は習得した知識を生かせる東文翻訳という職に就いたことがしられる。

彼らの待遇については、総理衙門の規定によれば、三年間の勉強を経て卒業した優秀（学業有成）な学生に給与を与えることになっている。それは一番優秀な者には五十両、その次の者には四十両、さらに次の者には三十両という月給があり、三年未満ないし成績の悪い者には給与がないということである。[55]この規定を忠実に遵守したか否かは明らかではないが、この表の陶大均・陳昌緒・馮国勲・呉烝魁・李鳳年の例に見られたように、ほぼ一律に三十両という初任給からスタートしたようである。

但し、盧永銘・劉慶汾・唐家楨三人は四十両と待遇に恵まれているのは、例外と考えてよいであろう。唐家楨は光緒十四年（明治二十一、一八八八）に京師同文館に設置された翻訳処の最初の東文翻訳官であり、光緒二十三年（明治三十、一八九七）に設置された東文館の初代東文教習であることが確認できた。[56]また、**表2**で分るように盧永銘と劉慶汾は最初から他の学生と異なり、それぞれ三十二両と三十両の給与をもらい、わずか一年余り勉強して公使館で東文翻訳官を務めるようになった。とくに劉慶汾のほうは東文翻訳から副領事、参賛（参事官）へと昇進し、絶えず活躍ぶりを示した。彼は『日本国事集覧』（十二巻、一八九〇年）を翻訳し、その後も『日本海陸兵制』（六巻、一八九四年）、『日本維新政治彙編』（十二巻、一九〇二年）などの編著書を世に残した優秀な卒業生の一人とみてよいであろう。

このように見ると、盧永銘・劉慶汾・唐家楨三人は、対日交流における優秀な人材として初めから当局に見込まれていたかもしれない。

結　び

一八六二年に総理衙門の付属施設として発足した同文館は、中国の外国語人材の養成機関として大きな役割を果たしたが、東文館の添設は俄文・法文・徳文館にも遅れて、一八九七年の甲午戦争以降のことになる。したがって、それ以前に主に公使館に設置された東文学堂が日本語に通じる人材の育成という大任を担っていたと考えられる。この意味において甲午戦争以前の東文学堂についての研究はますます大きな意味を持つようになったと考えられる。

拙論は主に東文学堂が甲午戦争までにたどった歴史を四段階に分けて記述した。これにより、東文学堂の事実――教習・学生・収入・就職の一端を知り、日本人学校で教育を受けることや、留学監督の設置は、甲午戦争以降の独創ではなく、それ以前の東文学堂の流れを汲んだものであることを明らかにした。

したがって、日本人学校で勉強するという基準で留学生の起点を求めるなら、上述の檔案は、舒新城・実藤恵秀が提唱した一八九六年説よりは、細野の一八八八年説を裏付けたものと思われる。但し、後者の場合、一八八八年に日本人学校に入学した中国人は張文成一人のみならず、二松学舎で勉強した唐家楨と馮国勳もその中に入れなければならないし、東文教習三島毅の功績も忘却してはならないであろう。また、別の基準――すなわち勉強の場所が公使館か、日本人学校かに関わらず、日本に派遣されて勉強した者は、すべて留学生とみなすとの基準――に照らせば、留学の起点は一八八二年（光緒八年、明治十五年）にまで溯るべきことが確かめられたといえるであろう。

そして、留学の管理については、八代公使李盛鐸時代の光緒二十五年六月～二十七年十月（一八九九年～一九〇一年）に初代留学総監督として赴任した夏偕復が濫觴だと言われているが、いま掲げた檔案によって、張晉をその嚆矢とみなすべきで、時代は光緒二十五年からさらに十二年前、つまり光緒十三年（一八八七）に溯らなければならないことが立証された。

拙稿で取り扱った檔案はあくまでも会計報告書にすぎないので、東文学堂を人事・事務などにかかった諸費用の側面から考察するにはきわめて有効である反面、使用したテキスト・カリキュラム・教授法などといった中身に関する研究は、他の史料に依らざるをえないであろう。この意味において甲午戦争以前の東文学堂に関する考察は、任重くして、道遠しの感があり、残されている課題はまだ多々あるように思われる。

注

（1）細野浩二「近代中国留学生史の起点とその周辺」、早稲田大学東洋史懇談会『史滴』第一二号、一九九一年。

（2）舒新城『近代中国留学史』、中華書局、一九二七年。

実藤恵秀『中国人留学史』、くろしお出版、一九六〇年。

（3）呂順長「中国省分最早派遣的公費留日学生」、『中国江南――尋繹日本文化的源流』所収、当代中国出版社、一九九六年。

（4）東文学堂という名称については定かでないようである。筆者が閲覧した会計報告書（以下「会計書」と略す）には、a「日本学堂」（二代公使黎庶昌第一次会計書）、b「東文学堂」（三代公使徐承祖第一～三次、五代公使李経方第一、二次、六代公使汪鳳凰第一次会計書）、c「学堂」（四代公使黎庶昌第一～三次会計書）、d「東文学校」（七代公使裕庚第一、二次会計書）がある。固有名詞より通称といったほうが相応しい気がする。

（5）これらの報告書を整理した一部の成果として、拙稿「清末駐日外交使節名録」（浙江大学日本文化研究所編『中日関係史論考』所収、中華書局、二〇〇一年）がある。

（6）会計書に下記のものが欠如している。

二代駐日公使館（公使黎庶昌）第二、三次会計書。

六代駐日公使館（公使汪鳳藻）第一、二次会計書。

七代駐日公使館（公使裕庚）第三次会計書。

なお、八代駐日公使館（公使李盛鐸）以下からは全部「簡明清単」、つまり簡単な会計書に置き換えられ内訳書の添付がなくなったため、駐日人員や東文学堂などの事情も不明になった。

（7）『大日本大清国修好条約』、竹内実編『中国を知るテキスト二・日中国交基本文献集』（上巻）所収、蒼蒼社、一九九三年。

（8）たとえば、アロー号事件の結果、一八五八年に清国と英・仏との間に締結された『天津条約』には、『大日本大清国修好条約』と表現上の相違はあるものの、英文とフランス文を用いる際に漢文を付ける必要がある、と明記されている。

（9）たとえば、このような証言がある。「東文学堂を見学。学堂は公使館の西外れにある。中国は日本と条約を締結した際に、初めは同文の国のため公使館に翻訳官をわざわざ設ける必要がなかったと考えていた。後、往来文字に隔たりが多いため、東文学堂を設置した。（下略）」黄慶澄『東遊日記』、光緒十九年五月二十三日付、『歩向世界叢書』所収、岳麓書社、一九八五年。

（10）・（11）「使日何如璋等奏分設駐日本各埠理事摺」光緒四年十一月十五日、『清季外交史料』巻一四、三四頁。なお、何如璋の第一、二、三次会計書によれば、東京公署（光緒三年十一月初一日から）、横浜公署（光緒三年十二月一日から）、神戸公署（光緒四年六月十六日から）、長崎公署（光緒四年六月十六日から）はそれぞれ光緒六年十月二十九日まで通事一名を雇用したことがわかる。何如璋以降の公使が通事を雇った記録が見当たらない。

（12）・（13）黎庶昌第一次以下のすべての会計書。

（14）『興亜報告《ママ》』第一輯《ママ》、明治十三年三月二十四日。

（15）『興亜会報告』第二集、明治十三年四月一日。

（16）「誠曰：考今之時、両国之交際、須益慎重、須益親密。而其間通辞或不免為卑陋軽薄、遂為失礼者皆文之、不善語之、不通之。故自今以後、特願大方家、互通両国言語、是僕之大願也。
黄曰：僕意在此開一和文和語学校、招少年之聡頴者習之、有三年可成材。公使大謂然、既請於政府矣。因争属藩、行止未決、故不果成也。
誠曰：琉球之一案、到底是両国交際成否之関門也。
黄曰：去年大久保参議在時、我公使嘗与言及此。謂在東京設一学校、日本生徒二十人、弊国生徒二十人、共延四師。其後遂不果行矣。

誠曰：然。此事曾聞之大久保、可惜。如君与我則宜期業於千秋、徐可成此事也」。早稲田大学図書館蔵『宮島誠一郎文書』、文書二七C七―二。

(17) 注(9)による。また、第五代日本駐在公使李経方の随員として来日した鄭孝胥は、光緒十七年八月二十日付の日記で「東京使署見在住屋図」として自分の住んでいる部屋の見取図を描いている。その中で彼の部屋の東側に「学堂」があり、「東隔壁乃学堂、終日喧誦、頗聒人」と言っている。『鄭孝胥日記』(労祖徳整理、中華書局、一九九三)二三五頁。

(18) 「総理衙門奏遵議在日所招東文学生畢業後応如何待遇片」光緒十年七月初五日、一八八四年八月二十五日、『清光緒朝中日交渉史料』巻五、二二頁。

(19) 黎庶昌第一次会計書。

(20) 徐承祖第一、二次会計書。

(21) 徐承祖第一、二、三次会計書。

(22) 黎庶昌第一次、徐承祖第一、二次会計書。なお、黎庶昌第二、三次会計書が欠けているため、荒木道繁が光緒八年十二月三十日～光緒十年十一月三十日の間に在任した証拠を確認できない。しかし、彼は光緒十年十二月一日以降も勤務したことから、この間にも在任したと推測できる。

(23) 徐承祖第二次会計書。

(24) 徐承祖第二、三次、四代黎庶昌第一次会計書。

(25) 同人社は明治六年(光緒、一八七三年)に中村正直(敬宇)が創立したもので、『明治七年外国語学校統計表』(『文部省第二年報』明治七年、一九六六年宣文堂復刻再版)によれば、東京小石川江戸川町にあり、教員十人を有し、二三五名の男子生徒、十八名の女子生徒に英語を中心に教えた、という。また、翌年(明治八年)の統計に、東京麹町平川町に同人社分校の名(同じ明治六年の設立)も見える。分校ではこの年に教員数は十人(うち一人は外国人)で、六十八人の生徒を擁した。(『文部省第三年報』明治八年、同)一方、明治十年(光緒三年、一八七七年)に設立した二松学舎は、『明治十一年中学校一覧表』によると、東京麹町一番町に位置し、二人の教員で二四八名の学生の講義を担当したそうである(『文部省第六年報』

明治十一年、同)。残念ながら、唐家楨三人が在学中（光緒十四年、明治二十一年、一八八八～光緒十六年、明治二十三年、一八九〇）の同人社・二松学舎の概況資料は、同年報に記載されていない。

（26）『原敬日記』、原奎一郎編、乾元社、一九五〇。

（27）「曩者臨出沽只（「沽口」の誤りか。「沽」は天津の別称）承周観察叮嘱、以欲将前曾寄託領事館学話生両名送至東京留学等語、敬辞行時、経面請鈞意、当奉賛同之言。及回京見外務卿、即以陳述、乃兪允云、此事必当従極快便辨法以遂其学、於（「旋」の誤り）已由外務卿諮商到文部省、准該部諮覆称、本部為查種々方便之法、究以生人新来、恐其諸多不便。未若先嘱一人、収管該生安置其家、俟伊等稍通我国語言風俗後、准其入官校学、似覚収効痛快。現擬委嘱東京大学教授中村正直承辨其事等因前来、敬具此由。即便函達周観察去。若得該学生等、学業有成、能有裨於両国交渉之間、敬亦額慶矣。中村正直為人、通于和漢之学、頗悉洋務、世所倚重。敬知伊素叨徐欽使知遇、即就面商及此、想欽使亦当所有稟陳耳。（下略）」「李鴻章宛原敬書翰案」（明治十八年十月頃）、『原敬関係文書』別巻（原敬文書研究会、日本放送出版協会、一九八九）、四三一頁。

「前者承嘱之学話生一事、経弟回京後見外務卿面陳、乃兪允云、此事必当従極快便辨法以遂其学、旋已由該卿諮商文部省、准該部諮覆称、本部為查種々方便之法、究以生人新来、恐其諸多不便。未若先嘱一人、収管該書生等安置其家、俟伊等稍通我国語言文化風俗後、准其入官校学、似覚収効痛快。現擬委嘱東京大学教授中村正直承辨其事等因前来。此節、由弟此次稟達李中堂去矣。為請大人、即送該書生等渡東、此処無所阻礙。至于膏火之資、即与日前所告無異、毎名月貼洋拾五元足矣。至時経貴国駐東欽使署手付来可耳。茲所溷尊聴者、弟回京後、転任外務書記官、派駐法京我欽使署、擬以出月十五日搭郵出洋、以後所有凡関学生事宜、已嘱省中僚友近藤真鋤経承、獲其允諾、近藤為人篤実、可期其為拂拭週緻。弟又信該両生仰体茲恩黽勉成学、其為用於両国交渉必矣。再、中村先生、通於和漢之学、頗悉洋務、為時人所敬重、該生等得其称呼、亦称難得。」「周馥宛原敬書翰案」（明治十八年十月六日）、『原敬関係文書』別巻（原敬文書研究会、日本放送出版協会、一九八九）、四三〇頁。

（28）注（1）の細野の論考では、東京大学に日本語学校を特設する案は実現を見るに至らなかった、という。

（29）『敬宇日乗』、静嘉堂文庫蔵、朱墨二色で添削された個所が多くて、読みにくいところもあり、下書きのような感触を受けた。

（30）辻新次のことは『伝記叢書二十　男爵辻新次』（安部季雄、大空社、一九八七）に詳しいが、留学生受け入れについては記述されていない。

（31）黎庶昌第一、二、三次、李経方第一次会計書。

（32）徐承祖第二、三次、黎庶昌第一、二次会計書。

（33）黎庶昌第一次、徐承祖第一、二次会計書。

（34）徐承祖第三次、四代黎庶昌第一、二、三次会計書。

（35）四代黎庶昌第一、二、三次会計書。

（36）注（1）に同じ。

（37）四代黎庶昌第一次会計書。

（38）『二松学友会誌』第六輯、明治三十一年（光緒二十四）十一月三十日発行。

（39）『清季中外使領年表』（中華書局、一九八五年）による。

（40）国分三亥編『二松学舎六十年史要』、財団法人二松学舎発行、一九三七年。

（41）『三島中洲詩存』（山口角鷹編、一九七六年、がり版）二一四頁。

（42）四代黎庶昌第一次会計書。

（43）徐承祖第三次会計書。

（44）張晉の病気による帰国は徐承祖の上奏による。『軍機処録副奏折』外交類・中日琉、マイクロ番号〇〇三三三三。

（45）注（15）に同じ。

（46）六角恒広「明治初年の中国語学習における中国人教師」、『創大アジア研究』第一二号、一九九一年三月。

（47）李経方第一、二次会計書。

（48）汪鳳藻第二次会計書。また、中国第一歴史檔案館で光緒十八年八月〜十九年八月の汪鳳藻第一次会計書は欠けているが、おそらく第二次会計書と同様に奨励金が支出されただろうと推測する。

(49) 汪鳳藻第二次会計書。
(50) 汪鳳藻第二次会計書。
(51) 李経方第一、二次会計書。
(52) 汪鳳藻第二次会計書。
(53) 裕庚第一次会計書。
(54)・(55) 注(18)に同じ。
(56) 朱有瓛主編『中国近代学制史料』第一輯上冊、一四七頁~一四八頁、華東師範大学出版社、一九八三年。

説明

(1) 以下の三表は中国第一歴史檔案館蔵『軍機処録副奏摺』外交類・中日琉(フイルム番号:五七八と五七九)に基づき東文学堂の教習と学生に関する内容を表に作成したものである。
(2) 「出典」欄にある「第×次」とは「第×次会計書」の略である。たとえば、「黎庶昌第一次」は「黎庶昌第一次会計書」の意味である。
(3) 月給については漢数字で「洋銀」(単位:円)を、アラビア数字で「庫平銀」(単位:両)を表す。

表1　東文学堂教習名簿

名前・身分	月給	期　　限（光緒）	備考・出典
荒木道繁 日本教習	40	8年9月1日～12月30日	黎庶昌第一次
	40	10年12月1日～11年11月30日	徐承祖第一次
	10	11年11月1日～11年11月30日	添設夜学 徐承祖第一次
	50	11年12月1日～12年8月30日	徐承祖第二次
稲垣真郎 日本教習	40	12年9月1日～13年9月30日	徐承祖第二、三次
	50	13年10月1日～14年正月底	徐承祖第三、黎庶昌第一次
中村正直 学館教習[1]	4	14年正月上館～15年7月	教授張文成 黎庶昌第一、二次
三島毅 学館教習	4	14年正月～15年11月	教授唐家楨、馮国勲 黎庶昌第一、二次
	4	15年8月～15年11月	教授張文成 黎庶昌第二次
	8	15年12月～16年5月	教授張文成等3名 黎庶昌第三次
鄭永寧 東文教習	40	17年正月15日～17年12月15日	李経方第一次
	40	19年8月20日～20年8月19日	汪鳳藻第二次
張滋昉 漢文教習	40	17年3月15日～17年12月15日	李経方第一次
	40	17年12月20日～18年8月19日	李経方第二次
	40	19年8月20日～20年8月19日	汪鳳藻第二次

表2　東文学堂学生名簿

名　　前	月収[2]	期　　限（光緒）	備考・出典
楊道承等3名[3]	各10	8年9月1日～8年12月30日	黎庶昌第一次
楊道承	20	10年12月1日～12年4月29日	徐承祖第一、二次
	10	10年12月1日～11年10月30日	夜学車費、徐承祖第一次
陶大均	10	8年9月21日～8年12月30日	黎庶昌第一次
	20	10年12月1日～12年10月30日	徐承祖第一、二次
	10	10年12月1日～11年10月30日	夜学車費、徐承祖第一次

	30	12年11月１日～12年11月29日	徐承祖第二次
李大林	10	８年10月10日～８年12月30日	黎庶昌第一次
	20	10年12月１日～11年２月29日	徐承祖第一次
	10	10年12月１日～11年２月29日	夜学車費、徐承祖第一次
	25	11年３月１日～11年７月30日	徐承祖第一次
盧永銘	32	10年12月１日～11年２月29日	同
	30	11年３月１日～11年11月30日	同
	32.5	11年12月１日～11年12月30日	学生派為東文翻訳 徐承祖第二次
劉慶汾	30	10年12月１日～11年２月29日	徐承祖第一次
	32	11年３月１日～11年11月30日	同
	32.5	11年12月１日～12年２月29日	学生派為学習翻訳 徐承祖第二次
呉開麟	10	10年12月１日～11年11月30日	徐承祖第一次
	15	11年12月１日～12年６月29日	徐承祖第二次
唐家楨	10	11年12月１日～12年10月30日	同
	12	12年11月１日～13年６月29日	徐承祖第二、三次
	15	13年７月１日～14年11月	徐承祖第三、黎庶昌 第一次
	20	14年12月１日～16年５月底	黎庶昌第二、三次
張文成	10	11年12月１日～12年10月30日	徐承祖第二次
	15	12年11月１日～15年11月29日	徐承祖第二、三次 黎庶昌第一、二次
	20	14年12月１日～16年５月底	黎庶昌第二、三次
邱文元	10	13年閏４月１日～14年正月撤回	徐承祖第三、黎庶昌 第一次
馮国勲	10	13年６月２日～13年12月１日	徐承祖第三次
	15	14年12月１日～16年５月底	黎庶昌第二、三次
	10	18年７月20日～18年８月19日	新補学生、李経方第二次
	20	19年８月20日～20年６月19日	抜充学習東文翻訳官 汪鳳藻第二次

姚文棠	10	13年6月20日～13年11月19日[4]	徐承祖第三次
	10	13年12月～14年正月撤回	黎庶昌第一次
葉松清	10	13年8月20日～14年正月撤回	徐承祖第三、黎庶昌第一次
段芝貴	10	16年12月20日～17年12月19日	李経方第一次
	20	17年12月20日～18年8月19日	李経方第二次
李鳳年	10	16年12月20日～17年12月19日	李経方第一次
	20	17年12月20日～18年8月19日	李経方第二次
	20	19年8月20日～20年6月19日	抜充学習東文翻訳官 汪鳳藻第二次
呉允誠	10	16年12月20日～17年12月19日	李経方第一次
方楙勲	10	16年12月20日～17年4月20日	同
沈汝福	10	16年12月20日～17年5月20日	因病回華、李経方第一次
王達月	10	16年12月20日～17年2月20日	同
呉焱魁	5	17年4月20日～17年12月19日	続招学生、李経方第一次
	20	17年12月20日～18年8月19日	李経方第二次
	20	19年8月20日～20年6月19日	抜充学習東文翻訳官 汪鳳藻第二次
張文炳	5	17年4月20日～17年12月19日	続招学生、李経方第一次
陳昌緒	5	17年4月20日～17年12月19日	同
梁　鐸	5	17年4月20日～17年12月19日	同
	20	17年12月20日～18年8月19日	李経方第二次
	20	19年8月20日～20年7月10日	汪鳳藻第二次
黄崇熙	5	17年4月20日～17年12月19日	続招学生、李経方第一次
廖宇人	5	17年4月20日～18年5月19日	続招学生 李経方第一、二次
朱光忠	10	19年8月20日～20年7月10日	投効学生、汪鳳藻第二次
祝　海	10	19年9月13日～20年7月10日	同
陶　彬	10	20年4月20日～20年7月10日	同

表3　在日東文学堂卒業生一覧表

姓名	身　　分	月給	期　　限（光緒）	公使・備考
盧永銘	東文翻訳官	40	12年正月1日～12年3月30日	3代徐承祖
		50	12年4月1日～12年8月30日	同
		70	12年9月1日～13年11月21日	同
		60	13年11月22日～15年11月18日	4代黎庶昌
		70	15年11月19日～16年12月20日	同
		60	16年12月20日～17年5月19日	5代李経方
		80	17年5月20日～18年8月19日	同
		80	19年8月20日～20年7月10日	6代汪鳳藻
		80	21年7月25日～23年1月24日	7代裕庚
		100	23年1月25日～23年7月24日	同
劉慶汾	東文翻訳官	40	12年3月1日～12年8月30日	3代徐承祖 代蔡霖赴長崎
		60	12年9月1日～13年11月30日	3代徐承祖
	箱館等処副領事兼東文翻訳官	80	13年12月1日～15年7月18日	4代黎庶昌
		100	15年7月19日～16年12月20日	同
	東文翻訳官	60	16年12月20日～17年5月19日	5代李経方
		100	17年5月20日～18年8月19日	同
	東文翻訳兼箱館等処副領事官	40	16年12月20日～17年5月19日	同
	参賛銜東文翻訳兼築地副理事官	100	19年8月20日～20年正月19日	6代汪鳳藻
		160	20年正月20日～20年7月10日	同
陶大均	東文翻訳官兼随員	30	12年12月1日～13年5月30日	3代徐承祖
		50	13年6月1日～13年11月30日	同
	東文翻訳官	60	13年12月1日～16年12月20日	4代黎庶昌
		60	16年12月20日～17年5月19日	5代李経方
		80	17年5月20日～20年7月10日	同
		80	19年8月20日～20年7月10日	6代汪鳳藻
陳昌緒	学習東文翻訳官	30	17年12月20日～18年8月19日	5代李経方 病気帰国

		50	17年12月20日～18年8月19日	7代裕庚
呉允誠	供事	20	19年8月20日～20年正月19日	5代李経方
		20	11年3月1日～11年7月30日	6代汪鳳藻
唐家楨	学習東文翻訳官	40	17年12月20日～18年8月19日	5代李経方
廖宇人	供事	15	17年5月20日～17年8月19日	5代李経方
		40	19年8月20日～20年7月10日	6代汪鳳藻
馮国勲	学習東文翻訳官	30	20年6月20日～20年7月10日	5代李経方
呉焱魁	学習東文翻訳官	30	20年6月20日～20年7月10日	5代李経方
		50	24年3月23日～23年7月24日	7代裕庚
李鳳年	学習東文翻訳官 随員	30	20年6月20日～20年7月10日	5代李経方
		60	21年7月25日～21年10月24日	7代裕庚
		80	21年10月25日～23年7月24日	同

注

（1）「附館教習」「附学館教習」「学館教習」と諸名称が見られるが、ここでは「学館教習」と統一する。

（2）学生の月収について「膏火銀」（汪鳳藻第二次）、「薪水銀」（徐承祖第一次）、「火食銀」（徐承祖第一次など）、「月支銀」（多数）、「火食零用銀」（徐承祖第二次）など諸名称の呼称があるが、意味は同じだと思われる。一律に「月収」と統一した。

（3）「楊道承等3名」は原文のママで、他の二名については不明であるが、日本駐在公使黎庶昌が天津日本領事館に赴任する原敬宛の書簡（光緒九年十一月初四日付）で、「本署学生陳庚因病請仮回華、諒必同船至上海、尚祈沿途照払」とあることから、病気で帰国する陳庚がそのうちの一人であったことがわかる。『原敬関係文書』別巻（原敬文書研究会、日本放送出版協会、一九八九）、四二五頁。

（4）原文では「光緒十二年六月二十日起至十一月十九日」としているが、文脈からは「光緒十二年」は「光緒十三年」の誤りだろうと思われるため直した。

第二部　書物による学術交流

序章　中国における日本関係図書について

はじめに

ここにいう「日本関係図書」とは非常に曖昧な概念で、日本人が日本語と漢文で著した本はもちろん含まれているが、日本で翻刻された中国人が撰した漢籍、いわゆる和刻本漢籍もその中に入っている。そのうち、和刻本漢籍の「国籍」については微妙な問題で、作者が中国人で、内容もおおよそ中国の文化を著述したものなるが故に、日本では中国の書物だと見なされているのは普通のようである。たとえば、明治以前の書物を幅広く収録した日本全国の古典総合目録『国書総目録』では、和刻本漢籍は除外されている。日本の「国書」ではないからだろう。一方、中国ではこれは日本式の訓点記号が施され、日本で刊行された本のため、東洋本（日本の本）だと判断されている。そこで、中国各地の図書館で上梓した種々の古籍蔵書目録に、和刻本漢籍の席が剝奪されたのはごく「自然」な選択とされ、日本の『国書総目録』と類似したような性質を備える『中国古籍善本書目』に、それがいっさい排除されたのは有力な証拠であろう。また、出版地によりこれを日本語図書に入れた図書館もあれば、使用言語（漢文）により漢籍部類に伍させた図書館もけっして少数ではない。このようにどっちつかずの和刻本漢籍は、長い間「村八分」とされ、「死蔵」した状態が続いていたのである。

ところが、中国では改革開放政策が実施されて以来、とくにここ十年間に人々の意識に大きな変化が見られた。一九九一年に浙江大学日本文化研究所（当時の杭州大学日本文化研究中心）主催の「漢籍と中日文化交流」という国際シンポジウムが開かれ、会議の副産物として中国図書館蔵日本関係の古籍目録を作ろうという話がまとまった。このプロジェクトは国際交流基金の助成を得て、翌一九九二年からスタートし、大陸にある六十四の省・市立図書館・大学の図書館の協力のもとで順風に帆をあげた。そして、その成果として一九九五年と一九九七年に杭州大学出版社よりそれぞれ『中国館蔵和刻本漢籍書目』と『中国館蔵日人漢文書目』が世に生まれた。

このような気運の中で、一部の協力者はさらに各自の図書館所蔵の日本関係図書の調査に乗り出し、それは『北京大学図書館日本版古籍目録』（李玉編、北京大学出版社、一九九五年）、『天津図書館館蔵旧版日文書目』（天津図書館編、四冊、天津社会科学出版社、一九九六年）、『天津図書館館蔵日本刻漢籍書目』（同、一冊）、『天津日本図書館館史資料彙編』（同、二冊）などに結実した。そして、中国でいま進行している未曾有な古籍編集事業――『続修四庫全書』や『中国古籍総目』に、いままで日本の書物だと顧みもしなかった和刻本漢籍も一部採用される方針に一転したという。経済の発展や対外交流の度合いが増すにつれて、一国一城のような従来の視点から、漢字文化圏というより広い視野で東アジア間に展開されていた書物の交流史を見直す動きがあったように感じる。

拙稿は上記のプロジェクト担当時から思索してきたことをまとめたもので、主に中国歴史文献に現われた日本書籍に関する記録を通して、中国史上における日本書籍に対する認識の変遷を点描したい。文中にいう「日本書籍」は和書（日本人が日本語および漢文で著述した本）を指すのが多いが、便宜上、和刻本漢籍を含めた場合もあることをあらかじめ断っておく。

一　日本書籍に関する記載

中国は世界一古い日本研究の歴史を有し、『魏志・倭人伝』以下歴代の文献に日本関連の記録が山ほどのぼっている。これらの記録のうち、日本の地理・風俗・歴史・対外交渉といった内容に偏る傾向が著しくて、書籍に関する記載がきわめて貧弱なのは周知の事実である。『楊文公談苑』『宋史・日本伝』は早くこの遺憾を補塡した資料として知られているが、より系統的に日本の書籍を取り扱ったのは明代にできた『日本一鑑』以来のことであろう。著者鄭舜功は、嘉慶三十四年（一五五五）に浙江総督楊宜の指示を受けて倭寇対抗策を講じるべく、日本側との交渉に九州へわたった。半年滞在して帰国後に著したのはこの日本研究専門書である。彼は本書に初めて「書籍」という項目を設けて、まともに日本の書籍を論じている。日本側が中国に仏教・医学・天文・音楽・占い・絵画などといった分野の本を求めた歴史を略述した後、『史記』『十九史略』『翰墨大全』『太平御覧』『医学大全』など四十三点の日本所蔵の漢籍を掲げた。そして最後に、『行基図』『職員録』『御成敗式目』『下学集』『聚文略図』『玉函秘訣』『源氏拾遺』『源氏後拾遺』といった類の和書（地図）三十点を揚げている。書名の記載に誤記も目立つものであるが、従来の漢籍本位から生粋の和書までに注意をはらったのは、本書の特色をなしている。とくに『万葉集』『金葉集』といったような日本文学作品の中国への紹介は、この著書が濫觴で注目に値する。『日本一鑑』は明代の日本研究書の白眉として今でも読まれている。

降って清に入ると、倭寇問題の解決に伴い、日本研究ブームは下火になった。この時代の日本研究の代表作はなんといっても『吾妻鏡補』を推すべきであろう。故郷呉江市平望の塾の教師を業にした翁広平（一七六〇～一八一二）は、鎌倉幕府の歴史書『吾妻鏡』の不備を痛感し、浙江省乍浦という対日貿易港の近くに住み、多くの日本の書籍を入手できる利便を生かし、『吾妻鏡』『海東諸国記』『年号箋』『年代擎要』などを参考に、本書を著わした。七年の歳月をかけて稿を改めたこと五回に亙って、嘉慶十九年（一八一四）にできたこの本は、写本として二十八巻本と三十巻本が世に存し、まさに総合的に日本の天皇系譜・地理・食貨・通商条規・職官・芸文・国語・兵事などを研究した労作である。(1) 本書の冒頭に引用書目が掲げられ、一五三点の漢籍（朝鮮人の著書もすこし混じる）のほか、三十七点におよぶ日本の書籍（一部孫引き）も列記されている。それは『七経孟子考文補遺』『辨名』『論語古義』といった日本人が書いた経学関係の本もあれば、『日本風土記』『神皇正統記』『続日本紀』『宏仁式』『秘府略』『吾妻鏡』『令義解』『三代実録』といった歴史書もある。さらに『南遊稇載録』『蓬蒿詩集』『柳湾漁唱集』『競秀亭草稿』『戊亥遊嚢』のような詩文集も引用されている。また、著者は『吾妻鏡補』の巻二十五「芸文志」において、日本伝存の中国の逸書も含めた一〇五点の図書について書誌解題を行っている。そのうち、『太平記』『古語拾遺』『元亨釈書』『本朝通鑑』『古梅園墨譜』『大墨鴻壺集』などは中国文献に初登場し、『日本受領之事』『日本小志』『仙台国紀略』は今日の日本においても所在不明となっている。

『日本一鑑』は時代の制限を受けて日本の図書を記録するのが中心だとすれば、翁はさらに前進させてそれを日本研究に十分生かしたところに注目すべきであろう。

二　日本書籍の中国への流入

中国の図書館所蔵の日本書籍は多数に及んでいるが、和刻本漢籍だけでも三千点くらい有している。そのうち、寛永以前の古活字本は一四〇点くらいあり、日本の古い写本も少数ではない。たとえば、上海図書館架蔵の『文殊師問菩提論経』は天平十一年（七三九）、つまり唐の時代にあたる写経で、後ろに黎庶昌など清末の著名な学者らが記した跋文があってとても貴重である。そのほか、荻生徂徠・森立之・内藤湖南・楊守敬・黎庶昌・羅振玉・王国維などの題跋のある本も我々の利用開発を待ちかまえているようである。

では、これらの本はいつ、どういうルートを経由して中国に流入したか、私たちは自然にこの問いを発するであろう。実はこれはきわめてやっかいな課題である。日本図書館所蔵の漢籍の源流がだいぶ解明されたのは、長崎貿易に関する豊富な資料や各文庫の古い目録が多く保存されているおかげであろう。日本図書の中国への輸入について考察する場合、これらの利点に恵まれないため、とりあえずアウトラインを描くより仕方がないように思われる。

清朝、そして清以前の公私蔵書目録に、日本の書籍を鵜の目鷹の目で捜査してもあまり見つからない事実に気づくであろう。このように中国所蔵の日本図書の大半は明治以降に伝わったと判断できる。それはおおよそ以下のルートが考えられる。

まず、清末以降の蔵書家の収集が挙げられよう。黎庶昌の『古逸叢書』、楊守敬の『日本訪書誌』、孫楷第の『日本東京所見小説書目』、董康の『書船庸譚』のことは熟知されているが、李盛鐸（一八五九～一九三四）も注目に値する人物である。彼は二十歳の頃上海で岸田吟香という日本人に出会い、吟香から日本の古籍を購入した。李と日本人とのこの最初の出会いは、彼の日本所蔵の古籍収集事業の契機となった。その後、数十年にわたり、たえず日本所蔵の古籍に気を配り、清末の日本駐在公使をつとめる間にも、外交活動の傍ら古籍収集の活動をしていた。今日、彼が一生の精力を掛けて集めたコレクションは北京大学図書館に架蔵され、そのうち、日本刊本は一千点を上回って、北京大学図書館所蔵の日本書籍の大半を占めている。

また、陳群（一八九〇～一九四五）も忘れてならない存在である。福建省出身で、明治大学、東洋大学に留学した彼は、孫文の眷顧を受け、大元帥府秘書・中央執行委員会及び国民政府委員聯席会議国民党代表・北伐東路軍全敵総指揮部政治部主任などの職を経て、汪精衛政権の内務部長に上り詰めた。彼は権力を十分駆使し、無我夢中に本の収集に走り、上海と南京に構築した書庫に数十万冊の本をコレクションした。そのうち、日本刊本は一一三四点[2]にも達して、李盛鐸を凌いでいる。一九四五年に自害した彼のコレクションは今主に南京図書館や台湾中央図書館などに散在している。

蔵書家の他に、商人も大きな役割を果たしたと考えられる。上述した岸田吟香（一八三三～一九〇五）は、まさにその典型的な例であろう。津山市旭町出身の彼は、幕末からヘボンと一緒に一回目の上海に渡ったことを契機に、その後もよかれあしかれ中国と深い縁を結び、上海に「楽善堂」という店を構え、薬を売ると同時に本をたくさん販売した。彼が経営した書物の中で、中国の科挙試験用の参考書として袖珍本も多くて一時好評を得たようである[3]。

岸田吟香のほかに、三木佐助（一八五二～一九二六）も好例である。彼の回想録『玉淵叢話』（一九〇二）によると、若い頃、彼は明治後の古籍が二束三文に下落したのを見込んで、神戸に住んでいる華僑麦梅生と一緒に広東省へ輸出して販売していたそうである。この活動は、明治四年（一八七一）から明治十二年（一八七九）にかけて、八年間も持続していたため、数え切れない本が中国に流入したことは想像に難くない。そのうち、有名な本としては『全唐文』『通志堂経解』（萩藩府学明倫館の蔵書印あり）『正続文献通考』『文苑英華』『説郛』『冊府元亀』『三才図会』『淵鑑類函』『学津討原』などといった純漢籍もあれば、『資治通鑑』『群書治要』『太平御覧』『武備志』『輟耕録』などの和刻本漢籍も含まれている。また『唐土名勝図絵』『和漢三才図会』『毛詩品物図考』などの日本人が漢文で書いた著書も少なくなかった。さらに『群書治要』『欽定四経』『外台秘要』『東医宝鑑』『武備志』『詩緝』『医宗金鑑』『四書彙纂』といった版木まで中国に輸出した。

因みに麦梅生の息子麦少彭は、近代中国の進歩に華僑らしい貢献をした人物であることを付け加える。彼は神戸に華僑の学校——大同学校を創立し、自分の別荘に康有為や梁啓超を泊めたこともある。(4)

蔵書家の収集と商人の舶来の他に、貿易を通じての輸入は主要な供給源となったと思われる。

日本の書物は江戸時代に長崎貿易を通して中国に入ったものもあるが、量的には明治以降の比ではない。大蔵省関税局編の『大日本外国貿易年表』（東洋書林、一九九〇年復刻）によると、明治十五年（一八八二）から同二十九年（一八九六）にかけての十五年の間、中国に輸出した本は七十五万冊ぐらいで、そのうちの前の八年（明治十五年～同二十二年）は毎年四万冊を上回っている。ことに明治十八年（一八八五）には十五万冊にも達して、それが明治二十三年（一八九〇）に入ると三万冊を下回り、次第に下火になり、明治二十九年までほぼ一万冊台の平行線をたどるありさまだった。

そのほかに、戦前日本人が中国大陸に作った図書館の旧蔵書も見すごしてはならないであろう。たとえば、天津日本図書館があるが、これは満鉄図書館より古い、一九〇五年に天津日本人居留民団が大陸に創設した最初の日本図書館である。ここの五万冊ぐらいの旧蔵書は、幾たびの時代変遷を経てその後天津図書館に受け継がれている。一九九六年に万博博覧会記念協会の助成を受け、日本文庫として一般にオープンした。そして、前述の五冊の蔵書目録も公開された。天津日本図書館の他に、大連図書館（一九一八年）、東亜攻究会図書館（一九一九年）、上海日本近代科学図書館（一九三六年）、北平日本近代科学図書館（同）などもあり、その蔵書の大半も大陸に残っている。たとえば北平日本近代科学図書館の蔵書は一九三九年現在すでに四十万冊に達し、それがほとんど今の中国科学院図書館に架蔵されているそうである。

三 日本書籍の分類

さて、多くの日本の書物が中国人に知られ、もしくは流入してきたのにともない、それを整理分類の必要性が自然に現れてきた。管見する限りその最初の試みをしたのは劉喜海（号燕庭、一七九四～一八五二）である。清朝の学者として『海東金石苑』（八巻）、『海東金石苑補遺』（六巻）、『海東金石存考』（一巻）などをものにして金石にすこぶる興味を示したほか、外国の本をも好んだ。彼が世に残した『東国書目』(5)はまさにその結晶といえよう。

この書目は「朝鮮書目」「日本所刊書」「日本書目」(6)の三つに分かれ、朝鮮と日本の書物を記述している。「朝鮮書目」では「高麗所注書」（四種）のあとに、経（二種）・礼（三種）・史（十六種）・子（十三種）・集（六十二種）と分けて九十六種の朝鮮の書物を記載し、「日本所刊書」では、日本で刊行された『群書治要』の提要と『佚存叢書』の細目を詳述している。また、このあとに続く「日本書目」では、三〇七種にのぼる和書を記録し、それを経（二種）・鈔（二十七種）・談（十二種）・式格（十種）・鑑（一種）・鏡（四種）・記（十八種）・六帖（四種）・史（一種）・実録（二種）・録（五種）・日録（六種）・和歌集（二十七種）・千首（一種）・百首（七種）・拾遺（三種）・次第（二種）・子（三種）・集（三十九種）・家集（十二種）・髄脳（二種）・義（六種）・志（一種）・文粋（二種）・詩（三種）・韻（二種）・図（五種）・法（二種）・訣（二種）・譜（二種）・釈（二種）・術数（二十二種）、という順に三十二類に分けている。

これを子細に見ると、書名の最後の字に基づいて分類した特徴が見いだせる。たとえば、『連用鈔』『河海鈔』『江談鈔』『十訓鈔』……『少納鈔』を「鈔」類とし、『宇津保談』『平治談』『源氏談』『今昔談』……『太和談』を「談」類に入れ、『古記』『為記』『吉記』『流記』……『世風記』を「記」類に置き、また『風雅和歌集』『詞花和歌集』『壬二和歌集』……『拾玉和歌集』を「和歌集」類、『亜槐集』『草庵集』『続草庵集』『崑玉集』……『節用集』を「集」類に分類されている。三十二類のうち、「術数」を除いた残りはすべてこのような手法、つまり書名の末尾の字をとって分類名とし分類を行っている。

これは合理的な分類法だとは到底言えそうもないが、(7)生粋な和書に接した際の清人の困惑――従来の熟知した四庫分類法でカバーできない異質な書物に対してどう分類したらいいのか――を如実に表していると思われる。私たちは今日の基準でこれを云々と評判するより、鎖国時代にもかかわらず、他の知識人と異にして海外の文物に深い関心を寄せた彼の努力に対して賛辞をおくるべきであろう。

明治に入って早く日本の書物を記録したのは『東槎聞見録』（四巻、一八八七）が挙げられる。外交官として来日した陳家麟は、この日本研究書の巻二に「書籍」という項目を設け、中国と日本の書物交流の歴史や自分の訪書活動を叙述しており、また、「逸書」の項目もあり、経部・史部・医部に分けて三十二種の中国の逸書の解題を行っている。この分類に問題点も含まれており、たとえば、「史部」の書物にある「二李唱和詩集一巻、杜工部草堂詩箋四十巻」以下は「史部」ではなく「集部」に入れるべきであろう。

彼はまた同じ巻二に「経学」「史学」「古文」「詩学」「医学」などの項目をを設け、それらの歴史の流れを簡潔に紹介してから、「経学家」「史学家」「古文家」「詩学家」「医学家」として一一九人の日本人の名前を掲げ、二〇七種の書物を著作順に挙げている。

大量の日本の書物を記載したのは傅雲龍である。一八八七年に行われた最初の遊歴官選抜試験でトップの成績で合格した彼は、二年がかりで日本および南北アメリカ諸国（アメリカ・カナダ・キューバ・ペルー）を歴訪し、各国考察の報告書をものしているが、そのうち、日本を考察した記録としては『遊歴日本図経』（三十巻、一八八九年刊）が存す

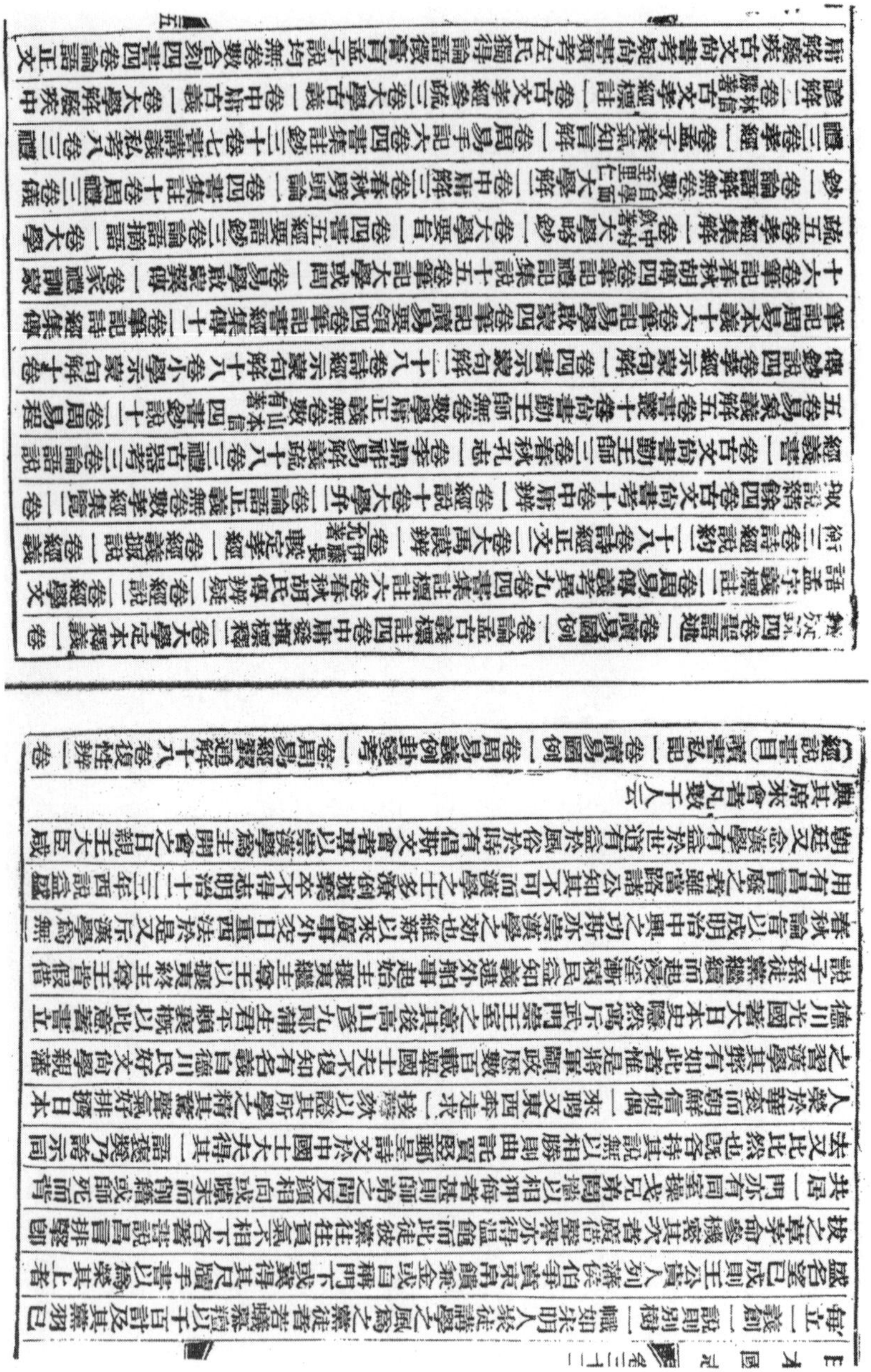

図21 『日本国志』巻三十二「経説書目」項

る。彼はこの著書において「日本芸文志」を二巻（巻二十一、巻二十二）設置し、中国本土に散逸したと思われる本四十種余を記述したほか、「日本人著述」として二〇八〇種の刊本・写本を経史子集の四庫法に分類して取り上げている。そのうち、経部三七五種、史部四五八種、子部八二一種、集部四二六種に上っているが、各種の書名の下に著者名と版本を略記して、また、簡単な提要を行った図書もある。「周易古義一巻、伊藤維楨、写本、日本訓詁学、始於維楨、故私諡古学、称仁斎先生」などがその好例である。さらに、経史子集各部類の書目の末尾でコメントを行っている。たとえば、

　右は史類。日本の神代史籍は荒誕で信じがたいものがほとんどである。その正史は源光圀の『日本史』を代表とし、頼襄の『日本政記』などはそのうちの優れたものである。近日、重野安繹などが編集した『年輿紀略』が完成した話を聞いているが未見である。（史部の本は）他にも多いが、要を著わしたのみである。

と神代に関する史書は当てにならないと言い、源（徳川）光圀の『（大）日本史』や頼襄（山陽）の『日本政記』を好評し、重野安繹の『年輿紀略』に期待感を寄せている。

　しかし、『遊歴日本図経』は四部の一次分類に止まり、その下に二次分類をしていないゆえ、数百種の書目を同じ部類に秩序よく排列することができたとはいえない。したがって、粗雑なイメージを私たちは払拭できなかった。とはいえ、清末に誕生したおびただしい日本視察記の中で、和書記述が早く行われ、それに豊富である点においては、『遊歴日本図経』の右に出るものはなかろう。とりわけ、あまり中国人に顧みられることのなかった日本の戯曲・和歌といった純和書についても多数列したのは、画期的なことで、『日本一鑑』よりさらに進み、中華中心主義、漢文

中心主義を離脱し、日本文化を理解しようとする姿勢が見られ、高く評価すべきであろう。

ほぼ同じ時期に、初代日本駐在公使館の書記官として来日した黄遵憲（一八四八～一九〇五）も同様の努力をはらっている。彼は一八九五年に刊行された名高い『日本国志』の「学術史」で、傅雲龍と同じく四庫分類法を用いて日本の図書に対する分類を試みたが、著者項と版本項をほとんど記載せず、書名、しかも経部の書名のみ（三九三点）の収録に止まっているため、この内容においては傅雲龍に遜色を感じたといわざるをえない。

また、所収書目を仔細に眺めていると面白いことに気づいた。黄遵憲は「経説書目」（図22参照）から四五九種の書目を記載し始めている。最初の一行を見てみると、「読書私記一巻、読易図例一巻、周易義例卦変考一巻、周易経翼通解十八巻」など、ずっとこのような調子で記しているので、書名だけを並べて、著者を記さないと思われがちである。ところが、この一行から四行目へ進めていくと、真ん中に突然「伊藤長胤著」が現れてくる。これは「大禹謨辨」一書だけを意味しているかと思って、さらに三行ほど書名を連ねられていっているところに、「山本信有著」が出てくる。このようにところどころに著者の名が登場しているのであるが、『国書総目録』で確かめてみたところ、著者名の前の著書はすべてこの人の作品であることが判明した。換言すれば、黄遵憲はすべての書名を挙げてから著者名を記すという方法をとっている。これで、『日本国志』所載の書目は、八十九人の著者順に配列されたことが明らかにされた。

これらの八十九人の著者は、所載書目の多少順に並べられている。伊藤長胤二十種・山本信有十九種・中村欽十七種・林信勝十八種というようにおしなべて所収書目の数によって、多いのは先に、少ないのは後にというように配列された特色が見出せる（但し、山本信有と熊沢伯継の二例は、前の著者の書物数と一点の差があり、整合性から外れている）。

日本では著者順に記された著書目録はみな著者のいろは順に配列されている。たとえば、『近代著述目録』（一八三六年）や『慶長以来諸家著述目録』（中根粛治編、明治二十六年）はそうであるが、所収書の数順に配列した前例は見当たらない。黄遵憲がこのような変則を取った理由は明らかではない。

傅雲龍や黄遵憲のように、四庫分類法を用いて漢文を中心にした図書に対する分類法は、まだなんとか間に合ったとすれば、日本語で書かれた本、西洋の近代学問を反映した洋書に対しては必ずしも有効ではなかった。康有為（一八五八～一九二七）は逸早くそれに気づき、欧米の新しい図書分類法を中国に導入し生かした。彼は中国の変革のために参考とすべき図書を提供するため、一八九七年に『日本書目志』という十五巻にものぼる分厚い本を著した。これはもっぱら日本の図書を七千点くらい収録した、中国人による最初の目録専門書である。従来の漢文書偏りがちの文人と異にして、日本語で書かれた「新学」内容の本を多数記載し、それを生理・理学・宗教・図史・政治・法律・農業・工業・商業・教育・文学・文字言語・美術・小説・兵書と十五の門に分け、各門の下にさらに詳細な類を設けている。たとえば、宗教門の下分類として、宗教総記・仏教歴史・仏書・神道書・雑教を掲げ、生理門と法律門の下に、おのおの三十六、三十の小類を設けている。そして、書名・著者の他に、従来の目録書の盲点となった冊数、価格（とくに価格）なども詳載し、さらにたくさんの類の後にコメントも行っているので、これを通じて康の編目発想ならびに政治見解をかいまみることができる。

このように『日本書目志』は、分量・分類法・記載法などの点において独創が見られ、中国の図書分類法が近代化を目指して変貌していく過程の中で大きな比重を占めている本として注目されている。

『日本書目志』と同時に、康有為の門下生である梁啓超（一八七三～一九二九）も、『時務報』と『湘学報』に次々と『西学書目表』（一八九六）、『書目提要』（一八九七）を発表し、西洋の図書分類法を力唱した。そして、一九〇二年に『新民叢報』の第九、一一号に『東籍月旦』（月旦、批評の意）を連載し、初心者向きの日本の書目を紹介した。これは日本の中学校の普通科目のカリキュラムによるもので、倫理・歴史・地理・数学・博物・物理と化学・法制・経済などと分類して逐一詳細に紹介する計画があったが、倫理（三十一種）と歴史（五十種）の部分しか完成を見なかった。『東籍月旦』は著者、冊数、価格の記載においては、『日本書目志』と類似性が見られるが、各本に対する詳細な解題と批評を行ったのは、同時代の書誌学の本に類例のあまり見られなかった特色を有し、それを通じて梁啓超をはじめとした当時の中国人の、『東籍月旦』に記載された和書に対する認識の一端を知ることができる。この意味において、未完成品で、収録書目も必ずしも多くなかった『東籍月旦』ではあるが、歴史的と現実的な意味を備えた目録だといえよう。

とにかく、近代以降の中国では伝統的な四庫分類法と西洋の新しい分類法に基づいて日本関係の図書の分類を実践してきた。そしてこの二通りの分類法は、『東北地方文献聯合目録』(8)（第二輯日文図書部分）、『沢存書庫書目』(9)、『北京大学図書館蔵李氏書目』(10)などにも見られたように、なお根強く生きて交互に生かされている。

四　図書館の視察

和書が中国に入り、分類が試みられたと同時に、日本の図書館に対する考察も展開された。日本の図書館に関する記述の古い例は、明朝の鄭舜功の『日本一鑑』(11)にまで溯ることができるが、図書館に足を踏み入れたのは数百年の後のことであった。一九〇四年に全国の改革の先端を歩んでいた湖南省では、中国早期の近代的な図書館が創設されたものの、経験や資金不足により大きな進展を見せなかった。そこで、一九〇五年に湖南省巡撫（知事）端方が赴任すると、黄嗣艾を日本へ図書館の視察に派遣した。日清戦争以降、日本に近代化の規範を求めようと、日本の教育・軍事・法政・実業などに対する考察は盛んに行われたが、専門的に図書館を視察したのはこれが最初だと思われる。近代的な図書館の成立は、日本より遙かに遅れをとったからである。黄は湖南図書館のため日本で図書をたくさん購入し、そして帝国図書館（今の国会図書館）・大橋図書館・早稲田大学図書館などを視察し、図書館に関する諸制度・財政事情・図書分類法・沿革変遷などの資料を幅広く収集した。帰国後、彼はこれらの資料を『日本図書館調査叢記』（一巻）にまとめあげ、末尾に建言書を附して提出した。建言書では日本の図書館の方針・図書の購入・予算の確保・図書館の構図・雇用制度・給料・図書利用事情・貸し出し・読者接待・書庫ならびに図書館付属施設など十項目にわたって紹介したうえ、湖南省図書館の運営と管理に関する提言をした。(12)

近代図書館の成立過程において、中国は日本から多数の図書を購入し、(13)図書館の重要な供給源とした。黄の図書館視察は、それのみならず日本の図書館制度も中国に導入され参考になったことを物語っている。そして、近代図書館の成立と発展は、図書の充実ならびに中国の文明開化に有力なサポートとなったと思われる。

五　中国伝存の日本書籍の位置づけ

以上、日本書籍をめぐり歴史文献に現れた日本書籍の記録、中国への流入、それに対する分類、そして図書館の視察について概観してみた。次にこれを補うものとして中国伝存の日本書籍の位置づけについて私見を述べたい。

『中国館蔵和刻本漢籍書目』と『中国館蔵日人漢文書目』は、それぞれ五〇〇頁以上にのぼる目録のため、一見中国伝存の漢文図書が豊富に見えるが、実際はおおむね北京・上海・遼寧・大連・南京といった大きな図書館に集中して、他の多数の図書館にとってはこれは縁の薄い存在である。これは漢籍が多く所蔵されている日本の図書館とはきわめて対照的なことである。筆者はかつて浙江省にある義烏図書館・寧波図書館そして紹興図書館で実地調査を行ったことがある。この三つの図書館は、いずれも四大公共図書館の一つと言われる浙江省図書館に次いで、浙江省における古籍の蔵書の多い市立図書館である。しかし、どちらも日本の漢文図書は十数点ないし二十数点しか伝存していない現状である。これは中国の多数の図書館の現状を反映したものであると同時に、これらの図書館の過去の歴史をも如実に表しているものと思われる。

たとえば、紹興図書館の前身である古越蔵書楼は、一九〇三年に個人の出資により一般庶民にオープンした、中国近代図書館史の中で大きな地位を占めた公共図書館である。翌一九〇四年に刊行された蔵書目録『古越蔵書楼目録』を繙いてみたところ、意外に日本刊の漢文書籍が少なかった（十九点のみ）。そのかわり、日本語の図書や日本語から中国語に訳された翻訳書は非常に多くて、三三〇点にものぼっている。

このことからでも、蔵書家とは異なり普通の図書館の収集重点は、和書（ここに翻訳書も含めた近代の学問を著述した日本の書物を指す。以下同）に据えられていたと見てよいであろう。列強による侵略の歴史を繰り返させられた近代中国では、植民地の危機から祖国を救い出すのは焦眉の急務で、そこで、おおむね伝統文化を研究した日本の漢文図書より、近代科学技術などを反映した和文図書や翻訳書が好まれ、収集の対象となったのはごく自然の選択であろう。

実は中国の図書館は、さらに洋書より和書を重要視した時代があったこともいえる。民国時代の教育部は、一九一六年に全国の図書館を対象に所蔵図書に関する調査を行った。二十三の図書館のデータが記録されているうち、和書と英文図書のデータがはっきりとわかる図書館は三つある。つまり直隷図書館は東文一七〇〇種、西文四五〇種で、保定図書館は東文二〇〇種、西文十種で、奉天図書館は全一二一〇二部のうち、東文は二割、英文は一割を占めている、という。(14)東文図書は数倍（直隷・奉天）ないし数十倍（保定）で西文図書を凌いでいることが一目瞭然であろう。

このような東文書優位の状況がいつまで保持されていたかについてはつまびらかではないが、要するに近代図書館が発足した段階では、中国国内外の政治状況などを十分反映して、訳書や外国の本とくに日本からの新書が、中国の図書館の主な収集対象とされていたことを物語っている。

中国の図書館は漢文図書より和書を好んでいたと説明したが、逆にいえば、日本の漢文書籍に対する収集は、上述した李盛鐸や陳群の例に見られたように、主に近代以来の少数の蔵書家による個人の行為にすぎなかったことといえよう。だとすれば、彼らは日本畑の学者ではなく、あくまでも中国古籍の蔵書家であるため、中国原版の漢籍を第一位に収集し、その不備・不足を補うべく、その次に和刻本漢籍の収集に乗り出し、日本人による漢文著書についてはさらに次の位置に置いていたのも別に不思議なことではない。

そこで、彼らが行った収集活動に対してはより客観的に分析する必要があると思われる。つまり、彼らの収集活動のモチーフについては、中日文化財を保護するという明確な政治的な自覚からというよりは、個人の趣味に由来した要素が大きく、商業利益の追求に駆りたてられた場合もある、とみたほうがより歴史事実に近いかと思われる。もっとも、彼らがはらった多大な努力によって多くの中日の文化財が保護され、後人に計り知れない恩恵を与えたことに対しては、最大の賛辞を送るべきである。

そして、彼らの漢文書籍のコレクションについては、大きな意味はあるものの、和文書や日本語からの翻訳書のように近代中国へ広範な社会的影響を及ぼすに至らず、主に書誌学・文化保護の域に止まってしまったのである。

とにかく、彼らの収集活動については動機と結果、漢文書籍と和書とを見分けた上、等身大に見直したいものである。

図書の記載から分類へと、図書そのものに対する関心から図書館制度への重要視、中国がたどってきたこの道程は、実に長い年月をかけて血の教訓を伴ったいばらの道であった。漢籍が日本の文明進展に多大な影響を及ぼしたことは、いまさら饒舌するまでもないが、日本所蔵の漢籍が中国本土の不備を補塡し、近代文明を記した和書が中国の近代化へのテンポを速めたのも、また争うことのできない史実であろう。地理的に近いことは、このようにいやおうなしに中日両国が緊密に交渉せざるをえない宿命を決定し、その中で計り知れない役割を果たしたのは、他でもなくこの「本」であろう。中日両国の地縁より結ばれた書縁には実に玩味すべきものが多々ある。

注

(1)『吾妻鏡補』については、拙稿「吾妻鏡補について」を参照されたい。『吾妻鏡補——中国人による最初の日本通史』所収、朋友書店、一九九七年。

(2)陳群の蔵書目録『澤存書庫書目』による。同初編に日本刊本二八九点、同次編（二編）に八四五点を収録。

(3)岸田吟香については、拙稿「二百多年前一個日本人的上海手記——岸田吟香的『呉淞日記』」（『中国江南：尋繹日本文化的源流』、当代中国出版社、一九九六年）と「岸田吟香出版物考」（『中日文化論叢——一九九七』、杭州大学出版社、一九九九年）を参照されたい。

(4)湯志鈞『乗桴新獲——従戊戌到辛亥』五八八頁、六二七頁。江蘇古籍出版社、一九九〇年。

(5)『海東金石存考』については、劉喜海の著書と思われがちであるが、朝鮮人趙雲石の撰であった。藤塚鄰『清朝文化東伝の研究』、国書刊行会、一九七五年。

(6)邵懿辰撰、邵章続録『増訂四庫簡明目録標注』（付録三）に所収、上海古籍出版社、一九五九年初版、一九七九年新版。なお、この上海古籍出版社版の『東国書目』の底本（以下「上海古籍本」と略す）は分からないが、国家図書館にも同題の写本が所蔵されている。巻末に「道光十一年五月兄雯改名如海書、時七十五歳」一行が記されており、また各類の末の欄外に

「燕庭抄校」と題されている。上海古籍本と出入りが多い。一番の相違は、最後の「術数」類は「金匱新注」までとし、「朝野群載」から「公事根源」（十点）まで、そして「八幡宮縁紀文五巻」から終りの「花鳥餘情」（八点）まではそれぞれ分類されていない。換言すれば、「術数」類は四点しかなく、後の十八点は「未分類」に入れている。便宜上、本文での記述は上海古籍本に基づく。

（7）『東国書目』所載の図書は分類と記載上において問題点が多数含まれている。今後のさらなる研究を必要とするであろう。

（8）『東北地方文献聯合目録・第二輯日文図書部分』は中国図書分類法（十進法）によるものである。大連市図書館主編、一九八四年。

（9）『沢存書庫書目』は四部分類法に基づくものである。南京図書館編、一九三〇年代。

（10）『北京大学図書館蔵李氏書目』は四部分類法に基づくものである。そのうち、日本刊本は一一七六種記載。正確な編纂年は不詳。

（11）『日本一鑑』窮河話海巻四に、下野（足利）文庫と金沢文庫についての記述がみられる。

（12）『日本図書館調査叢記』による。一九〇五年湖南学務処印刷、東京都立図書館実藤文庫蔵。

（13）たとえば、盛宣懐（一八四四～一九一六）は病気治療のため日本滞在中に東京・京都で多数の図書を買い、それはその後に上海に創建された愚斎図書館の基礎造りをした（『愚斎東遊日記』）などの例がみられる。

（14）『教育公報』第三年第十期（『中国古代蔵書与近代図書館史料』中華書局、一九八二、所収）による。この調査報告書には、黒龍江・山東・河南・福建・広東・広西・雲南・貴州等の図書館のデータも収録されているが、訳書と外国書という言い方で表現されているため、東文書の具体的な数字が分からなかった。

第一章　胡文煥および『助語辞』書誌考

『助語辞』は、中国における最初の助辞関係の専門書で、中日の学者は多数の先行研究を積み重ねてきた。しかし、この本を『格致叢書』に入れて刊行した胡文煥に関する研究は欠如しており、『助語辞』の版本――いったい『格致叢書』本か、それとも『百家名書』本か、については多くの誤解が存在している。そして、『助語辞』の巻末に七つの語項目が欠けているその理由についても、胡文煥が意図して削除したというのは、通説のようになっている。これらについて、この章では、まず『助語辞』を世に流布させた立役者、胡文煥をめぐって、その別号・著作・詩文・身上・趣味・協力者・室名などについて全面的に考察し、彼の人物像を明らかにする。続いて、学界に存在している以上のような多くの誤解を正すべく、『助語辞』の版本を詳細に考証し、そして、『助語辞』の巻末に欠けた七つの語項目について新たな見解を示す。この章が第二章江戸時代における『助語辞』の流布と影響の研究の基礎となろう。

第一節　胡文煥の研究

胡文煥、明代の著名な刻書家、銭塘の人。『格致叢書』の編者として知られているが、その事跡は史籍の記載にあまり見られない。まれに先行研究を見ることもあるが、[1]それは決して詳細なものとはいえない。筆者は一九九〇年より胡氏に関する研究を進めており、中国各地の大規模な図書館や、日本の著名な文庫に所蔵された胡氏の刻書を閲覧し、「日本蔵胡文煥叢書経眼録」[2]「中国蔵胡文煥叢書経眼録」[3]にまとめたが、ここでは彼の号・著作・詩文・身上・趣味・協力者・宅名といった点について考察を試みる。

1　胡文煥の号

胡文煥、字は徳甫、または徳父。全菴を号とする。他にもいくつか別号を称し、以下表1に列挙する。これら以外にも、「全菴道玄子」（『規中指南』）、「守拙道人全菴子」（『金丹集問』）といった重ね型のものも見られるが、略す。出典欄に「序」「跋」を明記しないのは本の冒頭の署名による。

表1　胡文煥の号

号	出典
全菴子	『田家五行』『田家五行紀暦撮要』『印古詩語』『錦帯補注』『郭子翼荘』『続文房図賛』『山家清事』『規中指南』
全菴道人	『治安薬石』『袖中錦』『茶譜』『広嗣要語』『絵事指蒙』『奕選』『茶具図賛』『星学枢要』（序）『摂生要義』『古器具名』（後跋）『牌譜』（序）『伝真秘要』（跋）
全菴居士	『玉清金笥宝籙青華秘文』『悟真篇』
洞玄子	『金丹集問』『陰苻経三皇玉訣』
覚因	『六度集経』（序）
洞玄道人	『玄髄』
守拙道人	『譚子化書』『規中指南』
西湖酔魚	『歳時広記』『歳時広記図説』『山居四要』

抱琴居士	『新刻文会堂琴譜』（序）
百納主人	『新刻文会堂琴譜』（巻末「全菴附贊第十八」）

2　胡文煥の著作

中国印刷史研究の大家張秀民は次のように述べている。「杭州の書肆で刻書がもっとも多かったのは胡文煥の文会堂であり、明人たちはこれを胡文煥板と呼んだ。（中略）彼が刻印した書は四五〇種にのぼり、そのいずれにも「新刻」の二字が冠された。[4] 彼は蔵書家にして刻書家であったばかりでなく、自身もたいへんな博学であり、毛晋などもかなわなかった[5]」。胡氏の著作の種類に関して、『両浙著述考』と『杭州府志』はそれぞれ十一種、二十八種としており、『中国叢書綜録』は十四種二十六巻（撰、編各七種）、『中国叢書綜録補正』は十六種六十七巻（撰五種、編十一種）、『中国古籍善本書目・叢書部』は四十九種（撰二十三種、編二十六種）としている。筆者は上述の目録と、実際に目にした胡氏の著作を以下のように整理した。「著作方法」は原書の巻頭署名に依拠し、「分類」は『彙刻書目』に従った。分類のないものは『彙刻書目』に未収であり、＊印は『中国古籍善本書目・叢書部』に未載のものである。

表2　胡文煥の著書

著作方式	書名	巻数	分類
纂	祝寿編年	一	類聚
	瑣言摘附	一	律例
	省身格言	一	訓戒
	明善要言	一	訓戒

	語倫書鈔	一	訓戒
	学海探珠	一	儒家
	詩学規範	一	評詩
	医学要数	一	医＊
	玉海紀詩	一	経訓
	困学紀詩	一	経訓
	読詩録	一	経訓
	印古詩語	一	経訓
	文献詩考	二	経訓
	山堂詩考	一	経訓
	詩序辨説	一	経訓
	歳時事要	一	経訓
纂輯	養生食忌	一	養生
	翰譜通式	四	尺牘
	諸子続要	二	子
	応急良方	一	医
	字学備考	四	
	四書図要	四	経訓
	読律歌	一	律礼
纂校	古今碑帖考	一	金石
校纂	附歴合覧	二	選釈

補	詩家集法	一	評詩
編輯	華夷風土志	四	地輿
	類修要訣	二	養生
	類修要訣続附	一	養生
	官礼制考	一	掌故
	香奩潤色	一	*
	参真図要	一	
編著	歴世統譜	四	史学
編	文会堂詞韻附	二	韻学
	文会堂詩韻	五	韻学
校輯	考古論法	一	掌故
	金丹集問	三	養生
	詩伝図要	一	経訓
	逸詩	一	
	牌譜	一	
	色譜	一	
校編	従祀考	一	掌故
類編	胡氏詩識	三	経訓
彙編	皇輿要覧	四	地輿
彙選	寸札粋編	二	尺牘
	諸史粋編	二	

	寓文粋編	二	
	遊覧粋編	六	
選輯	稗家粋編	八	
	古器具名	二	
	文会堂琴譜	六	芸玩
	六言詩集	一	芸玩
	遊芸四言	十	評詩
	彤管摘奇	二	
選	格古論要	五	金石
	玄髄(6)	一	養生
	素問心得	二	医
	霊枢心得	二	医
	文選粋語	二	論文
	楽府粋選	二	
校選	群音類選	六	詞曲
校刪	詩学事類	二十四	評詩
校補	農桑輯要	七	農

以上、「経訓」十一種、「養生」五種、「評詩」「医」各四種、「訓戒」「掌故」各三種、「韻学」「律例」「尺牘」「金石」「地輿」「芸玩」各二種、「史学」「類聚」「儒家」「子」「選釈」「農」「論文」「詞曲」各一種、さらに『彙刻書目』『中国古籍善本書目・叢書部』に未収のものが十二種と二種あり、合わせて六十三部にも及んでいる。

明代の刻書はしばしば巻が改められたり著者が変わることが多いのはよく知られているが、胡文煥にあってもそれは例外ではなく、加えて著作方式の定義が古今において異なることもあり、胡氏の編著には水増しされた部分が含まれている。たとえば『玉海紀詩』の署名の第一行は「王応麟」とされているのが、第二行では「胡文煥纂」と記されており、今日のわれわれの目からすれば矛盾のように見える。他にも『詩学規範』『読詩録』『印古詩譜』『文献詩考』『山堂詩考』等に同様の事例が見られる。それにしても胡文煥の学識と著作の豊かさがこの表から見て取ることができる。

3　胡文煥の詩文

胡文煥は多くの著作編纂の他に、やはり数多くの単篇作品を残しており、筆者の見ることのできた書の中から彼の詩文を洗い出したところ、それは百数十点に上った。以下にその目録を記す。

ア・書牘七篇（出典『寸札粋編』巻下）

「胡文煥白下寄張叔元」「東荘脩父」「示姪孫光盛」「復寄張叔元」「与江士和」「寄張懋典書略」「之広陵寄白下友人」。

イ・賦記等十二篇（出典『遊覧粋編』）

「遊城西賦」（巻一、以下同）「量酒賦」「鶏賦」「無量生記」（巻二、以下同）、「否泰論」「憂楽論」「儒説」（巻三、以下同）「勢説」「読書説」「逸不忘労説」「読書銘」（巻四）「奨窮鬼判」（巻五）。

ウ・史伝四篇（出典『諸史粋編』）

「嶧陽居士伝琴」（巻上）「玄明先生伝百薬」（巻下、以下同）「梔子伝百花」「玉衡矦伝鼠」。

エ・寓文五篇（出典『寓文粋編』）

「衣説」(巻上、以下同)「鑠喩」「有髪僧対」(巻下、以下同)「琴対」「壺公断」。

オ・詩詞一〇八首(出典『遊覧粋編』等)

「斉居十二時歌」十二首(巻五、以下同)「刺白丁歌」「慰貧歌」「酒色財気四凶歌」「心丹歌」「茶歌」「凶歳」(巻六、以下同)「宿村家」「雲陽路有感」「楊妃春睡」「楊妃出浴」「楊妃上馬」「楊妃中酒」「楊妃起舞」「楊妃棒硯」「漁樵耕牧四首」「憫農」「嘆水」「春夏秋冬四首」「水中憫農」「警世」「警悟」「嘆水憐農」「寺前過二美人有感」「嘆骷髏十首」「虚飄飄六首」「如夢令・舟次呉江」「如夢令・相思」「長相思・惜春」「生査子・送春」「菩薩蛮・送春」「卜算子・送春」「和更漏子・秋思」「清平楽・惜春」「阮郎帰・月夜有懐」「西江月・秋閨」「鷓鴣天・警悟」「南郷子・途中有感」「梅花引・途中有感」「浪淘沙・道情十二首」「清江引・警悟十二首」「胡文煥夏日泛湖」(胡文煥輯『六言詩集』、以下同)「校書」「夜雨」「春遊」「初夏」「秋興」「江山夜歌」「安居賦」「邀月軒」「客路」「秋景」「漁翁」「端陽」「雑興」「一剪梅・秋感」(『明詞綜』巻十)。

これら以外にも、胡氏は『百家名書』や『格致叢書』を刊行する際に数多くの序跋を残しており、これらの足跡から、彼の盛大な創作意欲を窺い知ることができる。

4　胡文煥の身上

胡氏の身上は不詳であり、生年も卒年も資料が残されていない。彼は多くの古籍を刻したが、それらはもともとは自家のものであったらしく、そこからある程度の目鼻をつけることができる。朱之蕃の「百家名書序」と胡文煥の『格致叢書』の序によれば、胡氏の刻本は、その多くが家蔵されていた旧籍であった。胡氏の刊本の中に『新刻趨避検』（二巻）という書があるが、その巻首には「銭唐胡泰文亨甫選輯　孫文煥重修」と記されている。つまり胡泰（字文亨）は胡文煥の祖父であり、「蓋黒居士胡泰述」の署名がある「発征通書序」に見える「胡泰之印」と「蓋黒居士」のふたつの印から、胡泰が「蓋黒居士」と号していたことが知られる。また、胡氏が刻した『新刻通天窮六十年図』（一巻）を見ると、その巻首には「銭唐胡経引之校正　男文煥授梓」とあり、胡氏の父親の名が経であり、字が引之であることが知られる。本書のはじめの「万暦癸巳（一五九三）秋月銭唐胡文煥謹序」とある「通天窮序」には、「先君松風処士生平雅尚堪輿家、故所遺書唯堪輿者為最多、且有秘而妙者、若此『通天窮』是其一種矣」と記されている。

胡文煥はいつから刻書事業を起し、いつ終わったかについては、資料が乏しいためよく分からない。しかし、胡文煥が出版した本に、胡文煥自身の他、彼の姪で助手でもある胡光盛、そして親友荘汝敬が書いた序跋が数多く載っている。そのうち、年月を記した序跋を四十七個（表3）見出した。そして、一部の本の見返しに、刊行所（すべて「虎林胡氏文会堂」となっている）・書名・出版年が表示されている。それらを十五個（表4）見出した。序跋や見返しの年月によって胡文煥の刻書事業の時期が窺えると思われる。

表3　胡文煥刊行書の序跋年月一覧表

時間		序跋
万暦二十年（一五九二）	壬辰長至後	農桑輯要序
同	中澣日	逸詩序
同	中秋	参真図要序
同	同	神学可学論識
同	季秋	五倫書鈔序

同	同	表学指南序
同	同	助語辞序
同	同	伝真秘要序
同	同	風世俚言序
同	同	忠経詩訓便蒙序(7)
同	孟秋	新刻類修要訣後言
同	仲冬	詩学事類序
万暦二十一年（一五九三）	癸巳上元日	文昌化書後言
同	仲春	六度集経序
同	同	辟塵珠序
同	春仲	釈常談序
同	春壬正月	跋悟真篇後
同	春	聖賢像賛序
同	同	跋学海探珠（胡光盛）
同	同	山海経図序（荘汝敬）
同	季春	皇輿要覧序
同	同	諸子続要序
同	同	瑣言摘附序
同	春季	寓文粋編跋（胡光盛）
同	暮春	墨藪序
同	同	寸札粋編序

同　同	諸史粋編跋（胡光盛）
同　孟夏	七十二聖賢像賛序
同　同	文会堂詞韻序
同　同	羸虫録序
同　秋	通天竅序
同　中秋	救荒本草序
同　秋日	干禄字書後跋
万暦二十二年（一五九四）　甲午仲春	稗家粋編序
同　孟夏	翰武通式序
同　同	華夷風土志序
万暦二十三年（一五九五）　乙未孟秋	幼幼集後序
万暦二十四年（一五九六）　丙申下元	文会堂琴譜序
同　同	歴世統譜序
同　孟春	格古論要序
同　三之気	素問心得序
同　季春	養生類纂序
同　夏	六言詩集序
同　中秋	文翰指南序
同　孟秋	星学枢要序
万暦二十五年（一五九七）　丁酉初春	文選粋語序
同　仲春	四書図要序

表4　胡文煥刊行書の見返し

書名	見返し	所蔵図書館
華陀内照図	万暦歳次壬辰（一五九二）孟春吉旦新梓	中国医学科学院図書館
類修要訣	同孟秋吉旦新梓	同・北京大学図書館
摂生集覧	同仲秋吉旦新梓	中国医学科学院図書館
食鑑本草	同	同
養生導引法	同	同
山居四要	同季秋吉旦新梓	同
忠　経	同	浙江図書館
性理字訓	同	同
厚生訓纂	同	中国医学科学院図書館・北京大学図書館
表学指南	同	同・中国科学院図書館
寿親養老書	万暦歳次癸巳（一五九三）仲春吉旦新梓	中国医学科学院図書館
養生食忌	同季春吉旦新梓	中国医学科学院図書館
錦生機要	同仲夏吉旦新梓	同
摂生要義	同孟秋吉旦新梓	同
養生類纂	万暦歳次丙申（一五九六）季春吉旦新梓	同・北京大学図書館
修真類纂	□□□□□季春吉旦新梓	中国医学科学院図書館

以上の序跋は万暦二十年（一五九二）から同二十五年（一五九七）の間に撰じられており、この五年間以外に彼が古籍刊行を行った確証は、今に至るまで見つけられていない。そして、見返し記載の年月もこの五年間に含まれている。

そこで、胡文煥の出版事業はこの五年間に集中して行われたことを立証することができた。一六〇三年、胡氏は刊行した古籍を百種ぐらいにまとめて『百家名書』と命名し、朱之蕃に依頼して「百家名書序」(図22参照)を起こし、六年後の一六〇九年には、「冀其多售、意在変幻」(8)を以て、すでに出版済みの古籍から一四〇種を再選し(そこには『百家名書』所収の半数が含まれる)、自身で新たに序文をものして、これを『格致叢書』と名づけた。その序と「新刻格致叢書目録」一四〇種の原刻は、現在山東図書館に所蔵されている。

それでは『格致叢書』や『百家名書』を輯刻していた頃の胡文煥はいかなる身分にあったのだろうか。その手掛りは胡氏刻本の署名にいくつか見出すことができる。

ア.『大明一統賦』(四巻)　国子監学正臣　莫旦謹撰　国子監監生学臣　胡文煥謹校

イ.『大明一統賦刪附』(一巻)　国子監学正臣　莫旦謹撰　国子監監生学臣　胡文煥謹校

ウ.『新刻士範』(一巻)　誠心生銭唐胡文煥校

エ.『新刻文字談苑』(四巻)　誠心生銭唐胡文煥校

これらにより胡氏は刻書をしていた時期に国子監学生であり、それも中級班ともいうべき誠心堂の学生であったことがわかる。「明の国子監では(中略)学生を学業レベルによって班分けし、試験の結果によって昇級させた。学生たちは六班(堂)に分けられ、それは正義・崇志・広業の三堂を初級、修道・誠心の二堂を中級、率性の一堂を上級とするものであった。四書だけを学び五経に通じない学生は初級に編入され、そこで一年半以上学んで文章文理に上達した者が中級へと昇級する。中級で一年半以上学び、経学・史学に通じて、しかも文章においては文字から理論分析まで優れていると認められた者が上級へと昇級する。上級昇級以降は、元朝からの単位制が適用され、一年以内に八単位を獲得した者は合格となり、官職が与えられる。合格できなかった者は学生にとどまる。(9)

国子監監生は「その身上によって挙監・貢監・廕監・例監の四種に区別される。挙監とは会試に落第した挙人であり、「教諭俸」と呼ばれる給金が支給された。挙監は教諭俸を受け取り帰省して勉強することが許されており、これを「依親」と呼んだ。多くの挙監は依親を希望し、その結果、事実上国子監には監生がいない状態になった。そこでやむなく、「貢」という制度で学生を集めて国子監を充実させた。これが「貢監」である。（中略）国子監監生の主な目的は学問ではなく、資格を得ることであった」(10)。このような実情が、胡文煥に刻書を可能たらしめたのである。

胡氏は刻書編纂をしていた頃国子監監生であり、まだ官職にはなかった。これについては、彼が撰じた以下の序文の中にも傍証を見出すことができる。

煥譾劣無似、雖尚滯於江湖間、然而水土之思、廊廟之思、則未曾少置五内也(11)。

予也、生居草莽、飽食藜藿、乃素有江湖廊廟之志。志雖未遂、而仁心則有所同也(12)。

一六一三年、すなわち「格致叢書序」の四年後、胡文煥は湖南省耒陽県の県丞に任じられた。

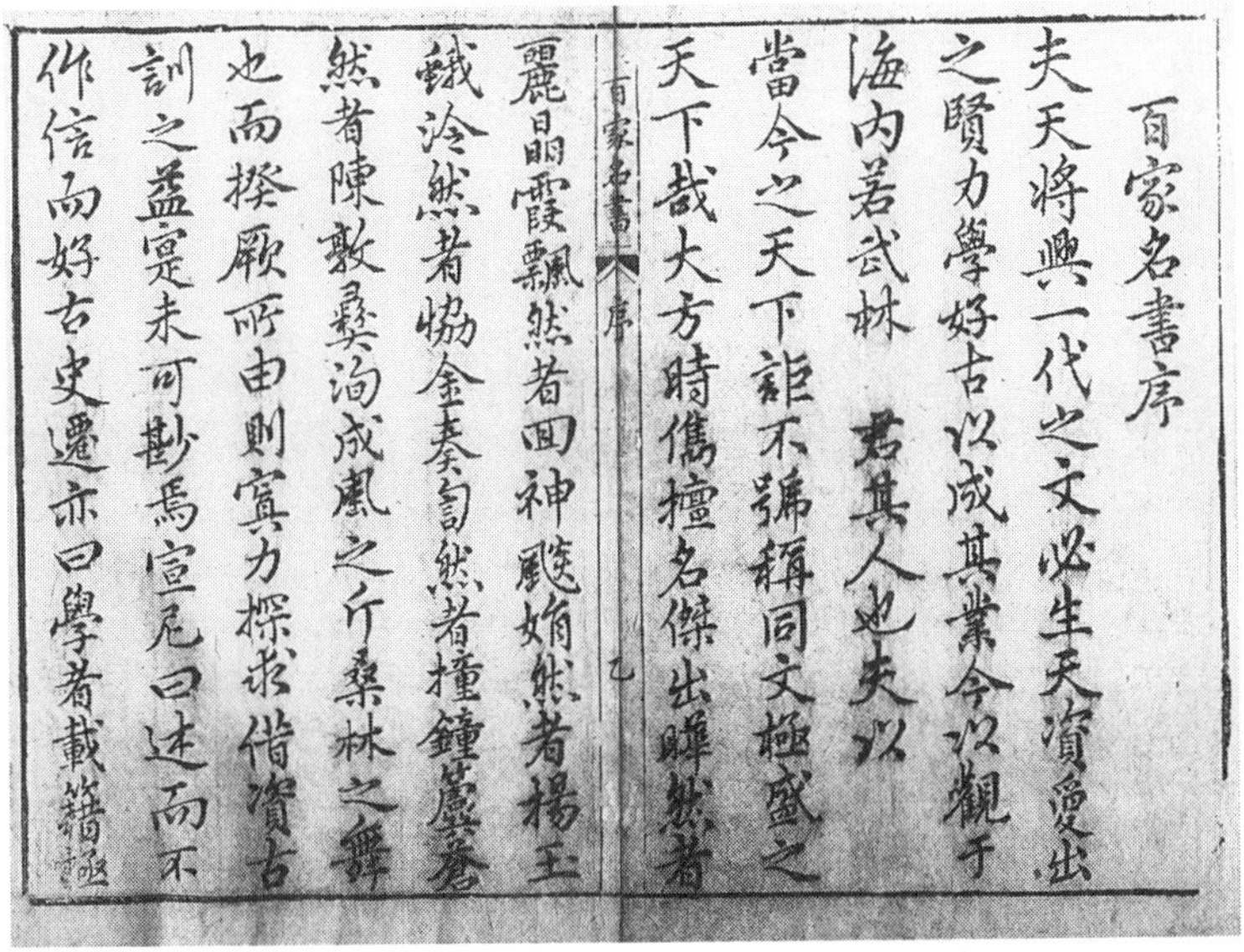
百家名書序
夫天將興一代之文必生天資殊出
之賢力學好古以成其業今以觀于
海内若武林　君其人也夫以
當今之天下詎不號稱同文極盛之
天下哉大方時儁擅名傑出曄然者
百家名書　序　乙
麗晶霞飄然者固神飈婉然者楊王
鐵泠然者協金奏訇然者撞鐘簴巻
然者陳敦彛洵成風之斤桑林之舞
也而揆厥所由則寘力探求借資古
訓之益寔未可尠焉宣尼曰述而不
作信而好古史遷亦曰學者載籍極

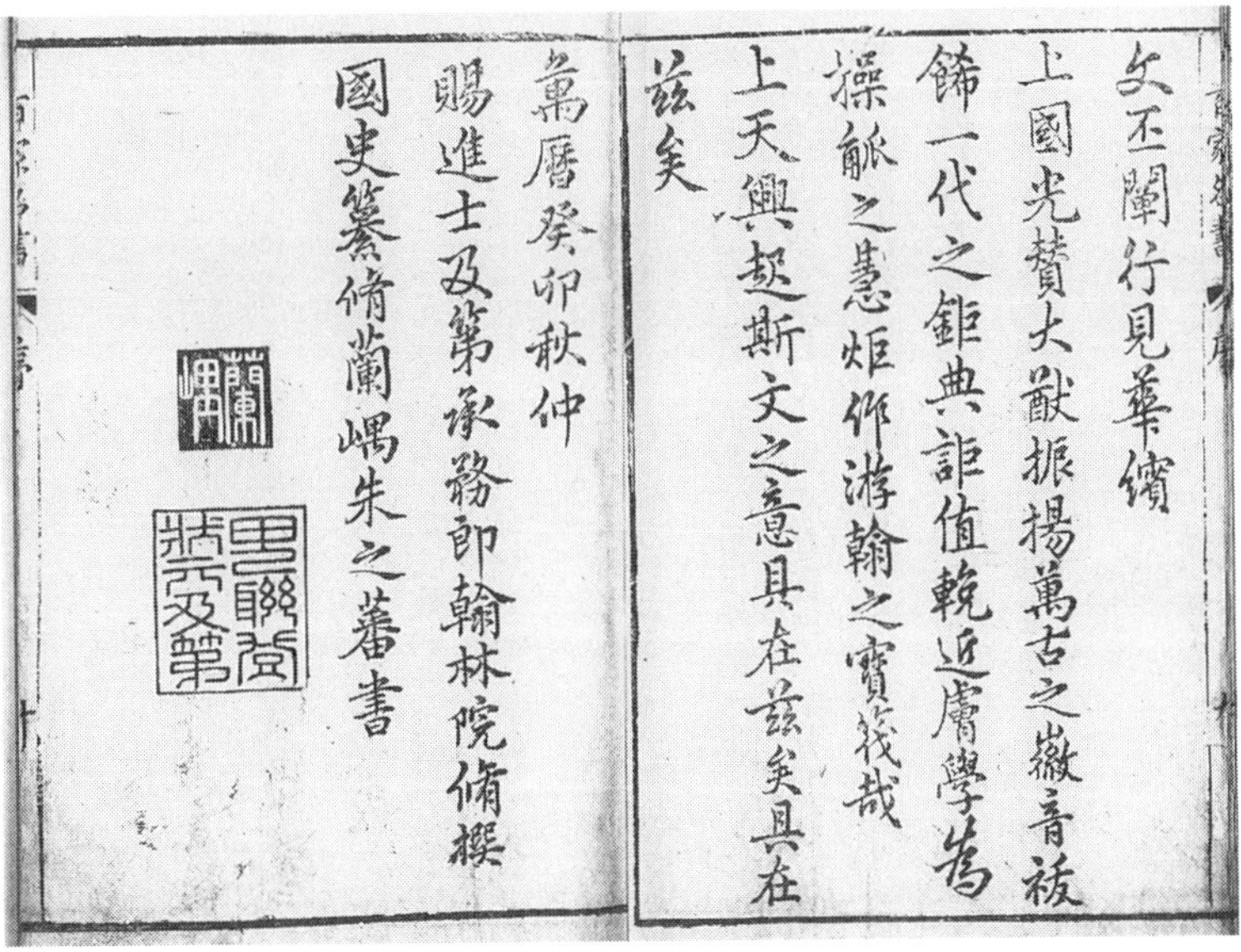
文不闡行見華繽
上國光贊大猷振揚萬古之徽音祓
飾一代之鉅典詎值輓近膚學為
操觚之慧炬作游翰之寶筏哉
上天興起斯文之意具在茲矣具在
茲矣
萬曆癸卯秋仲
賜進士及第承務郎翰林院脩撰
國史纂脩蘭嵎朱之蕃書

図22　朱之蕃撰「百家名書序」の冒頭（上）と末尾（下）（山東図書館蔵）

胡文煥、号全菴、浙江銭唐人、監生、万暦四十一年（一六一三）任。[13]

その後まもなくして、今度は興寧に赴任している。

胡文煥、字徳甫、銭唐県監生、万暦間由耒陽県丞、署興寧。存心清潔、運政平民、不両月、民頌大興。[14]

このように興寧ではよき政治を行い、庶民から高い評価を得たということである。胡文煥のその後の事跡については詳らかでない。

5　胡文煥の趣味

「胡徳父氏天才超卓、学問宏博、於書一覧、即無所遺、其挙子業既高雅不群、而古文辞又横絶一世、行将歴金門登紫闥矣（下略）」。[15] 胡氏は学才に溢れ、医学に詳しく、仏道に通じ、古玩を鑑じて、琴曲を賞め、茶を好む、博学にして俗輩を超越した典雅の文人であった。その趣向は広範であり、枚挙に暇がないほどである。

胡氏は医学の研究に励んだ。医学書も多く手掛けており、選編したものとしては『素問心得』『霊枢心得』『医学要数』『類修要訣』『香奩潤色』等があり、纂輯したものとして『応急良方』『養生食忌』等が見られる。彼を「儒医」だと誤解する人がいる[16]のはこのせいであろう。

道教や仏道については彼は「予雅好誦門中経[17]」「杜門誦仏経大覚有意味[18]」と言っている。また、『太微仙君功過格』『赤松子中誡経』『梓潼帝君救却宝章』等の道経や、『禅学』『禅警』『禅考』『禅偈』等の仏書を輯刻している。「三教一家号曰全菴」と彫られた蔵書印を、『寸札粋編』『神仙可学論』『六度集経』等の序末に見ることができる。刊行した古籍の中にも「覚因山房」「洞玄山房」等と見られ、しばしば「仏弟子」「道弟子」（後述）と称しており、これらの事例に彼の信仰の深さを見ることができよう。

胡氏が医学や誦経に通じたのは単に玄機（玄妙な道理）に精通するためだけではなく、養生長寿の実用に役立てる意図があり、これはおそらく、彼の病弱な体質に起因していたと考えられる。

余既有感於中、而復為多病所楚、妄希全生、敢曰無之第惧、蹈夫無益之挙耳。故於暇日採其摂修之法、当於理而切於人者編輯成書、目為『類修要訣』[19]。

胡氏は病弱であったが、おそらくそれは彼の酒量とも関係があった。

天生我才必有用　肯教虚負天生才
我負才兮因嗜酒　極能潰胃休沾口
我今止酒覚気清　寡欲由来寿能久（下略）[20]

骨董鑑賞に関しては「余性嗜古玩、因嗜閲古玩書窃又間閲楚書。[21]」との思いから『古器具名』（三巻、附総説一巻）を編纂した。「是書於毎一古器各絵一図、先以博古図、考古図、次以欣賞編[22]」とある。

琴曲に関しては、「胡徳父篤意於声律、別群材之悪美、辨宮商之雅淫、垂二十年而濬発巧心、縷肝劚腎、選古得五

十余操、或撥什一於千百、或洩一己之秘伝勒譜以公之於世」[23]と述べ、『文会堂琴譜』（六巻）巻末の「全菴附賛第十八」に列挙された「胡氏文会堂自制諸琴名色」には、「鳴瑤、振綺、雨泉」から「阜財、通天、徹地」まで八十四張が紹介されている。これらは「皆陸続或餽或貨訖」とされ、つまり胡氏が声律だけではなく制琴にも通じていたことが分かる。また、「堆香」と「納錦」のふたつの琴は、「刻塡石青、其工約数年、其価約数百金、真始創之宝也」[24]であった。

嗜茶。胡氏は酒以外に茶も嗜み、詩文の中に以下の二例が見受けられる。

茶、至清至美物也。世不皆味之、而食烟火者又不足以語此、此茶視為泛常、不幸固矣。若玉川其人能几何哉。余愧未能絶烟火、且愧非玉川倫、然而味茶成癖、殆有過於七碗焉。以故虎丘・竜井・天池・羅岕・六安・武夷靡不採而収之、以供焚香揮塵時用也。医家論茶、性寒能傷人脾、独予有諸疾則必籍為薬石、毎深得其功効。噫！非縁之有自而何棄之若是耶。余既梓『茶経』『茶譜』『茶具図賛』諸書、滋復於啜茶之余、凡古今名士之記賦歌詩、有渉於茶者、撥其尤而集之即命名。[25]

弟自別曲膋後、盧仝七碗頗亦吃得。幸足下為我多図寄来、又必佳方能消吻祛煩也。[26]

6 胡文煥の協力者

筆者の研究[27]によると、胡文煥はわずか五年の間に数百にのぼる刻書をものしており、これは驚くべき仕事量であり、彼に協力者がいたことは疑いなかろう。筆者は伝本から彼の協力者たちを割り出したが、そこには友人の荘汝敬、姪孫の胡光盛、彼の私塾で教えていた張綸、出版商人陳邦泰等の名前が挙げられる。以下に具体例を列記する（「署名」

欄に協力者以外の人名を略す）。

表5　胡文煥の協力者

書名	署名	序	跋
七十二賢像賛		荘汝敬癸巳（一五九三）夏月	胡光盛孟顕
山海経図		癸巳春月仁和荘汝敬修甫	癸巳春季光盛
羸虫録		仁和荘汝敬	姪孫光盛
皇輿要覧		仁和荘汝敬	光盛
辟塵珠		虎林荘汝敬修甫	姪孫光盛
胡氏詩識		仁和荘汝敬修甫	姪孫光盛
諸子続要		虎林荘汝敬修甫	癸巳春月光盛
釈常談		仁和荘汝敬修父	癸巳春二月姪孫光盛
学海探珠			癸巳春季姪孫光盛
香奩潤色			姪孫光盛
救荒本草			姪孫光盛
寸札粋編	銭唐胡文煥徳夫彙選 友人荘汝敬修夫編次 姪孫光盛校正	荘汝敬	姪孫光盛
諧史粋編	同	荘汝敬	光盛癸巳暮春
寓文粋編	同	荘汝敬	光盛癸巳春季

遊覧粋編	同		光盛
稗家粋編	銭唐胡文煥徳甫選輯 友人荘汝敬修甫編次 姪孫光盛校正	四明程思忠心父	荘汝敬
陽宅新編	銭唐全菴胡文煥校 四明斉雲張綸閲		
文選粋語	銭唐胡文煥徳父選 四明張綸允言校	胡文煥丁酉（一五九七）仲春	
四書図要	銭唐胡文煥徳父纂輯 四明張綸允言校正	胡文煥丁酉初夏	
文会堂琴譜			四明張綸允言父撰

荘汝敬・胡光盛・張綸の名は、『八十九種明代伝記引得』には見ることができない。荘は胡文煥に送った書簡の中で、「鄙人日来臥藁碗、襟□潦倒、故業種種隳落、足下愛我契我、不知何以提撕我也」[28]と、荘不遇の時期に胡氏が彼を援助したという、二人の関係の深さが窺える。荘が残した大量の序跋と編書から、彼が胡氏の中心的な協力者であったことが知られる。荘の作品としては、序跋を除いて『朱明神伝日』[29]と『荘汝敬答胡徳甫』[30]の二篇が挙げられる。

胡光盛、字は孟顕、銘恒[31]を号とする。胡氏のよき助手であった。まだ若く学識にも限りがあったため、荘汝敬と異なり跋文と校正が主な仕事であった。以下に胡氏が彼に宛てた書簡を掲げるが、これを見ると胡光盛の若さが偲ばれる。

入泮後、心不可驕、志不可惰。姻事付之量力、不可怨天尤人、方是儒者気象。過元宵即来京看書、以図上進。恋恋故郷非男子事。(32)

「泮」とは学宮の意味であり、「京」は「南京」を指している。おそらく南京で科挙試験に合格した胡光盛に対して、元宵節後に上京して勉強し、故郷（銭唐）を恋しがるなかれと胡氏が諭したものであろう。まだ独身であり、若かったものと推測できる。光盛の跋文は「姪孫」と落款されることが多く、胡文煥を「叔祖」(33)と称していることから、彼が胡文煥長兄の孫であったことが分かる。

胡光盛の作品は以下の通りである。

金光先生記略燈火（『諸史粋編』巻上）
白額侯年表虎（同）
夢遊仙対（『寓文粋編』巻下）
胡光盛漳州寄邵中黄（『寸札粋編』巻下）
東陸婦翁（同、巻下）
答安彦明索文（同、巻下）
夏日読書述（『遊覧粋編』巻二）
漳州紀泉碑（同、巻四）

罰窮鬼判（同、巻五）
読書真楽行（同、巻六）
楊妃春睡図（同、巻六、七律絶句）

張綸、四明（現、寧波）の人、字は允言、斉雲を号とする。胡氏撰の「四書図要序[34]」に「不佞延四明張允言居西塾（下略）」とあり、張氏が胡文煥の塾の講師であったことが分る。張綸はまた胡氏の力作『文会堂琴譜』に跋文を依頼されている。

さらに以下の伝本署名によって、胡氏が陳邦泰にも刻書への協力を依頼していることを強調しなければならない。

字学備考	銭唐胡文煥徳父纂輯　秣陵陳邦泰大来校正
逸　詩　序	胡文煥撰　万暦壬辰（一五九二）中爍日秣陵陳邦泰漫書於文会堂
爾　雅　序	万暦乙未（一五九五）七夕秣陵陳邦泰書於文会堂
格古論要序	胡文煥丙申（一五九六）孟春吉旦撰　秣陵陳邦泰大来書
類修要訣序	胡文煥撰　秣陵陳邦泰大来書

なお、『字学備考』（四巻）については、「大来之功尤為居多、予則不敢忽『字学』而己功何居焉[35]」の記述がある。陳邦泰、字は大来、明万暦年間金陵（現、南京）書坊継志斉主人。『琵琶記』『玉簪記』『題紅記』『浣紗記』『北宮詞記』等の多くの戯曲を刊行したことで有名である。胡氏の書に序文を寄せたり、古籍校刻に参画していることから、

胡陳二人の関係の深さを知ることができる。

7　胡文煥の室名

胡氏はその刻書に大量の序跋を寄せており、その落款の場所として、多くを「文会堂」としている。たとえば『助語辞序』の「万暦壬辰（一五九二）季秋吉旦銭唐胡文煥識於文会堂」、『文翰指南序』の「万暦丙申（一五九六）中秋銭唐胡文煥書於文会堂」等が例として挙げられる。この室名は今ではよく知られているが、その他の場所で撰じられた場合にも、異なる室名が用いられている。胡氏の室名を伝本に従って以下に列記する。

ア．白下思蓴館。「伝真秘要序」：万暦壬辰季秋吉旦銭唐胡文煥謹序於白下思蓴館

イ．洞玄山房。「跋悟真篇後」：万暦癸巳春壬正月灯宵銭唐胡文煥徳甫著於洞玄山房

ウ．覚因山房。『六度集経』八巻、各巻末に「仏弟子銭唐胡文煥校於覚因山房」

『太上霊宝浄明洞神上品経』（巻末）：奉道弟子銭唐胡文煥校於洞玄山房

『亢倉子洞霊真経』同

『文始経』同

エ．益寿堂。「素問心得序」：丙申三壬気銭唐胡文煥識於益寿堂

オ．全初菴。「参真図要序」：万暦壬辰中秋銭唐洞玄道人胡文煥徳父識於全初菴中

なお、思蓴館というのは胡氏の白下（現、南京）での寓所である。

吾友思謙氏究心於此有年（中略）、一日遠過白下、訪不佞於思蓴館、出其所思輯『伝真』一書。（下略）[36]

此百納琴（中略）腹中書款云：万歴丙戌季夏之吉銭唐胡氏全菴謹制於金陵之思蓴小寓。（下略）[37]。

『中国蔵書家辞典』[38]によると、胡氏の「文会堂」は万暦、天啓年間に蔵書楼として建てられ、その後晋張翰の詩句から「思蓴館」に改名されたとなっているが、これは誤りである。文会堂と思蓴館は胡氏が杭州と南京で過ごす時にそこに住んだ寓所であり、同時に存在したものであった。ふたつの離れた場所をそれぞれ示す室名なのである。南京、蘇州、杭州は明朝における刻書の三大盛地であったが、胡氏はその南京に寓所を持ち、陳邦泰は金陵の大手出版商であった。また、胡氏自身は南京国子監監生であり、『百家名書』に序文を寄せている朱之蕃もまた金陵の人であった。ここに胡氏と南京の関係の深さが見受けられる。そして彼の古籍の多くが南京で輯刻、販売されたであろうことが想像できる。「思蓴館」以外では、上述した「洞玄山房」「覚因山房」「益寿堂」「全初菴」のいずれもが検証すべき手掛かりを残していない。しかし胡氏輯刻の『参真図要』序末に「三教一家号曰全菴」、「道名洞玄」、「胡文煥」の三印が見出せるので、これにより「洞玄」が胡氏の道名であることが知られる。また、『六度集経』序末の「釈印覚因」の印で「覚因」が釈号であることが知られる。

以上、胡文煥に関する考察を試みたが、筆者は胡文煥について、他の商人とは明確に区別すべき人物であったと考える。彼には商人としての側面もあったが、彼が残した大量の著述と本との関係からみても、間違いなく博学多才な文人であった[39]。彼は『百家名書』や『格致叢書』などを輯刻したのには、営利的な意図もありはしたが、古籍を保護し、それを世間に広めたいといった彼なりの熱い思いがあったことも忘れてはならない。そして、彼が出版活動にとりかかったのは、国子監の監生であった頃の一時的なことにすぎず、その後は耒陽、興寧の知事として行政官に従事して、むしろ役人生活の方が遙かに長かったと思われる。小論を通じて、胡文煥に関するいままで知られなかった新しい事実が明らかにされ、明末万暦年間の一文人の多種多様な姿の一面を少し描くことができたものと信じている。

注

（1）余為剛「胡文煥与『格致叢書』」、上海市図書館学会『図書館雑誌』第四期、一九八二年十一月。
（2）陸堅・王勇主編『中国典籍在日本的流伝与影響』（杭州大学出版社、一九九〇年）所収。
（3）杭州大学日本文化研究所・神奈川大学人文学研究所編『中日文化論叢――一九九一』、（杭州大学出版社、一九九二年）所収。
（4）胡文煥が出した本の特徴に、確かに書名に「新刻」二字がついたものが圧倒的に多いが、「新刻」のないのもある。詳細は拙稿「胡文煥叢書考辨」（『中華文史論叢』第六五輯、上海古籍出版社、二〇〇一年）参照。
（5）『中国印刷史』（上海人民出版社、一九八九年）三六七頁。
（6）『玄髄』は、『中国古籍善本書目・叢書部』では「輯」（『寿養叢書』三十五種本）とも「撰」（『百家名書』七十五種本）ともされており、著作方式は未統一である。ここでは原刻の署名に従って「選」にした。
（7）この序文は、文末に「万暦壬辰季秋吉旦秣陵黄応鵬書於文会堂」と写し手は記されているが、作者は記されていない。文意から察して胡文煥だろうと判断した。
（8）『四庫全書提要』「格致叢書」条。
（9）李定開等編『簡明中国教育史』（四川人民出版社、一九八五年）九六頁。

(10)王越等主編『中国古代教育史』(吉林教育出版社、一九八八年)二五七頁。
(11)胡文煥「皇輿要覧序」(『皇輿要覧』所収)。
(12)胡文煥「救荒本草序」(『救荒本草』所収)。
(13)『(光緒)耒陽県志』巻四之一・県丞。
(14)『(光緒)興寧県志』巻十一。
(15)程思忠「稗家粋編序」(『稗家粋編』所収)。
(16)『寿養叢書』(傅景華編、中医古籍出版社、一九八九年)「出版説明」では、胡文煥を「儒医」としているが、胡が医者を務めた証はない。ついでにこの影印版には『食鑑本草』『食物本草』計四巻の漏れがある。また、『新刻山居四要』巻之三が『新刻医学要数』に、『新刻三元参賛延寿書』の巻之三・巻之四が同巻之一・巻之二・巻之三の前に、それぞれ誤って装丁されている。
(17)胡文煥『新刻玄髄』識語。
(18)胡文煥「東荘脩父」(『寸札粋編』所収)。
(19)胡文煥「類修要訣序」(『類修要訣』所収)。
(20)胡文煥「類修要訣後言・心丹歌」。
(21)胡文煥「古器具名序」(『古器具名』所収)。
(22)『両浙著述考』(宋慈抱著、項士元審訂、浙江人民出版社、一九八五年)一一七三頁。
(23)張綸「新刻文会堂琴譜後序」(『新刻文会堂琴譜』所収)。
(24)胡文煥『新刻文会堂琴譜』。
(25)胡文煥「茶集序」(『茶集』所収)。
(26)胡文煥「復寄張叔元」(『寸札粋編』所収)。
(27)「胡文煥叢書考辨」、『中華文史論叢』第六五輯、上海古籍出版社、二〇〇一年。

(28)「荘汝敬答胡徳甫」(『寸札粋編』所収)。
(29)『諸史粋編』巻下、所収。
(30)『寸札粋編』巻下、所収。
(31)胡光盛『諸子続要跋』巻末の印章で判明。
(32)胡文煥「示姪孫光盛」(『寸札粋編』所収)。
(33)「跋辟塵珠」(『辟塵珠』所収)。
(34)胡文煥「四書図要序」(『四書図要』所収)。
(35)胡文煥「字学備考」(『字学備考』所収)。
(36)胡文煥「伝真秘要序」(『伝真秘要』所収)。
(37)胡文煥『新刻文会堂琴譜』。
(38)李玉安・陳伝芸編、湖北教育出版社、一九八九年。
(39)因みに胡文煥に対して江戸時代における日本側からも二つの側面をとらえて次のように評価している。

胡文煥ハ伝記ハ知レヌガ、明ノ世ニ者テ、書物屋テ、文会堂ト云ハ学文処ノ名デ、以文会友ト云カラ付イタト見エルナリ。(『助語辞講義』)

胡文煥、伝不見。予往年長崎ノ老ノ物語ヲ聞ニ、買人ニテ、時々利倍ノ便ニ著岸シタル学材ヲ具ヘタル者ト云ヘリ。文会堂ハ胡氏ガ書堂ノ号ナリ。(『助語辞諺解大成』)

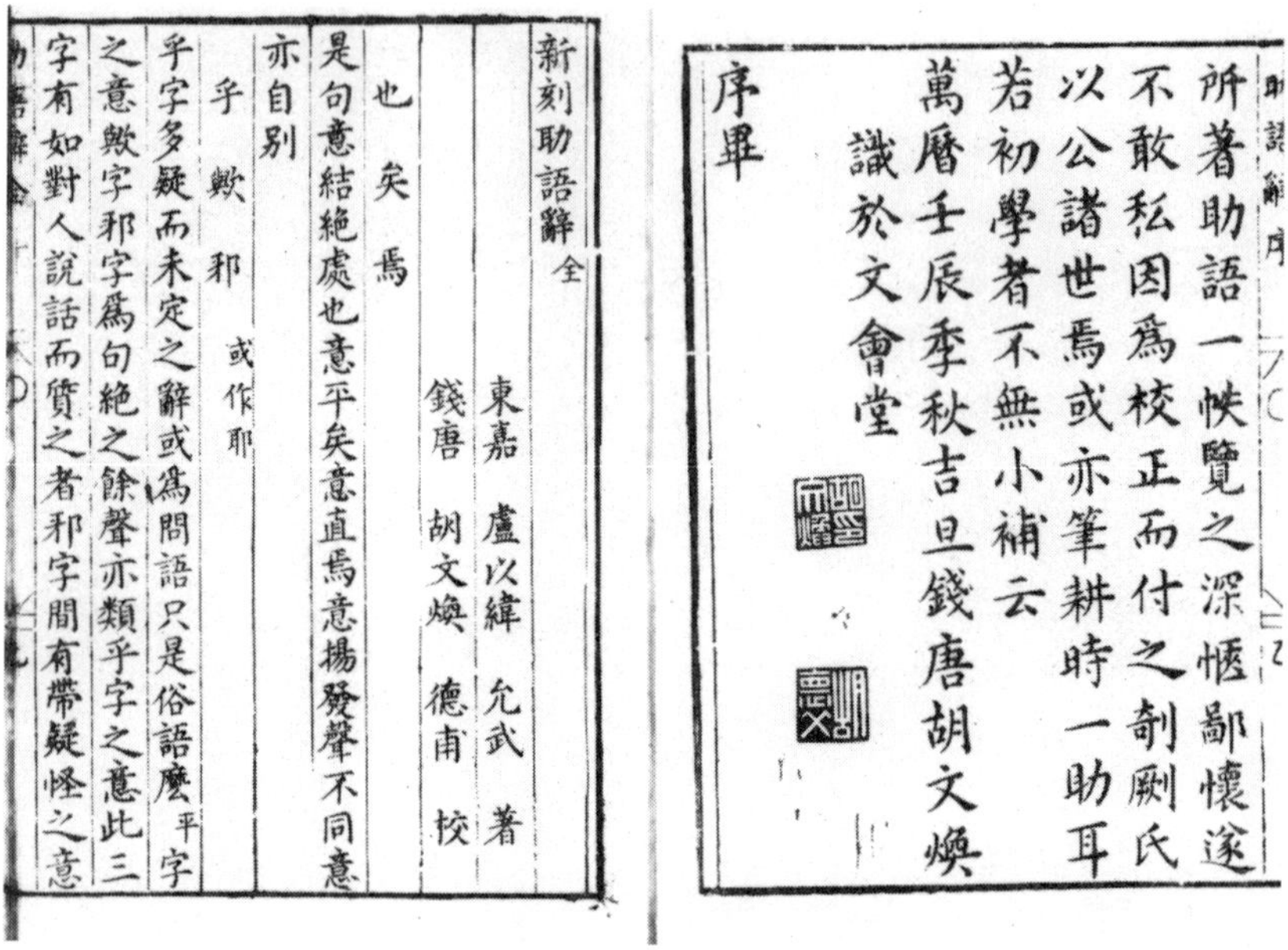
所著助語一帙覧之深愜鄙懷遂
不敢私因爲校正而付之剞劂氏
以公諸世焉或亦筆耕時一助耳
若初學者不無小補云
萬曆壬辰季秋吉旦錢唐胡文煥
識於文會堂
序畢

新刻助語辭　全
東嘉　盧以緯　允武　著
錢唐　胡文煥　德甫　校
也　矣　焉
是句意結絶處也意平矣意直焉意揚發聲不同意
亦自別
乎　歟　耶　或作耶
乎字多疑而未定之辭或爲問語只是俗語麼平字
之意歟字耶字爲句絶之餘聲亦類乎字之意此三
字有如對人說話而質之者耶字間有帶疑怪之意

図23　胡文煥「助語辞序」後半と『新刻助語辞』巻首（名古屋市蓬左文庫蔵）

第二節　『助語辞』書誌考

1　『助語辞』について

『助語辞』は、今日まで刊刻された虚字（助字）専門書の中で最古のもので、明の胡文煥が編刻した『格致叢書』の中におさまっている。巻首には「助語辞序」（図23参照）があり、それによれば、胡文煥が偶然にも入手した盧允武の著した『助語《ママ》』一帙を自ら編校し開板したとのことで、「萬暦壬辰季秋吉旦銭唐胡文煥識」との署名が記されている。

その内容は「也・矣・焉・乎」など一一六語の文言虚字（その内、単音節語は五十七個、複合語は五十九個）を六十組に分けて、その意義と用法を説明している。たとえば、巻首の第一組の「也」「矣」「焉」の項で、

是句意結絶処。「也」意平、「矣」意直、「焉」意

揚。発声不同、意亦自別。(1)

とあるように説明は簡単なものが多いが、詳しい例もある。たとえば、第二組の「乎」「歟」「邪」の項では、次のように記している。

「乎」字、多疑而未定之辞。或為問語、只是俗語「麼平」字之意。「歟」字・「邪」字、為句絶之余声、亦類「乎」字之意。此三字、有如対人説話而質之者。「邪」字、間有帯疑怪之意。句中央、着「乎」字、如「浴乎沂」之類、此「乎」字、与「於」字・「夫」字相近、却有詠意。「攻乎異端」、意微激作、非若「於」字之詳妥也。

俗語で説明し、例文を引き、他の語と比較している。

胡文煥は『助語辞』を広めた立役者で、彼はそれを『格致叢書』の中に入れたが、『格致叢書』の流布は広かったため、『助語辞』も広汎に読まれるようになった。その後、清の魏維新・陳雷の『助語辞補義』、著者不明の『助語辞補』、王鳴昌・魏維新の『助語辞補義附録』の補訂が行われ、劉淇の『助辞辨略』、王引之の『経伝釈詞』が現れてから、始めて『助語辞』の地位はそれに取って代わられた。

2　『語助』の発見

『助語辞』は、著者盧以緯の経歴も判らず、巻首には万暦壬辰（一五九二）年に胡氏が草した序文も掲載されているので、盧以緯は明代の人、『助語辞』の成立も明代だとされていた。

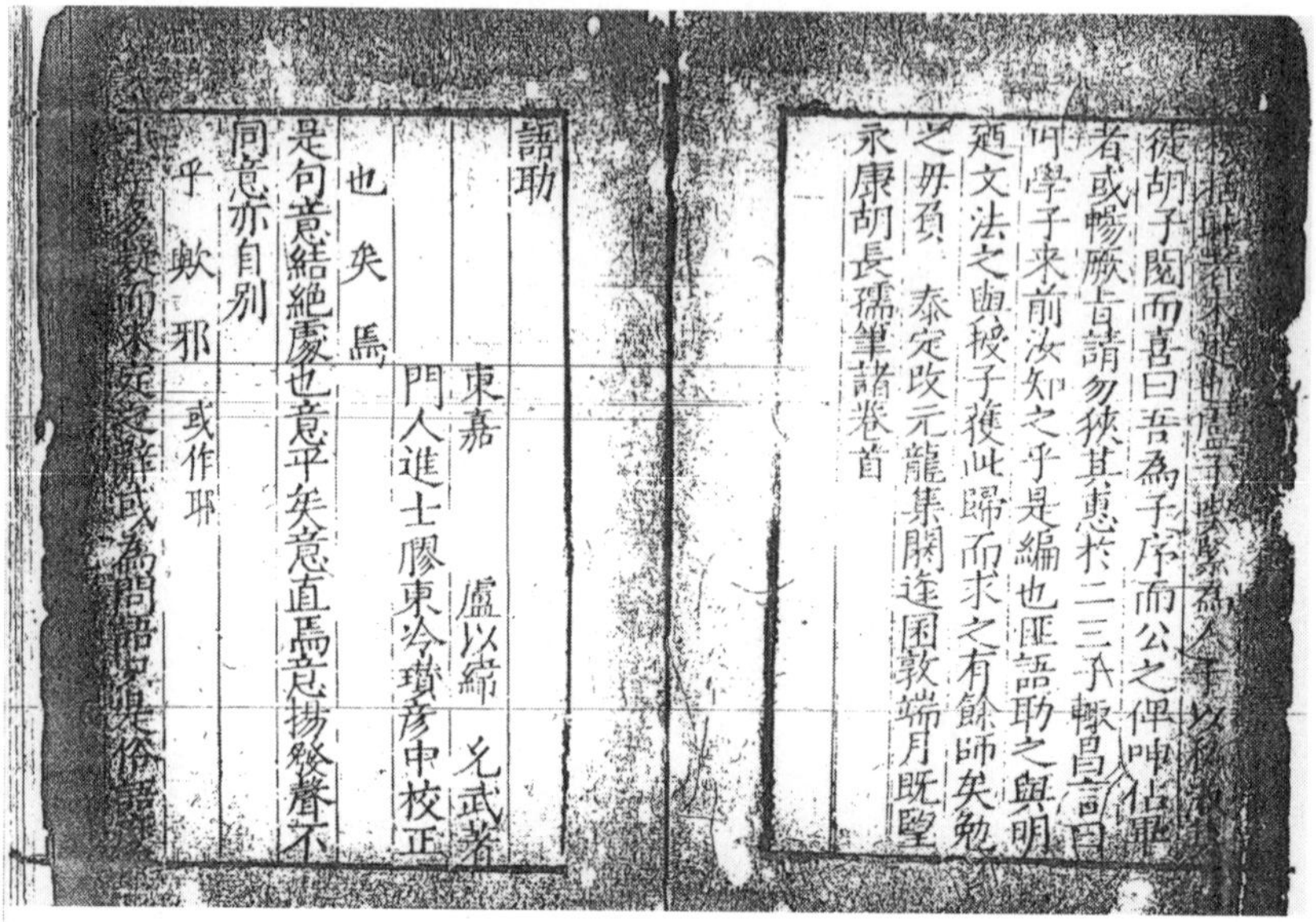

從胡子閲而喜曰吾為子序而公之俾呻佔畢
者或暢厥旨請勿狹其惠於二三子嘅昌言曰
嗟學子來前汝知之乎是編也匪語助之與明
題文法之與秘子獲此歸而求之有餘師矣勉
之毋忽　泰定改元龍集閼逢困敦端月既望
永康胡長孺筆諸卷首

語助
東嘉　盧以緯　允武著
門人進士廖東㑹瓚彦中校正
也　矣　焉
是句意結絶處也意平矣意直焉意揚發聲不
同意亦自別
乎　歟　耶　或作邪
大抵多疑而未定之辭或為問語與[illegible]

図24　叢書『奚嚢広要』所収『語助』の巻首（国家図書館蔵）

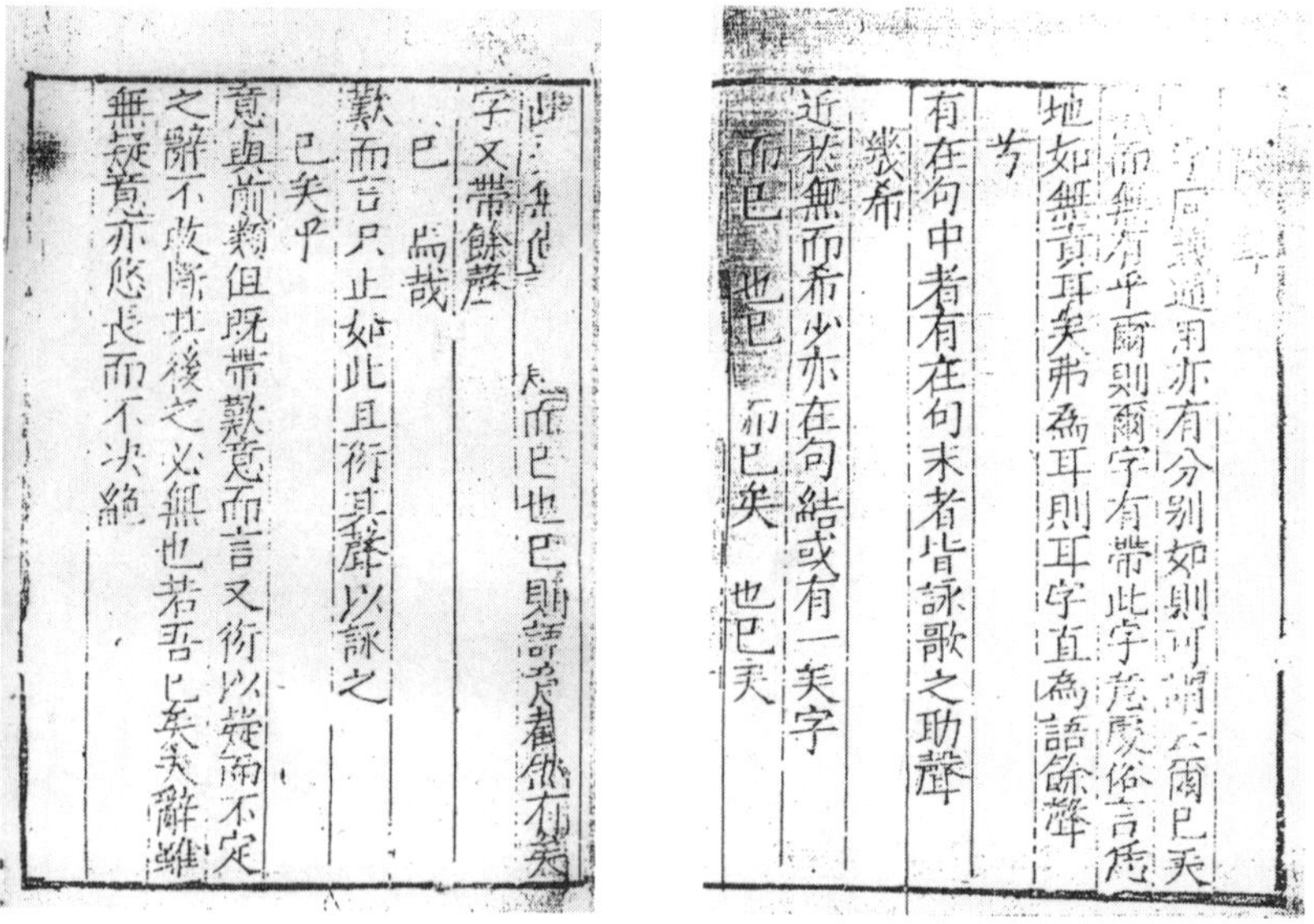

[illegible]同義通用亦有分別如則可謂之爾已矣
而無有乎爾則爾字有帶此字意處俗言慮
地如無實耳矣弗為耳則耳字直為語餘聲
兮
有在句中者有在句末者皆詠歌之助聲
幾希
近於無而希少亦在句結或有一美字
而已　也已　而已矣　也已矣
[illegible]而已也已則語意盡然有矣
字又帶餘聲
已　焉哉
歟而言只止如此且衍其聲以詠之
已矣乎
意與前類但既帶歟意而言又衍以疑而不定
之辭不敢斷其後之必無也若吾已矣夫辭雖
無疑意亦悠長而不決絶

図25　『語助』の最後の一葉（国家図書館蔵）

しかし、一九八〇年代にこの本は元の時代の著書だということが明らかになった。国家図書館に『奚囊広要』という書名の叢書が収蔵されている。それは『田家五行』（二巻）『種樹書』（一巻、以下同）『洞天清録』『物類相感志』『名物法言』『語助』『風水問答』『地理正言』『草木幽微経』『保産育嬰録』『丹渓治痘要法』『備急海上仙方』『獣経』とあわせて十三種十四巻から成り、明童氏楽志堂嘉靖三十七年（戊午、一五五八）の序刊本である。(2) そのうち、『物類相感志』『地理正言』『保産育嬰録』『丹渓治痘要法』『備急海上仙方』を除いて、『助語辞』を含めた八種は、みな『格致叢書』に所収されているので、胡文煥は『奚囊広要』を入手し一部を選択して上梓しただろうと思われる。『奚囊広要』の六番目に『語助』（一巻）がある（図24参照）。それを『助語辞』に比すれば、a．書名が違う、b．巻首に胡長孺の「語助序」がある、c．巻末に『助語辞』より六組（十一語）の虚字が多い。という三点を除けば、内容はほぼ同一である。胡長孺の「語助序」は「泰定改元龍集閼逢困敦端月既望」（甲子歳、一三二四年）と年代が明示されているので、『語助』は『助語辞』の「祖本」ということが判明した。これで盧以緯は、元の人で、中国最早期の虚字の専門書はさらに古くさかのぼり、元代の一三二四年以前のものになったのである。

『語助』の発見は、文法史の上では大きな意義を持っているので、最初の発見者は実に大きな貢献をしたと言えよう。ところが、発見者について二説両立している。

a．陳望道発見説（一九六二年）

雖然事隔二十多年、有一件事在我的脳海中却記憶猶新。那是六二年春、陳（望道）先生在北京図書館的『奚囊広要』叢書中找到了盧以緯的『語助』。這同我的研究課題是有関的、我們都十分高興。于是経常談論『語助』、考証『語助』。後来、他就此写成『修辞学発凡』的一条長註、我則在『辞海』中写了如下一条。(3)（下略）

b．周定一発見説（一九五〇年代）

二十世紀五十年代、周定一先生有意整理『助語辞』這部書、曾到北京図書館拍下了『奚嚢広要』和『格致叢書』的有関照片。当時、周先生已発現盧以緯是元代人、而『助語辞』這部書也応該是元代的著作。周先生還翻閲了有関県志和其他書籍、並做了一些劄記。（下略）(4)

年代から言えば、周定一が最初の発見者となることは疑いないが、陳・周はすでに故人となっているので、にわかにその真偽を断定しがたい。しかし、周定一の発見説をほぼ信じてもよいと思われる。

3　『語助』の作者と校正者

盧以緯は、元の人、浙江省永嘉の出身である。この中国文法史の上で重要な地位を占める著者の事跡については、詳細は明らかではない。元の胡長孺が撰した「語助序」から察せば、盧以緯は田舎の塾の教師で、文法の研究のためからではなく、作文を教える必要に迫られて著した、とのことである。本書を書く時の年齢については、何九盈が次のように推測している。

盧以緯是浙江永嘉人、胡長孺是浙江永康人。『元史』和『永嘉県志』都為胡長孺立了伝。胡長孺是胡帮直的後代、与金履祥（一二三二～一三〇三）斉名。二人「並以学術与郡倡、学者尊而仰之」。胡長孺終年七五歳。『元史』本伝説他于宋度宗咸淳中（一二六五～一二七四）到過四川。仮定時年為二十歳、到為『語助』作序時（一三二四）已有七十多歳了。這篇序文無疑是他晚年的作品。作為友人的盧以緯、在年齢上不会与之相差太遠。拠此、我們可以推断、盧以緯不僅是元代人、而且与胡長孺是同輩人。(5)

胡長孺については、『宋元学案』六十五及び『嘉慶重修一統志』中の「浙江・金華府」と「江西・建昌府」にもその名が見える。その他、『永嘉県志』(清、李汝為等修、潘樹棠等纂)によって、胡長孺の官墓(巻二、建置志・官墓)と郷賢祠(巻四、祀典志・郷賢祠)がその地にあることが判った。したがって、この「語助序」はおそらく胡長孺が引退後、帰郷した時のものであろう。

さて、『語助』の標題の下には「東嘉　盧以緯　允武著／門人進士膠東冷瓚彦中校正」(図24参照)とある。盧以緯の事跡が不明であるものの、彼の弟子、『語助』の校正者の事跡が判明した。『嵊県志』(清、厳思忠修、蔣以瑞纂、清同治九年刊本)によれば、冷瓚は、至正五年(一三四五)に嵊県尹(知事)を任ぜられ(巻九、職官・志・県令)、赴任中、「政尚平易、民恬士熙」(巻六、書院)、校舎を修繕し(巻五、学校志)、二戴書院(巻六、書院)や城隍廟(巻七、廟)を建て直すなどの業績を残した、とのことである。冷瓚については、その他、『紹興府志』(明、蕭良幹等修、張元忭等纂、明万暦十五年刊本、巻二十八、職官志四・県職)にも、その記事が見られる。地方志では、おしなべて「冷瓚、膠西人」と記してあるが、『語助』の巻首では「膠東」だと自称していることから、地方志の記載のほうが誤っていると推定できる。

4　『助語辞』の先行研究

虚字は古代漢語の骨組みだと言われている。そのため、それに関するいろいろな解説書や研究書が出ている。中国の古代漢語学界では、「文革」の沈滞期を経て、八〇年代の半ばから、虚字研究が盛んに行われるようになった。その中で、虚字研究の先鞭をつけた『語助』は自然に注目の的となり、下記の三部が出版された。

a．『助語辞』、劉長桂・鄭濤点校、黄山書社、一九八五年九月。復旦大学教授胡裕樹の序文を掲載。

b．『語助校注』、劉燕文校注、中州古籍出版社、一九八六年二月。劉の指導教官である北京大学教授何九盈の序文がある。

c．『助語辞集注』、王克仲集注、中華書局、一九八八年二月。王の「前言」がある。

以上三部は、おのおの特色を持っているが、簡単にコメントすれば、aとcの点校者は一九六〇年代に同じ職場──中国社会科学院語言研究所に勤務していた経験があり、それに当時同じ先生──陸志韋（当時の古代漢語研究室主任）に就いていたので、用いた資料が共通している。ともに日本の毛利貞斎の『鼇頭助語辞』を主に、『語助』『助語辞補義』『助語辞補』『助語辞補義附録』を用いて、『助語辞』に注釈を施した。劉・鄭はのちに「一組漢語史上的著作──『助語辞』『助語辞補義』『助語辞補』和『助語辞補義附録』簡介」(6)を発表している。b．の『語助校注』は国家図書館に収蔵されている『奚嚢広要』本に基づいて校注を施したものである。また、『助語辞集注』に書かれた王克仲の「前言」と『語助校注』に載せられている何九盈の序文は、比較的系統的に『助語辞』の位置づけ、研究方法などを指摘している。

面白いことに、胡文煥が『語助』の書名を『助語辞』と変えたことについて、王克仲と何九盈は異なる見解を示している。

何九盈は反対論の持ち主である。彼が論ずるに、

胡文煥把『語助』改為『助語辞』、実属「無知妄作」。「語助」「助語辞」雖然都是指的虚詞、但無論是在盧以緯以前、還是在盧以緯以後的明代、「語助」都是虚詞的通用名称、它在古籍中出現的頻率要比「助語辞」高的多。従鄭玄到杜預・孔穎達・朱熹、他們都用「語助」指称虚詞。盧以緯選用「語助」這個詞作為書名、是符合伝統習慣的。(7)

「助語辞」より「語助」のほうがより普通に使われている名称のため、『語助』を『助語辞』と改名したのは、胡文煥の無知だと批判している。

これに対して、王克仲は改名自体の良し悪しを論ずるより、改名後の『助語辞』の影響力に着眼し、このように評価している。

従書名『語助』逐漸為『助語辞』所代替、或許与胡文煥有関。胡文煥所編『格致叢書』也収録了『語助』、書名改為『新刻助語辞』。在胡文煥編輯叢書以前、是否已有「助語辞」其名、不可考。但至少可以説、胡氏的『格致叢書』対『助語辞』這一書名的流伝是起到了很大的作用的。日本国天和三年（癸亥、公元一六八三）梅村弥右衛門翻刊的『鼇頭助語辞』、我国清代康熙丁卯年（公元一六八七）陳雷・魏維新的『助語辞補義』、都沿用了「助語辞」這個名称。目前語法学界也習慣於称之為「助語辞」、而「語助」這一名称却影響較少。(8)

胡文煥の改名によって、「助語辞」という名称は「語助」より広く使用されるようになった。しかも、いまは文法学

界でも「助語辞」という名称に慣れている、という。

日本では、虚字の研究はまず平野彦太郎の「徳川時代に於ける助字・虚字・実字の著書ついて」を推さねばならない。中には「『助語辞』の影響」という一節が設けられている。この論文は、上・中・下に分け、はやく一九二七年の『斯文』（第九編第九号・第一一号・第一二号）に発表され、助字・虚字・実字に関する著書を殆んど漏れなく網羅していて、半世紀以上経った今日でも利用価値のある好論文である。その他、『漢語文典叢書』(9)第六巻の巻首に載せられた戸川芳郎の「解説」、牛島徳次の著書『日本における中国語文法研究史』(10)、国金海二の「盧以緯『助語辞』と毛利貞斎の著作」(11)と「盧以緯『助語辞』とわが国の漢語法書への影響」(12)などが挙げられる。国金は後者の論文で『助語辞』から直接的な影響を受けた著書七点、間接的な影響を受けたもの六点を一々考証し、列挙している。

5　『助語辞』の巻末に項目が欠けた原因

既に触れたが、『助語辞』は『語助』よりも巻末の数語についてその項目が六条少ない。それはすなわち、a. 爾・耳、b. 兮、c. 幾希、d. 而已・也已・而已矣・也已矣、e. 已・焉哉、f. 已矣乎、である。その原因については、胡文煥が故意に削除したものと断言している研究者が多い。

胡裕樹は『辞海』（一九七九年版、三九〇頁）で「語助」という項目を執筆し、「格致本更名『新刻助語辞』、刪去胡序、内容亦略有刪節」と書いている。(13)「内容亦略有刪節」とは、『語助』の巻末の六条は胡文煥によって削られたのだ、という意味である。また、何九盈は清の葉徳輝の名高い『書林清話』を援引してこのような断定を下している。

書名被改為『助語辞』、胡長孺的序文被刪、而代之以胡文煥本人写的一篇序言、而且結尾被刪掉了六箇条目。我原以為在万暦年間胡文煥見到的『語助』已非全本、故有闕文、後来読了葉徳輝的『書林清話』、才知道結尾的被刪除原是故意的。葉徳輝説「明人刻書有一種悪習、往々刻一書而改頭換面、節刪易名。」又説、「至晩季胡文煥『格致叢書』（中略）、割裂首尾、改換頭面、直得謂之焚書、不得謂之刻書矣。」胡文煥一坊估、無知妄作。『語助』的被易名、被刪掉結尾、恰好証実葉徳輝的話是有根拠的。(14)

同じような発言は、何の著書『中国古代語言学史』（河南人民出版社、一九八五年）の「第五章　元明清語言学」第二十節においてもなされている。

これらに対して、王克仲は比較的に慎重な態度を取っている。彼は『遼寧大学学報』（一九八六年第二期）に発表した「『助語辞』「豈」「焉・也・曾」詞条文分合辨正」において、「なぜ『助語辞』が『語助』より六組・十個の語が少なかったのか、ということについては更なる検討が必要だろうと」疑問を残したまま、文をしめくくっている。

一般に人間は、ある行動を取るについては、それなりに理由のある動機や目的に基づくもので、理由のない肩入れや排斥はないはずである。これは胡文煥についても言えることである。『語助』を『助語辞』と改名し、胡長孺の序を削って自分の序を載せた行為については、納得ができなくもないが、削らなくても『助語辞』に何の影響もない部分をなぜわざわざ削除したか、という理由については、どう考えても腑に落ちない。この疑問を抱いて、国家図書館でよくよく『語助』を読んでいるうちに、一つのことに気がついた。それは胡文煥に故意に削除されたと思われているその六項目は、ちょうど『語助』の最後の一葉の一行目から始まるものである（図25参照）。そこで筆者は、胡文煥が『語助』を上梓する時に、そのテキストの最後の一葉がすでに欠落していたのだ、という説を出しておきたい。

6　現存する『助語辞』

中日両国では、胡文煥が刊行した『格致叢書』と『百家名書』を有する図書館は珍しくない。筆者の調査によれば、日本では九か所の図書館に『格致叢書』を、四か所の図書館に『百家名書』をそれぞれ収蔵している（後述）。一方、中国では『格致叢書』を有する図書館は二十一か所に及ぶし、『百家名書』は三か所ある。ところが、それらの中に『助語辞』が入っているのはほんのわずかで、以下に記すのみである。

表6　『助語辞』の収蔵図書館

	収蔵図書館	所収叢書[15]	種類
1	国家図書館	『格致叢書』	六十八種
2	同　右	同　右	四十五種
3	同　右	同　右	十二種
4	華南師範大学図書館	同　右	九種
5	天津図書館	同　右	五十二種
6	山東省図書館	『百家名書』	一〇八種
7	大連市図書館	同　右	九十八種
8	前田育徳会尊敬閣文庫	同　右	七十七種
9	名古屋市蓬左文庫	同　右	一〇七種

現存本は九種で、七つの図書館が所有していることになる。

以上は刊本のことであるが、日本にはこの外に『助語辞』の写本二種が伝わる。その一つは国立公文書館内閣文庫所蔵のもので、原文が落ちたり誤ったりした部分もあるものの、巻末に「読畊斎」の落款と「道春」という林羅山の自筆があるという意味で、非常に珍しい。『改定増補内閣文庫蔵書印譜』（国立公文書館編、一九八一年）によると、

「読畊斎」は林羅山壮年のころ使用した蔵印であるが、押した本はきわめてまれで、文庫にも三例しかない。巻末にのみ押してあるのが常である。後年、羅山の三男靖（万治四年没）は父からこの印を授けられ、よってその雅号としたが、彼の蔵書にはこれを押していない。

とある。筆写本の初めのところには、朱筆で訓点も打たれているが、これも恐らく羅山の手によるものであろう。筆者の調査したところでは、抄録者は羅山ではないが[16]、他人に写させたり、自分で朱訓をつけたりしたことから察して、羅山も『助語辞』を重んじていたものと思われる。

もう一つは陽明文庫所蔵のもので、『百家名書』の写本と一緒に装丁されている[17]。これは江戸時代の有名な書道家であり、画家でもある近衛家熙（一六六七～一七三六）が筆写したもので、きれいな字で、版式なども原本そのままの模倣である。写本の末尾には、所々空白の箇所もあるが、これは原本に欠落があったせいであろう。

7　『助語辞』の版本

（1）　紛らわしい胡文煥の叢書

『助語辞』が『格致叢書』所収本であるのは定説となっている。上述の中国で出版された三種の『助語辞』『語助』の

校注本では、おしなべて『格致叢書』本だと断定している。ところが、表6が示しているように、現存の『助語辞』は『格致叢書』に収められているものもあれば、『百家名書』に入れられているのもある。そこで、自然に『助語辞』が『格致叢書』本だという定説に疑問がさしはさまれるわけである。この疑問を解くには、『格致叢書』と『百家名書』は一体どういう関係か、おのおの独立した叢書か、或いは『百家名書』は完全に『格致叢書』の一部であるか、が課題となる。

しかし、広く世に流布した胡文煥の叢書は、内容も繁雑であるし、量も多いため、この問題の解明はそれほど容易なことではない。『四庫全書提要』格致叢書条では、

（『格致叢書』）所列諸書、亦無定数、随印数十種、即随刻一目録。意在変幻、以新耳目、冀其多售。故世間所行之本、部部各殊、究不知其全書凡幾種。(18)

と軽く扱っている。つまり、万暦から一五〇年経った清の乾隆帝時代に、『格致叢書』はすでに流布本が多くて、全書凡そ幾種なのか紛らしくなったというのである。まして後世に至って、互いに補ったりされたため、いっそう『格致叢書』の収採本が複雑化してしまった。事実、筆者が文献調査に当たったところでは、表紙に書いてある胡文煥の叢書名は『格致叢書』と『百家名書』を除いても、以下のようなものがある。

a. 寿養叢書。国家図書館・中国中医研究院・尊経閣文庫など蔵。
b. 古今人物図考。尊経閣文庫蔵。
c. 官途仕鑑。同右蔵。

d．時令叢書。同右蔵。
e．芸窗清玩。蓬左文庫蔵。
f．百家格致叢書。国立公文書館内閣文庫蔵。
g．合刻延寿書。同右蔵。
h．格致秘書。台湾国立中央図書館蔵。
i．儒門数珠。北京故宮図書館蔵。
j．古今原始。同右蔵。
k．大明一統図書。同右蔵。
l．全菴胡氏叢書。首都図書館蔵。
m．胡氏粋編五種。国家図書館蔵。
n．元宗博覧。同右蔵。
o．遊芸四家。北京大学図書館蔵。

計十五種にものぼっている。さらに次の三点は、胡文煥編と記載されたものである。

p．青嚢雑纂。『元治増補御書籍目録』（渥美忠篤他編、一八六四年～一八六六年）、『彙刻書目（初編）』（顧修編、一八七九年）、『増訂叢書挙要』（楊守敬編、李之鼎補、一九一八年）、『叢書書目彙編』（沈乾一編、一九一九年）、『叢書大辞典』（楊家駱著、一九三六年）に所載。

q．五粋編。『彙刻書目』『増訂叢書挙要』『叢書書目彙編』『叢書大辞典』に所載。

r．医経萃録。『彙刻書目』に所載。

（2）『百家名書』と『格致叢書』考

以上挙げた胡文煥の叢書名の真偽に関する具体的な考証は、拙稿「胡文煥叢書考辨」(19)に譲ることにするが、ここで

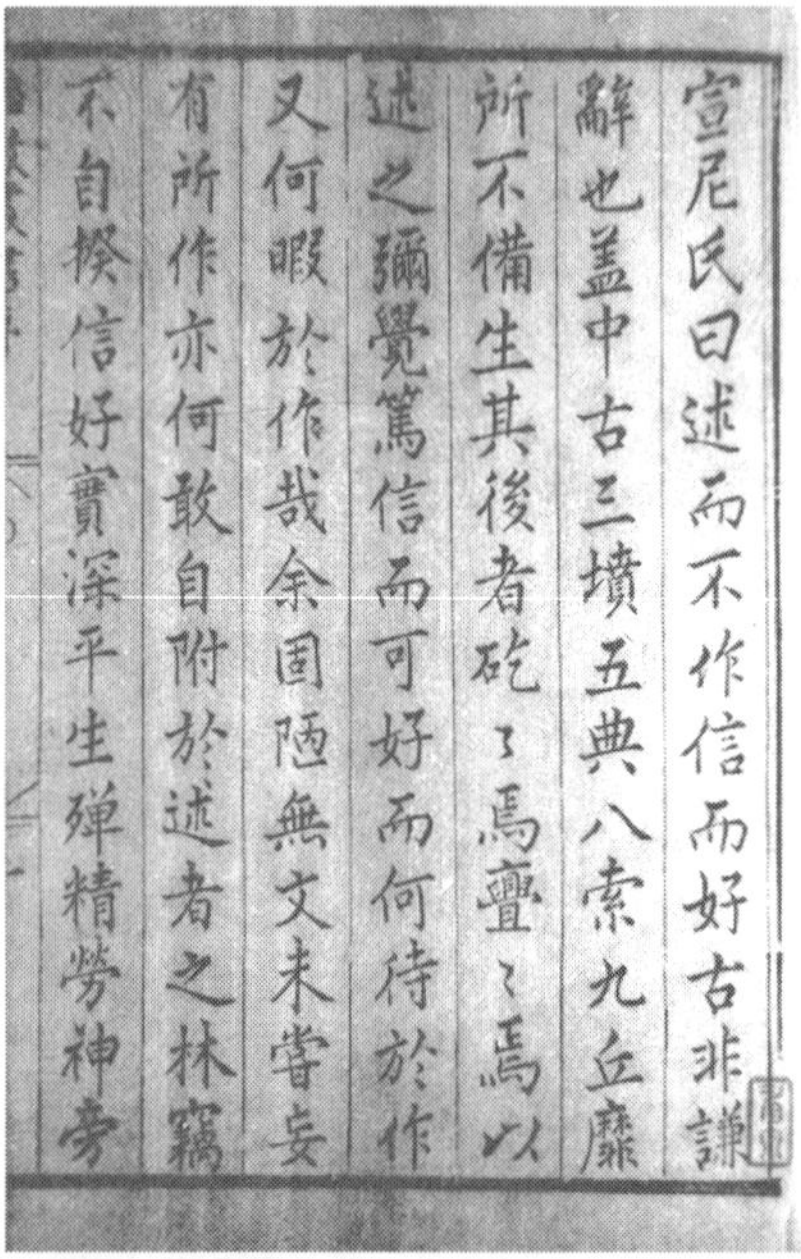
宣尼氏曰述而不作信而好古非謙
辭也蓋中古三墳五典八索九丘靡
所不備生其後者砣砣焉亹亹焉以
述之彌覺篤信而可好而何待於作
又何暇於作哉余固陋無文未嘗妄
有所作亦何敢自附於述者之林竊
不自揆信好實深平生殫精勞神旁

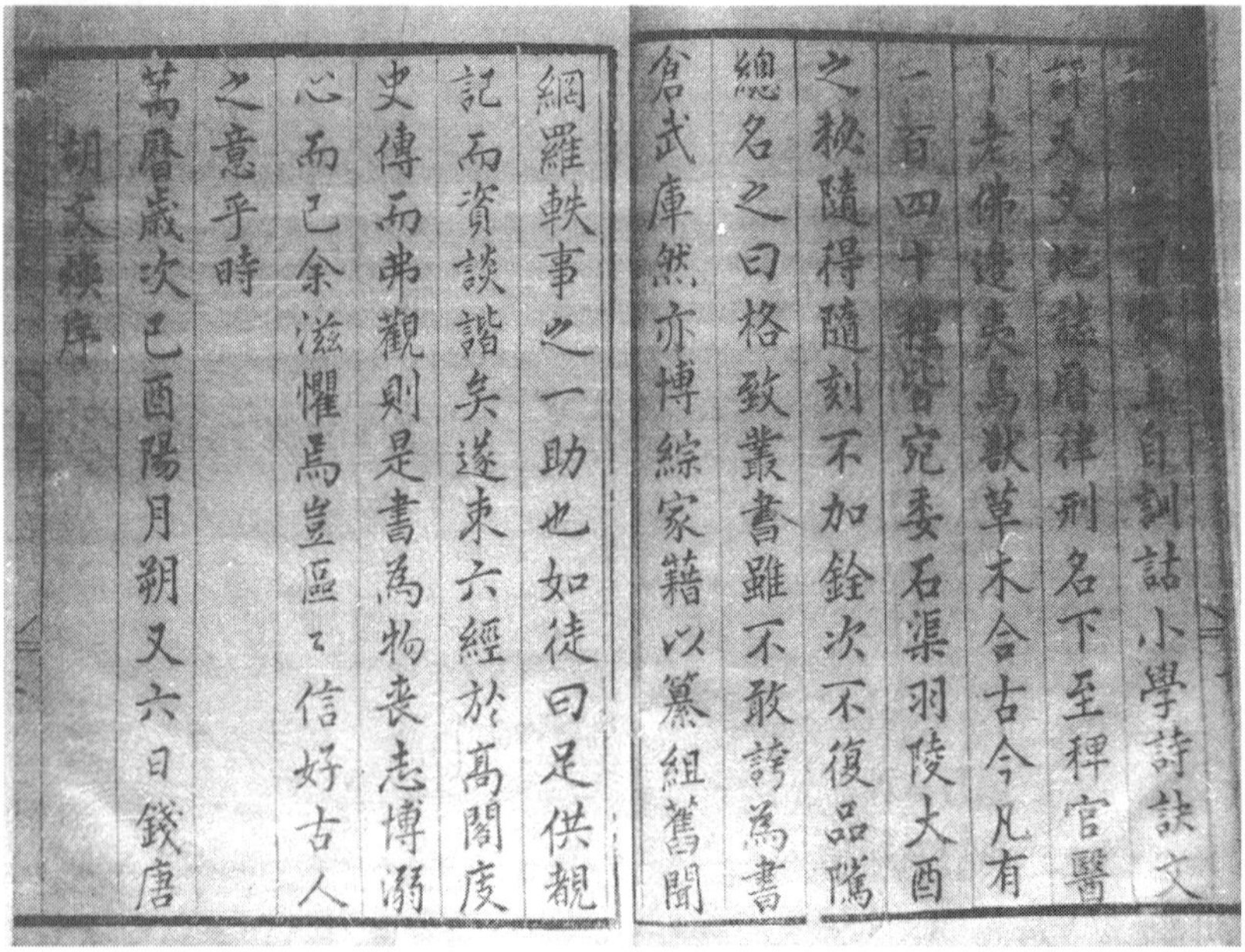
[illegible]自訓詁小學詩訣文
翰天文地誌曆律刑名下至稗官醫
卜老佛遺文鳥獸草木合古今凡有
一百四十種皆究委石渠羽陵大酉
之秘隨得隨刻不加銓次不復品隲
總名之曰格致叢書雖不敢謗爲書
倉武庫然亦博綜家籍以纂組舊聞
網羅軼事之一助也如徒曰足供覩
記而資談諧矣遂束六經於高閣庋
史傳而弗觀則是書爲物喪志博溺
心而已余滋懼焉豈區區信好古人
之意乎時
萬曆歲次己酉陽月朔又六日錢唐
胡文煥序

図26　胡文煥撰の『格致叢書』総序（山東図書館蔵）

は『助語辞』の版本と一番関連の深い『格致叢書』と『百家名書』とにのみ焦点を絞って論考してみたい。

『百家名書』の巻首には、朱之蕃（字は元介、蘭嵎と号す。『明人小伝』三と『明詩綜』五十八に詳しい）の万暦癸卯（一六〇三年）秋仲に著した「百家名書序」が載っている。それは非常に長い序文で、十丁にも達するものである。この序はいくつもの図書館蔵本にあるうえ、さらに中国科学院図書館蔵の『百家名書』の表紙には「百家名書」という原題箋もついているので、『百家名書』の存在は動かしがたい事実として認められる。[20]ところが、一方世間で名を馳せている『格致叢書』には、どの図書館でも『格致叢書』の総題名も、総目録も、総序文も見当たらない。すると、なぜ「格致叢書」と呼ばれているのか、その存在さえ疑われてきた。

幸いにも、筆者はたまたま山東省図書館で、胡文煥が万暦己酉（一六〇九年）に撰した『格致叢書』の序文（図26参照）を発見した。管見の限り、唯一の所蔵のため、句読点を付けて示しておく。

宣尼氏曰、「述而不作、信而好古」、非謙辞也。蓋中古三墳五典、八索九丘、靡所不備。生其後者、矻々焉、亹々焉、以述之彌覚篤信而可好、而何待於作、又何暇於作哉。余固陋無文、未嘗妄有所作、又何敢自附於述者之林。窃不自揆、信好実深。平生殫精労神、旁捜諸子百家、上自訓詁・小学・詩訣・文評・天文・地誌・暦律・刑名、下至稗官・医卜・老仏・辺夷・鳥獣・草木、合古今凡有一百四十種。皆宛委石渠・羽陵大酉之秘。随得随刻、不加銓次、不復品騭、総名之曰『格致叢書』。雖不敢誇為書倉武庫、然亦博総家籍、以纂組旧聞、網羅軼事之一助也。如徒曰足供睹記、而資談諧矣、遂束六経於高閣、庋史伝而弗観、則是書為物喪志、博溺心而已。余滋懼焉、豈区区信好古人之意乎。時／万暦歳次己酉陽月朔又六日銭唐／胡文煥序この序で次のようなことが判明した。
a．この叢書の名前は「格致叢書」である（「総名之曰『格致叢書』」）。
b．『格致叢書』の内容は繁雑で、言語（訓詁・小学）・詩文・天文・地理・医学・陰陽など広範囲にわたっている。
c．叢書は詳細な項目を立ててから上梓するのではなく、原本が手に入り次第、版に移した（「随得随刻、不加銓次」）。うち、家蔵本が多い（「博総家籍」）。
d．この「序」を撰した時期は一六〇九年（万暦己酉・三十七）で、朱之蕃の「百家名書序」より六年ほど遅い。

この序文の後に続いて、「格致叢書総目」も付いている。勘定してみると、ちょうど一四〇種で、序文に合致し、内容も序文で述べていることにうまく合っている。

これで『格致叢書』の存在を確認できたが、では、『百家名書』とは、いかなる関係にあるのか、次にこの問題について検討してみたい。

清末の著名な書誌学者方功恵は、『百家名書』は『格致叢書』の改名だという。[21] また、現代の書誌学大家王重民（一九〇五～七五）は、『百家名書』は『格致叢書』の最初の名前だという。[22] 上海図書館・国会図書館・京都大学人文科学研究所図書館で、「百家名書序」がありながら、所蔵の『百家名書』を「格致叢書」として著録しているのは、王と同じような認識を有しているかもしれない。しかし一方、『澹生堂蔵書目』（明、祁承㸁）、『千頃堂書目』（明、黄虞稷）、『四庫簡明目録標注』（清、邵懿辰）では、これらを二つの叢書として別々に記録している。

このように『百家名書』と『格致叢書』の扱いについては、不統一と混乱が見られている。

前述のとおり、「百家名書序」は『格致叢書』序より六年先にできたため、『百家名書』の名は『格致叢書』に先立ったことが分かる。また、『百家名書』所収本は一〇〇種ぐらいで、「格致叢書総目」の一四〇種より少ないので、『百家名書』と『格致叢書』は、同書異名の関係は成立しない。
では、両叢書は包摂関係にある可能性はどうであろうか。『澹生堂蔵書目』記載の『百家名書』は九十八種で、完本に近いとおぼしきもので、しかも、胡文煥と同時代の有名な蔵書目録のため、信憑性が高いと思われる。この九十八種の書目を、山東図書館蔵の「格致叢書総目」一四〇種と照合してみた結果、そのうち重なったものと重ならなかったものが、それぞれ半分（四十九種）占めていることが判った。したがって、『百家名書』は『格致叢書』と重複する本も多いものの、互いに独立した叢書だということになる。

（3）『助語辞』版本考

以上は『百家名書』と『格致叢書』の関係を明らかにした。これで、最終的に『助語辞』の版本の確定に基礎ができたと思われる。前述のように、『助語辞』は『格致叢書』所収本だというのは、通説となっている。これは『百家名書』を『格致叢書』の一部だと認めた誤解に基づいたものであろう。しかし、『百家名書』と『格致叢書』は互いに独立した叢書であるし、「格致叢書総目」の一四〇種には『助語辞』が収められていないので、この通説も成立できなくなったわけである。

では、『助語辞』は『百家名書』本ということになるのであろうか。その鍵は『百家名書』の目録にあると思われる。『百家名書』については、すでに述べたように原題箋（中国科学院図書館）と総序文――「百家名書序」（蓬左文庫・山東図書館など）は見たが、総目録は未見である。山東図書館には「百家名書総目」はあるが、写本であり、原本ではない。原本の総目録は逸してしまったのだろうと思われる。

筆者は胡文煥と同時代の人祁承㸁（一五六三～一六二八）の蔵書目録『澹生堂蔵書目』（十四巻、『紹興先正遺書』所収）、

元禄十二年（一六九九）に刊行された『二酉洞目』（別名『唐本類書目録』、林九兵衛・武村新兵衛刊）、光緒十二年（一八八六）～同十五年（一八八九）に刊行された『彙刻書目』（顧修編、朱子勤補、上海福瀛書局刊）など中日の文献目録と、以下に記す図書館蔵の『百家名書』を調査した結果、項目は例外なくみな詩伝・詩説より始まっている（これに対して「格致叢書総目」では、「爾雅上中下・小爾雅・爾雅翼三十巻・広雅十巻・埤雅二十巻」といった順序で並べてある。また、『詩伝』は「格致叢書総目」一四〇種に入っていない上、『詩説』は十一番目に列している）。そして、**表7**で表示しているように『助語辞』より前の三種までの順序もほとんど同一である。

表7　『助語辞』より前三種までの排列順

出典	配列順
蓬左文庫	詩品　談芸録　錦帯補注　助語辞
二酉洞目	同
国家図書館（四十五種本）	同
山東省図書館	文録　詩品　談芸録　助語辞
尊経閣文庫	同
大連市図書館	同
彙刻書目	同
澹生堂蔵書目	同
国家図書館（六十七種本）	談芸録　錦帯補注　文録　助語辞

この配列順序の相似は決して偶然なことではなく、もとの「百家名書目録」をある程度まで忠実に反映していると

思われ、ほぼ信じてもよさそうである。したがって、『助語辞』は『百家名書』に入っている以上は、『百家名書』本とすべきである。

では、このことは右の表6で挙げた『格致叢書』所収の『助語辞』とは矛盾しないのか、という反論が生じよう。

国家図書館蔵の『格致叢書』六十七種本は、『詩伝』『詩説』から始まっており、蓬左文庫などの『百家名書』と同一であり、『助語辞』の前の三種の排列順序も、『詩品』『談芸録』『錦帯補注』『文録』『助語辞』といった順序で、凡そ同じである。そして同四十五種本は、『韓詩外伝』『詩考』から始まり、にわかに判断しにくいが、『助語辞』の前の三種の排列順序は、蓬左文庫とまったく同じである。そこで、『格致叢書』とされているこの二種は、もともと『百家名書』の誤りであることが判明した。

天津図書館の『格致叢書』は、五十二種と称していながら、この目で調べた結果第八帙（四十六種、六十四冊）まではワンセットのものであるが、第九帙からは零本である。『助語辞』も零本に収められて、『慎言集』と一冊に綴じられており、『文録』『詩品』『談芸録』『錦帯補注』（以上一冊）と同じ帙に入っている。そこで、この『助語辞』は実際は『百家名書』の零本であろうと推定できる。

残りの国家図書館蔵の『格致叢書』十二種本と華南師範大学図書館蔵の『格致叢書』九種本は、本の数が少なくて排列順から推測しにくいため、にわかに『格致叢書』か『百家名書』かは断定しがたいが、「格致叢書総目」には『助語辞』がないので、この二種の『格致叢書』も『百家名書』と見るべきであろう、と思われる。

注

（1）句読点は王克仲の『助語辞集注』（中華書局、一九八八年）による。以下同じ。

（2）本叢書の巻首には「増湘長寿」「蔵園」「双鑑楼蔵書記」、巻末には「江岸傅氏蔵園鑑定書籍之印」などの印があるので、民国時代の著名な書誌学者傅増湘の旧蔵だったことが判る。
（3）『助語辞』（劉長桂・鄭濤点校、黄山書社、一九八五年）に寄せた胡裕樹の「助語辞序」による。
（4）『助語辞集注』に載せられた王克仲の「前言」による。
（5）『語助校注』（劉燕文校注、中州古籍出版社、一九八六年）に寄せた何九盈の「語助校注序」による。
（6）『語言学論文集』（安徽教育出版社、一九八九年）所収。
（7）注（5）に同じ。
（8）注（4）に同じ。
（9）吉川幸次郎・小島憲之・戸川芳郎編、汲古書院、一九七七年～八〇年。
（10）東方書店、一九八九年。
（11）文教大学女子短期大学部『文芸論叢』二三号、一九八七年三月。
（12）『鎌田正博士八十寿記念漢文学論集』（大修館書店、一九九一年）所収。
（13）注（3）に同じ。
（14）注（5）に同じ。
（15）「所収叢書」は各図書館の蔵書カードの記載に従うことにしたが、必ずしもすべてが正しいとは限らない。詳しくは「『助語辞』の版本」一節で述べる。
（16）『施氏七書講義』（四十二巻、金・施子美、国立公文書館蔵）の巻末に林羅山の手跋が七行ある。その中の「余・亦・之・可」などの文字は、著しくこの写本と異なる。
（17）拙稿「日本蔵胡文煥叢書経眼録」（陸堅・王勇主編『中国典籍在日本的流伝与影響』、杭州大学出版社、一九九〇年、所収）参照。
（18）『四庫全書提要』子部・雑家類存目・雑編。

（19）『中華文史論叢』第六五輯（上海古籍出版社、二〇〇一年）所収。
（20）拙稿「中国胡文煥叢書経眼録」（『中日文化論叢――一九九一』、杭州大学出版社、一九九二年、所収）参照。
（21）方功恵が『百家名書』に書いた跋、山東図書館蔵。詳細は注（19）参照。
（22）王重民『中国善本書提要』（上海古籍出版社、一九八六年）四一九頁。

第二章　江戸時代における『助語辞』の流布と影響

以上は『助語辞』を刊行した胡文煥と、『助語辞』の書誌――巻末に項目が欠如した原因、版本などをめぐって論考してきた。次に日本における流布と影響について考察したい。

第一節　『助語辞』の伝来

徳川幕府は鎖国政策を実行したが、中国とは長崎を通じて貿易を行った。そのうち、書物も貿易品として大量に日本に輸入され、胡文煥の刊行した『百家名書』や『格致叢書』も日本に運ばれた。たとえば、

寛延己巳二年（一七四九）　格致叢書一部十四套（自留字号至興字号図書）(1)

宝暦辛未元年（一七五一）　百家名書一部十二套（自以字号至辺字号東）(2)

寛延四年（一七五一）　百家名書一部十二套百二十本(3)

承応元壬辰年（一六五二）　百家名書百十九本(4)

承応二癸巳年（一六五三）　格致叢書廿六本(5)

とある。これは江戸時代の記録であるが、現存本はどうなっているであろうか。筆者は次の表にまとめてみた。

表1　日本所蔵の『格致叢書』と『百家名書』

所蔵図書館	『格致叢書』種	『格致叢書』巻	『格致叢書』冊	『百家名書』種	『百家名書』巻	『百家名書』冊
国立公文書館	六十	二六〇	三十二	九十二	一五八一	四十
				二十九	一一八	十七
宮内庁書陵部	四十七	二二九	三十六	一二〇	三七二	一二〇
尊経閣文庫	五十四	二七一	六十六	七十七	一九四	五十二
名古屋市蓬左文庫				一〇七	二三一	四十八
国会図書館	一〇二	二七八	九十三			
	十		六			
東洋文庫	一〇二	三〇八	一五七			
京都大学人文科学研究所図書館	九十二	二一〇	四十			
陽明文庫	四十八	二四〇	十八			
天理大学附属天理図書館	四十六		五十			

表1で示しているとおり、日本では『格致叢書』と『百家名書』を有する図書館は少なくない。[6] しかし、『助語辞』を収載するのは蓬左文庫と尊経閣文庫のみで、いずれも『百家名書』に入っている。

尊経閣文庫の『百家名書』の由緒はもはやわからないが、蓬左文庫のは、調べて追及できる。『名古屋市蓬左文庫漢籍分類目録』によると、本書には「有尾陽内庫印記・元和中買本」とあるが、実際、筆者が閲覧したところ、四十八冊にわたって何の印記もなかった。たまたま本文庫には『御書籍之目録』があり、この目録の「一」番から「四十四」番までは、「駿府御分物之御書籍」[7]目録で、「四十五」番から「六十七」番（終）までは、川瀬一馬の研究によると、尾張藩祖徳川義直が元和元年（一六一五）以来元和末年（一六二三）までに蒐集した書物を列記したもの、とのことである。[8]その「六十」番には、「百家名書、唐、四十八冊、四帙、買本」とある。この記述は蓬左文庫現存の『百家名書』と符合しているので、本叢書をもって元和年間に購買した本とする説は、ほぼ首肯し得る。と同時に、『助語辞』は遅くとも元和中には、すでに日本に伝わっていたことが判明した。

第二節　『助語辞』の翻刻

『助語辞』は中国の助辞研究の濫觴である上、江戸時代に伝来してからは、時あたかも漢学の隆盛期でもあったので、いち早く時人の需要に適合したようである。当時の出版目録をひもとくと、江戸全時代を通じて、いつも人気を呼び、絶えず翻刻され、ロングセラーとなったことがわかる。以下、江戸時代書林出版目録[9]から『助語辞』の翻刻版を抜き出した。広く参考のため、諺解・詳解・俗解・早鑑などのような解説書も一括して列記した。

表2　江戸時代書林出版目録に現れる『助語辞』

	目録	記載
1	和漢書籍目録・外典、一冊、寛文六年（一六六六）ごろ刊	一冊、助語辞
2	増補書籍目録・字書、二冊、寛文十年（一六七〇）京都西村又左衛門、江戸西村又右衛門刊	一冊、助語辞、盧允武
3	新版増補書籍目録・字書、一冊、寛文十一年（一六七一）京都山田市郎兵衛刊	助語辞、盧允武、一[10]
4	古今書籍題林・字書、二冊、延宝三年（一六七五）京都毛利文八刊 同、貞享二年（一六八五）版	一、助語辞、東嘉盧允武著、大字、中字[11]、四切 一、助語辞、東嘉盧允武著 一、同大字、中本、四ツ切 一、同増補 一、同首書
5	広益書籍目録・字書、五冊、元禄五年（一六九二）京都永田調兵衛等四家刊	一、助語辞、東嘉盧元（允）武著 一、同大字、小本、四ツ切 一、同首書、毛利貞斎考 一、同増補 二、同詳解 四、同諺解、毛利貞斎 一、同早鑑

6	新板増補書籍目録・字書、五冊、元禄十二年（一六九九）京都永田調兵衛等刊	一、助語辞、東嘉盧允武、大字、中本、四切 一、同増補 一、同首書 六、同広益 四、助語辞諺解 一、合類助語辞、寸珍
7	新増書籍目録・儒書、三冊、延宝三年（一六七五）江戸刊	一、助語辞、盧允武 一、同大字
	天和三年（一六八三）版	一、助語辞増補
8	書籍目録大全・儒書、三冊、天和元年（一六八一）江戸山田喜兵衛刊	一、助語辞、盧允武 一、同大字 一、助語辞増補
9	増益書籍目録大全・儒書、六冊、元禄九年（一六九六）河内屋喜兵衛刊／宝永六年（一七〇九）増修、丸屋源兵衛刊	一、助語辞、盧允武 一、同増補 一、同寸珍 一、同頭書、毛利貞斎 六、同広益 四、同諺解、貞斎
10	増益書籍目録大全・儒書、六冊、元禄九年（一六九六）刊／正徳五年（一七一五）修、丸屋源兵衛刊	一、助語辞、盧允武 一、同増補 一、同寸珍

11	新撰書籍目録・字書、四冊、文照軒柴橋編、享保十四年（一七二九）京都 永田調兵衛刊	一、同頭書、毛利貞斎 六、同広益 四、同諺解、貞斎 二、鼇頭助語辞、新板、毛利貞斎 五、同諺解、同 二、同俗解、静玄
12	新増書籍目録・文集、三冊、宝暦四年（一七五四）京都永田調兵衛刊	二、助語辞俗解、穂積以貫

以上を整理すると、次の如くである。

書　名	記載された出版目録
助語辞	1、2、3、4（二回）、5、6、7、8、9、10
助語辞（大字）	4（二回）、5、6、7、8
助語辞（寸珍）	6、8、9、10
助語辞（首書・頭書）	4、5、6、9、10
助語辞（増補）	4、5、6、7、8、9、10
助語辞（広益）	6、9、10
助語辞（鼇頭）	11

助語辞（諺解）	5、6、9、10、11
助語辞（詳解）	5
助語辞（俗解）	11、12
助語辞（早鑑）	5

無論、「本書目類は後出本は先出本を襲承し、一見同板本でも改訂補修本があり、或は覆刻増補本があり、各本は相互に緊密な聯関とやや複雑な連絡を有する」[12]のであるので、頭から信ずる態度をとるべきではなく、江戸時代の諸板本の実物そのものの調査と合わせて行う必要がある。これについては後述する。

　このように『助語辞』は、江戸時代の寛文期から宝暦年間までの約百年を通して、絶えず版を重ねて、翻刻されてきたことがうきぼりにされたであろう。

第三節　助辞研究の大流行

『助語辞』が日本に伝わってから、漢学界を風靡し驚くほどの影響を与えたらしい。

　往自盧氏者一唱助語辞、而踵撰述者、無慮数十家。[13]

　此書実糸支那文法書中最古之者、故古来大行於我邦、是以人無不知其名者。[14]

この書物は、日本では寛永年間に『新刻助語辞』という名で、返り点・送り仮名を添記して翻刻されて以来、幕末さらには明治時代中期に至る約二百五十年間、いわゆる「助字」研究の中核として重んぜられ、斯学流行の原動力、推進力となってきたことは、周知の事実である(15)。

直接間接に『助語辞』の影響を受けて、江戸時代の漢学界では助辞研究のブームが興った。その間に誕生した助辞関係の著書の数の多さには、いまさらながら驚かされる。研究者に基礎資料でも提供すべく、筆者は助辞・虚字・実辞に関する著書をできるかぎり多く収集し、左表を作り上げた(16)。この表は量的に『助語辞』の影響力を物語っている。

表3　江戸時代における助辞・虚字・実辞に関する著書一覧表

成立	書名・巻(冊)数(17)	編著者
元禄五年(一六九二)　序	広益助語辞集例、三	三好似山
元禄六年(一六九三)　序	助字考、二	伊藤東涯
元禄十二年(一六九九)　自跋	助字雅、一冊	三宅観瀾
元禄十六年(一七〇三)　序	用字格、三	伊藤東涯
宝永五年(一七〇八)	訓蒙助語辞諺解大成、四	毛利貞斎
正徳五年(一七一五)	訳文筌蹄初編、六	荻生徂徠
同	文家必用、三	人見友竹
享保四年(一七一九)　序	助語辞俗訓、一冊	穂積以貫

享保四年	写	助辞和名考、一冊	森木久明
同		語助訳辞、二	松井良直
享保十三年（一七二八）		倭読要領、三	太宰春台
元文三年（一七三八）		訓訳示蒙、五	荻生徂徠
延享二年（一七四五）	写	助語辞講義、一	須賀精斎
寛延四年（一七五一）		助字考、二	伊藤東涯撰、伊藤東所補
宝暦十年（一七六〇）		太史公助字法、二	皆川淇園
宝暦十二年（一七六二）		奚嚢字例、一	贅　世子
同	序	助辞訳通、三	岡田白駒
宝暦十三年（一七六三）	跋	詩語解、二	釈　大典
同	序	操觚字訣、十	伊藤東涯
明和六年（一七六九）		左伝助字法、三	皆川淇園
同	跋	訳文筌蹄字引、一	青山居士
明和九年（一七七二）		文語解、五	釈　大典
安永五年（一七七六）	跋	助辞鵠、五	河北景楨
同	序	助字考小解、二	伊藤東涯著、伊藤東所解
天明三年（一七八三）		虚字解、二	皆川淇園
同		詩経助字法、二	同
天明五年（一七八五）	序	谷氏助字解、三	谷　眉山
天明六年（一七八六）	序	文章秘蔵、写、一	臥龍先生
寛政三年（一七九一）		実字解、六	皆川淇園

寛政四年（一七九二）		続虚字解、二	同
寛政八年（一七九六）		訳文筌蹄後編、三	荻生徂徠撰、安澂彦補
寛政十一年（一七九九）		詩家推敲、二	釈　大典
同	写	助語辞集解、一	秦　勝文
享和元年（一八〇一）		実字解二編、三	皆川淇園
同		助字解集成、六	倉橋東門
文化四年（一八〇七）		助字辨、一冊	北条霞亭
同	序	訳文須知（虚字部）、五	松本愚山
文化五年（一八〇八）	自序	助語辨法、四	津　敏
同	刊	助字雅訓（雅訓助字解）、一	三宅観瀾
文化七年（一八一〇）	序	助辞発蒙、一冊	佐藤延陵
文化八年（一八一一）	序	助字詳解、三	皆川淇園
文化九年（一八一二）	写	助字訓訳、一	高木舜民
文化十年（一八一三）	写	助語辞辨、十	諸葛琴台
同	刊	虚字詳解、十五	皆川淇園
文化十三年（一八一六）	写	助字考、一冊	中野柳圃
文化十四年（一八一七）		助語審象、三	三宅橘園
文政七年（一八二四）	自序	助辞活用法、一冊	鶴峯戊申
天保元年（一八三〇）		助辞用法、一冊	同
天保四年（一八三三）	写	虚字重語套、二	岡本保孝
天保六年（一八三五）	序	助辞本義一覧、二	橘守部述、橘冬照撰

嘉永五年（一八五二）	写	虚字注釈、一冊	不　詳
安政二年（一八五五）		助辞音義考、二	堀　秀成
安政五年（一八五八）	序	助字櫽、八	釈　介石
安政七年（一八六〇）	序	訳文須知（実字部）、三	松本愚山
文久元年（一八六一）	写	助字音義考、一冊	渡辺弘一

また、成立年代不明の書は次のような二十三種がある。

表4　成立年代不明の助辞関係の著書

書名・巻（冊）数	編著者
助語辞家解、写、一	須藤　丞
助語考詳説、写、一冊	穂積以貫
助語合類略解、写、一冊	藤井惟白
助語辞鈔、写、二	三重貞亮
助字解、写、一冊	森梠園写
助字雅訓、写、一冊	荻生徂徠
助字考略、写、一冊	伊藤東涯
助字考、写、一冊	鈴木重胤
助字喘、写、四	小沢精庵

助字分類、写、一冊	横山清丸
助辞辨釈、写、一冊	不　詳
助辞便蒙、写、九冊	不　詳
助辞本義評論、写、一冊	荒木田守
助字用法、写、一冊	馬淵会通
助辞略注稿、写、一冊	不　詳
助語、写、二	荻生徂徠
助語辞俗訓、二冊	玉井義行
助語類苑、二冊	不　詳
古文助字便覧、写、一	碕　允明
虚字略解、写、二	不　詳
助字並字之訳聴書、写、一	不　詳
助語詳解、写、七	不　詳
史記助字法記聞、写、一	不　詳

以上の著書は日本の図書館に現存しているもので、これ以外に書籍目録にあって、所在不明の書物としては次の本がある。

表5 書籍目録に記載された助辞関係の著書

書名・巻（冊）数	編著者	出典
助語考略記	穂積以貫	近世漢学者著述目録大成
助語辞俗解、二	同	同
助字率、一	山中天水	同
助字率、十	山本北山	同
助語辞訣、一巻	永井星渚	同
助語字訳文	鈴木澶洲	同
助語訣	同	同
助字解、一	桜井東亭	同
助語方言解	宮永大倉	同
助字通別解、六	諸葛帰春	同
助字呼応法	鶴峯戊申	大阪名家著述目録
助字近道	同	同
助語辞詳解、二冊	不詳	元禄書籍目録
助語辞早鑑、一冊	不詳	同

これらの書籍を漏れなく網羅することだけでも容易なことではあるまい。まして一々読むのは不可能に近いと思われる。そこで、ここでは『助語辞講義』のみを抜き出してメスを入れることとする。本書に興味を注ぐ理由については、後述の「『助語辞講義』の特色」を参照されたい。

第四節　『助語辞講義』の研究

この『助語辞講義』（以下、『講義』と呼ぶ）は筑波大学図書館所蔵のもので、縦二〇センチ、横一三・五センチで、単辺、無界、三十九丁までの写本である。巻末には、

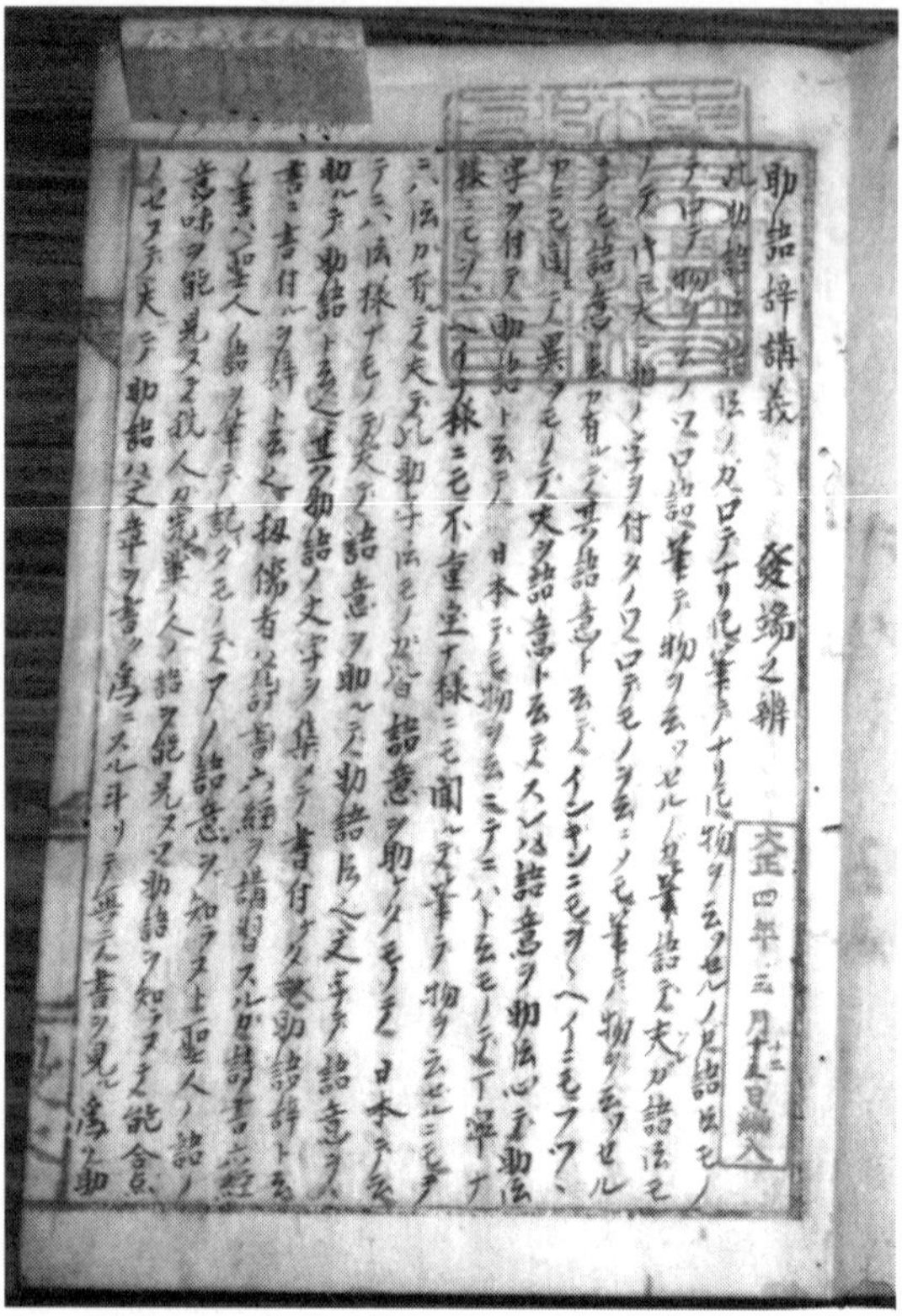
助語辞講義
発端之辨

図27 『助語辞講義』巻首（筑波大学図書館蔵）

右寛保二壬戌十一月既望　須賀精斎先生於麗窩以講之明年四月十二日以六終星崎山田南有謹筆記之。延享二乙丑冬十月十一日謹清書之畢。

とあることから、本書は須賀精斎が寛保二年（壬戌、一七四二）十一月十六日（既望）から翌年四月十二日まで、約半年にわたっての講義の抄本であるということが明らかになる。巻末にはまた「山田」と「亜高」と

いう落款があるが、「亜高」とは、筆写した人山田南有の号かもしれない。

須賀精斎（一六八八～一七五四）、尾張の儒官、名は誼安、吉平次と称す。小出侗斎の門人、宝暦四年（一七五四）十月没す、年六十七。『昭穆図解』『主一箴解』『始学猫眼』などの著書がある。

『講義』は『国書総目録』に収録されているが、研究は空白の状態といっても過言ではないと思われる。[18]

1　『助語辞講義』の内容

大別して二つの内容からできている。

①「発端之辨」

これは巻首にあり、「序文」に当たる役割をなしている。凡そ、次のような三つの趣旨が述べられている。

a．助語の定義

此助語ト云、語ト云ノガ、口デナリトモ、筆デナリトモ、物ヲ云ワセルノガ、語ト云モノデ、口デモノヲ云ノワ、口語、筆デ物ヲ云ワセルノガ、筆語デ、夫ガ語ト云モノデ。トキニ、夫ニ助ノ字ヲ付タノワ、口デモノヲ云ニシテモ、筆デ物ヲ云ワセルニシテモ、語意ト云ガ有ルデ、其ノ語意ト云（ヒ）デ、インギンニモ、ヲウヘイニモ、フツヽカニモ、聞エテ、異ウモノデ、夫ヲ語意ト云テスレバ、語意ヲ助ト云心デ、助ト云（ウ）字ヲ付（ケ）テ、助語ト云（ヒ）テ。[19]

これによると、語は口語と筆語とに分けられ、どちらにしても語意がつきまとっている。この語意は言い様によっては、丁寧にも横柄にも聞こえる。「助語」というのはその語意を助けるものである、という。この助辞に対する定義づけは、凡そ当時の人の認識を反映している。

b．助語の働き

扨、儒者ハ詩書六経ヲ講習スルガ、詩書六経ノ書ハ、聖人ノ語ヲ筆デ記イタモノデ、アノ語意ヲ知ラヌト、聖人ノ語ノ意味ヲ能見ヌデ、我人ガ、先輩ノ人ノ語ヲ能見ヌワ助語ヲ知ラヌデ、能合点ノセヌデ、夫デ、助語ハ文章ヲ書ク為ニスル斗リデ無デ、書ヲ見ル為、助語デ、同ジコトデ、語ノ急迫ナモ有レバ、寛カナモ有ルモノデ、夫ヲ助語デ書分ケルデ、語意ト云ヲ知ラヌデ、聖人ノ意味ヲ見ルコトモ、皆異ウテ。（中略）夫デ、助語ト云ハ、サシテ聖人ノ大道ニ預カラヌ様ニ思ウガ、聖人ノ意味ヲ移シ、語意ノ深切ナモ、此助語デ移ッテ、是程大切ナコトハ無テ。

といっているように、助語は文章を書くためばかりでなく、聖人の書を読むにも非常に大切だと主張している。つまり、政治・倫理のカテゴリーの下に置かれた助字の研究は、「文法」上のためではなく、あくまでも修辞学（文章をよく書く）と四書五経の解読のために、換言すれば、聖人の道をよくわきまえるために行われるものであり、「文法」自身は、自立した存在というよりは、基礎的補助的な存在にすぎなかったように思われる。

c．『助語辞』を講義する由緒

三ですでに列挙したように、江戸時代には助字・虚字の著述は、雨後の竹の子のように相次いで現れてきた。その多数は『助語辞』の不充分なところを補ったりしているが、『講義』はそれらとは立場を異にして、『助語辞』を批判する姿勢を貫いている。

浅見氏ノ此助語辞ヲ見テ、是ハ助語ヲ知ラヌ者ガ集メタテ、助語ノ注ガ悪ルイデシタガ、今助語ノ吟味ヲスルニ、精吟味仕イ用モノガ無テ、書物無ニ、吟味ハナラヌデ。夫デ悪ルナリニモ、此書デ吟味スルト云テ、助語ノ筋ヲ講習至サレマシタテ、此書デ吟味ヲスルコトデ、此注ノ通リヲ心得ト異ウナリテ、今云様ニ悪イ乍モ、此助語辞ヲトラマエテ吟味ヲスルコトデ。

『助語辞』は助語を知らない者が書いた、たいへん「悪ルイ」本であるが、助語を吟味するには書物がなければできないことなので、悪いながら『助語辞』をテキストにしたのである、という趣旨である。

②『助語辞』を評釈する

「発端之辨」に次いで、胡文煥が壬辰（一五九二）季秋に著した「新刻助語辞序」、および『助語辞』の全文を逐一講義する。文中、所々「是ガアライ注」「イラヌ注」「字組ガ悪ルイ」などと『助語辞』を酷評している。『講義』では『助語辞』を具体的にどのように受け取っているのかを徹底的に検討するために、次のごとく『助語辞』の六十項目に対しての『講義』の態度を統計してみた。（表6参照）

2　『助語辞講義』の特色

日本では助辞・虚字・実辞の著書は山ほどあるが、抄本として現存するものは『講義』しかあるまい。それだけに版本などの「飾り」や「遠慮」がほとんど見当たらなくて、須賀精斎らの『助語辞』に対する受け入れ方をリアルに反映している。以上の表で見たとおり、『助語辞』の六十項のうち、四十七項に対して善し悪しの評価を下しており、残りの十三項のみに評を加えず、字面どおりに解釈している。四十七項の内、「悪イ注」と「補注」合わせて五十五個にも達して、「善注」の三十六個をはるかに上回っている。『講義』で「悪イ注」だと判断している理由は、大体次によるものである。

a.『助語辞』の説明が大ざっぱである。

例えば、第一項の「也、意平」という文に対して、『講義』では、次のように評価している。

是モ十分ニ無イ注ノ仕用デ。先ツ也ハ意平ト云ガ悪ルイ注デ。ナゼ平ラナト云ナレバ、也ハ物ノスワリニ仕ウ文字デ、何々スル也ト云テ頓トスワル処ニ仕ウテ、夫デ意平デ、ベッタリトスエルガ平デ無レバ、スワラヌデ。平ト云ガ、物ノベッタリトヒラタイコト也

それに続いて、『講義』は『論語』や李九我の『操觚字要』[20]などの例を引いて詳しく説明してきた末に、「意平ト云テ、一チ様デハ、役ニ立ヌ也」としめくくっている。

b.『助語辞』の説明の仕方そのものがよくない。

例えば、第四項の「者」において、『助語辞』では「也字間或亦有聻字意」といっているが、これに対して、『講義』は次のように言っている。

是ガヘタナ注デ、何スル也ト云処ニ物ヲ指スヲモイレ有ルモノデ、是ハ、カウジャト物ヲ指スキミ有テ、也字（中略）ト云ガヘタナ注デ、イラヌコトヲ云ノデ、者ノ字ノ穿鑿ニ也ノ字ノ僉儀ハ無テ、也ノ字ノコトハ前デ滲ンテ居テ、是ハイラヌコト云ノデ、悪ルイ注デ。

表6　『助語辞講義』における『助語辞』に対する評価(21)

	語項目	区切数	悪注	善注	補注	中性
一	也　矣　焉	五	四			一
二	乎　歟　邪	六	四		一	一
三	其　於	五	一			四
四	者	七	五			二
五	之　諸	五		二	一	二
六	而	四	一	一		二
七	則	一	○・五	○・五		
八	哉	四			一	三

九	故	四		二	一	一
十	是故	二	一	一		
十一	故曰	一		一		
十二	亦	一	一			
十三	且	四				四
十四	以	四	一			三
十五	乃	四	一			三
十六	于	一	○・五	○・五		
十七	所	五	○・五	○・五		一
十八	所以	三		二		一
十九	或	五				五
二十	然	三		一		二
二十一	然後	三		一		
二十二	雖然	一		一		
二十三	然則　然而　不然	五		二		三
二十四	粤	三				三
二十五	蓋　大抵	五	五			
二十六	夫	四	○・五	一・五		二
二十七	今夫　且夫　原夫　故夫　蓋夫　嗟夫	七	二			五
二十八	逮夫　乃夫　乃乎　至於　施及　及	四		一	一	二
二十九	況夫　況於	五	二		一	二

三十	若夫　乃若　至若	一		一		
三十一	甚矣　甚哉	二	一	○・五	○・五	
三十二	於是　是用	三		三		
三十三	既而　已而	二		二		
三十四	方其	一		一		
三十五	嘗謂	一				一
三十六	未嘗	二				二
三十七	無他	三	二	一		
三十八	要之　要知	三	二			
三十九	今　今也　今焉　今則　今而　今内　自今　方今	一	一			
四十	初　始　先是	三	一			二
四十一	嗚呼　吁	五	一			四
四十二	噫　噫噫	四	一			三
四十三	或曰	一	○・五	○・五		
四十四	借曰	一				
四十五	誘曰	一				
四十六	何則　何者　何也　是何也　是何　何哉　何以　何如　如之何	九	一			八
四十七	云	四		一		三
四十八	悪	五	一	二		二
四十九	猶	二		一		一

五十	庸顧殆	十四		三		十一
五十一	毋	六	一			五
五十二	惟唯維	四	一			三
五十三	抑	三	二			一
五十四	豈	七	一			六
五十五	凡	一				一
五十六	儻	一				一
五十七	姑	一				一
五十八	必	一				一
五十九	已	一			一	
六十	只止忌居諸且思斯	四				四
合計		二〇六	四十七・五	三十六	七・五	一一五

c. 助辞の意味用法の説明が不十分。

例えば、『助語辞』第一項の「也・矣・焉」に於ける「矣、意直」の説明に対して、

直コト斗リデ無テ、句ノ中ニ用イタコトガ有テ、跡エ語勢ノ響クコトニモ有テ

と補充説明をしている。

d．説明が間違っている。

例えば、第四十一項の「嗚呼・吁」に於ける「嗚呼、嗟嘆之辞、其意重而切。吁、亦咨嗟之辞、其意稍軽」という説明に対して、『講義』は反駁している。

是ハ悪ルイ云分也。是ニ重ノ軽ノト云ハ誤也。吁ト云テ、イヤイヤソウジャラヲジャラヌト云テ、シカル気味ヤイヲモッテ居ル、盧允（「武」欠）氏ガ意軽ト云ハ、ソデ無、云ハバ、意ガ重方也。

このような指摘は、文中の至る処に見えるが、一例を挙げるにとどめる。

無論、「是ハ悪ルイ注デ」と指摘されながら、必ずしもすべてが正確とは限らない。むしろ、須賀精斎の感情が入っている、誤った指摘も少なくないようである。その一例をあげよう。

第四項の「者」に於ける「或有俗語嚽字意」という解釈に対して、『講義』は次のように言っている。

是モアタマカラ或ハトツカウタハ悪ルイデ、或ハト云ハ、前ニ段々云テ、扨テ、或ハト云テ仕ウガ、アタマカラ或ハト云ハヲカシイ仕イ用デ。

確かに、「或」という言葉は「前ニ段々云テ、扨テ、或ハ」のような使い方が多いが、『助語辞』では、副詞の「ある時」の意として、次の文の「或有俗語底平字意」の「或」を連ねて使っているので、けっして誤りではない。

その他、『講義』は『助語辞』の原文について誤った区切りもある。それは第二十四項の「粤」の「文語之始発、句端或有此字為語助」というセンテンスで、「発」のところを区切るはずなのに、「文語之始発句端、或有此字為語助」のように、「端」のところを区切るという間違いを犯している。

浅見絅斎の説を引用して、『助語辞』を批判するのも、『講義』のもう一つの特色である。本書では、次のように浅見説が頻繁に登場している。

登場場所	原文
発端之辨	浅見氏ノ此助語ヲ見テ、是ハ助語ヲ知ラヌ者ガ集メタテ。
一、也　矣　焉 是句意結結処 矣意直 焉意揚	 是ガアライ注デ、浅見先生ノ気ニ入ラヌ注デ。 是モ悪ルイ注デ、浅見先生ノ気ニ入ラヌ注デ。 是モ當ラヌ注デ、浅見先生ノ気ニ入ラヌ注デ。
二、乎　歟　邪	是ラモ字組ガ悪ルイト云コトデ、浅見先生ノ心ニ合ヌコトデ。
四、者 若「者也」、則本句中意絶	 是ガ一概ノ注デ、イラヌ注ノ仕用デ、浅見先生ノ気ニ入ラヌ注ナリ。
十、是故 発語更端之辞	 サンザンノ注デ、浅見先生ノ喝ッテヲカレタナリテ。
四十九、猶	ナヲト訓ズルト、ゴトクト訓ズルハ、別々ニ訓ズルガ善ゾ、通例猶何々ト寸度読ガ、浅見先生ノ説ニモ夫レハワルイト申サレタコト也。

浅見絅斎（一六五二―一七一二）、本姓は高島、名は安生で、絅斎を号とする。京都錦小路に講宴を開き、門人には三宅観瀾・小出侗斎・鈴木貞斎などがいる。経学は程朱を宗とし、崎門三傑の一と称せられ、頗る勤王の志に篤い。著書には彼の文集・詩集を含め三十二種に達している。(22) 換言すると、須賀精斎は浅見絅斎の孫弟子に当たっているのである。

『講義』ではずいぶん浅見絅斎の説を引いていることから、須賀は忠実に浅見の学統を受けついでいることがわかる。また、浅見は大体寛永から元祿におよぶ、江戸漢文学の第一期に活躍する人物なので、本『講義』を通して、須賀の生きていた時代は勿論、浅見が生きていた時代の『助語辞』に対する受け取り方の一端をも伺わせることができる。なかでも、山崎派の一大分支、浅見以下の人の『助語辞』に対する見方の流れを読み取ることができるであろう。この意味で、『講義』はかなりの時間的な幅を持つ大切な資料である。

『講義』の三番目の特色として、見出しのチェックの厳しさが挙げられよう。古代漢語は単音節が中心なので、訓詁の対象も自然に単音節が主であった。時代が下るにしたがって、ことに宋・元以降、複音節（双音節以上）の語がにわかに増加してきた。このような言語変化の動きに気づいた盧以緯は、『語助』の全六十六項目、合わせて一二七個の助字を解説しているが、その内、複合語（或は連語）は六十六個もあり、半分を占めている。これは『助語辞』の大きな特色をなし、後出してきた助字の書物に大きな示唆を与えている。しかし、その反面、項目の設定が緩やかである弱点も免れることができなかった。『講義』は江戸時代の多くの助辞関係の著書と異なって、それらを次のように厳しく見直している。

ア　助字であるか否か。

例えば、『助語辞』の第四十三項の「或曰」に対して、

或曰ト云ハ助語デハ無也。全体文章ノコトデ、助語ニ入レタハ不僉儀ナコト。

と言っているように、「或曰」を「助語」の集団から除外すべきだと主張している。

また、第二十八項の中の「施及」に対しても、「ダタイ（大体ノ方言）文章ノ熟字デ、助語ト云モノデハ無也」と指摘している。これはもっとも当たっているところで、同様の指摘は二世紀半も経った今日で始めて出現した。王克仲は前掲の『助語辞集注』でも「施及」を助字ではなく、複合動詞として扱っている。(23)

イ　語の組み合わせが適切であるかいなか。

これについては、組み合わせがよいものとして褒められる見出しは、第三十二項の「於是・是用」のみで、次の見出し語はすべて組み合わせが悪いとされているものである。（数字は、見出し語の順番数）

不適切な組み合わせ	指　摘
組合わせられないもの	
三、其　於	文段ノ内仕ウテハ有ルガ、組分ヌ文字デ。
組合せ不足のもの	

二、乎　歟　邪	哉ノ字モ挙ゲウモノ。
七、則	即・乃・迺・輙・曾・而、有テ皆挙テ断レバ善。
十二、亦	是モ亦ト云字ヲ挙ゲウモノナラバモット組合セテ挙ゲウモノジャニ。
二十九、況夫　況於	是レ二ツ挙タガ、斗リニ恨（限）ラヌ也。

無論、見出し語については盧以緯がむやみに組み合わせたのではなく、それなりの理由があるので、『講義』の指摘はすべて当たっているかといえば否である。しかし、助辞であるかないか、見出し語の組合せが適切であるか否か、十分であるかどうかなどの問題について、常にはっきり認識し検討する意識は、確かに『講義』ならではのことと言えよう。

第五節　『助語辞』の影響に関する点描

最後に少し趣を変えて、江戸時代における『助語辞』の流布と影響の軌跡について素描しておきたい。それは次のような四つの段階を経てきたと言えよう。

1　模倣――『助語辞』を翻刻する

『助語辞』は日本に伝わってから次のような翻刻本が見られた。

①寛永八年（辛未、一六三一）版、一冊、大本。
②寛永十八年（辛巳、一六四一）版、一冊、大本、風月宗智刊。
③寛永十九年（壬午、一六四二）版、一冊、大本、寛永一九年壬午暦仲夏吉辰、本誓寺通下ル、毘沙門町大黒屋。明万暦版翻刻本。[24]
④（新刻）助語辞、明盧以緯撰、胡文煥校。延宝二年（一六七四）刊（武村新兵衛）返送縦、大、一。
⑤（合類）助語辞、明盧以緯撰、胡文煥校。元禄八年（一六九五）刊、未見。[25]

このように『助語辞』の和刻本は多く出されている。そのうち、寛永八年（一六三一）版が最古のようであるが、戸川芳郎の調査では、寛永十八年（一六四一）のものが現存本としてもっとも古いとのことである。[26]
筆者は、大阪府立図書館でそれを閲覧するチャンスに恵まれた。本文十四葉にわたる本書の奥付に「寛永十八辛巳暦仲冬吉辰／二条通観音町風月宗智刊行」とある。風月宗智は、江戸時代初期の京都の大きな書肆で、日本の古典『古事記』（三冊、大本、寛永二十年）を最初に刊行した本屋でもある。奥野彦六の統計でも、江戸初期の刊記のある一〇一の出版社の内、風月宗智の出版物が一番多かったとのことである。[27]

2　補完――『助語辞』の不足を補う

『助語辞』は、「予友盧子允武、以文誨人、患来学者抱疚猶彼若、爰摭諸語助字釈而詳之」[28]と書いてあるように、助辞を研究するために撰した本ではなく、初心者向けのテキストなので、要領よく簡潔にできているものの、その反面、完備しない点も免れなかった。江戸時代の毛利貞斎の次の評価は、『助語辞』の同時代に於ける位置づけを客観的に表していると思われる。

（『助語辞』）雖単冊少頁、文範亀鏡、不為不大、是故流於世既久矣。然而引証少、挙例稀、後生憾難通暁。(29)

薄い本であるが、文章の手本として非常に役立つ。そのため、世間で流行り出してから久しい。しかし、典拠が少なければ用例も少ないため、生徒にとても難しいといっている。そこで、『助語辞』の不足を補おうと次のような『助語辞』の解釈書が現れてきた。

『鼇頭助語辞』一巻一冊、天和三年（一六八三）五月、京都梅村彌右衛門玉池斎刊。
『重訂冠解助語辞』二巻二冊、毛利貞斎注、享保丁酉二年（一七一七）盛夏吉旦、皇都書林梅村彌右衛門刊。
『訓蒙助語辞諺解大成』四巻五冊、毛利貞斎述、男瑚珣校閲、宝永五年（一七〇八）戊子仲春、京都小佐治半右衛門・大和屋伊兵衛刊。
『助語辞俗訓』二冊、穂積以貫、享保己亥四年（一七一九）秋七月、摂江杉本静玄冲謹題。

前の二種の鼇頭本は、漢籍資料を引挙して、『助語辞』の中の語に対して詳細な解釈を行っているが、後の二種は、書名でもわかるように、「諺解」「俗訓」、つまりわかりやすい日本語による解釈書である。これらの書物により、『助語辞』はいっそう広く世間に流布し、受け入れられたのだろうと思われる。

上記の『助語辞』に注釈作業を施した書と異なり、以下の二書は『助語辞』の一一六の語に満足せずに、さらにそれらを大幅に増広したものである。

『広益助語辞集例』三巻五冊、三好似山、元禄七年（一六九四）甲戌暦刊。

『語助訳辞』二巻二冊、松井良直、享保四年（一七一九）九月、大阪河内屋宇兵衛等刊。

前者を著す動機について、三好似山は「序」の中で次のように述懐している。

助語者、其文章之筋骨、詞藻之枢要也乎。予嘗苦助語之難辨、仍取盧允武之助語辞、雖閲之、然意義不詳審、而字亦少、故不便於初学。於是毎読書之序鈔一二有年、積而満帙、分為三巻。（下略）

『助語辞』は解説が詳しくない上、語項目も少ないので初心者に難しい。そこで、読んだ本の序から助字を一二年かけ写してこの本にまとめた、という。

また、この本の凡例によれば、助辞のほかに助辞に似たもの、助辞でないが多用されるものを広く集め、一千以上に増益したとのことであるが、しかし、実際確認したところ、九二七個の増加であったことがわかった。三好は九二七個の助辞を、発語辞・語已辞・助語辞・決定辞・未定辞・疑辞・承上起下辞など五十六類に分属した。

『語助訳辞』は『助語辞』を和語で解説し、自分の意見を付け加え、その不備を補完したもので、助辞を二九五個に増加している。

3　離脱――日本人の手による助辞関係の著書の誕生

上記の一模倣と二補完で挙げた著書は、『助語辞』を翻刻し平易な説明を行い、欠陥を補うなどして、どちらも『助語辞』を中心に著述した本である。次の本は、『助語辞』からの束縛を離れ、日本人が書いたもので、日本人による助辞関係の専門書が始めて生じてきた。

『助辞鵠』五巻五冊、河北景楨、天明六年（一七八六）、伊勢高田山専修寺学寮刊。
『助語審象』三巻三冊、三宅橘園、釈海定等編、文化十四年（一八一七）十一月、京都菱屋孫兵衛等刊。
『助字辨』初編一巻一冊、北条霞亭撰、釈元愚・岡田阜校、北越仙城院刊。

など、枚挙にいとまがない。なかでも、皆川淇園の三書――『太史公助字法』（二巻、二冊、令木竜・岡彦良編校、宝暦十年〈一七六〇〉三月、京都西村平八青雲館等刊）、『左伝助字法』（三巻、三冊、令木龍・岡彦良編校、明和六年〈一七六九〉七月、京都河南四郎右衛門英華堂等刊）、『詩経助字法』（二巻、二冊、皆川允・安威廷良同校、天明三年〈一七八三〉五月、京都西村平八青雲堂刊）――は『史記』『春秋左氏伝』『詩経』といった文献ごとの助字を研究している。その着眼の斬新さは、現在においてもなお称すべきである(30)。

4　飛躍――日本語の助辞専門書の誕生

漢語助辞研究書の多くは、同訓異義語の弁別を主としているので、自然に日本語との比較対照が行われている。例

えば、

漢文之有之乎焉哉、猶倭語之有天爾於波。[31]

句絶ノ余声トハ、譬バ和歌ニ「フリユクモノハ我身ナリケリ」ナド云フ「ケリ」ノ詞ト同ジ。我ガ身ナリト云フニテ、スミタル事ナレドモ、自然ト余韻ノアル詞、コレニ限ラス、カズカズアリ。[32]

といったふうである。歳月が経つにつれて民族自覚性が高まったこととあいまって、漢語から日本語――いわゆる国語に目を転じ、日本語の助辞についても系統的に考察するようになった。その成果としては、次の国語の助辞（を中心にした）本が挙げられよう。


『挿頭抄』三巻、富士谷成章、明和二年（一七六五）。

『袖珍歌鏡』一巻一冊、著者・成立年不詳、「話語捷径」「助辞捷径」「仮字捷径」からできている、佐野文庫蔵。

『古今集和歌助辞分類』二巻二冊、村上織部、明和六年（一七六九）刊、神宮文庫蔵。

『脚結抄』五巻、富士谷成章、安永二年（一七七三）。

『虚字之詠格』二巻、幻交庵、文化五年（一八〇八）識。

『和漢助辞通解』一巻、白石覇台、文化七年（一八一〇）序。

『助辞格』珠阿彌、文政四年（一八二一）。

『助辞本義一覧』二巻、橘守部述、橘冬照撰、天保六年（一八三五）序。

『助辞頌』（題簽および見返しは「助辞證」）一巻一冊、森維尹（守拙）、天保丁酉八年（一八三七）孟冬刊行、慶応乙丑元年（一八六五）孟冬再刻。

『虚字詠格』二巻、橘守部、弘化元年（一八四四）。

『助字音義考』二巻、堀秀成、安政二年（一八五五）。


などがある。日本語の「てにをは」を「助辞」と称するのは、古くからあったらしいが、専門書として出現してきたのは、漢語助辞の研究書が多く誕生して以来のことである。そこで、「漢文の助字・虚字・実字の研究が暗々裏に動機を与えた事は、否定するわけにはいかない(33)」であろう。即断は許されないが、本格的な日本語文法研究は助辞からスタートしたのであるが、それは漢語の助辞研究からヒントを得られたものであると思われる。今後の研究課題としたい。

江戸時代の助辞研究ブームは明治維新とともに、余儀なく下火になったとはいえ、明治期に入ってから次の書物に根強く自分の姿を反映している。


『助辞新訳』二巻二冊、東条一堂述、東条長世等編、明治三年（一八七〇）。

『助字一覧表』一帖、根岸和五郎編、明治十年（一八七七）。

『雅訓助字解』一巻一冊、三宅緝明、明治十年。

『文家必携実字虚字助字熟字』一冊、小野田虎太編、明治十年。

『明治助語審象』一冊、木村方斎、明治十一年（一八七八）。

『助語新編』三冊、大岡譲編、明治十二年（一八七九）。

『助語辞解』一巻一冊、元・盧以緯著、秋元晉訓点、明治十四年（一八八一）。

『虚字注釈備考』六巻一冊、清・張明徳著、萩原裕校点、明治十四年。

『助語類輯』一巻一冊、田中安積編、明治十七年（一八八四）。

『方言解類聚助語二百義』九巻二冊、小幡儼太郎著、明治二十年（一八八七）。

『文家必携助字彙註』一巻一冊、永井槐山編、明治二十四年、明治二十五年（一八八八）増訂四版。

『文家必携助語詳解』一冊、花輪時之輔編、明治二十七年（一八九〇）。

『虚字重語套』二巻二冊、岡本保孝著、明治三十八年（一九〇五）八月上浣豊書之写。


ところが、これも強弩の末にすぎず、その後はすっかり立ち消えになり、『助語辞』の日本漢語語法書、乃至は日本文法書におよぼした直接間接の影響については、どれほどの研究者に知られているであろうか。

注

（1）　向井富『商舶載来書目』文化元年（一八〇四）編、国会図書館蔵。大庭脩『江戸時代唐船持渡書の研究・資料篇』、関西大学東西学術研究所、一九六七年三月翻刻。
（2）　注（1）に同じ。
（3）　『舶載書目』宮内庁書陵部蔵。大庭脩解題、関西大学東西学術研究所一九七二年翻刻。

（4）『御文庫目録』東北大学狩野文庫蔵。大庭脩「東北大学狩野文庫架蔵の御文庫目録」（『関西大学東西学術研究所紀要』三、一九七〇年三月）。
（5）注（4）に同じ。
（6）拙稿「日本胡文煥叢書経眼録」（『中国典籍在日本的流伝与影響』杭州大学出版社、一九九〇年十二月、所収）参照。
（7）拙稿「江戸時代流伝日本的漢籍書目」（『日本文化的歴史踪跡』、杭州大学出版社、一九九一年二月、所収）参照。
（8）「駿河御譲本の研究」、『書誌学』第三巻第四号、通巻第一六号。
（9）慶応義塾大学附属研究所斯道文庫編『江戸時代書林出版書籍目録集成』（三冊）、一九六二年～六三年。
（10）文中の数字はすべて冊数を表している。たとえば、「二」は「二冊」の意。
（11）「中字」の「字」は「本」の誤りであろう。
（12）阿部隆一「解題」、注（9）掲出書第一冊。
（13）『助語審象』序文。
（14）広池千九郎『増訂支那文典』、早稲田大学出版部、一九一五年。
（15）牛島徳次『日本における中国語文法研究史』（東方書店、一九八九年）五一頁。
（16）この表は『国書総目録』、「江戸時代に於ける助字・虚字・実字の著作について」（平野彦次郎）、『漢語文典叢書』、『増訂支那文典』などにより作成。
（17）「冊」を示さないものは「巻」を表す。
（18）国金海二の論文「盧以緯『助語辞』とわが国の漢語法書への影響」の「註六」で、「筑波大学蔵『助語辞講義』（写本）があり、それによると浅見絅斎（一六五二～一七一一）、須賀精斎（一六八八～一七五四）などが『助語辞』について講義をしていたことが分かる」とある。
（19）引用は句読点も原文のままで、合字だけ直した。以下同じ。
（20）『操觚字要』については、拙稿「『操觚字要』書誌考」（神奈川大学『人文学研究所報』第二十五号、一九九二年三月）参照。

（21）表について少し説明しておこう。「語項目」とは、『助語辞』で扱っている語の項目のことで、配列順序は原文のままである。「区切り数」とは、「講義」が『助語辞』の文（センテンス）をいくつかに区切って解釈した数を指す。たとえば、第一項の「也」「矣」「焉」については、①「是句意絶」、②「也」意平、③「矣」意直、④「焉」意揚、⑤発声又同、意亦自別、のように五つに分けて説明している。区切りの基準は「講義」に用いられた区切り記号「○」と行変えによるものである。無論、「講義」では長く区切ったものも、短く区切ったものもあるので、必ずしも『助語辞』の原文のセンテンスと合致しているとは限らない。「悪ルイ註」とは、「講義」ではっきりと「悪ルイ註」と断定したものを指す。「当ラヌ註」「一概ノ註」「イラヌ註」「組合セガ悪ルイ註」「衍明ケヌ註」「合点ノイカヌ註」などをも一括して、これに入れることにした。「善註」も同様で、その内、「成程此ノ通り」や「聞エタ註」などをも含める。「補注」とは、良し悪しを露わにしていないが、『助語辞』の欠けた部分を補ったり、批判したりしている箇所を指す。「中性」とは、『助語辞』の説明どおりに解釈している意味で、換言すれば、「講義」では異議を示さない部分である。また、表の中にある「○・五」のような数字が出た場合、一句限りのうちに、良し悪し的評価が半々にされている時に用いる。たとえば、項目二十六の「夫」の場合、「講義」は「有在句中者、如「学夫詩」之類、与「乎」字似相近、但「夫」字意婉而声衍」を一句区切りとしているが、その内、前半の「有在句中者、……似相近」については、「悪ルイ註デ」と酷評しているし、後半の「但「夫」字意婉而声衍」については、「尤ナ註デ」と褒めている。このような場合、区切り数は一つなので、それぞれ「○・五」とする。以下もこれに準ずる。

（22）『大日本人名辞典』（新訂版）（同刊行会、講談社、一九七四年）による。

（23）『助語辞集注』でも「施及」を複合動詞と見ている。「前言」七頁と本文五六頁に詳しい。

（24）①～③は、奥野彦六『江戸時代の古版本』（東洋堂、一九四九年）第五章「寛永版本目録」による。

（25）④～⑤は、長沢規矩也『和刻本漢籍分類目録』（汲古書院、一九七六年）『和刻本漢籍目録補正』（同・一九八〇年）による。また、本書には寛永十八年と同十九年版の『助語辞』も挙げられている。

（26）『漢語文典叢書』第六巻（汲古書院、一九八〇年）に載せられた「解題」による。

（27）注（24）、五七頁、一〇六頁。

(28) 胡長孺「語助序」、『語助』(一三二四年序刊) 所収。
(29) 毛利貞斎『重訂冠解助語辞』跋。
(30)『漢語文典叢書』第四巻 (汲古書院、一九八〇年) 第六巻に載せられた「解題」による。
(31) 三宅輯明『助字雅』(元禄十二年〈一六九九〉) 跋文。
(32) 松井良直『語助訳辞』(享保四年〈一七一九〉刊)「歟・邪」項。
(33) 平野彦太郎「徳川時代に於ける助字・虚字・実字の著書ついて」(中)、『斯文』第九編第一一号、一九二七年。

第三章　翁広平およびその『吾妻鏡補』について

翁広平（一七六〇～一八四二）、清朝江蘇省呉江の人、一八一四年に『吾妻鏡補』（別名『日本国志』）三十巻を著し、日本の天皇系譜・地理・風土・食貨・通商・職官・芸文・言語・軍事などについて系統的に研究した学者として注目を浴びている。いままで『吾妻鏡補』についてはいろいろの研究紹介はあるが、著者翁広平についてはまだ考察が十分だとはいえない状態である。拙論は翁広平の身上・著書・趣味・家族を考察し、『吾妻鏡補』の特徴と版本を紹介しようとするものである。

第一節　身　上

翁広平、字は海琛、海邨を号とする。彼について記載する文献が少ないとは言えないが、何故か生没年については、みな欠如している。管見の限り、平湖の人銭椒が編纂した『補疑年録』（四巻）は、その空白を補う唯一の資料である。歴代の人物の生没年を記す本書は、第四巻に、「翁海琛　八十三　広平　／乾隆二十五年庚辰生／道光二十二年壬寅卒」とある。

乾隆二十五年は、日本の宝暦十年（一七六〇）、道光二十二年は、天保十三年（一八四二）にあたる。八十三歳とは今日でも長寿のほうであろう。『補疑年録』は、翁も参閲者五人のうちの一人であるうえに、道光十八年（一八三八）、七十九歳で撰した序文も巻首に寄せられているため、本人の没年が書かれるはずがない。光緒六年（一八八〇）同郷の陸氏が本書刊行の際、補充したものであろう。

翁は七歳にして四声がわかるといわれているが、四十七歳になって始めて秀才になり、六十二歳（道光元年、一八二一）でようやく挙人に挙げられた。(1) そのため、科挙試験の道が順調ではなかった彼は、一生貧困生活に悩まされていたようである。とくに父の死は、彼に泣きっ面に蜂のような打撃を与え、飢餓に喘ぐ生活がつづいていた。(2) 彼は友人宛に送った書簡で次のように告白している。

僕自数年来、死喪相継、憂患頻加。所恃為生計者、惟此硯田一畝、足支五六口半年薪水。（下略）(3)

僕両遭大故、属纊時、家無十金之産、凡殯殮之費半出典質、半資賵賻、不足則蓋以借貸能蔵事。庶幾一門之内疾病不生、亦可稍舒其喘息。不料期功之服、一歳三更、七年九男、雖盈實之家亦不易支持、況僕之窘迫者乎。自是以後衣食益艱、欲典質、貧士無筐篋之存、欲借貸、君子無儻歙之道。既無所典質、又不可借貸、処境之艱難非人生所希有者乎。(4)

肉親の相次いだ死は、翁の葬式を挙げる経済力までなくしてしまった、と告白している。

質入のものもなく、借金もできない、世に珍しい貧しさだと哀願している。このような貧困生活を支えたのは、上記の一畝の田畑のほかに、塾の教師という職業であった。

僕近以訓蒙為業、一堂之上、童子六七人、自朝至暮、舌敝耳聾、而又有米塩瑣屑以乱我心。（下略）(5)

しかし、高い学歴がなかったため、収入は薄かった。

僕年来以訓蒙為業、修脯不過三五十金、蓋我里修脯本不豊、而僕以布衣作蒙師、故所得甚薄、而毎年又有応試之費。(6)（下略）

このように、翁は故郷平望で貧しい一生を過ごしたのであった。

第二節　著　書

翁はそれにしても学問を研究する志は捨てなかった。彼は四十歳前に友人宛に送った書簡で六書・金石・続松陵文献など三種類の本を著したいと抱負を語っている。(7)このような抱負を実らせるためには、越えにくいハードルが立ちはだかっていたのであるが、次の彼の著書に明らかなように、「六書」類のほかに、大半は実現されたようである。

書名	出典
①続松陵文献	『呉江県続志』芸文条
②翁氏文献	『平望続志』書目条
③翁氏宗譜	『聴鶯居文鈔』巻十六
④平望志十八巻	光緒十二年重刊
⑤平望詩存十五巻（輯）	『呉江県続志』芸文条
⑥吾妻鏡補三十巻	写本、上海図書館など蔵
⑦歴代紀元表	『聴鶯居文鈔』巻三十
⑧聴鶯居詩鈔	『聴鶯居文鈔』巻七
⑨聴鶯居文鈔三十巻	嘉慶十九年序、民国伝抄本（上海・国家図書館蔵）
⑩余姚両孝子万里尋親記（七丁）	『知不足斎叢書』第三十集
⑪書湖州荘氏史獄（六丁）	『嘉業堂叢書』民国五年刊
⑫鶏窓叢話一巻（評注）	『新陽趙氏彙刻』光緒十二年刊
⑬周草亭集六巻（輯）	『平望続志』書目条
⑭金石集録七表巻	『聴鶯居文鈔』
⑮伝国璽考	『平望続志』書目条
⑯金石書画跋	同
⑰天文論	同

以上①～⑤は地誌関係、⑥⑦は歴史、⑧～⑬⑰は詩文、⑭～⑯は金石の本である。その内、⑩と⑪は叢書に収めら

れているものの、至って短いもののため、本というより文章といったほうがふさわしいかもしれない。また、⑰の『天文論』も題名から察すれば文章であろう。『平望続志』（巻七・人物）によれば、翁の著書は『吾妻鏡補』のほかに、百余巻を下らないというが、一八六〇年に李秀成が率いた太平軍が浙江を陥れた乱に紛れて紛失したものが多くて、④⑥⑨〜⑫、合わせて六種しか残っていない。

翁は著書の他に、下記の本に多数の序文も寄せており、高い知名度の一端を見せている。

書名	著者	出典
黄渓志十二巻	銭　墀撰	『呉江県続志』芸文条
松陵見聞録十二巻	王　鯤撰	同
清承堂印賞	張孝嗣撰	同
萘村遺稿二十巻	計　黙撰	同
鴻爪山房詩鈔	呉中奇撰	同
万葉堂詩鈔	李紫綸撰	同
雪牀詩鈔	釈霽堂撰	同
補疑年録四巻	銭　椒編	光緒六年刊
札樸十巻	桂　馥撰	『心矩斎叢書』光緒九年刊
陶山文録十巻	唐仲冕撰	道光二年刊
全唐詩逸三巻	市河寛斎編	『知不足斎叢書』第三十集　道光三年

そのうち、『札樸』には段玉裁の序、『陶山文録』には銭大昕・段玉裁・黄本驥の序が載っているので、これらの名人と肩を並べて序文を寄せられたのは、翁の学問はある程度学界で評価されていることを意味しているであろう。

第三節　趣　味

翁は田舎の教師にすぎないが、趣味が広くて、多種多様の才能を有している。

まず書画が巧みである。清朝の絵画文献『墨林今話』（巻十）をはじめ、『甌鉢羅宝書画過目考』（巻四）、『国朝書画家筆録』（巻三）、『清画家詩史』（庚上）、『国朝書人輯略』（巻七）等はいずれも彼の絵画の才能を取り上げている。もっとも文章がもっと名高いため、清の時代にすでに彼の絵画の才能が忘れられていたという。(8)

書画の他に、金石も好きである。どんなに貧しい生活に陥っても先祖譲りの数十冊にわたる金石関係の本を固く守り、(9)それに友人から借りてきた図書を加えて、『金石集録』七百巻を編集した。(10)

書画・金石はいわば文人趣味であるが、歴史・地理は翁のもっと力を入れて研究した分野であろう。この点に関しては、先に挙げた翁の業績で十分立証しているため、冗説を省く。

その他に、天文科学にも強い関心を持っていた。普陀山に泊まり、日食・月食を克明に記録して、(11)「日月合璧即日食論月食附」「月盈虧論」「隕星論」(12)を撰した。彼の先人より精確で、中国と西洋の長所を取り入れて自ら考案した測量法は汪家禧に激賞されている。(13)

旧時代の文人と異なり、日本にも興味を注いだのは翁のユニークなところと言える。彼は『論語徴』『戊亥遊嚢』『南遊捆載録』『古梅園墨譜』『佚存叢書』『群書治要』等の和（刻）本(14)と日本の絵を所蔵した。(15)それに「日本国飲磨茶記」「日本国画冊記」[16]などを書いて、茶道と絵について詳細な記録を書き残している。とくに前者は、選茶、価格、器、水、接待、飲み方など、中国人が書いた茶道に関するもっとも詳しい記録だと思われる。

翁は地方志の編纂に長じるようで、上述の著書のうち、『続松陵文献』『翁氏文献』『翁氏宗譜』『平望志』などは、その成果である。前の三書は所在が明らかではないが、『平望志』十八巻は見ることができる。平望は江蘇呉江の重鎮であるが、地誌が刊行されたことがなかった。翁は平望の建置・境域・寺廟・官制・風土・物産・芸文などの項目を立てて、数年の精力を掛けてはじめての平望地方志を編集した。

この地誌の特色は資料を広く蒐集し、考証に厳しいことにあり、翁の学風を顕著に表している。そして、それは後述のように翁の力作『吾妻鏡補』にもつながっていると思われる。

第四節　家　族

翁の父は塾の教師で、『翁氏宗譜』『平望志』（ともに未完）を編纂した体験があり、金石関係の本を数十冊翁に残したことからも、少なくとも地誌に教養のあるインテリということが察せられる。しかし、呉江の地方志に姓名さえ載せられていないため、これといった官職についたことがないと思われる。

翁の長男雒は、字は穆仲、小海、または小梅を号とする。父の大著『吾妻鏡補』の校正にかかったほか、『小蓬海遺詩』『屑屑集』（共に一巻）を世に残した。二点とも没後に友人蔣光煦の好意により『別下斎叢書』に入れられた詩集で、前者は子柏岑により整理・編集され（道光二十九年刊）、後者は唐詩を摘出して新たに詩に組み合わせられたもの（道光三年自序）である。蔣の識語によれば、道光二十九年（一八四九）に六十歳で貧困で病死したという。長寿だった父広平の死よりただ七年だけ遅れをとっているわけである。

小海は庭訓を受け、詩文よりも絵画に才能を備え、『甌鉢羅宝書画過目考』（巻四）で評価されているごとく、ことに花鳥画が堪能であった。筆者の調査では、浙江省海寧県博物館（「百齢秋艶図」「花卉草虫」）、浙江省平湖県博物館（「花鳥」）、浙江省博物館（「富貴耄耋図」共作）、そして浙江図書館（『翁小海花卉虫魚冊』『翁小海花鳥小虫冊』）にそれぞれ彼の作品がある。

翁の次男大年は、字を叔均と称じ、金石考訂学の研究者として同時代（道光咸豊年間）の張叔未・韓履卿・呉子苾・許叔夏・劉燕庭と併称された。多数の著書を著したが、経済上の理由か、どれも刊行できなかった。民国二十八年（一九三九）、羅振玉は上海に流出されていた多くの稿本を購買して（羅振玉『陶斎金石文字跋尾』識語）、そのうちの『古兵符考略残稿』（一巻、民国五年刊。のち、『羅雪堂先生全集四編』（民国六十一年台北大通書局景印本）所収）と『陶斎金石文字跋尾』（一巻、『雪堂叢刻』民国四年刊。のち、『叢書菁華第三期』民国六十年台北芸文印書館景印本と『羅雪堂先生全集初編至三編』民国五十七年―五十九年台北文華出版公司景印本がある）をそれぞれ上梓した。大年の本にはそのほかに『旧館壇碑考』（一巻、『湫漻斎叢書』民国中瑞安陳氏刊）、『続泥封考略』（四巻、『清代稿本百種彙刊』民国六十三年台北文海出版社景印本）、『義門先生集十二巻付録一巻家書四巻』（輯、宣統元年呉氏刊）が刊行されているが、『古官印志』（八巻）、『泥封考』（二巻）、『陶斎印譜』（二巻）、『瞿氏印考辨証』（一巻）、『秦漢印型』（二巻）[17]は未見である。

第五節　『吾妻鏡補』の特色

翁の故郷江蘇省呉江県平望鎮は、西は太湖に臨み、南は浙江省湖州に隣接して、清朝の対日貿易港――乍浦に近かった。翁は数度乍浦を訪れ[18]、現地で教えた経験さえある[19]。常に日本に関心を寄せた彼は、和書も含めて及ぶかぎりの文献を網羅して、嘉慶十九年（文化十一年、一八一四、自序）に七年の歳月をかけた画期的な大著――『吾妻鏡補』を完成した。本書の成立過程・『吾妻鏡』との関連などについては、煩雑を省くため本書の第四章を参照されたいが、ここに中国における日本研究史からみた本書の特色を少し概観してみたい。

『吾妻鏡補』はそれまでの日本研究書に比較していろいろ優れたところがあるが、ことに次の箇所が目立つと思われる。

（1）　文献主義。

巻首に挙げられた「引用書目」で示した通り、本書を撰する際に参考した文献は漢籍が一四九点で、和書（和刻本、逸書も含む）が四十一点にのぼっているが、筆者の調査では、実際出典として本文に示された文献は、孫引きも含むとはいえ、「引用書目」よりさらに三分の一強を上回ることが分かった。このように大量の文献を駆使し、本文の至るところに一々典拠をあきらかにした日本研究書は空前絶後と評価しても過言ではあるまい。それに、これらの文献のうち、逸書と思われる『仙台国記略』『年代擥要』『年号箋』などや、中国に初登場の『南遊梱載録』『蓬蒿詩集』『競秀亭草稿』なども多く含まれているため、極めて貴重である。

（2）　峻厳な態度。

翁はただ豊富な文献を集め並べたのみならず、誤認・誤解も時代の制限で存するものの、真剣にそれらを点検し、時には批判したりもしている。例えば、欧陽修の例の名高い『日本刀歌』に対して「逸書百篇今尚存」という句を疑問視して、憶測の発言だと批判している（巻十五、七三〜七四頁）。また、『明史』の編纂に加わり、皇帝の侍読を担当した、時の一流の大学者朱彝尊（一六二九～一七〇九）に対しても、寛永二年を明の天啓四年に換算した誤り（巻十九、九五頁）、孫引きによる同姓結婚説の誤認、男性国王への拘泥（巻三十、一五三頁）を指摘している。先人の成果を踏まえながら少しもゆるがせにせず、厳しく考証する。さすがに清朝の考証主義の最盛期に生きた人物であって、その学問に対する真摯な態度はまことに敬服に値する。

（3）ユニークな内容。

倭寇跳梁や朝鮮出兵に刺激されて現れた明代の日本研究書等に比較して、本書にははるかにすぐれたところがある。例えば、清の鐘淵映は『歴代建元考』で『吾妻鏡』などを参考にして日本の年号も取り扱っているが、断片的なものにすぎない。一二〇代に及ぶ天皇系譜を描いたのは、翁の本書を嚆矢とする。また、『長崎図』『東洋客遊略』『平攘録』『渡海方程』『海道針経』『両浙海防続編』『海外奇談』などにより作成した長崎の詳しい地図・地理（巻十一～十三）、対日貿易史料（巻十六・十七）、日本語彙（巻二十七～二十八）の内容は、原典の大半がすでに所在不明の状態にあるため、今日の私たちにとっては、この方面に関する唯一の参考史料となるものが多く、貴重な存在となる。

以上のような理由により、『吾妻鏡補』は質量ともに明治以前に中国人の著した日本研究書の傑作となっていると思われるのである。

第六節　『吾妻鏡補』の書誌

『吾妻鏡補』は中国人の日本研究の高いレベルを示した著書であるものの、刊行はされなかった。もっとも、一部は上梓されたことがあるようである。

道光二十年（一八四〇、翁の死去の二年前）蘇州府知事李璋煜は翁広平撰の『平望志』に寄せた序文で、「先生曾為『吾妻鏡補』、董栞数巻、行将与是書（平望志を指す―筆者）次第付梓、亦芸林之幸也」と、わずか数巻しか刊行されなかった『吾妻鏡補』は、まもなく『平望志』と共に上梓されるという旨を言っている。しかし、『平望志』は刊行されたが、『吾妻鏡補』はとうとう刊本を見せなかった。それはおそらく次ぎに紹介する静嘉堂文庫蔵本の巻首に記された識語のいうとおり、兵燹に遭ったためであろう。翁の没後四十五年、光緒十三年（一八八七）に出版された翁の故郷の地誌『平望続志』（巻七「人物」）でも、『吾妻鏡補』は惜しくもただ半分しか刊刻されなかったと明言している。

『吾妻鏡補』の刊行を試みた者は、翁の親しい友人唐仲冕であったと思われる。

蔣宝齢は『墨林今話』（二十八巻、続一巻）のなかで、「『吾妻鏡補』、唐陶山方伯為捐貲付刊、奇作也」（巻十）と書いている。蔣（一七八一～一八四〇）は翁と同時代の同じ江蘇省（昭文、今常熟市）の画家であったゆえ、信憑性が高いと思われる。また、唐本人もそれを認めている。彼は自分の詩集『陶山詩録』（二十八巻）に、「題翁海邨広平詩文稿」（巻二十）という詩を載せている。この翁を絶賛する長詩の中に、「不与鶏林賺金帛」という一句が見られ、そして「翁作『吾妻鏡補』、長崎人買之不与、余為之刻入『伝疑集』」と割り注している。

唐は清の善化の人、字は六枳、陶山を号とする。翁の若いころの詩友の一人で[20]、乾隆時代の進士であった。彼の文集『陶山文録』（十巻、道光二年序刊）に、段玉裁と並んで、翁の序文と評注（十か所）も見える。これほどに親しい仲だから、翁のために本を刊刻する話を信用してもいいであろう。

『陶山詩録』に嘉慶十六年（一八一一）孟冬付け唐の自らの識語、翌年秦瀛の序文が掲載されているため、それまでにこの詩が作成されていたはずである。つまり、長崎の日本人への売却を拒否し、『伝疑集』に入れて上梓すると明言しているので、この詩を作る嘉慶十六年までに、『吾妻鏡補』はすでにできあがっていたことを意味している。そうだとすれば、『吾妻鏡補』——巻数はつまびらかではないが、最初の定本だと思われる——は現行本の巻首にみられた翁の嘉慶十九年の自序に先だって少なくとも三年はやくの完成になると思われる。

現に『吾妻鏡補』に著者の手入れの痕跡が若干残されている。例えば、巻数に関する記載の矛盾はその一つ。翁の自序によると、本書は世系表十巻、地理・風俗・□□□□・芸文の類二十六巻、という計三十六巻の構成であるが、「凡例」においては、計三十一巻（うち、巻数の明記されていない世系表を、仮に現存本の十巻だと計算する）である。そして、実際の流布本は次に紹介するように、三十巻本と二十八巻本となっている。もう一つは巻数と内容のズレである。三十巻本の第十一巻（五六頁、五八頁）においては、州・島・町名がそれぞれ巻八・九の地理志に詳しいと称じているものの、実際、巻八・九は世系表で、巻十二・十三地理志に入っている。

このような不一致が現れたのは、けっして書写によるミスではなく、著者の各時期の思案を如実に示した結果だと思われる。換言すれば、三十巻本を定本（もしくは定本に一番近い）と決定するまでには、複数の稿本（案）があり、現行の二十八巻本もその中の一つであろう。

さて、『吾妻鏡補』は刊行の完成には至らなかったものの、複数の写本は中日両国の図書館に所蔵されている。次にそれを紹介しておく。

（1）国家図書館蔵本

二十八巻、十冊、毎半葉九行、毎行二十一字、各巻に「興亜院華北連絡部調査所図書」（楕円）、「興亜院華北連絡部図書」（長方形）印が捺されている。翁広平の序文、「凡例二十則」「引用書目」「吾妻鏡補目録」、本文、蔡寿昌「後序」、石韞玉「跋」という順序となっている。巻末に「吾妻鏡補巻××終」一行が記される。本写本には、例えば「其」の字がみな「重」に見えるような癖があり、注意が必要である。民国初年の写本らしい。

（2）北京大学図書館蔵本

二十八巻、六冊、行款・順序は国家図書館と同じ。「燕京大学図書館珍蔵」印が見える。巻首にある薛齢の庚辰（一九四〇）年に撰した解説によれば、これは、ハーバード大学図書館が一九三九年に北京の文禄堂から購入した写本（烏糸格双辺、十二冊）に基づき写したものだ、ということである。巻末には、次に列挙したとおり抄者・日時、それに字数が子細に記されている。

巻	日時（民国）	抄者	字数
一〜二	二十八年六月	石星五	三五頁七九五七字
三〜四	同	傅寿崑	二二頁五五一八字
五〜六	同七月	同	二六頁五七八五字
七〜八	同六月	王仲華	二九頁六二四〇字
九〜十一	同	同	三一頁六六〇〇字
十二〜十三	同	同	二六頁六五〇五字
十四〜十五	同	同	二九頁八六八〇字
十六〜十八	同	同	三四頁一〇二〇〇字

十九～二十一	同	傅寿崑	四一頁一二七六九字
二十二～二十四	同	同	三二頁九二九〇字
二十五～二十六	同	同	二八頁六七六六字
二十七～二十八	同七月	石星五	三三頁一一七五一字

以上は三人二か月がかりで計三六六丁、九万九〇六一字が書写されたことが分かる。換言すれば、『吾妻鏡補』二十八巻本は十万字弱の分量が明らかになったと思う。

（3）　上海図書館蔵本一

二十八巻、八冊、毎半葉九行、毎行二十一字、現図書館の蔵書印のみ見える。翁広平の自序、蔡寿昌「後序」、石韞玉「跋」「凡例二十則」「引用書目」「吾妻鏡補目録」、本文という構成である。巻末に「男雒　小海校字」六字がない。保存状態は良好で、民国時代の写本らしい。

（4）　上海図書館蔵本二（請求記号：一三六五〇）

三十巻、八冊、毎半葉十二行、毎行二十一字、「長興王氏詒荘楼蔵」朱印がある。各巻末に「男雒　小海校字」六字がみえる。巻十一絵図は全部欠けているが、八葉の白紙のスペースが空けてあるため、後に書き入れるつもりからだろうと見られる。表紙は和紙（桑皮紙）、四針眼。

王氏、名は修、字は季歡（一八九八～一九三六）、詒荘楼を架設し、万巻の蔵書を抱える浙江長興の著名な蔵書家で、蔵書の一部が散逸されたのちに編纂された『詒荘楼書目』（八巻、一九三〇）に、日本刊本（和刻本・和書・日本の写本を含む）は八十点弱で、朝鮮本は百点強が収録された一例だけでも、詒荘楼の特色――日本・朝鮮本が多数蔵されることが十分窺えるだろう。本書目の巻二に、「吾妻鏡補三十巻、清翁広平撰、此書無刻本」という記載が見られる。なお、王修の表兄（義理の兄）にあたる金濤の跋文によれば、王の妻温彜罍も主人と同様に読書を好み、自らの手で『吾妻鏡補』を書写したという。本写本は欠本ではあるものの、達筆で丁寧に書き写されたため、温の自筆本だと思われる。もっとも、本写本の巻十五風土志より巻十八職官志にかけては、用紙（「長興王氏仁寿堂鈔書紙」という版心がなくなる）も筆跡（他ほど達筆でない）も明らかに違うので、別人の手によるものであろう。

（5）　上海図書館蔵本三（請求記号：一三七三三）

三十巻、八冊、行款・順序は上海図書館蔵本一と、表紙・蔵書印・巻末は上海図書館二と同様。足本であるものの、同二に比較してなぐり書きや書き入れ、ことに目録の書写において、次のカッコの部分が省略されているため、同二の下書きの感は払拭できなかった。

（巻十二）　地理志一
（巻十三）　地理志二
（巻十四）　風土志一
（巻十五）　風土志二
（巻十九）　芸文志一文
（巻二十）（芸文志）二文
（巻二十一）（芸文志）三文
（巻二十二）（芸文志）四詩

（巻二十三）（芸文志）五詩
（巻二十四）（芸文志）六詩

（6）　浙江図書館蔵本

二十八巻、八冊、行款・順序は上海図書館蔵本と同じ。巻末に「男雒　小海校字」六字がない。浙江図書館では「清抄本」としているが、本に挟まれたラベルの記載はすべて簡体字で行われ、八冊、四十元とあることから新中国の成立後の購入であろう。

（7）　東洋文庫蔵本

二十八巻、十二冊、行款・順序は国家図書館とほぼ同じであるが、「引用書目」が「凡例二十則」の先に置かれる点のみ異なる。巻首に「財団法人東洋文庫／昭和十四年九月廿五日」という整理日を記した楕円型の印を捺している。数人の筆跡が見られ、民国時代の写本と思われる。

（8）　静嘉堂文庫蔵本

三十巻、八冊、行款・順序・巻末は上海図書館三と同一。現文庫蔵書印のみ見える。写本に修補がある上に、第二、三冊に乱丁が見られた。第一冊の見返しに本文と異筆で、二つの識語が存するものの、上のものはわずかな断片で、判読困難な状態である（図28参照）。幸いに下の識語は上のそれを要約している中身なので、大意の見当がつく。

桂岩山樵識於京寓／道光巳（「己」の誤り―筆者）丑（道光九年、一八二九―筆者）秋獲此、深以為慰。／此冊首題識為程恩沢手筆、大意謂此書已付刻而未果。復遺／人至翁海琛処鈔得珍而蔵之云耳／其後遭兵燹、此書卒

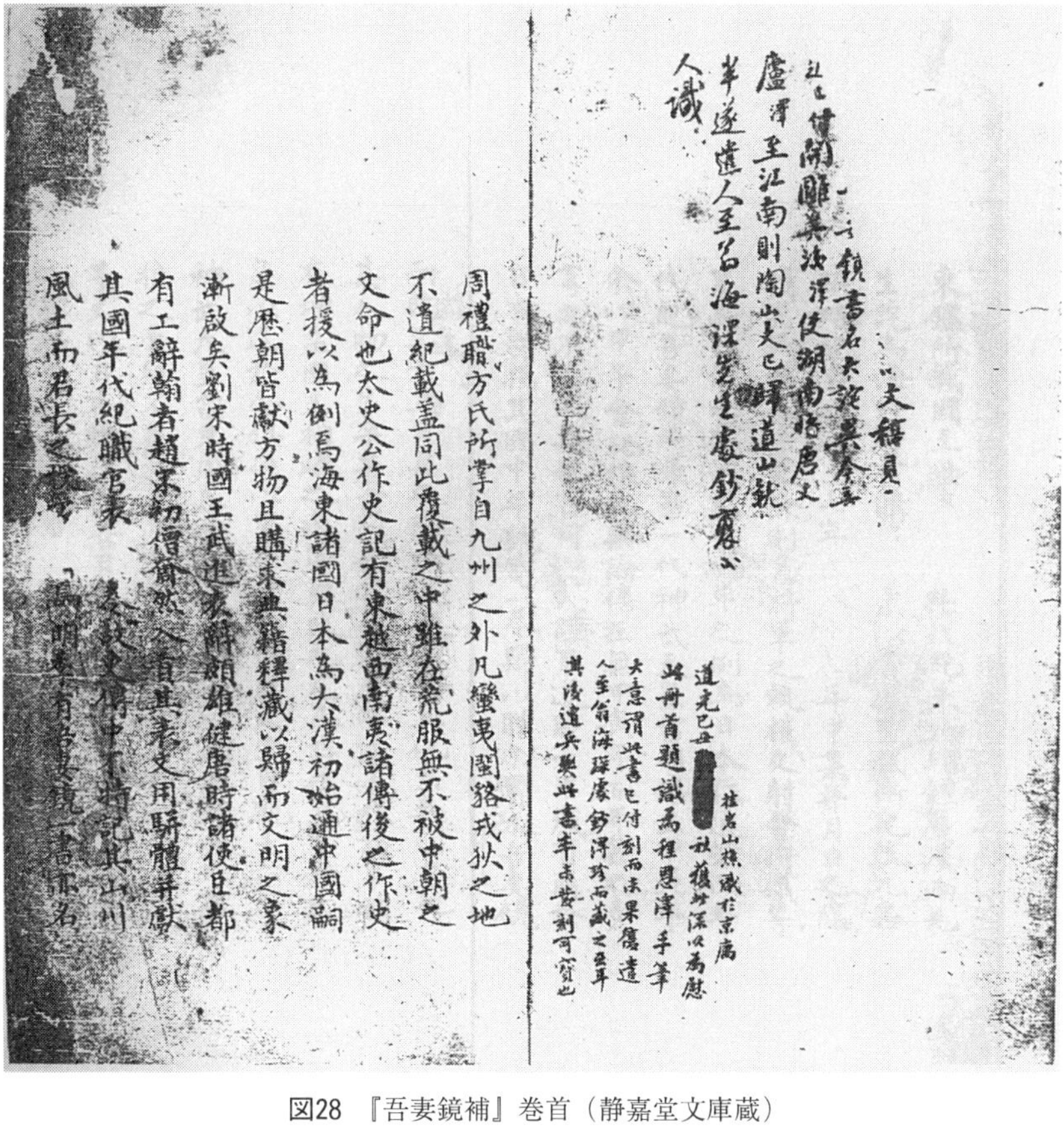

図28　『吾妻鏡補』巻首（静嘉堂文庫蔵）

未発刻、可宝也。

とある。程恩沢（?～一八三七）は安徽の人で、字を春海といい、嘉慶十六年（一八一一）の進士である。著に『国策地名考』『程侍朗遺集』等が世に残る。

（9）駒沢大学図書館蔵本

未だ観覧の機会に恵まれないが、後述の福島邦道の解説によれば、二十八巻、八冊、九行罫線入り二十一字の精写本、という。

以上中日所蔵の写本について紹介したわけであるが、要約すれば、下記のことが言えよう。

（1）上記諸写本はすべて中国で写されたもので、そのうち、（1）～（5）、（7）はみな民国時代に入ってから書写された、比較的新しいものだということが明らかになった。（7）の静嘉堂本は上述した識語によれば、翁の家で写した程恩沢手沢本を、桂岩山樵は道光九年――つまり翁が道光二十二年の死去より十三年も前から入手した、ということであるうえに、紙質も確かに古く見えるゆえ、もっとも古いことになるわけである。とはいえ、静嘉堂本は上に紹介した上海図書館蔵の二本の三十巻本に比較して、欠字に明らかに異なる箇所があるので、祖本にはならない。

（2）内容上においては、三十巻本は二十八巻本より一巻～巻十一の絵図と巻二十八の国語解二が多いように見えるものの、実際は一巻～巻十一の絵図の差のみである。国語解については三十巻本では二巻、二十八巻本では一巻というような巻立ての違いにすぎず、中身は同じである。

（3）構成上では、二十八巻本・三十巻本を問わず、蔡の「後序」・石の「跋」を巻首もしくは巻末に置くという順序の違いが見られた。

結び

寡聞であるが、最初に『吾妻鏡補』に注意を払ったのは石原道博であると思われる。「日本国志と吾妻鏡補[21]」という題で中間報告したのち、「鎖国時代における清人の日本文化研究――翁広平の日本国志について――[22]」という論文を上下に分けて、静嘉堂文庫蔵三十巻本に対して詳細を極めた紹介を行った。藤塚鄰も「清儒翁広平の日本文化研究[23]」を発表し、翁広平とその二子、吾妻鏡補の著述・体例、及び芸文志について紹介した。この論文はのちに彼の『日鮮清の文化交流[24]』に所収されている。続いて現れた研究は、佐藤三郎の「中国人と吾妻鏡[25]」である。

上記三人の六〇年代までの紹介・研究により、『吾妻鏡補』の存在は次第に学界に知られるようになった。その成果を踏まえたうえで、本書所載の日本語資料に研究の鍬を入れたのは、渡辺三男の「吾妻鏡補の日本語資料[26]」である。さらにその中の日本語資料を影印し、解題・索引を付けたのは、京都大学文学部国語学国文学研究室編『纂輯日本訳語[27]』と大友信一・木村晟の労作『吾妻鏡補所載海外奇談国語解本文と索引[28]』である。

日本に遅れて初めて本書に注目した中国人は馮佐哲・王暁秋で、二人は共同で「吾妻鏡与吾妻鏡補[29]」と「従『吾妻鏡補』談到清代中日貿易[30]」を発表して、中国側の注意を集めた。続いて、武安隆・熊達雲は『中国人の日本研究史[31]』（六興出版、一九八九年八月）という著書において、簡略な紹介を試みた。王勇は『日中文化交流史叢書・典籍[32]』で、中国における日本漢籍の流布の視野から、ことに芸文志にメスを入れた研究を試み、新風を吹き込んだ。筆者は、一九九六年三月に関西大学東西学術研究所主催の「太平洋圏における人・もの・文化のリンケージ」という国際シンポジウムで、「中国における『吾妻鏡』の流布と影響」を発表し、『吾妻鏡』と『吾妻鏡補』の関連などの諸問題を論じた。また、カリフォーニア大学サンタ・バーバラ校教授 Joshua A.Fogel（漢訳名：傅佛果）も鋭意研究中だそうである。

このように、『吾妻鏡補』は中日米に多数所蔵され（米国には、上述の北京大学大学蔵本の巻首に記されたように、ハーバード大学に蔵本がある）、三国の学者に絶えず研究されているのは、本書の持つ学術生命の永遠さを有力に物語っているであろう。しかし、前代未聞の出版繁盛を見せてきた二十世紀にもかかわらず、本書が長い間出版されない状態に置かれていた。一九九七年に朋友書店が本書を上梓したことにより、一八〇年前にできたこの日本研究の代表作は、かろうじて日の目を見、内外の学者の研究に供することができた。本書の存在はより多数の学者に知られ、さらなる研究が進められることを確信してよいであろう。

注

（1）『呉江県続志』巻二十二。
（2）「先君子見背、平貧不自存、飢駆靡止」、「上族祖覃渓先生書」、『聴鶯居文鈔』（写本、国家図書館蔵）巻二十六。
（3）「答周朗宇書」、同注（2）、巻二十九。
（4）「答李卓亭書」、同注（2）、巻二十九。
（5）「答周朗宇書二」、同注（2）、巻二十九。
（6）「答周朗宇書三」、同注（2）、巻三十。
（7）注（3）に同じ。
（8）『墨林今話』巻十。

（9）注（2）に同じ。
（10）「上王西庄閣学書」、同注（2）、巻二十八。
（11）『呉江県続志』巻二十二。
（12）以上『聴鶯居文鈔』巻二十二、所収。
（13）汪家禧「跋」、『聴鶯居文鈔』、所収。
（14）翁広平「日本楽府序」、注（2）、巻五。
（15）「日本国画冊記」、『聴鶯居文鈔』所収。
（16）『聴鶯居文鈔』所収。
（17）『呉江県続志』巻三十五「芸文四」。
（18）「観日月合璧記」「観海市記」、同注（2）、巻八。
（19）「題『職方外紀』『西方答問』二書後」、同注（2）、巻十四。
（20）『平望続志』巻七「人物」。
（21）『歴史学研究』第八巻第十二号、一九三八年十二月。
（22）『茨城大学文理学部紀要（人文科学）』第十六号、十七号、一九六五年十一月、十二月。
（23）『大東文化学報』第七・八合輯、一九四二年十一月。
（24）中文館書店、一九四七年十二月。
（25）『日本歴史』総第一八八号、一九六四年一月。
（26）『岩井博士古稀記念論文集』所収、一九六三年六月。
（27）福島邦道・浜田敦解題、一九六四年六月。
（28）小林印刷株式会社出版部、一九七三年五月。
（29）『文献』、一九八〇年第一輯。

（30）『文史』第十五輯、一九八二年。
（31）六興出版、一九八九年八月。
（32）大庭脩・王勇編、大修館書店、一九九六年五月。

第四章　中国における『吾妻鏡』の流布と影響に関する研究

はじめに

文化交流は人とものを媒介として行われるが、ものの中で書物が多大な役割を果したことは、すでに先学の指摘するとおりである。このことは同じ漢字文化圏にある中・日・韓の場合一層著しいもので、漢文で書かれた書物が共通言語として広汎に流布し、影響しあったのであった。中国からの絶対的、かつ莫大な影響に比較すれば、日・韓よりの逆の影響は微々たるもののように見えるが、なお看過できないものがあるであろう。従来、日本における漢籍の受容についてはかなりの研究蓄積があるが、その逆の研究についてもここ数年来にわかに脚光を浴びて、注目に値する成果が出ている(1)。

拙論はその中の一つとして『吾妻鏡』に焦点を当て、清朝における伝本と中国に現存する版本の探究を通して、中国における『吾妻鏡』の流布事情を明らかにし、さらには、翁広平著『吾妻鏡補』、鐘淵映著『歴代建元考』などの論考を通じて、中国における『吾妻鏡』の影響を浮き彫りにしようとするものである。

『吾妻鏡補』については、藤塚鄰・石原道博をはじめとする先学の業績は既存するが(2)、必ずしも充分とは言い難いので、小論は該テーマに関する研究の一助になることを確信している。

第一節　清朝における『吾妻鏡』の流布

『吾妻鏡』そのものについては山積みの先行研究に委ねることとし、ここでは従来見過ごされてきた中国における流布事情に絞って記述する。清朝に中国に伝わった『吾妻鏡』には、下記のような伝本が確認される。

（ア）朱彝尊本

吾妻鏡、五十二巻、亦名『東鑑』、姓氏未詳、前有慶長十年序、後有寛永三年国人林道春後序、則鏤版（上梓）之歳也。（中略）康熙甲辰、獲覩是書于郭東高氏之稽古堂、後四十三年、乃帰揷架。惜第六・第七、二巻失去。（下略）(3)

朱彝尊が康熙三年（甲辰・寛文四年、一六六四）に高郭東（承埏）の稽古堂で寛永三年の版本を閲覧し、四十三年後の康熙四十六年（宝永四年、一七〇七）に自己の架蔵としたものである。朱彝尊（一六二九〜一七〇九）、字は錫鬯、竹垞と号する。秀水（現、浙江省嘉興市）の人。康熙十八年（一六七九）、布衣を以て博学鴻詞の科に入選し、検討（編修官に次ぐ歴史編纂官）を授けられ、「海内三布衣」の一人と呼ばれた。著に『曝書亭全集』『経義考』『明詩綜』『詞綜』『日下旧聞』などがある。

（イ）汪憲本

武林（杭州）振綺堂汪氏有鈔本、広平曾一寓目而不肯借、蓋従竹垞（朱彝尊）所鈔得者。有二十四冊、毎冊三十余頁、毎頁十四行、毎行十六字。（下略）(4)

汪憲の許に朱彝尊から書写したものと思われる二十四冊本があり、翁広平は借用を申し入れたが断られたという。汪憲（一七一一〜七一）、字は千陂、魚亭と号する。銭唐（現、浙江省杭州市）の人。乾隆十年（一七四五）進士となり、刑部陝西司員外郎を授けられた。著に『説文系伝考異』『振綺堂稿』『振綺堂書目』などがある。

（ウ）尤侗本

此書、余（潘其炳）従尤西堂太史水哉軒（尤侗）蔵本鈔得、其所蔵亦係鈔本。有三十冊、五十二巻。余以小格式（細かい罫線のある用紙）写之、僅得二百八十余頁。（下略）(5)

潘其炳が三十冊五十二巻からなる尤侗の蔵本から転写したものである。尤侗（一六一八〜一七〇四）、字は初め同人、のち展成と改めた。号は悔庵、晩年に西堂老人と称した。長洲（現、蘇州）の人。朱彝尊と同じ年に博学鴻詞の科に挙がり、検討となり、『明史』の編修に従事した。著に『西堂雑俎』『鶴栖堂文集』などがあり、とくに外国関係のものとして『外国竹枝詞』が名高い。

（エ）潘文虎本

我（翁広平）里潘稼堂太史長子文虎明経、従西堂水哉軒（尤侗）蔵本鈔得。毎頁二十四行、毎行二十三字、不満三

百頁、広平曾借観半年、以校日本新刊之年号箋。惜鈔録時、将其所紀日月之陰晴与念仏之事、尽刪之也。(6)

潘文虎が尤侗蔵本から写した三〇〇頁未満の写本を翁広平が半年借りて、『年号箋』の校正に使用した。天気や念仏の記事が削除されているのが残念だと言っている。潘文虎については詳らかでないが、同じ潘姓である上、尤侗本から転写した三〇〇頁未満の本という点でも一致するので、（ウ）に見える潘其炳と同一人かと思われる。その父の稼堂潘耒は朱彝尊と同じころに博学鴻詞の科に及第して検討となり、『明史』の編修に助力した。著に『遂初堂文集』『遂初堂詩集』などがある。

（オ）丘本

日本国鈔本国史、嘉興徐某令内丘所得、朱竹垞太史親見之。其紙似高麗而較薄、頁面皆人血染漬作殷紅色。題曰吾妻鏡、義理極幻異。(7)

嘉興の徐某の妻丘氏が入手した本で、薄くて人血で真っ赤に染めた紙を用いた神秘的な日本の写本だという。

以上、清朝における『吾妻鏡』の伝本を紹介したが、総括すれば次の通りである。

まず、清朝で流布していた本は、寛永三年の刊本一本と写本四本の計五本であるが、丘本を除いて、汪は朱から、潘は尤からの転写であるから、朱系統本と尤系統本とに二分できる。丘本については、人血で染めた赤い紙というのは信ずるに足りないが、日本国の鈔本とあることから、『吾妻鏡』は刊本（寛永三年本）のみならず、写本も清朝に舶来されたことがわかる。（ア）に見える高郭東がどういうルートを経て『吾妻鏡』を入手したかは不明であるが、朱が康熙三年（寛文四年、一六六四）に郭の書斎で見たとあるから、遅くともこの年までには伝来していたことがわかる。

次に、以上五本の所有者のうち、朱（ア）・丘（オ）は浙江嘉興の人、汪（イ）は浙江杭州の人、尤（ウ）は江蘇蘇州の人、潘（エ）は江蘇呉江の人である。『吾妻鏡』は日本との交流がもっとも多かった江浙あたりの文人の間に伝わっていたという特徴が見出せる。汪は朱から、潘は尤から転写していること、汪が貸し出しを渋っていることから、『吾妻鏡』が文人たちの間で奇異な本として重宝がられていたことが読みとれる。

しかしながら、清人の蔵書目録、たとえば著名な『皕宋楼蔵書志』『芸風蔵書記』『鄭堂読書記』『蔵園群書題記』『愛日精盧蔵書志』『鉄琴銅剣楼蔵書目録』『開有益斎読書志』などには、『吾妻鏡』の記載が見えないので、その普及にはかなり限界があり、江南地域のごく少数の知識人に限って知られていたに過ぎないと思われる。

『吾妻鏡』が江浙地域を越えてさらに広範囲に伝わるようになるには、乾隆十七年（宝暦二年、一七五二）に起きた寛永銭事件を待たなければならなかった。

昔在高宗朝禁民間私銭、偶得寛永通宝銭。司農（戸部尚書）不知其所自来、謂中国無此年号、遂令有司者（役人）治之。諸封疆大吏（総督・巡撫）無一人知者、守令（地方官吏）倉皇莫知所措。吾郷王慧音先生、識為日本銭、以朱竹垞集中吾妻鏡跋為証。毎歳商人向彼国市銅、因以其銭入中国耳。維時桂林陳文恭公巡撫江蘇、抛其言以入告、由是士大夫始知有吾妻鏡之名。然求其書卒不可得也。(8)

私銭流通を禁止した乾隆高宗帝の時、寛永通宝という貨幣が見つかった。どこの貨幣か分からないで困惑していたところ、翁広平の故郷の王慧音という人が、朱彝尊の撰した「吾妻鏡跋」を根拠に、長崎貿易に携わる商人が持ち込んだ日本の貨幣であることを指摘して、やっと分かった。これによって『吾妻鏡』も一躍名を馳せたが、なお入手は困難だったという。逆に言えば、寛永銭事件がなければ『吾妻鏡』の存在も江南地域を出なかったかもしれない。陳文恭の文恭は謚号で、実名は弘謀という。故宮博物院編の『史料旬刊』（査禁寛永銭文及私鋳案）（第十四期、一九三〇年）に、福建省巡撫在任中の彼が皇帝に宛てた報告書が載っている。

第二節　中国に現存する『吾妻鏡』

清朝における『吾妻鏡』の流布事情は上述の通りであるが、では現在の中国ではどうなっているだろうか。筆者の調査によって、下記の三本の所在が判明した。

（ア）慶長十年（一六〇五）古活字版　北京大学図書館蔵
（イ）寛永三年（一六二六）版　国家・遼寧・浙江・広東図書館蔵
（ウ）寛文六年（一六六一）版　北京大学図書館蔵

（イ）の国家図書館蔵寛永三年本は、「新刊吾妻鏡目録」から始まり、「関東将軍次第」「関東執権次第」に続いて、兌叟（西笑承兌）が慶長十年（一六〇五）に書いた序があり、また「新刊吾妻鏡目録」に「棟亭曹氏蔵書」、本文の冒頭に「王仁俊」「朱彝尊錫鬯」の朱印が捺してある。朱彝尊は先に紹介したが、「棟亭」とは、『紅楼夢』の作者曹雪芹の祖父曹寅（一六五八～一七一二）の字である。王仁俊（一八六六～一九一四）は、字を捍鄭、又は感蒓といい、翁広平と同じ江蘇呉県の人。光緒十八年（一八九二）進士に及第し、吏部主事となる。日本に教育視察し、学部図書局副局長を勤めると同時に、京師大学堂教習も兼ねた。考証学に精通し、逸書の蒐集にすこぶる功績があったと言われている。

該本は朱彝尊の旧蔵本であり、本稿でもしばしば引用した彼の「跋吾妻鏡」はこの蔵本に基づいて書かれたものと思われる。巻首に朱の蔵書印があり、巻末に「宣統紀元（一九〇九）十月南豊趙世駿記」と記した跋文があるのが、その証拠である。趙の跋文は、朱の「跋吾妻鏡」を写した後に次のように述べる。

右録曝書亭跋一則。按此書亦缺六七両巻、而毎冊有楝亭曹氏蔵書印。竹垞先生身後、曹楝亭為刻其全集、竹垞先生又嘗為曹氏序其詩、則其遺籍或有帰之者、此本或即竹垞先生之故物也。（下略）

曹は朱の死後、彼のために全集の刊刻を行うなど、日頃から懇意な間柄だったから、これは朱の架蔵書だったであろう、という趣旨である。朱の跋文も趙の識語も第六・七巻欠と記しているが、実際に国家図書館の蔵本で確認したところ、欠けているのは巻七・八であった。二人の誤認であろう。

ちなみに、原本と照らし合わせた結果、上引の朱の跋文にさらに二か所のミスがあることがわかった。林道春が「後序」を撰したのは寛永三年ではなく、寛永甲子（元年）であって、寛永三年は「菅聊卜刊正」とあるから刊行年である。また、中国年号の換算にも誤算があって、慶長十年は明の万暦三十二年ではなく万暦三十三年（一六〇五）、寛永三年は明の天啓四年ではなく、同六年（一六二六）に該当する。

第三節　『吾妻鏡』に対する清人の認識

では、清朝に舶来された『吾妻鏡』を清人はどのように読んだのであろうか。『吾妻鏡』に対して真っ先に評価を下したのは朱彝尊であり、彼は三〇〇字弱の「跋吾妻鏡」のなかで次のように記している。

歳月日陰晴必書。余紀将軍執権次第及会射（武士が集まってする狩猟）之節、其文義鬱轖（意味がとりにくい）、又点倭訓于旁、繹之不易。而国之大事反略之。所謂不賢者識其小者而已(9)。

毎日の天気と執権次第および会射（将軍が寄り集まって狩りをする）のことなどを重点的に記録し、訓点の施された文章が分かりにくい。要するに、賢くない者が国の重大な出来事を略して、些細なことを記した本に過ぎないという。

一流の学者である朱の下したこのような評価が、後世に与えた影響は大きかった。次の引用文は、表現には若干の相違があるものの、ほぼ朱説を踏襲している。いずれの評言も、親しみ難い和漢混淆文とつまらない内容の本だと述べている。

日本之東鑑、即吾妻鏡、鳥言侏離、辞不能達。（中略）東鑑止紀其八十七年事、中間闕漏事尚多。（下略）(10)

其書凡五十二巻、所紀共八十七年。惜乎缺舌勾斜、無非孔木姿基之語、虫書結屈、間有花羅吶子之文、無当雅裁

殊乖史例。（下略）[11]

有吾妻鏡一書五十二巻、始安徳天皇治承四年、迄亀山院天皇文永三年、凡八十七年事、識其小而略其大。（下略）[12]

其紀将軍執権次第・国王世系及会射之節甚詳、而余事甚略、且文義鬱轖。（下略）[13]

朱をはじめとする清人が『吾妻鏡』を酷評したのは、次の二つの理由によるものと考えられる。まず、国史という基準で『吾妻鏡』を理解したため、鎌倉幕府という一政権の史書であることを認識できなかったことである。たとえば石韞玉は、翁広平著『吾妻鏡補』に寄せた跋文で、「夫吾妻鏡者、日本国之史也」と述べる。時代が下って清光緒五年（一八九七）刊の『呉江県続志』にも、「吾妻鏡者、日本国史也、始其国治承四年、迄文永三年、凡八十年」とある。国史である以上は、国の重大な出来事の記録を求めるのは当然である。しかし、『吾妻鏡』は史料収集に限界があったためか、記事は将軍の居所鎌倉を中心とし、他所での出来事は、たとえ朝廷の重事であっても、幕府に関係がなければ、記載されないことが多い。それに加えて、八七間の事柄しか記さない上、中間に十年分の欠落もある。それが清人の不興を買ったわけである。

いま一つは『海東諸国記』との比較である。同書は朝鮮人申叔舟（一四一七～七五）の著で、巻首に十枚の地図を掲げ、「日本国紀」「琉球国紀」「朝聘応接紀」と続く一巻の書物である。そのうち「日本国紀」では、皇室の系譜、婚姻・官職・刑罰などといった「国俗」、朝鮮の富山浦（釜山）から王城（京都）に至るまでの里数、八道六十六州、産物、通交者などを記載するが、とくに皇室の系譜が「天神七代」「地神五代」「人皇始祖神武天皇」に始まり、「当今天皇」の文明辛卯三年（明成化七年、一四七一）に至るまで、詳細に記されている。

予晩得朝鮮人申叔舟海東諸国紀。雖非完書、而此邦君長授受・改元由周至于明初・珠連縄貫。（下略[14]）

このように朱彝尊は、『海東諸国記』に周から明初にかけての皇室の変遷が連続して記されていることを高く評価する。これに対して、「合是編（『吾妻鏡』を指す）以勘『海東諸国紀』、即不若叔舟之得其要矣[15]。」と、『吾妻鏡』の要を得ないことを批判している。

朱が代表する清人らの態度とは異なり、翁広平は比較的客観的な評価を行っている。彼は「与丁小鶴論吾妻鏡書」で、『吾妻鏡』に存在する欠陥を三つ指摘した[16]。

如謂神武天皇当東周僖王甲寅年、嘉興鐘広漢『紀年考』亦引之。実則恵王十七年辛酉也。即僖王亦無甲寅年也。是其譌謬処也。

このように神武天皇の即位は周僖王甲寅年という誤りを正して、周恵王十七年に当てるべきだと指摘する。続いて、

凡史有五行志、祇紀其災祥而已、何必毎月毎日書其陰晴乎。高僧亦所当紀、而必紀其生卒之歳月焉、紀其創立寺院付法入定之歳月焉、甚至紀其千百十載後之忌日焉。是其蕪穢処也。

のように、毎日の天気や高僧の生卒年・忌日などまで記されるのは乱雑だと批判している。さらに三番目の欠陥として三つの「疏略処」(不備)をあげる。

第一は、巻末の西笑承兌の跋文に出ている「善」と「不善」の表現が明断さを欠くことである。

承兌跋云、「言行之善不善不可不紀」。然所謂善者、不過略識其賜賚、或書某官・某先生・某人之卒而已、其所以為善不詳也。所謂不善者、不過曰誅某人、流某人而已、其所以為不善不詳也。

第二は、日本所在の漢籍が多数にのぼるのに、『吾妻鏡』では『孝経』など三点しか記されていないことである。

所蔵中華経籍不止孝経等三書。『日本年号箋』曰、「孝霊天皇七十二年甲午(前二一九)、得中国経書」。時秦一世(始皇)三年。宋書太宗雍熙三年(九八六)、日本僧奝然来朝言、「国中有五経及仏経・白居易集七十巻」。『全唐詩逸』曰、空海帰自唐、表所上書籍中有『朱千乗詩』一巻。而竟不一及焉。

そして第三として、「所志地里視他書僅有其半」(地理を記した分量は他書の半分しかない)ことをあげる。

しかし、翁は『吾妻鏡』の短所を指摘する一方で、結論的には本書を称賛している。

然則此書殆未明撰述之体例者。而彼之所以刊行之者、以僻在海中、著作無多、雖祇就其所聞見者纂録之、而巻帙富有、未始不竭尽心力於斯編者、不可謂非識小者之一助也。

僻辟な島にいて参考書が乏しいため、体例に従わない著作を刊行した。ただ見聞きしたことを著録しているに過ぎないものの、巻数も豊かで編纂にかなり心力を尽くしていると、在地の下層知識人という立場から、編者の苦心をよく理解した発言をしている。

要するに、『吾妻鏡』に対して朱彝尊らの知識人に感情的なマイナス評価が多かったのに反して、翁広平は年号誤記の訂正、内容記載上の蕪雑など、比較的学問的な評価を下したことが認められよう。

第四節　難解な「吾妻」

『吾妻鏡』の表現や内容が中国人に理解しにくかったことを述べてきたが、本書の書名にある「吾妻」という言葉もかなり清人を困惑させたようである。「吾妻」は中国語では「わが妻」としかとれないからである。蔡澄（練江）は『鶏窓叢話』（『峭帆楼叢書』本）に友人の朱彝尊とこんな会話を交わしたことを記録している。

東洋日本国有吾妻鏡一書、亦名『東鑑』。「吾妻」二字不可解、或曰地名、鏡即鑑也。嘗与秀水（現、浙江省嘉興市）朱竹垞太史、考之日本地理、無有吾妻者。太史戯曰、「日本本名倭奴、東海諸国半以奴為名、且有名姐奴者、既可称姐者、何不可称妻耶」。相与一笑。

倭奴は日本の本名で、奴という字のついた国が東海諸国の半数に及ぶ。それに姐奴というのもある。姐と称せられる以上は、妻と称してもいいだろう、という冗談めいた話である。

朱のみならず、『吾妻鏡補』の著者翁広平でさえも「吾妻」の意味を理解するのに苦しんだようである。

　余于是欲作吾妻鏡補為一書、（中略）而所以名「吾妻鏡」之義、不可得也。及見山陽之楽府始豁然矣。(17)

「山陽之楽府」とは文政十三年（一八三〇）に刊行された頼山陽の『日本楽府』を指す。これは頼襄（山陽）の詠史楽府六十六首を収めた詩集で、推古天皇が「日出づる処の天子、書を日没する処の天子に致す、恙無きや」という国書を隋の煬帝に呈した、という故事を詠んだ第一首「日出処」から、豊太閤が明の国書を破いたことを詠った最後の一首「裂封冊」に至るまで、日本史の中の種々の挿話を取り上げて詠っている。そして六十六首中の第三十二首は「吾妻鏡」という題で、詩の後に次のような注解が施されている。

　吾妻鏡、書名、又名『東鑑』、載鎌倉覇府時事。源氏既亡、（中略）政権無大小在北条氏。初右大将（源頼朝）依北条氏（時政）、北条氏有二女、長美、少醜、醜者後妻出。右大将使僕贈書次女通情、僕料情好不終、私達之長女。前一夕、次女夢鳩啣金函至、覚告之姉、姉心動、与之粧鏡曰、「請以買妹夢也」。果得右大将書、遂通焉。父時政欲置為奇貨、知而不問、已而助奉兵、執幕府政権、終纂其家。(18)

翁は山陽のこの詩及び注釈を読んではじめて『吾妻鏡』の語源が分かったという。しかし、山陽は日本史上の一挿話を述べているに過ぎない。「吾妻」の本来の意味は、『日本書紀』景行紀に日本武尊が東征の帰途、碓日嶺から東南を眺めて、妃弟橘媛の投身を悲しみ、「あづまはや」と嘆じたという地名起源説話に由来する、日本の関東地方の総称である。これを翁らの清人は長い間知らなかったのである。

しかし、『吾妻鏡』の意味が理解されなくても、本の内容などから判断して島の名であろうというのが、当時の清人の平均的な認識だったらしい。前述の尤侗は『外国竹枝詞・日本』のなかで、「空伝歴代吾妻鏡」という詩句に「吾妻、島名也」という注釈を付している。同じ発言は、翁広平著『吾妻鏡補』に寄せた石韞玉の「跋」にも、「夫吾妻鏡者、日本国之史也、彼国有吾妻島、故因以名」のように見える。

「吾妻」の意味が中国人に分かるようになるには、明治以降を待たねばならなかった。黄遵憲の『日本雑事詩』（光緒五年、明治十二年、一八七九年刊、一八九八年改訂版）に「吾媛国」（二十七番）、葉慶頤の『策鰲雑摭』（光緒十五年、明治二十二年、一八八九年刊）に「吾妻」（巻二）という項目がそれぞれ設けられ、典拠が説明されている。そして、初代日本駐在外交官の張斯桂も『使東詩録』（光緒十九年、明治二十六年、一八九三年跋）でわざわざ詩の題材として「吾妻橋」を取り上げ、「吾妻、地名」と断ってから、「非関織女会牛郎」（織姫が牽牛に会う物語ではないよ）と詠っている。

第五節　『吾妻鏡補』の誕生

『吾妻鏡』はこのように長い間中国人に理解されなかったが、ユニークな書名だけにいっそう彼らの興味をかきたてたのであろう。本書を機縁として、翁広平は『吾妻鏡補』という画期的な日本研究専門書を著した。

『吾妻鏡補』は一名『日本国志』で、刊行に出されたものの、戦災に紛れて完結を見なかった。巻首に嘉慶十九年（文化十一年、一八一四）付の翁の自序があり、写本として二十八巻本（北京・北京大学・上海・駒沢大学・ハーバード大学図書館・東洋文庫など蔵）と三十巻本（上海図書館・静嘉堂文庫など蔵）が現存している。世系表（十巻）、絵図（一巻、但し、三十巻本のみ）、地理志（二巻）、風土志（二巻）、食貨志（一巻）、通商条規（一巻）、職官志（一巻）、芸文志（七巻）、国書（一巻）、国語解（一巻、但し、三十巻本は二巻）、兵事（一巻）、附庸国志・雑記（一巻）、という構成である。

本書の成立過程について、翁は自序でこう述懐している。(19)

海東諸国、日本為大。漢初始通中国、嗣是歴朝皆献方物、且購求典籍、釈蔵以帰。而文明之象漸啓矣。（下略）

翁はまず漢、劉宋、唐、宋、明各時代における中日交通のあらましを概観し、とくに古典籍の購読に熱心であることなどを列挙して、海東諸国の中で日本を大国と見ている。しかし、明季に渡来した『吾妻鏡』は、朱竹垞・錘淵映によって「海外奇書」として重宝がられたとはいえ、

所記改元甚疏略、記事僅八十七年、而八十七年中、某年月日之陰晴災異纖悉必書、余則書将軍之執権及射会狩猟等事而已。

すなわち、わずか八十七年間の歴史を記録したものである上、天候・災異と将軍の執権および射会狩猟などをことごとく記したに過ぎなかった。そこで翁は『日本通鑑』の著作を思い立つ。

余向欲仿史家編年之例、為日本作通鑑、而年代紀・吾妻鏡所載第一代神武天皇、当周僖王甲寅年。余以甲子会記

推之、無論僖王無甲寅年、而年数之多寡亦不符、又無他書可以引証、事遂寝。（下略）

しかし参考書もなく、『日本通鑑』著述は中止を余儀なくされていたが、思いがけない幸運に恵まれる。

壬申歳、有商於日本者、携其国中年号箋一巻、帰以贈余。実本吾妻鏡而改正者。其日月之陰晴概従刪削、其他災異則存之、其人物之生卒、著書之始末及制度・営建・軍旅諸事、稍有増益、国王相継之次第与改元、尤為詳備。（下略）

壬申の歳（嘉慶十七年、文化九年、一八一二）、長崎貿易に従事した商人が『年号箋』一巻を舶来して、翁にプレゼントしてくれた。これは『吾妻鏡』に基づいて、天気に関するところをカットし、災異の部分は残して、人物の生卒、著書、制度、営建、軍旅などの内容を少しく増補した本である。そのうち、国王の相続と改元がもっとも詳細だったという。その上、「皇極当唐太宗貞観十六年、神武天皇当東周恵王十七年、余因以諸王歴年之数推之、毫厘不爽」と、皇極・神武天皇の即位を唐太宗の貞観十六年（六四二）および周の恵王十七（前六六〇）としているが、これを諸王歴年の数と対照させてみると、寸分の差もなく合っていた。

於是自王（皇）極以前溯至神武亦係以甲子、又以日本年代擥要・日本小志与夫歴代国史記載之書、択其文之雅訓、事之近理者、摘録数十百条、補其闕漏。諸王之元年、各□□□□国某帝某年曰世系表、分十巻。其地理・風俗・□□□□・芸文之類、分二十六巻。凡七閲歳、五易稿而成。

皇極からさかのぼって神武まで甲子を係け、また『日本年代擥要』『日本小志』と歴代の国史に記載された書の中から、その文の雅馴で事の理に近いものを択び、数十百条を摘録し、その闕漏を補強して、世系表十巻、地理・風俗・芸文等の類二十六巻を著した。それに七年の歳月を費やし、稿を定めること五回に及んだという。

要するに、はじめ『吾妻鏡』記載の第一代神武天皇と周の僖王の間に年代のズレがあったために、日本通鑑を書くことができなかったが、のちに『年号箋』という『吾妻鏡』の改訂本を入手したおかげで、『吾妻鏡』を内容的に大増幅し、神武天皇より現在天皇（光格）に至る一二〇代に及ぶ天皇の系譜・地理・風俗・産物・貿易・官制・文学・仮名・日本語・軍事・附庸国などに関する日本研究の専門書ができあがったのである。[20]

第六節　『歴代建元考』および中国人の書いた『吾妻鏡』

『吾妻鏡』は翁広平の『吾妻鏡補』に引用されたのみならず、他の著書にも採用されている。『歴代建元考』がその好例である。本書は、清朝秀水（現、浙江省嘉興市）の人、鐘淵映（字は広漢）が著した九巻の歴史書で、中国古代の神話伝説から明末に至るまでの公年号（漢代以降はことに詳細）のほかに、僭年号をも兼ねて記している。外編では新羅・百済・高句麗・朝鮮・日本・安南など、いわゆる外藩と見なされる外国の年号を四巻にわたって取り上げているが、そのうち、「外編二・外国考・日本」では、天御中主、天材（村）雲尊から始まり、日本の歴代帝王の系譜を取り扱っている。たとえば、

雄略天皇、名大泊瀬稚武、允恭第四子、在位二十三年、寿一百有四歳。

とある。また、二十六代の継体天皇から、年号の分かるものについてはそれを列記する。たとえば、

冷泉天皇、以宋太祖開宝元年戊戌立、後伝其子、自称太上皇、改元一、安和。

のように、冷泉天皇在位中の年号「安和」を挙げている。この中で、『吾妻鏡』（『東鑑』）を参考にした例も数多くある。たとえば、

孝謙天皇宋史作孝明、今従東鑑。
光仁天皇宋史作仁明、今拠東鑑。

のように、『東鑑』に依拠して『宋史』記載のミスを正している。また、

乙未日本国改元慶長見東鏡序
壬戌日本国改元寛永見東鏡序

のように、「東鑑序」を改元年の典拠としている。このような『吾妻鏡』（『東鑑』、「序」のような増補部分も含む）によ

る年号は、長徳……寛治、治承……嘉暦など計七十二例に上っている。次の引用文が示すように、『宋史』記載の年号の他は『吾妻鏡』に依拠したものがきわめて多い。

　日本自天御中主至守平天皇、宋史所載其国裔然所記者世次最詳。一条天皇（六十六代、九八六～一〇一一在位）而下、先後莫考、今但拠其見于東鑑者書之。（下略）

　以上東鑑所載自高倉院治承四年庚子（一一八〇）迄文永三年丙寅（一二六六）、凡九十四《ママ》年、世次可考、其自文永以後可見者、唯数号而已。

大ざっぱに言って、守平（円融）天皇までは『宋史』を、それ以降は『吾妻鏡』を出所にしている。『歴代建元考』は、とくに僭国・外藩の年号にまで及ぶ書で、『欽定四庫全書提要』でも高く評価されている。(21) そこで『吾妻鏡』が中心的な役割を担ったのである。

最後に、中国人の書いた『吾妻鏡』を紹介しよう。本書は全一巻、浙江省図書館蔵、奥付のない二十九葉のみの薄い鉛印本である。巻首に、著者楊襄による光緒二十七年（一九〇一）付の「自序」がある。至って短いものなので、全文を録しておく。

　治人之学治心而已、治心之学培種而已。是書専講培種之道徳、惟求辞達簡而無文、読者不以其不文而棄之。

三十八項目に及ぶ目録を見れば、「夫婦恩義為培種第一要事」「男女相愛即磁石之理」「受胎之理並得胎之術」、あるいは避妊法などといった性関係の内容が目立つが、「小孩（幼児）食米粉有害智慧」「不読書脳愚、多読書脳亦受傷而愚」「小児剃髪傷脳」のように、大衆衛生の知識も混じっている。要するに本書は日本の史書『吾妻鏡』とは全然無縁で、性を中心とした衛生知識を普及させようとした、一般向けの本である。

著者については明らかでないが、序末と巻首の署名はおのおの「中国江蘇省海門庁楊爔序」「中国楊爔著」となっており、海門役所の勤務であることが分かる。「中国」をわざわざ持ち出すのは異例で、外国・日本を意識しているからだと思われる。また『吾妻鏡』という書名も、普通中国で行われている命名法からすると異様に感じる。そこで、推測の域を出ないが、本書のタイトルは日本の『吾妻鏡』の模倣ではないかと思う。

結　び

以上、中国における『吾妻鏡』の流布と影響について考察を加えた。明治以前に中国に伝来した日本の書物で比較的多く読まれたものとして、経学では『七経孟子考文補遺』、文学では『全唐詩逸』などが挙げられるが、これらはみな準漢籍である。生粋の和書としては、歴史書の『王年代紀』や『吾妻鏡』などごく限られた本があるのみである。しかし、宋代に奝然が将来したとされるこの『王年代紀』はつとに散逸してしまったため、中国における日本書の流布を考察する際、『吾妻鏡』の持つ意味がはますます大きくなった。

奇異な書名に興味を惹かれた面も否めないが、一部の開かれた文人の間に本書が伝わり、議論されてやがて翁広平の『吾妻鏡補』が生まれ、鐘淵映の『歴代建元考』に取り入れられるに至った。楊爔が『吾妻鏡』という書名を性関係の著書のタイトルに借用したらしいことは奇譚であるが、時代や読み手により作品の持つ影響力は多種多様であることをいみじくも物語っている。

注

（1）例えば次のような編著書がある。
王勇『中日漢籍交流史論』杭州大学出版社、一九九二年。

拙著『中国館蔵和刻本漢籍書目』同、一九九五年。

拙著『中国館蔵日人漢文書目』同、一九九七年。

大庭脩・王勇『日中文化交流史叢書九・典籍』大修館書店、一九九六年。

（2）おもな先行研究は次の通り。
藤塚鄰『日鮮清の文化交流』中文館書店、一九四七年。

石原道博「日本国志と吾妻鏡」、『歴史学研究』八～一二、一九三八年十二月。

同「鎖国時代における清人の日本研究——翁広平の日本国志について——」、『茨城大学文理学部紀要（人文科学）』第一六、一七号、一九六五年十一、十二月。

佐藤三郎「中国人と吾妻鏡」、『日本歴史』総第一八八号、一九六四年一月。

渡部三男「吾妻鏡補の日本語資料」、『岩井博士古稀記念論文集』、一九六三年。

大友信一・木村晟『吾妻鏡補所載海外奇談国語解・本文と索引』小林印刷株式会社出版部、一九七二年。

馮佐哲・王暁秋「吾妻鏡と吾妻鏡補」、『文献』、一九八〇年第一輯。

馮佐哲・王暁秋「従『吾妻鏡補』談到清代中日貿易」、『文史』第一五輯、一九八二年。

武安隆・熊達雲『中国人の日本研究史』六興出版、一九八九年八月。

王勇「清代、日本典籍西伝的全盛期・二『吾妻鏡』」（『中日文化交流史大系九典籍巻』浙江人民出版社、一九九六年、所収）。拙稿「『吾妻鏡補』について」、『吾妻鏡補――中国人による最初の日本通史』朋友書店、一九九七年。拙稿「『吾妻鏡補』著者翁広平考」、『中日文化論叢・一九九六』杭州大学出版社、一九九七年。高山倫明「『吾妻鏡補』所載日本語史資料試解（一）（二）」（九州大学文学部『文学研究』九五・九六、一九九八年三月・一九九九年三月）。

（3）朱彝尊「跋吾妻鏡」（同『曝書亭集』巻四十四、中華書局聚珍倣宋版、所収）。

（4）翁広平「與丁小鶴論吾妻鏡書」（同『聽鶯居文鈔』巻二十五、写本、国家図書館蔵、所収）。また、同治十三年（一八七四）刊の『松陵文録』巻十一にも見える。

（5）潘其炳「附跋吾妻鏡」（静嘉堂文庫本『吾妻鏡補』巻十九、所収）。

（6）注（4）に同じ。

（7）程哲『蓉槎蠡説』巻十二、康熙五十年（一七一一）序刊。

（8）石韞玉『吾妻鏡補・跋』、『吾妻鏡補』巻首。

（9）注（3）に同じ。

（10）朱彝尊「書海東諸国紀後」（注（3）前掲書、巻四十四、所収）。

（11）蔡寿昌『吾妻鏡補・後序』（注（8）前掲書、所収）。

（12）『皇清通考』四裔門。

（13）金福曾修、熊其英纂『呉江県続志』巻二十二・人物七・翁広平、清光緒五年（一八七九）刊。まったく同じ内容の記事は、黄兆檉纂『平望続志』巻七・人物・翁広平（清光緒十三年刊）にも見られる。

（14）（15）注（10）に同じ。

（16）注（4）に同じ。以下の引用文も同じ。

（17）翁広平「日本楽府序」（注（4）前掲書、巻五、所収）。

（18）富士川英郎他編『詩集日本漢詩』第十巻（汲古書院、一九八六年）。
（19）翁広平「吾妻鏡・序」（注（8）前掲書、所収）。以下の引用文も同じ。
（20）『吾妻鏡補』についての研究は、注（2）所引の拙稿参照。
（21）『歴代紀元考』について、『四庫全書提要』では十巻というが、筆者が閲覧した『守山閣叢書』本は九巻となっている。

第五章　在日清国公使館所蔵の蔵書について

第一節　在日清国公使館の資料購買

一八七七年（光緒三年、明治十年）は、清国と日本との関係に新たな変化があった象徴的な一年であった。初代公使何如璋が黄遵憲等の外交団員を引率して日本に駐在するようになったのである。その後、公使館を拠点に日本研究、筆談、漢詩文交流が活発に行われ、未曾有の中日文化交流の盛期を迎えた。

一方、清国公使館は外交活動や日本研究上に必要な資料を購読していた。北京にある中国第一歴史檔案館に、総理各国事務衙門が在日清国公使館の提出した会計書を審査のうえ、皇帝に上呈した報告書が保管されている。(1) その報告書に公使館が前年度使用した諸経費が詳細に記され、そのうち、新聞・書籍等の資料代も記録されている。筆者はそれらをピックアップして**表1**を作成した。(2) 新聞・書籍の記録が紙・墨等と併記された例も多いため、これらも広く**表1**に入れることにした。但し、これらは小論のテーマから外れたので、考察の対象外にした。なお、内容欄にある記述は、「等」などの表現も含めて原文のままにした。

表1で新聞に支出した金額は、第一代公使の二五二、第三代の二三二、二三二、二六九、第四代は二四五、二五七、三〇〇、第五代は三八〇両という。また、第四代は三年目から従来の二〇〇両台を突破して、三〇〇、三八〇両に達したことがわかる。

一方、純書籍への支出は、第五代の二二〇両という一例しかなく、ほとんど他の項目と併記されていることが確認できた。これは該項目への支出が少なかったことを意味しているであろう。書籍が新聞と併記されたのは、第五代の八〇九、第六代の五六九、第七代の五九八、六〇二、第八代の八九二両であり、高（第五代）→低（第六・七代）→高（第八代）の線をたどっていることがわかる。

以上、大雑把なデーターであるが、敢えて何か特徴を見出すとすれば、書籍より新聞のほうがより重視され、多く支出されたことと、両方とも全体として時代が下るほど僅かながら増加したと言えよう。

もっとも、増加したといっても、公使館のほかの支出に比べたら、新聞と書籍の占める割合は非常に低いことがわかる。当時、公使の月給は八百～一千両であり[3]、宴会等招待への支出（年間）は、一〇三三、一一五〇、八六七（第三代公使、初年度から三年度）、八八五、九八八、一九〇九（第四代公使、同）、九六〇、九九二両（第五代公使、初年度・二年度）となっている[4]。資料への支出はいかに僅少であったかが一目瞭然であろう。

表1　第一代～第八代在日清国公使館資料購買記録

公使	内　容	金額(両)	報告書所載期間（光緒）
第一代 何如璋	信資・電報・新聞紙	三一八	三年十一月一日～四年十月二十九日
	新聞紙	二五二	四年十一月一日～五年十月二十九日
	新聞紙	二三四	五年十一月一日～六年十月二十九日
第二代 黎庶昌	各処往来文・水脚・新聞紙・筆墨・訳書・公用油燭柴炭・各処電報・公讌・賞号・捐助難民善会各費	三一六四	七年十二月二十六日～八年十二月二十五日
第三代	在京・在滬製買書籍・紙張・刻板等	一八三	赴任前

徐承祖	新聞紙	二三二	十年十一月十日～十一年十一月九日
	紙張・筆墨・書籍等	八一	同
	新聞紙	二三二	十一年十一月十日～十二年十一月九日
	紙張・筆墨・洋書等	一七五	同
	中西日本各種新聞紙	二六九	十二年十一月十日～十三年十一月二十一日
	紙張・筆墨・訳書等	一五二	同
第四代 黎庶昌	採買紙張・筆墨等	一五二	赴任前
	中西日本各種新聞紙	二四五	十三年十一月十九日～十四年十一月十八日
	中西日本各種新聞日報	二五七	十四年十一月十九日～十五年十一月十八日
	同	三〇〇	十五年十一月十九日～十六年十二月二十日
	紙張・筆墨・訳書等	一四四	十三年十一月十九日～十四年十一月十八日
	同	一八六	十四年十一月十九日～十五年十一月十八日
	同	二一七	十五年十一月十九日～十六年十二月二十日
第五代 李経方	採買紙張・筆墨等	二七九	赴任前
	購買書籍等	二二〇	同
	各種新聞日報	三八〇	十六年十二月二十日～十七年十二月十九日
	新聞日報及添買東西書籍	八〇九	十七年十二月二十日～十八年八月十九日
	購買東西紙張・筆墨・刷印等	五六〇	同
第六代 汪鳳藻	京滬採買紙張・筆墨・印色刻板等	二八五	赴任前
	東西各種新聞日報及添買東西書籍	五六九	十九年八月十八日～二十年七月十日
	東西紙張・筆墨及刷印等	四九七	同

第七代 裕庚	京城・天津・上海採買紙張・筆墨・印色刻板等	二九七	赴任前
	買外洋書籍・紙筆・墨水	二〇五	同
	各種新聞紙報及添買書籍	五九八	二十一年七月二十五日～二十二年七月二十四日
	各種新聞日報及添買書籍	六〇二	二十二年七月二十五日～二十三年七月二十四日
	紙張・筆墨及訳鈔刷印銀行・郵政・鉄路印紙各項章程	三七九七	二十一年七月二十五日～二十二年七月二十四日
	紙張・筆墨及訳鈔刷印紙料薬水糖印等	三六六二	二十二年七月二十五日～二十三年七月二十四日
第八代 李盛鐸	購買紙張・筆墨・碗盞・外洋書籍・器具等件並製造龍旗	一三八七	赴任前
	東西各種新聞日報及添買東西書籍等	八九二	二十四年八月十八日～二十五年八月十七日
	紙張・筆墨及訳鈔刷紙料薬水等	一八三三	同

以上のように公費購入の資料が少なかったこともあり、資料室や資料目録といったものが存在しなかったと考えられる。したがって、当時公使館所蔵資料の実態は知るすべもない。ところが、清末になると『大清駐日本使署蔵書目』が存在するので、その一端を垣間見ることができたのである。

第二節　『大清駐日本使署蔵書目』について

これは中国国家図書館（一九九八年十二月、元の北京図書館を改称）架蔵の函・帙入りの上（四十一葉）下（六十七葉）二冊に綴じられた大字石印本である。函・帙・見返し（A面）は「大清駐日本使署蔵書目」とされているが、目録・巻首・巻頭は「大清駐日本使署蔵書目表」と記されている。書肆の記載が見当たらず、見返し（B面）に「宣統二年庚戌四月朔日出使日本大臣胡惟徳敬題」とあることから、宣統二年（庚戌、明治四十三年、一九一〇）四月ごろの刊行であろう。また、二冊共巻末に「臣胡惟徳編集／臣李滋然校刊」とあるため、在日清国公使胡惟徳が編纂したことがわかる。

胡惟徳（一八六三～一九三三）、字は馨吾、浙江呉江の人、清末民初の外交官、政治家。一九〇二年にロシア、一九〇八年に日本、一九一二年にフランス・スペイン・ポルトガルに、それぞれ駐在し公使を務めた。そして、一九二〇年にもう一度大使として日本に赴任。著書は、この目録のほかに『東三省鉄路図』（一九〇三年）、『西蔵全図』（一九〇五年）等の地図を残している。この目録は一回目の日本赴任中（光緒三十四年〈一九〇八年〉七月～宣統二年〈一九一〇年〉五月）(5)に編纂した目録である。立派に印刷されたこの目録は、「大清駐日本使署蔵書書目表目録」「大清駐日本使署蔵書書目表巻首」「例言」、そして本文から成る。

「巻首」は胡惟徳が宣統元年（明治四十二年、一九〇九）十二月二十六日付で書いたもので、清皇室に対する感謝と尊敬の念を示すべく、歴代の御纂・御製・欽定にかかった本七十種を取り立てて巻首に列記している。たとえば、欽定大清律例彙輯便覧四十巻三十二冊湖北局本、御製勧善要言一巻一冊湖北局本、欽定礼記義疏八十二巻四十八冊湖北局本、欽定明鑑二十四巻十冊湖北局本、といった類である。各本については年代順に並べられ、編纂年などのような簡単なコメントを入れている。

「例言」では凡例にあたる内容が記述され、最後の第五条によれば、胡が日本への赴任に先立ち、『大清会典図説事例』と『古今図書集成』を頂戴し、官書局の刊行物を送付していただくよう申し出た。(6)翌宣統元年（一九〇九）四月(7)にその願いが叶い、朝廷から上記の図書が送付され、そして、浙江・湖北・江寧・江蘇・江楚・広東にある書局からも寄贈書が届いた。これらの図書を長く保存しルールを作るべく、この目録を編纂した、という。

「例言」で触れた上奏文で、胡惟徳はこのように述べている。(8)

（前略）日本為同文之邦、向時雅重儒術、近数十年間、政法雖取資欧美、而国粋固猶事保存。其通人碩士、多喜購求中華古籍、捜羅頗富。使館実観瞻所系、顧于本国典冊尚乏儲蔵、似為闕事。邇来、遊学人衆、品類不斉、或騖新知、転荒本業、所当随時牖迪、相与講求。臣学識粗疏、猥膺簡命、擬于抵東後、就使館設立蔵書処。時進諸生最以尊崇正学、冀戢囂浮、兼与彼都士夫暇日研求、以征文献。蓋政学本有交通之益、文化初無畛域之分。観感既深、国際亦隠資裨助。

同文の邦日本は昔儒学を重んじ、ここ数十年以来法政等は欧米に倣ったが、伝統文化はなお大事に保存され、漢籍を大切にする人が多い。そのため、窓口としての中国の大使館では図書が欠けてはならない、という。日本が中国と共通文化を有するという側面に着目して、赴任してから「与彼都士夫暇日研求、以征文献」と考えている。かつての日本駐在公使、何如璋・黎庶昌等の先輩は、明治前期の日本人と積極的な詩文交流を行ったが、胡も漢籍を通じて外交活動を進めていこうという考えを披露している。文人出身の清末外交官の対日外交思考様式に共通性が見られることが面白い。

一方、胡は中国人が多数日本に留学している時代に直面している。彼らのすべてが清政府に忠誠心を持っている保証がない（品類不斉）し、伝統文化を離れ、新しい知識の追求に熱心である。そこに漢籍を以て彼らを教育する必要性があると胡が主張する。

胡がここに留学生教育を唱えたのは、ちょうど一年前（一九〇六年）に清政府が「管理日本遊学生章程」を策定し、留学生に対する取り締まりを強めようとした時代背景があったからであろう。現に日本赴任後の胡は、留学生管理に積極的に関与し、自ら留学生監督を務めたことさえあった(9)。

このような対日外交の推進と対留学生の思想教育に着眼して、胡は次のような具体案を提出したのである。

伏思欽定図書集成乃国朝第一精深博大之書、又新修大清会典為文物典章之淵藪、可否仰懇天恩、各予頒賞一部、交臣祇領。其会典現経外務部刊印、俟成書日、由部転発。倘蒙兪允、臣再当行文各省官局、諮取経史有用之書、一並携帯前往、編冊列檔、作為官書、以彰我聖朝覃敷文教之盛。所有微臣奉使赴東擬設蔵書所、懇請頒賞書籍縁由、恭折具陳、伏乞皇太后、皇上聖鑑訓示。謹奏。

清朝を代表する『古今図書集成』と文物典章が豊富に収められた『大清会典図説事例』を頂戴し、さらに各省の書局から経史関係の有用の図書を寄贈してもらい、書庫を構築し目録を編纂すると抱負を語っている。

確かに日本赴任後の彼は、さっそく約束を行動に移し、蔵書楼を構築し(10)、目録を編纂したのである。

この目録は経史子集叢と分類し、書名・巻冊数・著者・出版社という順に記録してある。所収書目は、**表2**に示したように経部二四九種・史部三二九種・子部三二八種・集部二〇四種・叢書六種の一一一六種で、巻首所収の七十種の欽定図書も入れると一一八六種になるわけである。

表2『大清駐日本使署蔵書目』所収書目

冊巻部	類	種
第一冊　巻一　経部（計二四九種）	易	二十九
	書	二十
	詩	十九
	礼	四十二
	楽	六
	春秋左伝	十二
	春秋公羊伝	四
	春秋穀梁伝	五
	春秋総類	十二
	孝経	五
	論語	六
	孟子	六
	四書	九
	爾雅	九
	小学	四十四
	群経小学総類	二十一
第二冊　巻二　史部（計三三九種）	正史	九十六
	編年	二十
	紀事本末	十一

	別史	十
	雑史	二十一
	詔令奏議	六
	伝記	十
	載記	七
	時令	二
	地理	六十三
	職官	五
	政書	六十四
	目録	八
	史評	六
第二冊　巻三　子部（計三二八種）	儒家	一〇五
	兵家	十九
	法家	十六
	農家	十一
	医家	二十
	天文算法	三十五
	術数	八
	芸術	四
	譜録	九
	雑家	六十四

	類書	一
	小説家	二十一
	道家	十五
第二冊　巻四　集部（計二〇四種）	楚詞	九
	別集	一三六
	総集	四十二
	詩文評類	十
	詞曲	七
叢部（計六種）	叢書	六

一見、あまり感心できない数字かもしれないが、大部の本も多数入っているから、冊数で計算するのならかなりの量に上るであろう。たとえば、大清会典図説事例一五九〇巻四九六冊、欽定古今図書集成一万巻目録四十巻考証四十八巻全五〇四四冊、武英殿聚珍板叢書一三八種九九五冊福建書局本、九通（通典、通志、通考、続通典、続通志、続通考、皇朝通典、皇朝通志、皇朝通考）二三三一巻一〇〇〇冊浙江書局本、二十四史三二四三巻五二六冊、石印大字二十四史三二四三巻七二三冊、資治通鑑二九四巻一〇四冊湖北書局本、皇朝経世文正続編二四〇巻一一四冊、等といった例が挙げられる。以上の本は八種しかないが、みな数百、数千冊単位の書物で、これらを合わせるだけでも九千冊に達する。

地方の各書局がいかなる基準で寄贈書を選定したかについてはつまびらかではないが、この目録に「有用」と見える単行本は少ないようである。それらをピックアップすれば、日本歴史二巻二冊江蘇編訳局、日本史綱二巻一冊江蘇

編訳局、日本軍事教育編無巻数二冊銭恂、日本師範未分巻一冊江蘇編訳局、万国史略四巻四冊陳寿彭訳、外国列女伝八巻三冊薛紹徽、英国警察無巻数一冊江蘇書局編、埃及近事攷無巻数一冊劉鑑訳（以上ともに史部・雑史類、江蘇書局本）、といった程度である。

しかし、江楚書局と記された寄贈本に次のような教科書が含まれていることに注目してほしい。

小児編二種一巻、普通学歌訣注八巻二冊、小学堂詩歌四巻二冊、蒙学叢編一冊、地文学教科書一冊、地質学教科書一冊、鉱物学教科書一冊、小学理科二冊、小学図画理科二冊、倫理教科書二冊、経済教科書一冊、生理教科書一冊、政治学一冊、読新学書法一冊、経済学粋二冊、女学修身教科二冊、初等小学国文教科一冊、初等小学国文教授一冊。

清末に使われていた教科書がかなり散逸してしまった現在、これらの本は書名だけでも今後の研究のための一つの手がかりになると思われる。

又、「日本江戸刊本」とされた和刻本漢籍や準漢籍には次のようなものがある。

経伝釈詞十巻五冊、王引之（経部・群経小学総類）
資治通鑑一二〇巻一二〇冊、司馬光（史部・編年類）
戦国策正解十巻八冊、日本横田惟孝（史部・別史類）
貞観政要十巻十冊、呉兢（史部・雑史類）

瀛環志略十巻十冊、徐継畬（史部・地理類）
論衡三十巻八冊、王充（子部・儒家類）

そして、叢書部に下記の六種が収録されている。

湖北叢書三十二種一〇〇冊、湖北局本
正覚楼叢書二十八種三十六冊、湖北局本
教育叢書十一種十冊、湖北叢書
正誼堂全書六十八種一五二冊、福建局本
古逸叢書二十六種四十九冊、江蘇重刻遵義黎氏本
武英殿聚珍板叢書一三八種九九五冊、福建局本

この目録に所載の本は日本で蒐集した図書ではないが、これほど膨大な数の本が国内から送付されたのは、空前絶後のことと言っても過言ではあるまい。それは、胡惟徳の政治的力が大きく働いた一因も考えられようが、胡が主張した対日外交と対留学生教育上の必要性が、清政府の思惑にうまく合致したからこそ、一万冊以上に上る図書が中国から日本への大移動が実現したのであろう。このように、われわれが幾世代も憧れを持ちつづけた『古今図書集成』等の来日は、実に複雑な時代背景が絡んでいたのだ、と感慨もひとしお深いものがある。

尚、これらの蔵書は果たして胡の狙い通りの役割を果たしたのか、そして、その後の行方はどうなったのか、など

の問題については今後の研究課題にしたい。

注

（1）拙稿「清末駐日外交使節名録」（浙江大学日本文化研究所編『中日関係史論考』、中華書局、二〇〇一年）参照。

（2）表1の金額は四捨五入したものである。尚、第二代公使黎庶昌の会計書に第二年度、第三年度、第六代公使汪鳳藻の会計書に第一年度の分がそれぞれ欠けている。

（3）注（1）に同じ。

（4）ここに掲げた数字は中国第一歴史檔案館所蔵『軍機処録副奏折』（外交類、リール番号五七八）に収められた会計書に基づくもので、金額は四捨五入し、単位は両である。

（5）胡惟徳の赴任・離任日は『清季中外使領年表』（中華書局、一九八五年）による。

（6）清末の官書局については、大西寛「清代の官書局の設置について」（『長沢規矩也先生古稀記念図書学論集』三省堂、一九七三年）、張宗友「試論晩清官書局的創立」（『文献』一九九九年第四期）参照。

（7）注（10）に示したように、宣統元年四月三十日現在、図書が発送されていなかったため、実際東京に届いたのは、同年五月以降になるはずである。

（8）劉俊整理「駐俄公使胡惟徳奏議・奏請頒賞書籍疏」、中国社会科学院近代史研究所『近代史資料』（中国社会科学出版社、一九九九年）第一〇〇号、二五〇～二五一頁。尚、胡惟徳のこの上奏文には日付の記載がない。

（9）呂順長「浙江留日学生監督孫淦事績」（『中日関係史論考』、前掲書）によれば、新任公使胡惟徳の提言を受けて、清政府は『管理日本留学生章程』を改訂した。又、胡惟徳自身も一九〇八年に李家駒と一緒に留学生監督を兼任した。

（10）胡惟徳は日本到着後、早々に蔵書楼の構築に着手した。光緒三十四年（一八〇八）十一月二十九付の電報で「此次到東、因使館弁公処暨客庁、廚房、僕房、大都因陋就簡、家具、簾毯、諸形窳陋、稍覚減色。当赶即修築添建弁公処、蔵書楼、廚房、僕房（下略）」という（劉俊整理「駐俄日公使胡惟徳往来電報」、同『近代史資料』（一九九九年）第九十九号、九一頁）。

そして、翌宣統元年（一九〇九）四月三十日付の電報で、蔵書楼の工事も完成し、『古今図書集成』と『大清会典図説』の発送を催促している。「使館房屋大致修整、蔵書楼已建就。上年弟奏請頒発図書集成全部、大清会典全部、奉者允準在案、務請大部即日検寄東京、是所至禱」（同、九六頁）。尚、胡惟徳の資料としては上に掲げた以外に調査の結果次のようなものがある。王益知整理「駐俄公使胡惟徳往来電報（一九〇二年二月～一九〇四年二月）」『近代史資料』第三十七号、一九七八年。金士整理「駐俄公使胡惟徳往来電文録」同九十二号、一九九一年。

書後私語

本書は筆者が二〇〇三年に関西大学大学院文学研究科に提出した博士論文「清代中日学術交流史の研究」に増補・訂正を加えたものである。本書に収めた拙稿は大半一九九二年以降日本で発表したもので、旧稿論文名と掲載雑誌名および本書執筆に当たっての新稿を記すと下記の通りである。

第一部人による学術交流

序章　中国史上における日本研究の一分類――清末を中心に――
（同題　浙江大学日本文化研究所編『江戸・明治期の日中文化交流』農文協出版　二〇〇〇年）

第一章　明治前期に来日した中国文人考
（同題『二松学舎大学東洋学研究所集刊』第三十四集　二〇〇四年三月）

第二章　兪曲園と日本

第一節　明治日本における兪曲園
（同題『東と西の文化交流』関西大学出版部　二〇〇四年）

第二節　兪曲園の『東瀛詩選』について
（新稿）

第三節　日本に伝存の兪曲園の書簡　附録　曲園太史尺牘

（「流入東瀛的兪樾遺札」　中国国家図書館『文献』二〇〇一年第二期）

第三章　明治時代における日本駐在の清国外交官

（「清末駐日外交使節名録」　浙江大学日本文化研究所編『中日関係史論考』中華書局　二〇〇一年）

第四章　黄遵憲『日本国志』源流考

第一節　『日本国志』と『芸苑日渉』

（「黄遵憲『日本国志』源流考――『芸苑日渉』との関連をめぐって――」　浙江大学日本文化研究所編『江戸・明治期の日中文化交流』　農文協出版　二〇〇〇年）

第二節　『日本国志』と『国史紀事本末』

（「黄遵憲『日本国志』源流考――『国史紀事本末』との関連をめぐって――」　四天王寺国際仏教大学日中交流研究会編『『日本国志』研究――礼俗志「神道」』　二〇〇三年）

第五章　姚文棟の日本研究

第一節～第三節

（「埋もれた日本研究の名作――姚文棟の『日本国志』について――」『中国研究月報』一九九九年五月）

第四節～第六節

（「黄遵憲と姚文棟――『日本国志』雷同現象考」　胡令遠・徐静波主編『近代以来中日文化関係的回顧与展望』　上海財経大学出版社　二〇〇〇年）

第六章　第三代駐日公使徐承祖について

（同題『中国華東・東南地区と日本の文化交流』関西大学出版部　二〇〇一年）

第七章　王肇鋐およびその『日本環海険要図誌』の研究

第一節～第二節

（「忘れられた日本研究著書『日本環海険要図誌』について」中国文史哲研究会『集刊東洋学』第九十二号　二〇〇四年十月）

第三節『日本環海険要図誌』と『寰瀛水路誌』

（新稿）

第四節　王肇鋐について

（新稿）

第八章　傅雲龍の日本研究の周辺――その著書をめぐって――

（同題『浙江と日本』関西大学出版部　一九九七年）

第九章　明治前期における中日漢詩文の交流

（同題『日本学・敦煌学・漢文訓読の新展開』汲古書院　二〇〇五年三月予定）

附録　明治刊行物に所収の清人の序跋・論評

（新稿）

第十章　清国公使館内に設置された東文学堂の研究

（「清朝の檔案からみた東文学堂」『四天王寺国際仏教大学紀要』第三十四号　二〇〇二年三月）

第二部　書物による学術交流

序章　中国における日本関係図書について
（同題　王勇・久保木秀夫編『奈良・平安期の日中文化交流』　農文協出版　二〇〇一年）

第一章　胡文煥および『助語辞』書誌考

第一節　胡文煥の研究
（「明代の刻書家胡文煥に関する考察」『汲古』第三十六号　一九九九年十二月）

第二節『助語辞』書誌考
（「『助語辞』及び江戸時代におけるその流布と影響に関する書誌学研究（上）」『汲古』第二十一号　一九九二年六月）

第二章　江戸時代における『助語辞』の流布と影響
（「『助語辞』及び江戸時代におけるその流布と影響に関する書誌学研究（下）」『汲古』第二十二号　一九九二年十一月）

第三章　翁広平およびその『吾妻鏡補』について
（「『吾妻鏡補』著者翁広平考」『中日文化論叢――一九九六』　杭州大学出版社　一九九七年　『吾妻鏡補――中国人による最初の日本通史』　朋友書店　一九九七年）

第四章　中国における『吾妻鏡』の流布と影響に関する研究
（「中国における『吾妻鏡』の流布と影響」　日本古文書学会『古文書研究』第五十五号　二〇〇二年五月）

第五章　在日清国公使館所蔵の蔵書について
（同題　『汲古』第四十四号　二〇〇三年十二月）

本書をまとめるにあたり、旧稿について表現を変更し史料を一部増加した。拙著で個々に論じた内容は、筆者にとっては長年考究してきたテーマだけに、各章の中に多少重複する部分もあるが、ご了承されたい。

振り返れば、筆者は高校卒業後文化大革命によって、農村で二年余の下放生活を過ごすことを余儀なくされた。一九七八年、幸いにも大学に入って勉強することができた。筆者は日本留学の幸運には恵まれなかったが、訪日のチャンスに恵まれていたほうで、それが本書の誕生に欠かせない一因となった。

客員研究員の身分で初めて訪日したのは一九九四年であった。関西大学東西学術研究所外国人研究員に受け入れていただき、大庭脩所長をはじめとする諸先生に四ヶ月（六月～十月）ほどお世話になった。同研究所資料室を始め、同大学附属総合図書館の豊かな蔵書は大いに資料に対する渇きを癒してくれた。書庫に入っては何度も食事を忘れたことは忘れがたい。また、同研究所には四年後（一九九八年十一月～一九九九年二月）にもお世話になった。二度の調査をもとにして、本書第一部第二章、第四章第一節、第五章等ができた。そして、その後も機会があるたびに訪問し、今日まで同研究所の研究者と緊密な連係を持ちつづけている。

一年間の滞在で初めて日本を訪れたのは一九九六年であった。国際日本文化研究センターの客員助教授として、自然に恵まれた西京桂坂で一年の快適な生活を過ごした。同センター図書館所蔵の国会図書館蔵明治期刊行物マイクロフイルムにすっかり心を引かれ、遺憾なく利用させていただいた。これが本書第一部の最初の資料作りとなり、本書第一部の執筆の最初のきっかけとなった。

再び長期滞在の機会に恵まれたのは二〇〇二年であった。四天王寺国際仏教大学客員教授として一年間教壇に立った。初めて日本人の学部生に講義を持つので、緊張はしたものの貴重な体験をした。同大学が提供してくださった素敵な環境の中で、講義の傍ら研究を進めた。同大学附属図書館以外に、大阪府立図書館や関西大学図書館へ数十回足を運んだ。また、同大学日中交流研究会の皆様と定期的に読んだ黄遵憲『日本国志』（神道項）も裨益するところが大きかった。本書第一部第四章第二節、第十章はその一年間の産物であった。

羽曳野から帰国して一年後、図らずも再び来日の幸運にめぐり合った。二松学舎大学大学院特任教授であった。それに二年間であった。いままで関西にのみ滞在した筆者にとっては、図書館や文庫が集中している東京はずっと憧れの地であった。同大学院で初めて院生に講義を持った。二松学舎大学の九段新校舎が出来上がるまで大学院の教室は湯島聖堂の地にあった。昌平黌ゆかりの地で講義ができるとは、夢にも思わなかった。贅沢な思い出となった。講義の間隙を生かして、早稲田大学図書館・国会図書館・内閣文庫等を駆け回った。本書第一部第一章と第七章はその時の賜物である。さらに二松学舎大学滞在中の二年間に、二〇〇三年は関西大学で学位を取得、主査は藤善眞澄教授、副査は松浦章教授・内田慶市教授であった。また、二〇〇四年は学位論文を出版、筆者にとっては収穫の秋であった。

右に記した学問三昧の生活が送れたのは、上述した大学や研究機関のおかげであり、深謝する。それと同時に、今日まで学問の道を導いてくださった日本人の先生方の学恩も銘記しなければならない。

まず、早稲田大学文学部教授（肩書きは当時、以下同）の杉本つとむ先生である。一九八九年北京日本学研究中心で、日中言語交渉史のご講義を受講して、大いに視野が広げられ、学問への開眼をした思いがした。その後、一九九〇年に国際交流基金のフェローシップで早稲田大学で改めて先生に半年間教わった。修士課程における最初の指導教授であった。

次に指導していただいた方は、東京大学文学部教授戸川芳郎先生であった。北京日本学研究中心主任教授として北京に赴任されたのは、確か一九八九年の錦秋であった。『漢語文典叢書』を編集されたキャリアから、『助語辞』の版本を調べなさいと命じられた。拝命した筆者は、がたがたの自転車を漕いでは毎日のように北京図書館・故宮博物院図書館・首都図書館などに通った。また、休みを利用して浙江・上海・山東図書館へ調査に出かけた。そして早大留学中にも東京は無論、蓬左文庫・杏雨書屋・陽明文庫まで足を伸ばした。このような実地調査の中で次第に書誌学の奥深さを体で覚え、実証主義・文献主義の学風を身に付けるようになったのである。その時の調査成果は、本書第二部第一章と第二章に濃厚に反映されている。さらに、調査現場で中国の図書館にも日本出版の古典籍が多数所蔵されていることがわかり、その後、中国の六十八の図書館と連係して、中国図書館蔵日本刊本の調査に乗り出した。

お茶の水女子大学佐藤保教授には直接教わったことがなかった。主任教授として北京日本学研究中心に赴任された際には、筆者はすでに修了していたからである。しかし、先生は筆者の修士論文面接試問の教官の一人であったし、黄遵憲や何如璋についても豊富な研究業績があるため、数度杭州にご足労いただいたことがあり、また、訪日するたびに参上してご教示を賜った。今度の二松赴任中に、図らずも大学院の日中比較文化学特殊講義で、一年間先生のご講義を聴講することができた。堅実な学風に接して感服すると同時に、じかに私淑していた先生のお話を拝聴することができ、長年の遺憾を補えたのは何より嬉しかった。また、先生は本書の出版にあたり、公私共に多忙を究めておられるにもかかわらず、出版社への推薦の労をとってくださった。さらに序文の執筆を快諾し、素晴らしい序文を寄せてくださった。

右の三人の先生のほかに、本書の資料調査および執筆中に次の方々にご教示・ご協力をいただいた。関西大学藤善眞澄教授・松浦章教授・内田慶市教授、国際日本文化研究センター辻惟雄名誉教授・井波律子教授、四天王寺国際仏教大学水尾現誠教授・南谷美保教授・矢羽野隆男助教授、早稲田大学竹中憲一教授、金沢市三田良信先生、常福寺北方匡住職等、記して感謝の意を表したい。また、本書の校正にあたり、二松学舎大学家井眞教授・福本郁子講師は正月休の時間まで犠牲にして献身的に協力してくださった。孤軍奮闘中の筆者に差し伸べてくださった手を、異国の厳冬にて一段と暖かく感じた。本書の索引の製作は二松学舎大学大学院生金子真生、浙江大学日本文化研究所大学院生陳越・賈莉・王坤・朱靖恒の諸君にお願いした。お礼を述べたい。

このように、清代の中日学術交流を考究する本書は、資料の蒐集から誕生まで、図らずも世紀にまたがる中日学術交流の産物となったといっても過言ではあるまい。

なお、本書のような学術書の上梓を快諾してくださったのは汲古書院の石坂叡志社長で、具体的に進めてくださったのは小林詔子氏であった。図表が多く拙い日本語で書いた原稿に対して、学術書としての体裁を整えることができたのは、氏のご尽力のお蔭である。末筆ながら謝意を表する次第である。

最後に、十数年来、研究に没頭してきた筆者のわがままを許し、働きながら家庭を暖かく守り続けた妻魏麗莎に深く感謝したい。

本書の出版に際しては、独立行政法人日本学術振興会平成十六年度科学研究費補助金（研究成果公開促進費）の交付を受けた。

東京・静温荘にて

王　宝　平

乙酉正月

汲古叢書

1	秦漢財政収入の研究	山田　勝芳著	本体 16505円
2	宋代税政史研究	島居　一康著	12621円
3	中国近代製糸業史の研究	曾田　三郎著	12621円
4	明清華北定期市の研究	山根　幸夫著	7282円
5	明清史論集	中山　八郎著	12621円
6	明朝専制支配の史的構造	檀上　寛著	13592円
7	唐代両税法研究	船越　泰次著	12621円
8	中国小説史研究－水滸伝を中心として－	中鉢　雅量著	8252円
9	唐宋変革期農業社会史研究	大澤　正昭著	8500円
10	中国古代の家と集落	堀　敏一著	14000円
11	元代江南政治社会史研究	植松　正著	13000円
12	明代建文朝史の研究	川越　泰博著	13000円
13	司馬遷の研究	佐藤　武敏著	12000円
14	唐の北方問題と国際秩序	石見　清裕著	14000円
15	宋代兵制史の研究	小岩井弘光著	10000円
16	魏晋南北朝時代の民族問題	川本　芳昭著	14000円
17	秦漢税役体系の研究	重近　啓樹著	8000円
18	清代農業商業化の研究	田尻　利著	9000円
19	明代異国情報の研究	川越　泰博著	5000円
20	明清江南市鎮社会史研究	川勝　守著	15000円
21	漢魏晋史の研究	多田　狷介著	9000円
22	春秋戦国秦漢時代出土文字資料の研究	江村　治樹著	22000円
23	明王朝中央統治機構の研究	阪倉　篤秀著	7000円
24	漢帝国の成立と劉邦集団	李　開元著	9000円
25	宋元仏教文化史研究	竺沙　雅章著	15000円
26	アヘン貿易論争－イギリスと中国－	新村　容子著	8500円
27	明末の流賊反乱と地域社会	吉尾　寛著	10000円
28	宋代の皇帝権力と士大夫政治	王　瑞来著	12000円
29	明代北辺防衛体制の研究	松本　隆晴著	6500円
30	中国工業合作運動史の研究	菊池　一隆著	15000円

31	漢代都市機構の研究	佐原　康夫著	本体 13000円
32	中国近代江南の地主制研究	夏井　春喜著	20000円
33	中国古代の聚落と地方行政	池田　雄一著	15000円
34	周代国制の研究	松井　嘉徳著	9000円
35	清代財政史研究	山本　進著	7000円
36	明代郷村の紛争と秩序	中島　楽章著	10000円
37	明清時代華南地域史研究	松田　吉郎著	15000円
38	明清官僚制の研究	和田　正広著	22000円
39	唐末五代変革期の政治と経済	堀　敏一著	12000円
40	唐史論攷－氏族制と均田制－	池田　温著	近　刊
41	清末日中関係史の研究	菅野　正著	8000円
42	宋代中国の法制と社会	高橋　芳郎著	8000円
43	中華民国期農村土地行政史の研究	笹川　裕史著	8000円
44	五四運動在日本	小野　信爾著	8000円
45	清代徽州地域社会史研究	熊　遠報著	8500円
46	明治前期日中学術交流の研究	陳　捷著	16000円
47	明代軍政史研究	奥山　憲夫著	8000円
48	隋唐王言の研究	中村　裕一著	10000円
49	建国大学の研究	山根　幸夫著	8000円
50	魏晋南北朝官僚制研究	窪添　慶文著	14000円
51	「対支文化事業」の研究	阿部　洋著	22000円
52	華中農村経済と近代化	弁納　才一著	9000円
53	元代知識人と地域社会	森田　憲司著	9000円
54	王権の確立と授受	大原　良通著	8500円
55	北京遷都の研究	新宮　学著	12000円
56	唐令逸文の研究	中村　裕一著	17000円
57	近代中国の地方自治と明治日本	黄　東蘭著	11000円
58	徽州商人の研究	臼井佐知子著	10000円
59	清代中日学術交流の研究	王　宝平著	11000円
60	漢代儒教の史的研究	福井　重雅著	12000円

（表示価格は2005年２月現在の本体価格）

著者略歴

王　宝平（おう　ほうへい　Wang bao ping）

1957年中国杭州生まれ。杭州大学外国語言文学系日本語科卒業。北京日本学研究中心修士課程修了。杭州大学講師、助教授を経て、1998年浙江大学日本文化研究所教授、2004年浙江工商大学日本文化研究所教授。この間、日本で国際日本文化研究センター客員助教授、関西大学東西学術研究所外国人研究員、四天王寺国際仏教大学客員教授、二松学舎大学大学院特任教授を務める。関西大学文学博士。

〔主要編著書〕『中国舘蔵和刻本漢籍書目』（杭州大学出版社、1995）、『中国舘蔵日人漢文書目』（同、1997）、『吾妻鏡補——中国人による最初の日本通史』（朋友書店、1997）、『江戸時代中国典籍流播日本之研究』（大庭脩著、共訳、杭州大学出版社、1998）、『遊歴日本図経』（『晩清東遊日記彙編』所収、上海古籍出版社、2003）、『中日詩文交流集』（同、同、2004）等。

汲古叢書59

清代中日学術交流の研究

平成十七年二月二十八日　発行

著　者　王　宝　平

発行者　石　坂　叡　志

整版印刷　富士リプロ

発行所　汲　古　書　院

〒102-0072 東京都千代田区飯田橋二-五-四

電　話　〇三（三二六五）九七六四

ＦＡＸ　〇三（三二二二）一八四五

ISBN4 - 7629 - 2558 - 6　C3320

KYUKO-SHOIN, Co., Ltd. Tokyo.

索　　引

凡　　例

1．本索引は各章末の注を除いた本文に出現する人名・書名の索引である。
2．書名索引に一部の地図名を含む。
3．便宜上、漢訳書を中国書に、中日両国以外の人物及び図書をそれぞれ日本人及び日本書の末尾に付加する。

人名索引
中国人

あ行

か行

さ行

た行

な行

は行

ま行

や行

ら行

日本人

あ行

か行

さ行

た行

な行

は行

ま行

や行

ら行

わ行

その他

書名索引
中国書

あ行

か行

さ行

た行

な行

は行

ま行

や行

ら行

わ行

日本書

あ行

か行

さ行

た行

な行

は行

ま行

や行

ら行

わ行

その他